A-Z BRISTOL & BATH

CONTENTS

Key to Map Pages		60 - 161
Bristol City Centre (Large Scale)		2 - 163
Bath City Centre (Large Scale)		1 - 221
Map Pages	6 - 95 & 98	222
Road Map Section	158	223 - 224

REFERENCE

Motorway	M5
A Road	A4
Under Construction	
Proposed	
B Road	B4058
Dual Carriageway	
One Way Street Traffic flow on A Roads is indicated by a heavy line on the driver's left.	→
Pedestrianized Road	
Restricted Access	
Track / Footpath	
Residential Walkway	
Railway	Tunnel / Level Crossing / Station
Built Up Area	HIGH STREET
Local Authority Boundary	
Posttown Boundary	
Postcode Boundary Within Posttown	
Map Continuation	12 Large Scale 4
Beaches	
Car Park (Selected)	P

Church or Chapel	†
Electricity Transmission Line	⊠— — —⊠
Fire Station	■
Hospital	Ⓗ
House Numbers (Selected Rds.)	4 22 36
Information Centre	🄸
National Grid Reference	360
Places of Interest	
Police Station	▲
Post Office	★
Toilet	▽
Toilet with Disabled Facilities	♿

Large Scale City Centres Only

One Way Roads Traffic flow is indicated by a blue arrow.	⇒
Educational Establishments	
Hospitals & Health Centres	
Leisure & Recreational Facilities	
Places of Interest	
Public Buildings	
Shopping Centres & Markets	
Other Selected Buildings	

SCALE

Map Pages 6-95, 98-157
1:15,840   4 inches to 1 mile

0 — ¼ Mile
0 — 250 Metres

Map Pages 4-5, 96-97
1:7,920   8 inches to 1 mile

0 — ⅛ Mile
0 — 250 Metres

Copyright of Geographers' A-Z Map Company Limited

Head Office : Fairfield Road, Borough Green, Sevenoaks, Kent TN15 8PP Tel: 01732 781000
Showrooms : 44 Gray's Inn Road, London WC1X 8HX Tel: 0171 242 9246
The Maps in this Atlas are based upon the Ordnance Survey mapping with the permission of The Controller of Her Majesty's Stationery Office

Ⓒ Crown Copyright (399000)

Ⓒ 1998 EDITION 2

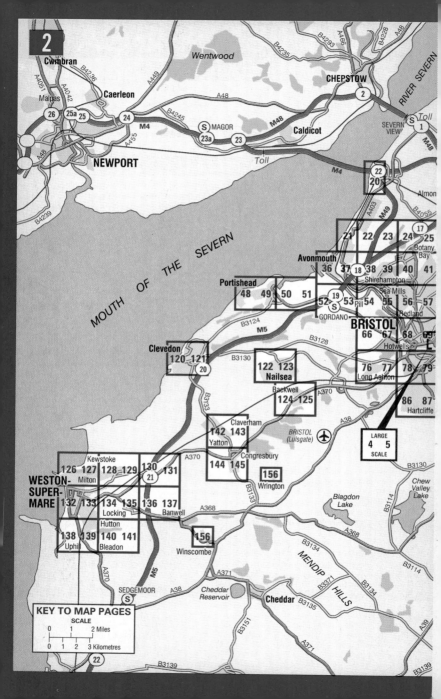

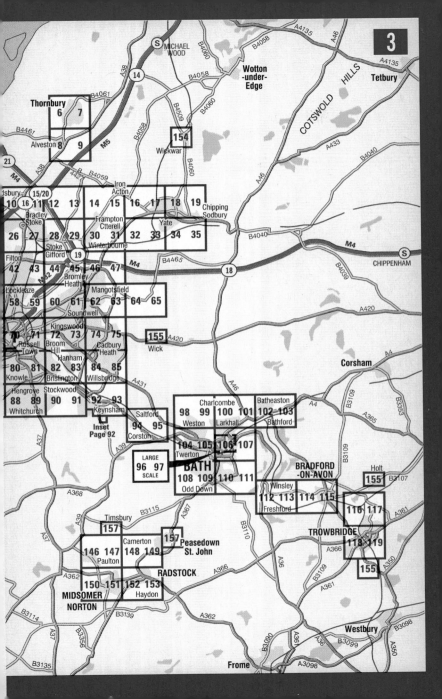

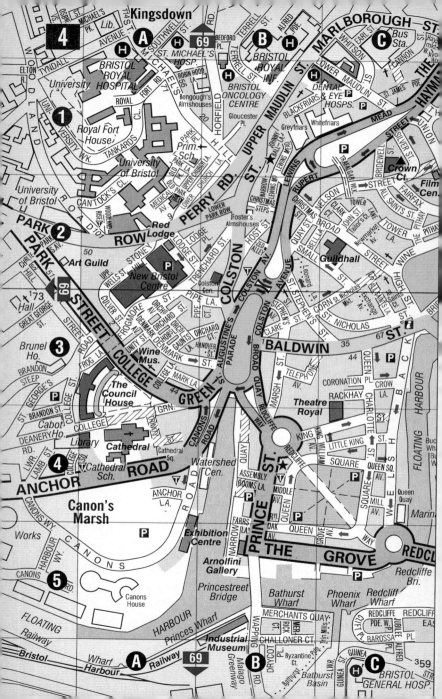

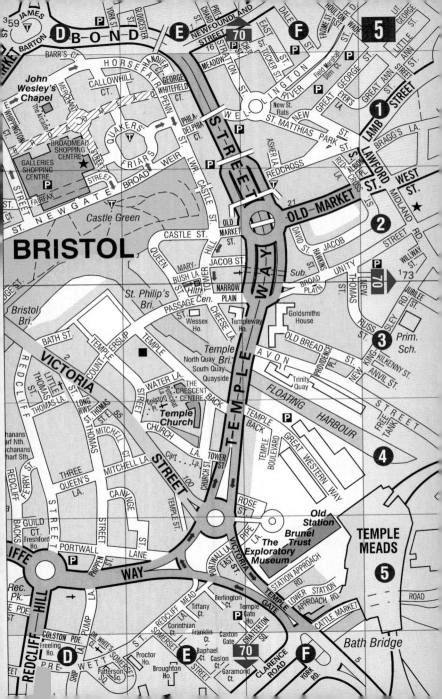

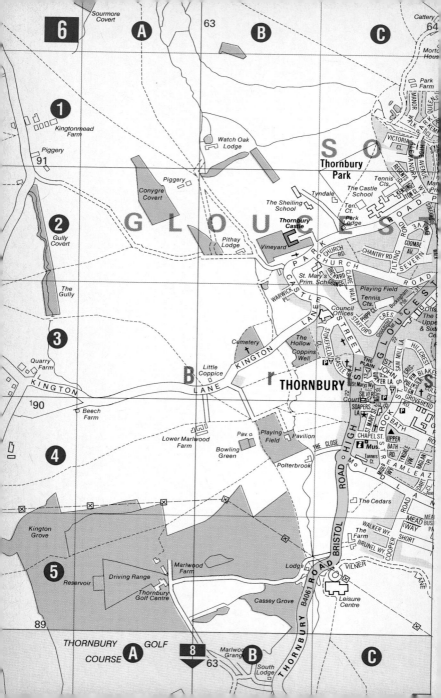

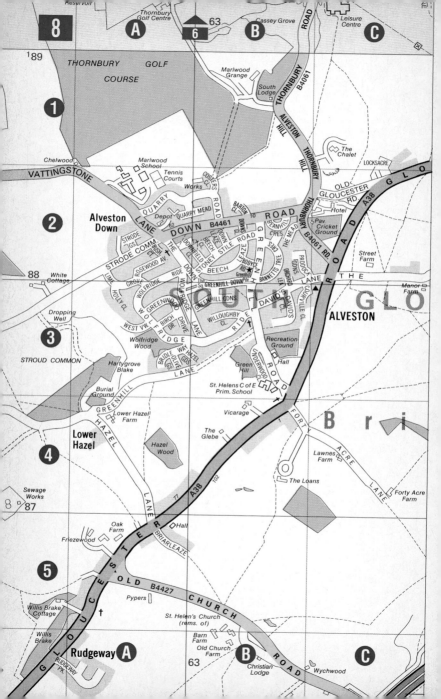

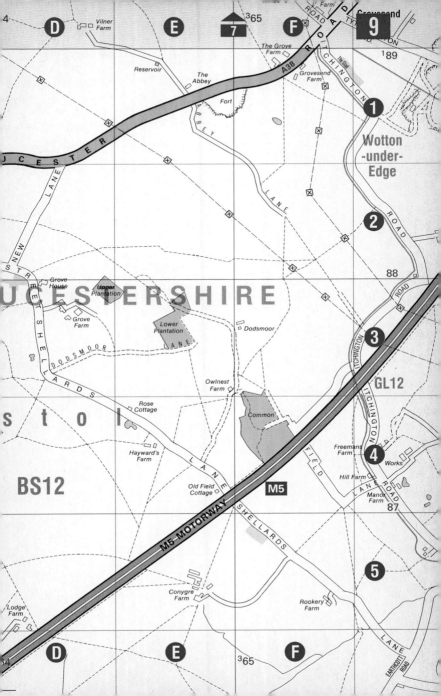

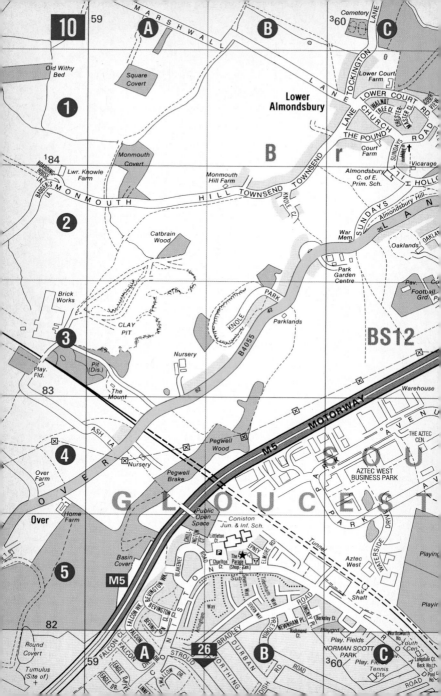

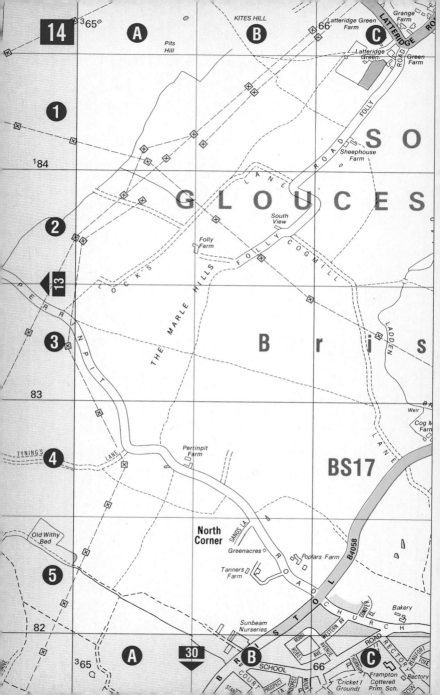

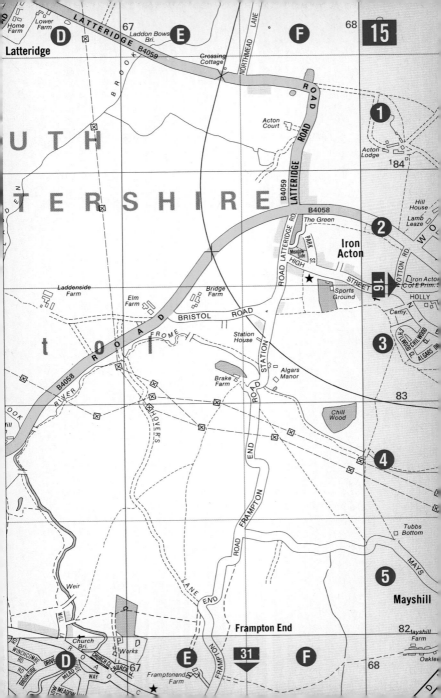

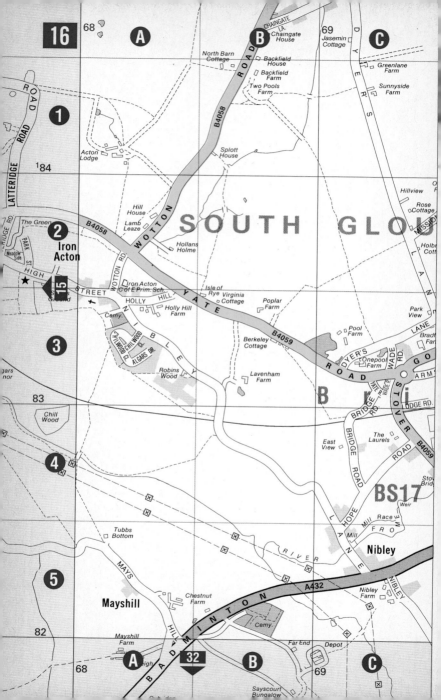

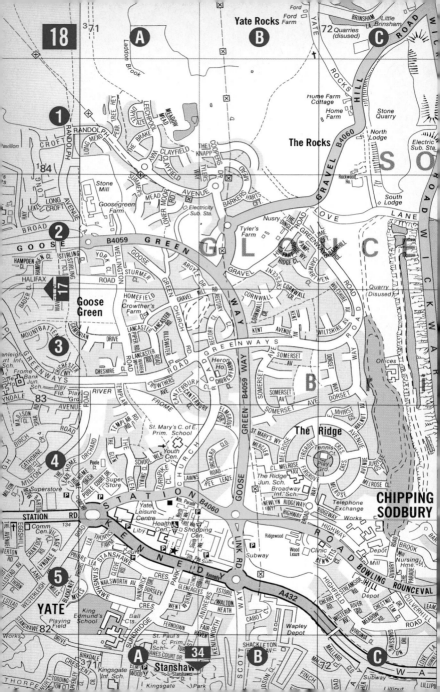

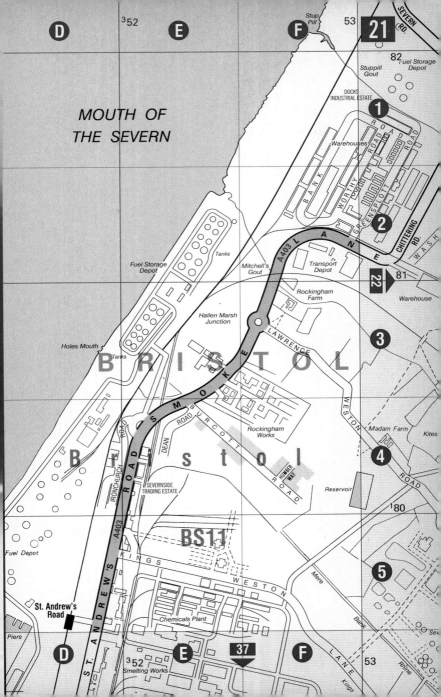

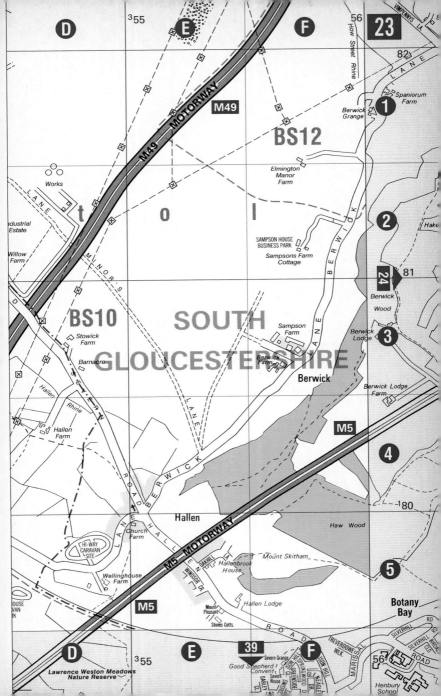

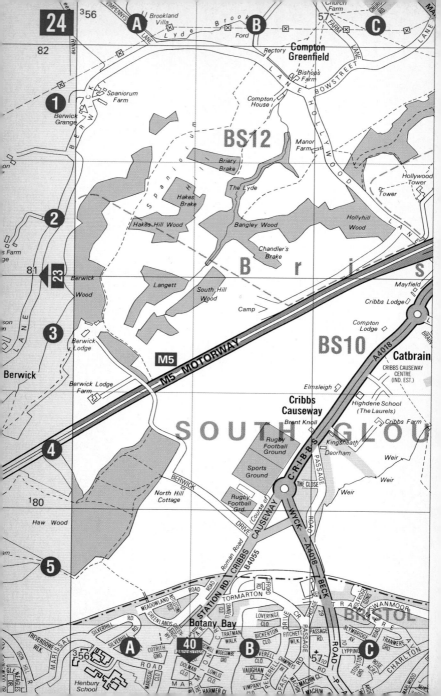

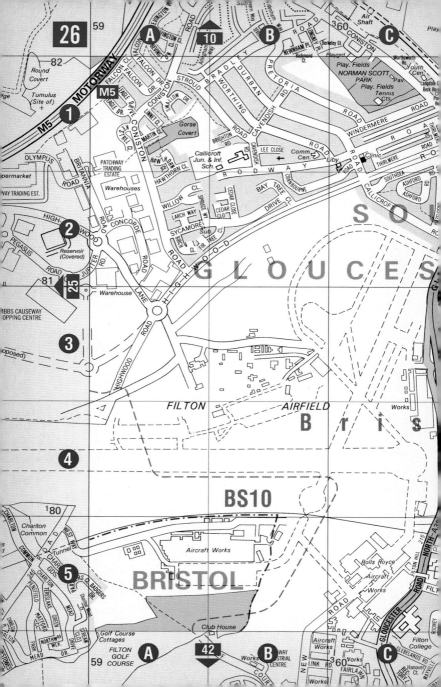

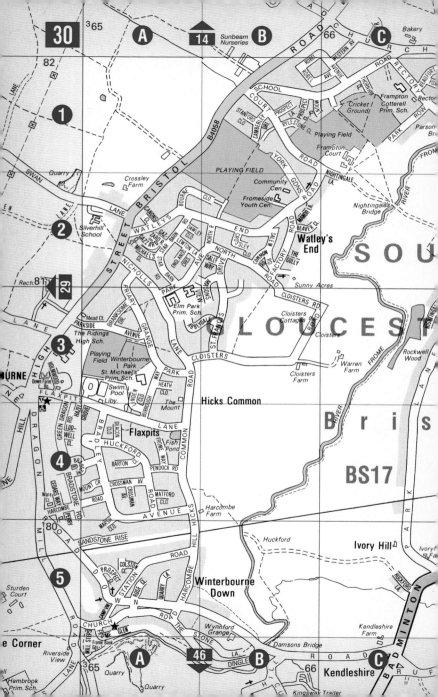

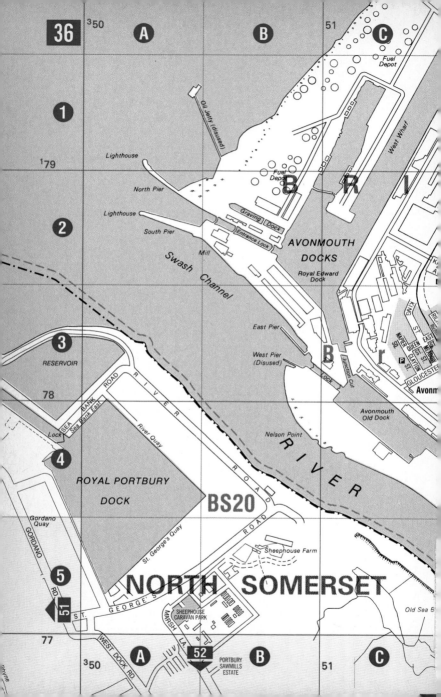

36 ³50 Ⓐ Ⓑ 51 Ⓒ

1

¹79

Fuel
Depot

Lighthouse

North Pier

Lighthouse

South Pier

2

Mill

Swash Channel

Oil Jetty (disused)

Fuel
Depot

Graving Dock

Entrance Lock

B

R

West Wharf

B R I

AVONMOUTH
DOCKS

Royal Edward
Dock

3

RESERVOIR

78

East Pier

West Pier
(Disused)

B

Junction Cut

Lock

SMIX ST EAST ST
NUPER ST
QUEEN ST
CLAXTON ST
SQ
GLOUCESTER

r

P

Avonm

SEA BANK ROAD

Sea Bank East

RIVER

River Quay

Lock

4

ROYAL PORTBURY

DOCK

BS20

ROAD

Avonmouth
Old Dock

Nelson Point

R I V E R

Gordano
Quay

GORDANO

St. George's Quay

ROAD

Sheephouse Farm

5

RD

◄ **51**

ST.

NORTH   SOMERSET

G E O R G E ' S

SHEEPHOUSE
CARAVAN PARK

MARSH LA.

Old Sea B

77

³50 Ⓐ

WEST DOCK RD

▼ **52**

PORTBURY
SAWMILLS
ESTATE

Ⓑ 51 Ⓒ

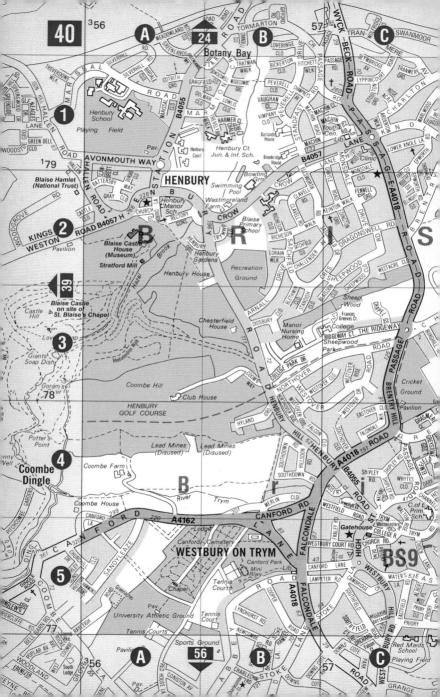

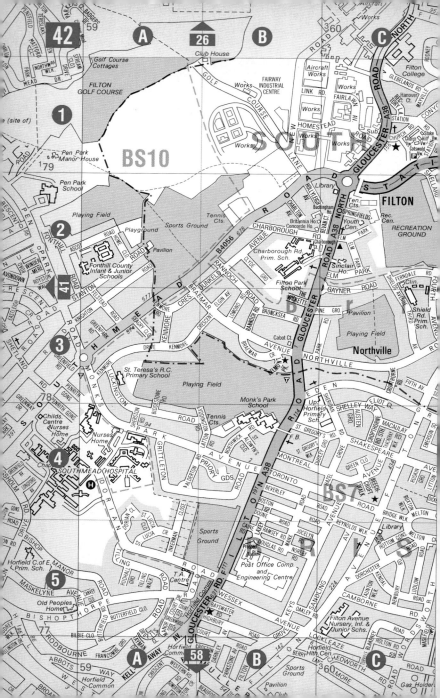

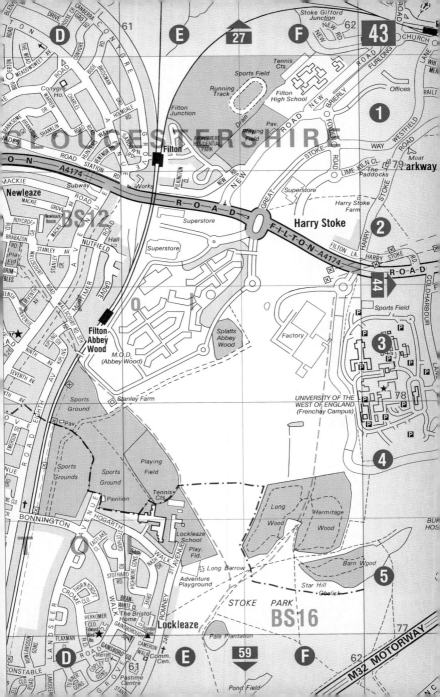

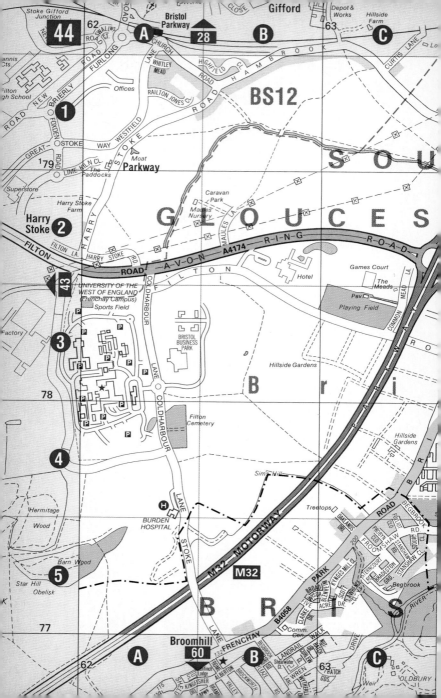

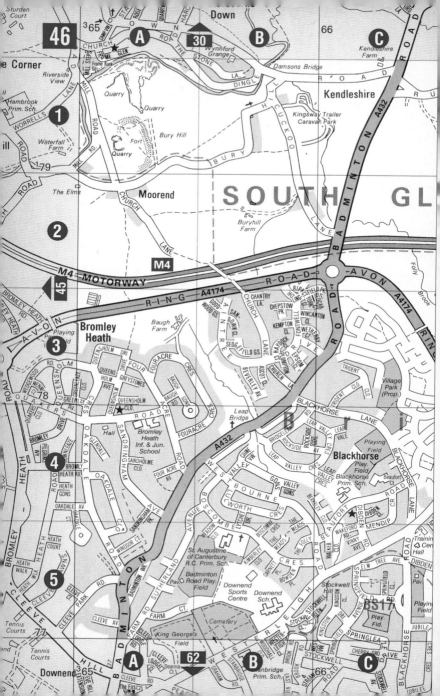

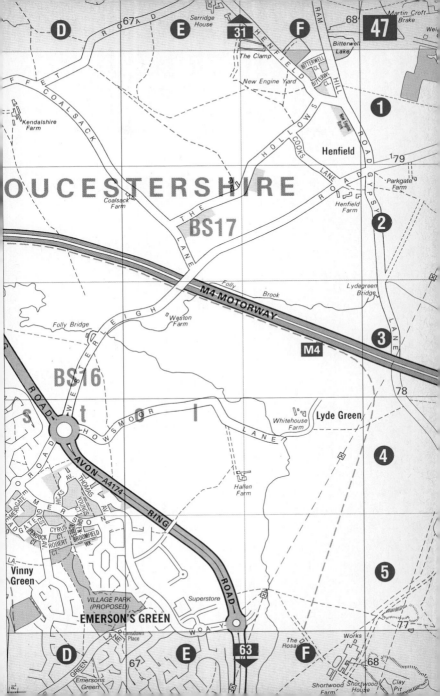

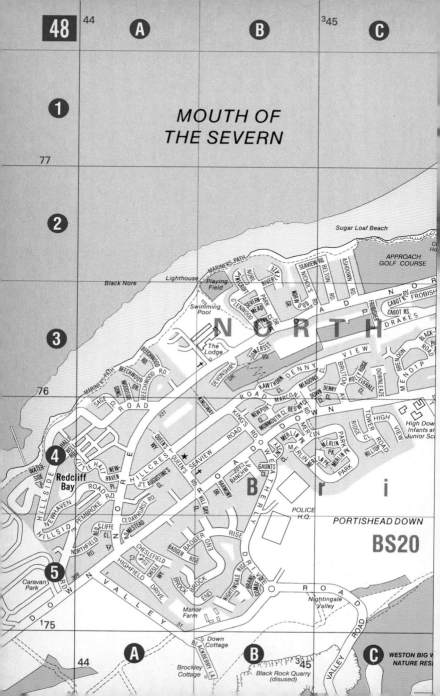

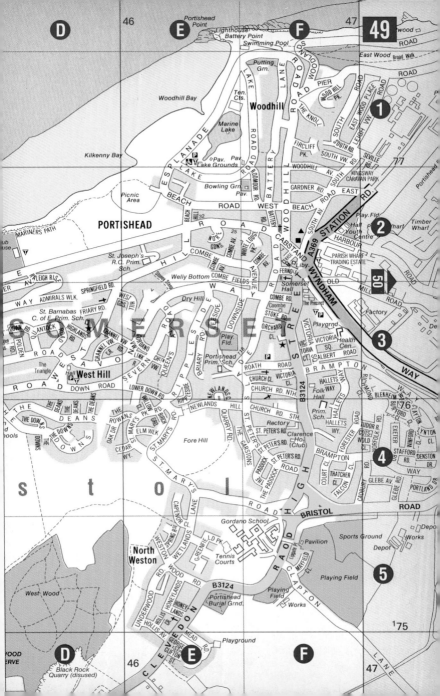

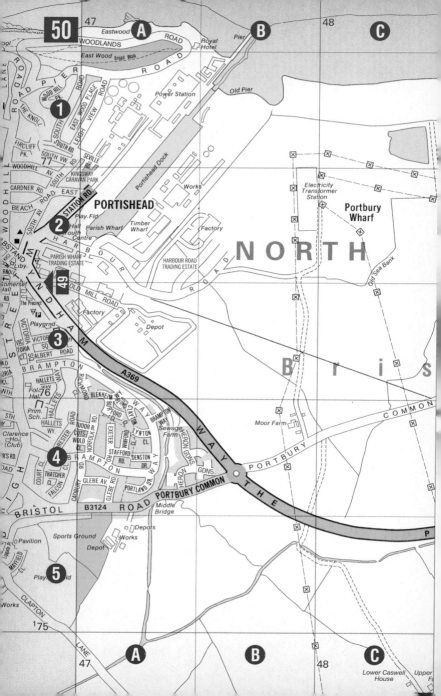

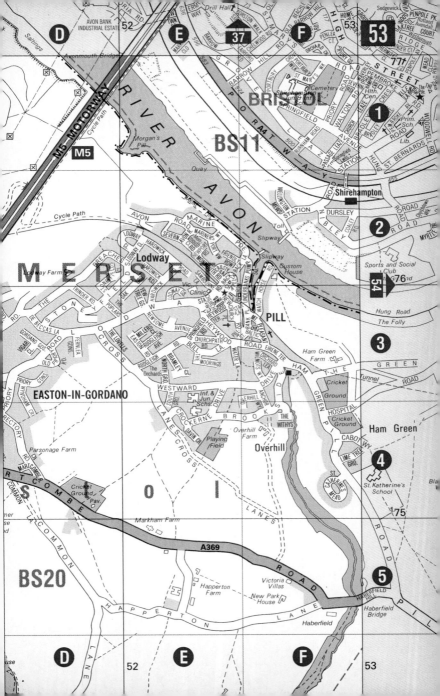

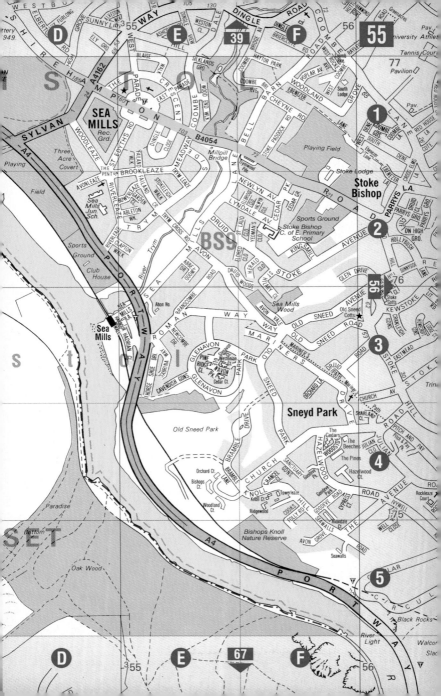

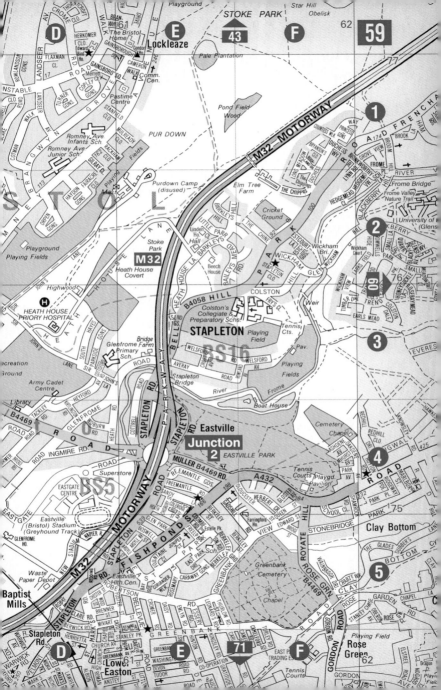

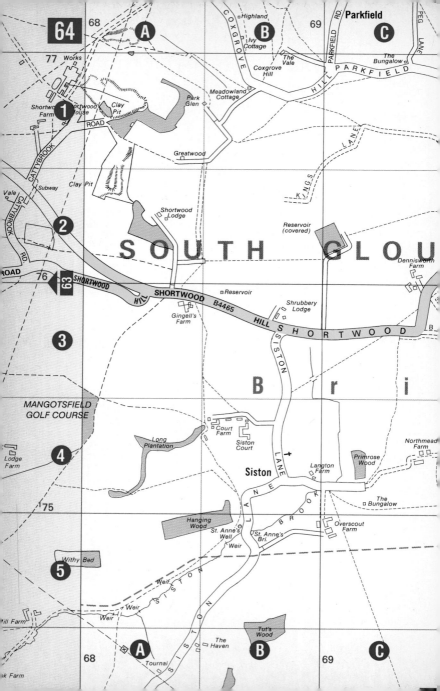

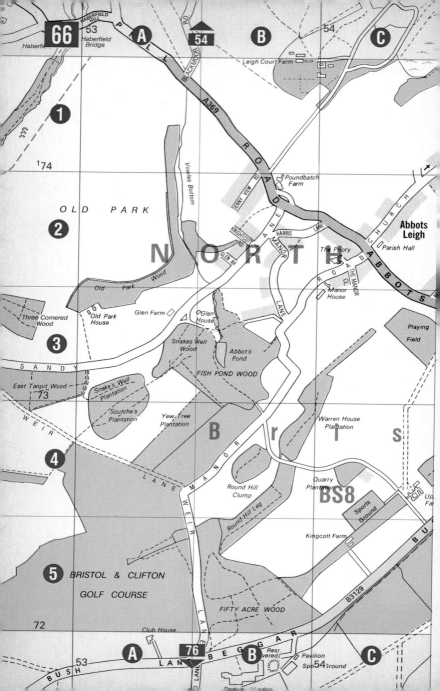

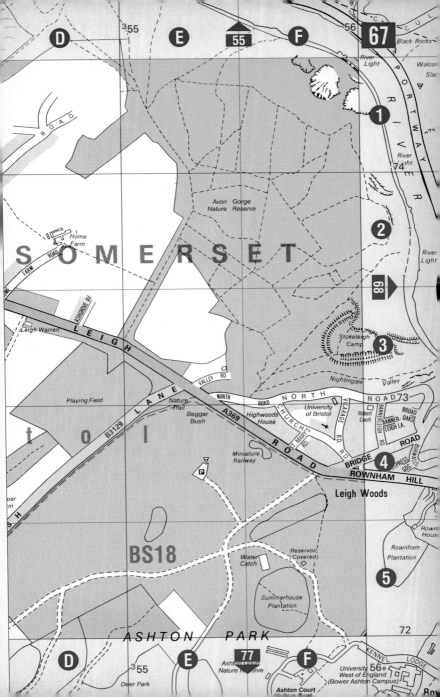

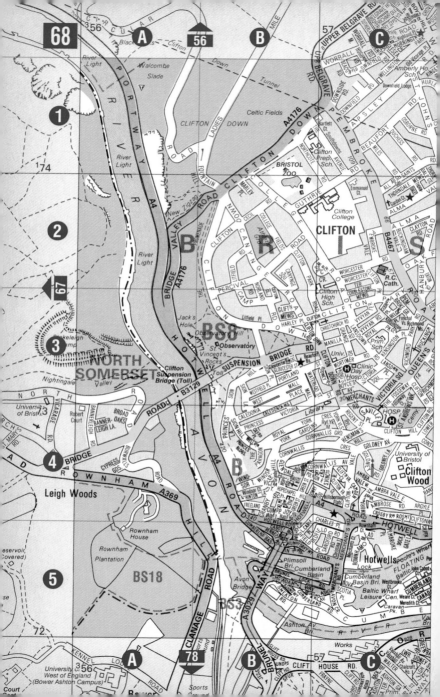

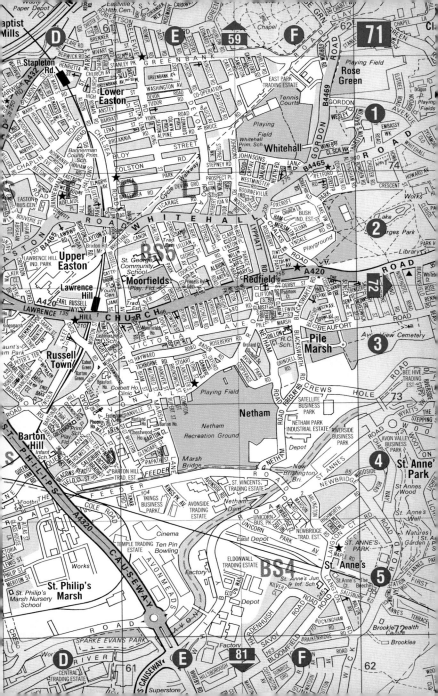

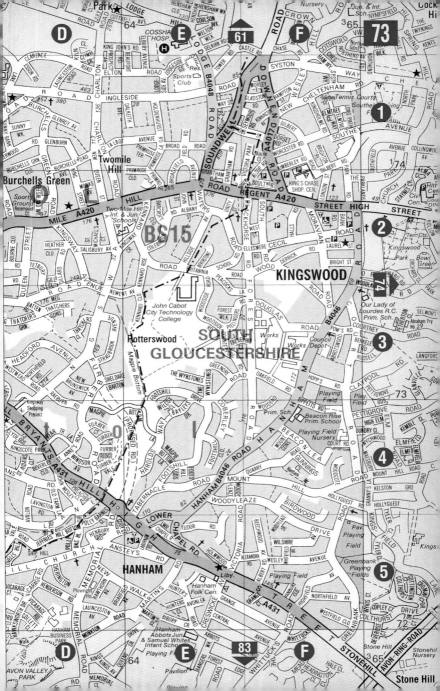

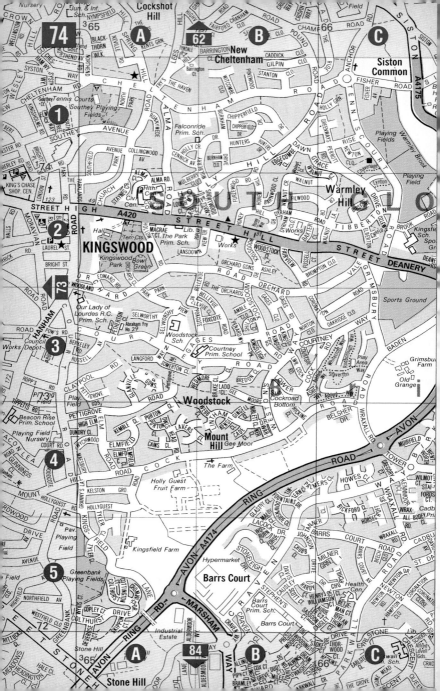

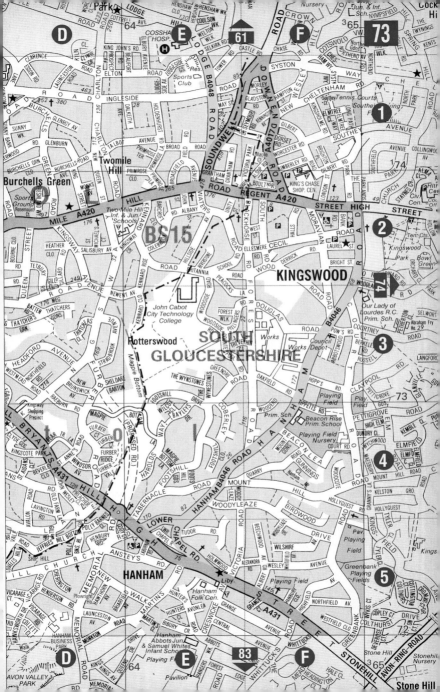

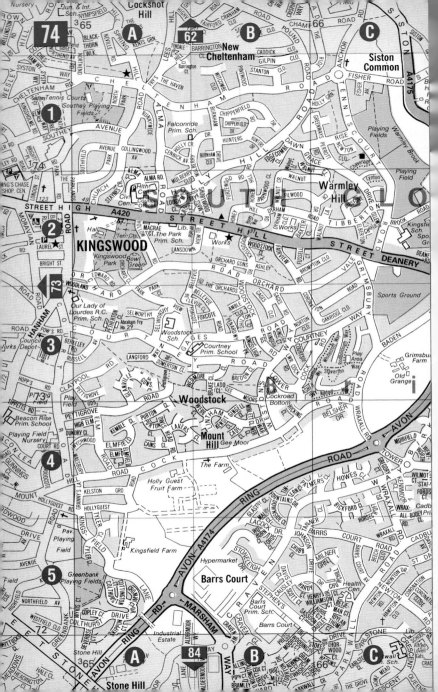

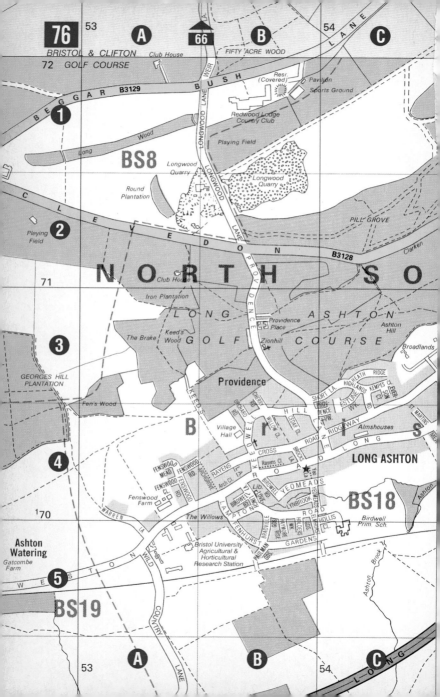

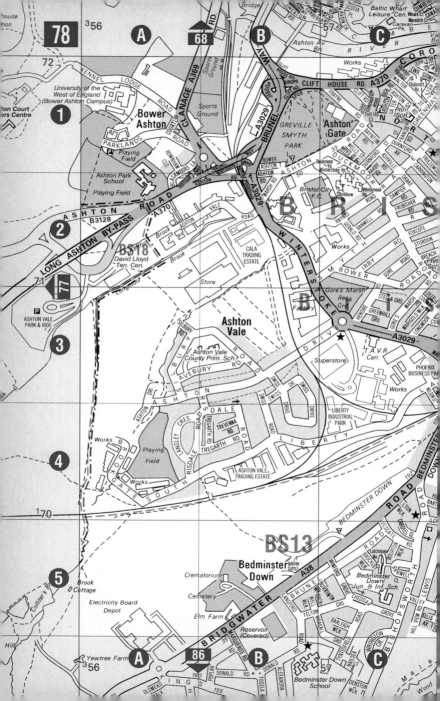

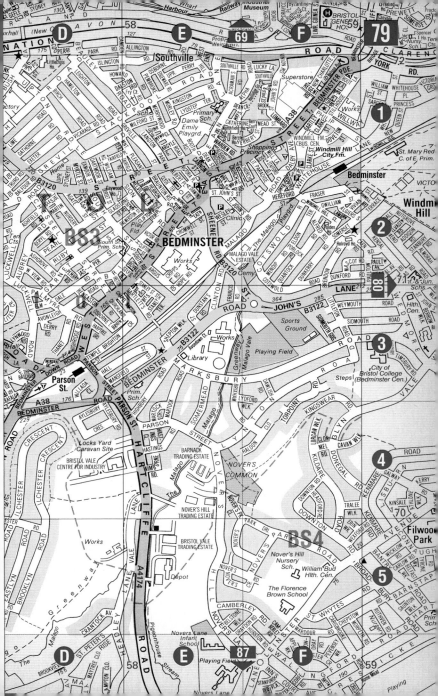

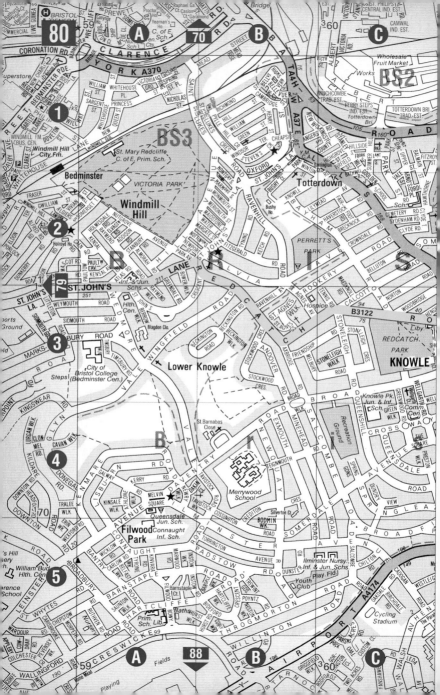

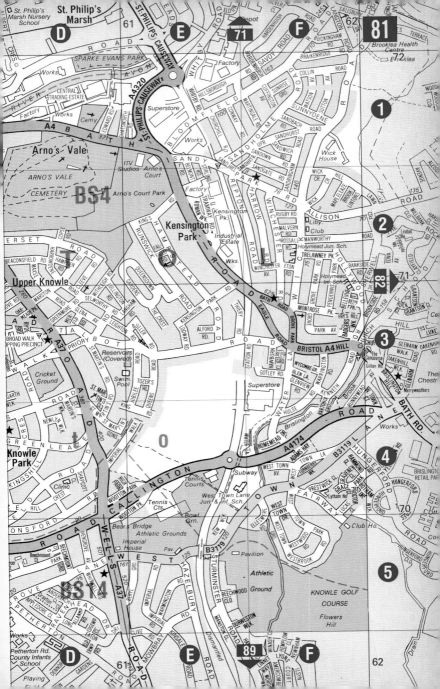

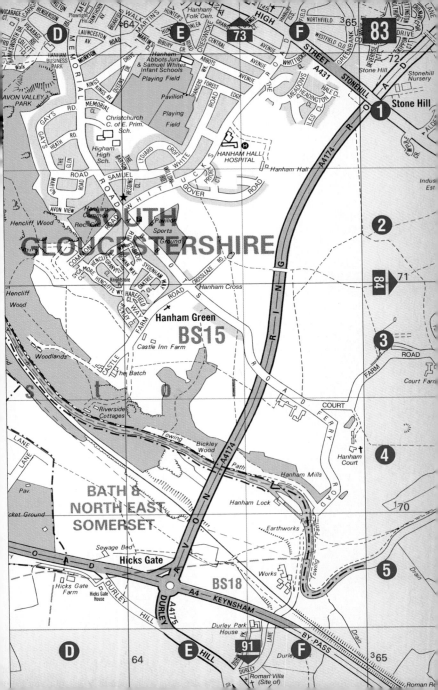

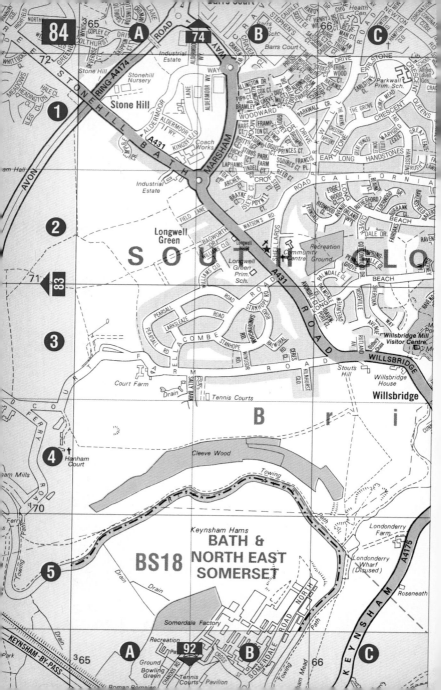

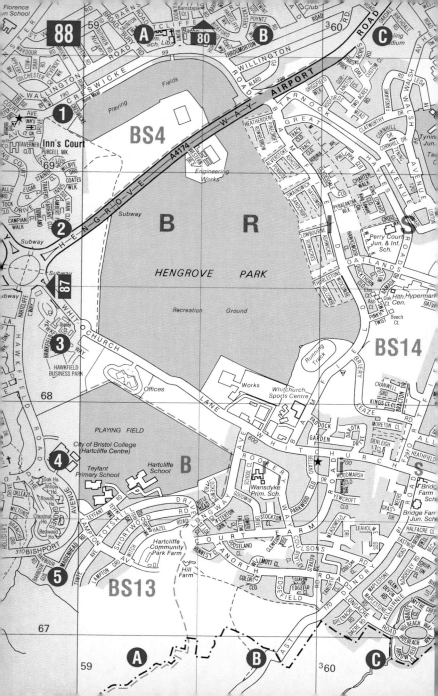

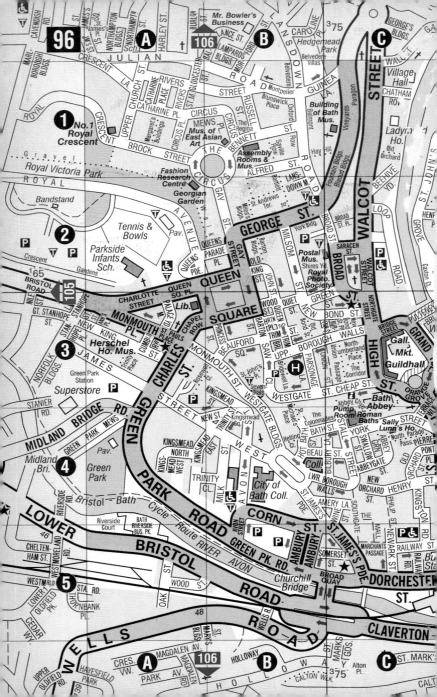

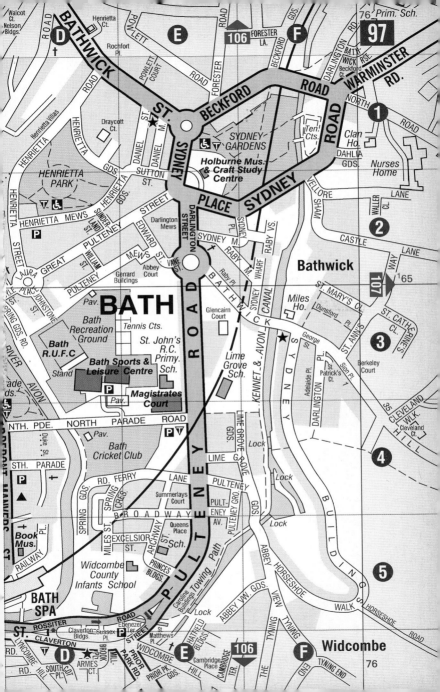

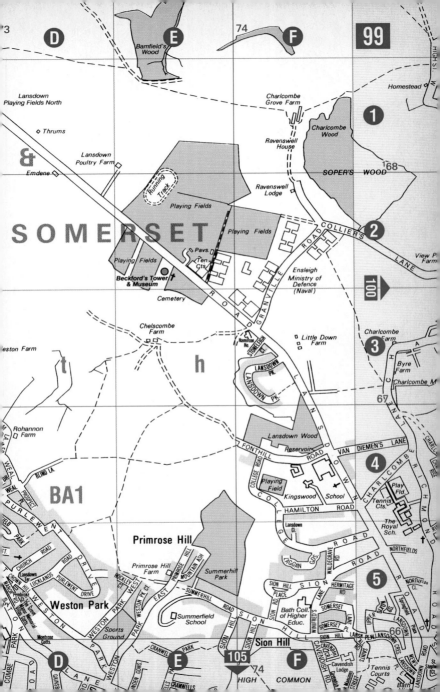

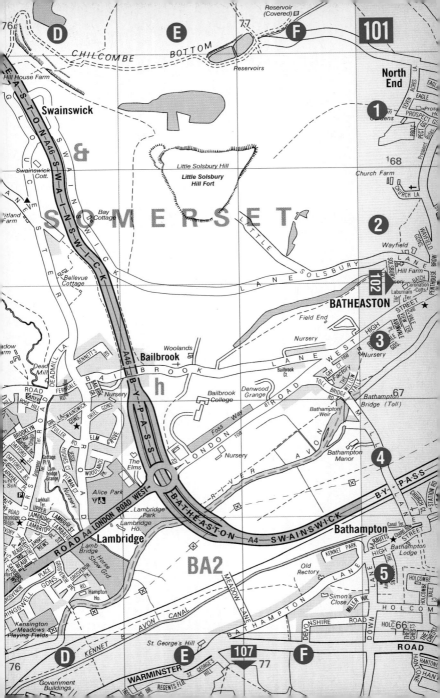

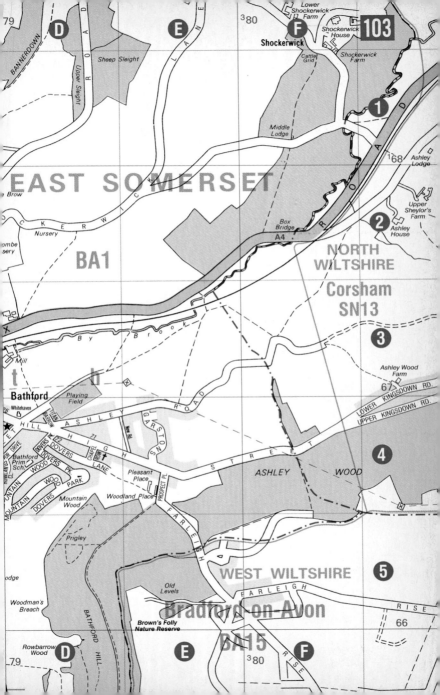

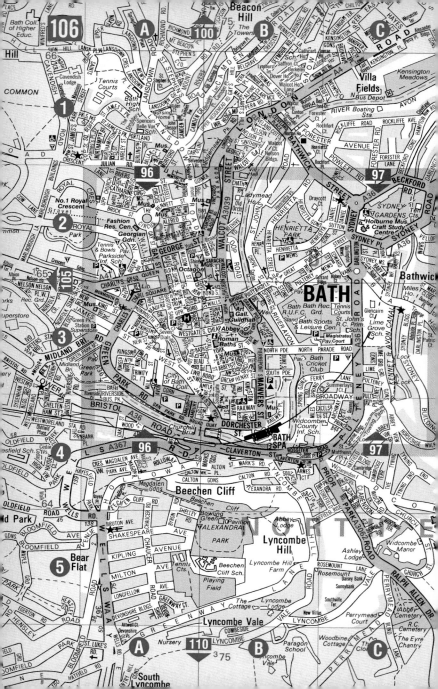

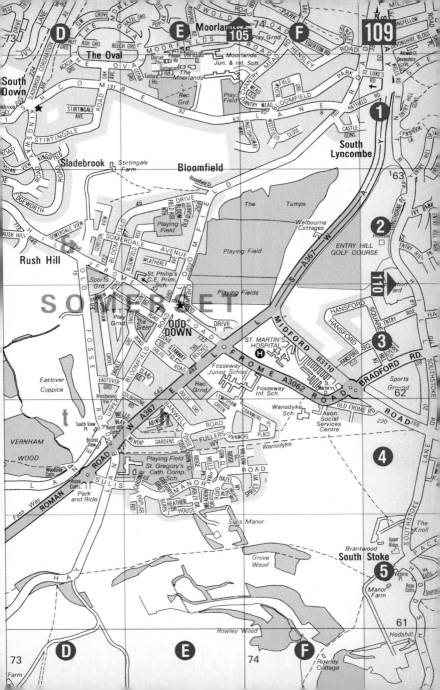

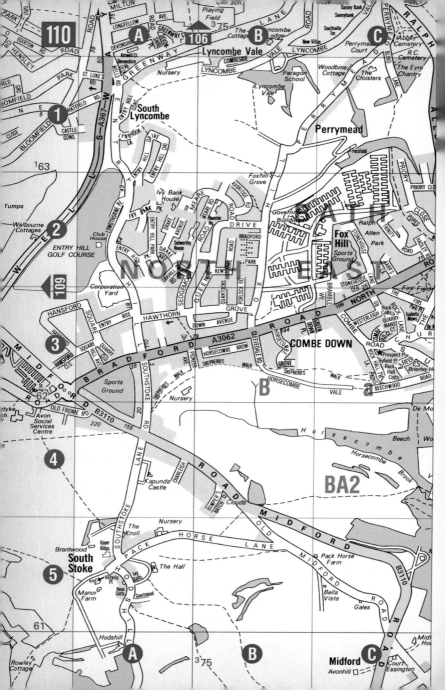

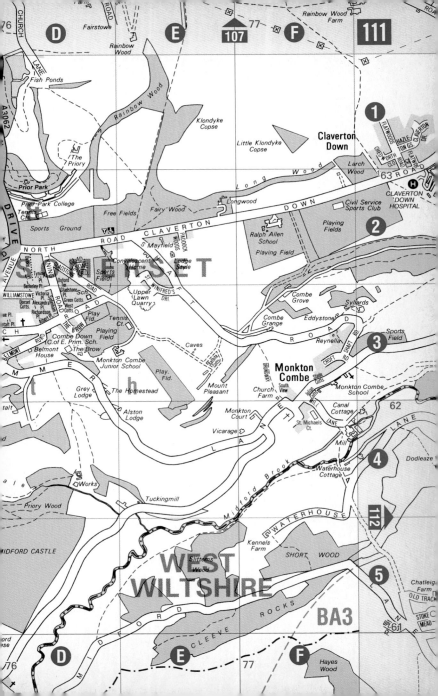

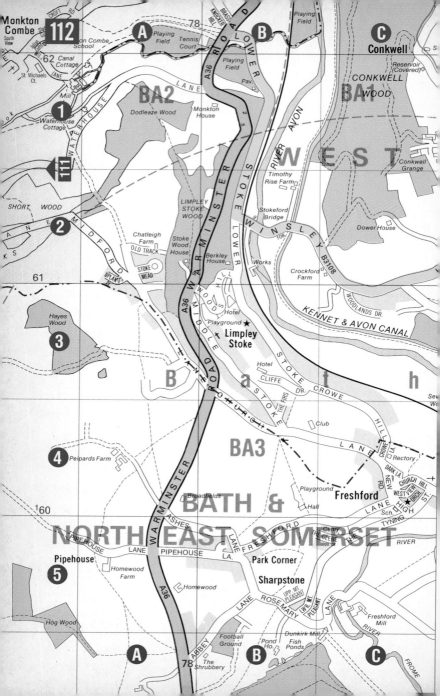

Monkton Combe

112

South View

A Combe School

Croft Rd

B

Playing Field

Playing Field

C Conkwell

St. Michaels Ct.

62 Canal Cottage

Brassknocker Hill

78

Tennis Court

A36

Reservoir (Covered)

1

Mill

St Michaels Lane

BA2

Dodleaze Wood

Playing Field

Pav.

CONKWELL WOOD

BA1

Waterhouse Cottage

Waterhouse Lane

Stoke Lane

Monkton House

A36 2.5

River Avon

W E S T

Conkwell Grange

111

Timothy Rise Farm

SHORT WOOD

Midford Lane

LIMPLEY STOKE WOOD

Stokeford Bridge

Dower House

2

Lane Banks

Chatleigh Farm

OLD TRACK

Stoke Wood House

Berkley House

Winsley B3108

108

Uplands

STOKE MEAD

Works

Crockford Farm

Woodlands Dr.

61

Hayes Wood

Warminster Road A36

Woods Hill

Hotel

Playground ★

KENNET & AVON CANAL

3

Limpley Stoke

Hotel

The Firs

Cliffe Dr

Stoke Crowe

B a t h

4

Peipards Farm

Middle Road A36

Stoke Lane

Club

Crowe Hill

Rectory

BA3

Dark La

New Rd

West View

Church Hill

Orch. St.

BATH &

Broadfields

Playground

Hall

Freshford

Sch

High St

Tyning

West View

NORTH EAST SOMERSET

Ashes Lane

Freshford Lane

Cemy.

The Hide

River

160

Pipehouse

Pipehouse Lane

Pipehouse

La.

Park Corner

Rose Mary Lane

Upp Mt Pleasant

Lwr Mt Pleasant

Lane

5

Homewood Farm

Homewood

Sharpstone

Freshford Mill

A36

River

Hög Wood

Abbey Lane

Football Ground

The Shrubbery

Pond Ho.

Dunkirk Mill

Fish Ponds

River Frome

A

78

B

C

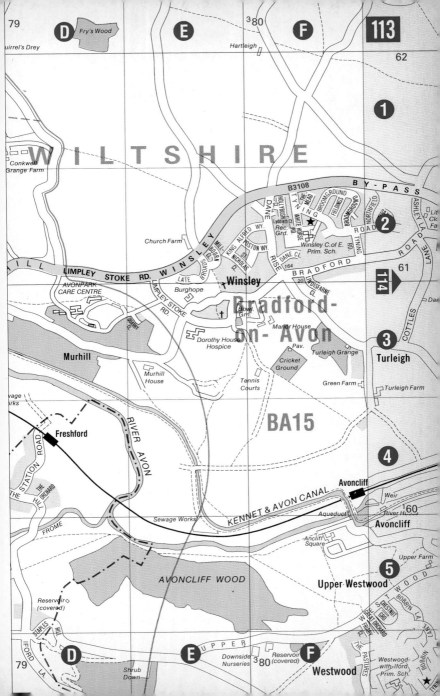

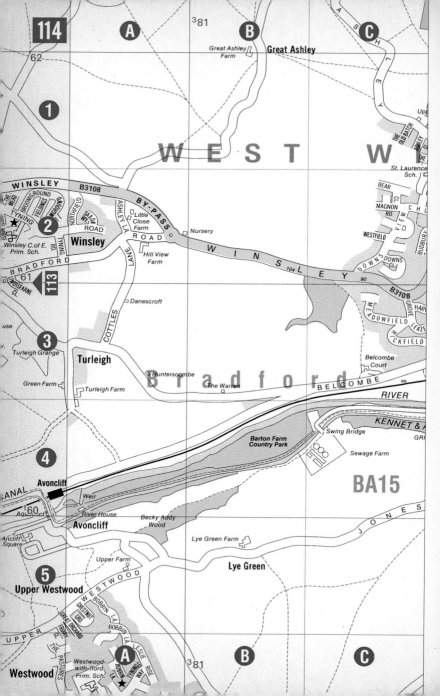

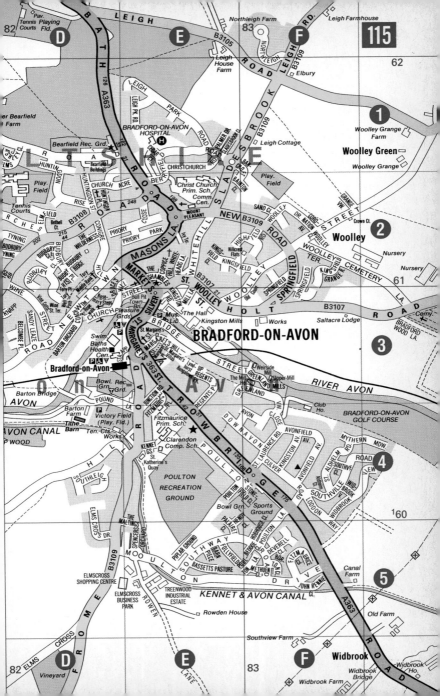

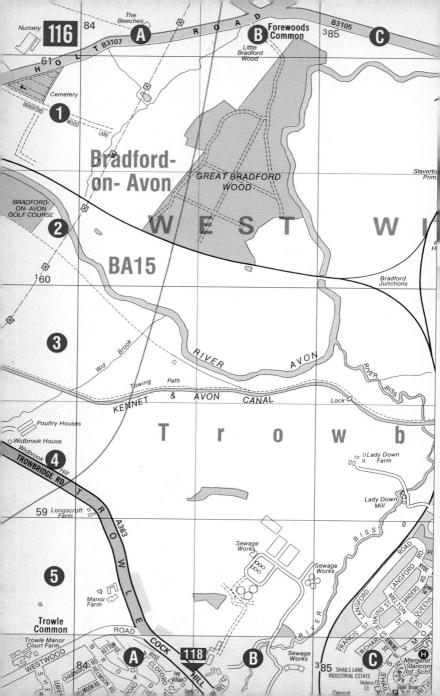

116 84

Nursery

The Beeches

A HOLT B3107 ROAD

B Forewoods Common

B3105 385

C

61

Cemetery

1

BRADFORD

WOOD

LANE

Little Bradford Wood

Staverton Prim.

Bradford-on-Avon

GREAT BRADFORD WOOD

BRADFORD-ON-AVON GOLF COURSE

2

W E S T

W I

BA15

160

Bradford Junctions

3

RIVER AVON

RIVER BISS

Wid Brook

Towing Path

KENNET & AVON CANAL

Lock

Poultry Houses

Widbrook House

T r o w b

Lady Down Farm

4

TROWBRIDGE RD

Hill

TROWLE

A363

59 Longscroft Farm

Lady Down Mill

BISS

5

Manor Farm

Sewage Works

Sewage Works

LANGFORD ROAD

RD

PI

RYDE

Trowle Common

Trowle Manor Court Farm

ROAD

A COCK

RISE

CLOFORD

RD

118

HILL

B

RIVER

Sewage Works

385

FRANCIS ST

LANGFORD ST

JENKINS ST

CHARLES

JENKINS ST

MELTON ST

SANDERS RD

LANGFORD

QUEENS

RD

C

Margaret Stancom Inf. Sch

Depot

WESTWOOD

84

KETTON

CLOFORD

CHARMY

Ivy Villas

SHAILS LANE INDUSTRIAL ESTATE

Helens Ct.

SHAILS

Upper Broad

Cock

Depot

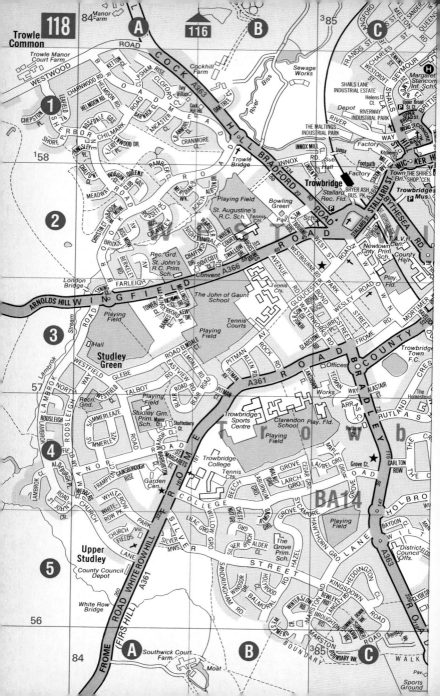

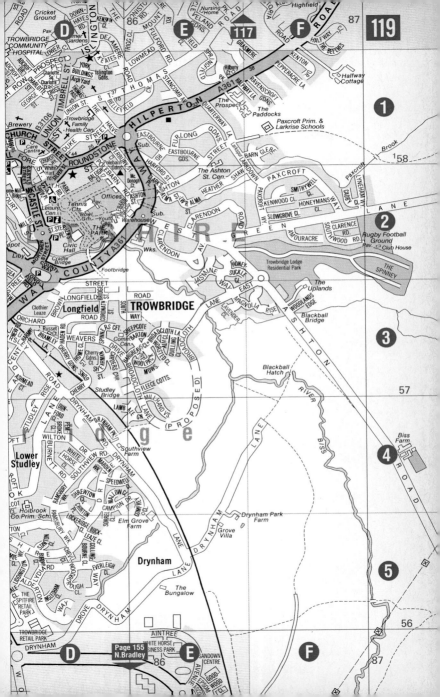

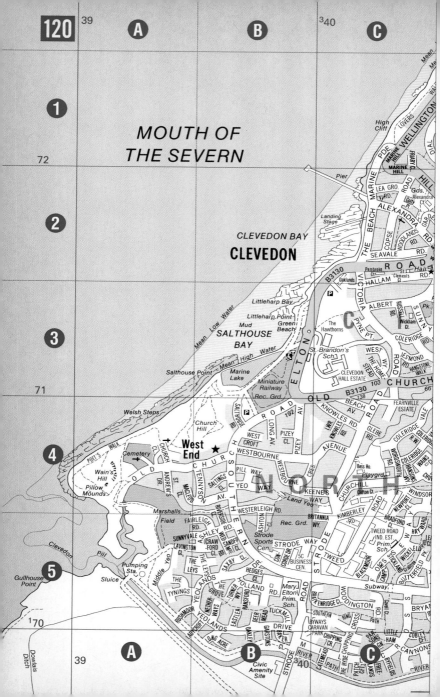

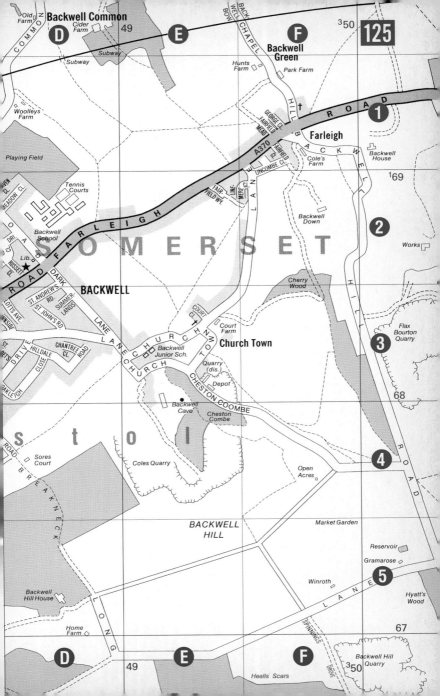

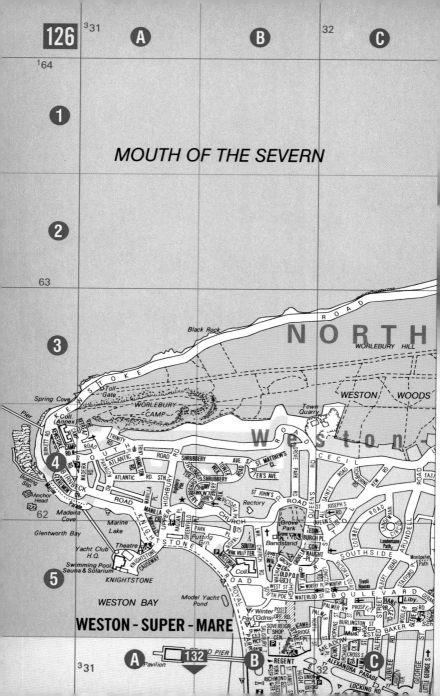

1

2

63

3

4

62

5

MOUTH OF THE SEVERN

Black Rock

N O R T H

WORLEBURY HILL

Spring Cove

Toll-Gate

WORLEBURY CAMP

WESTON WOODS

Pier

Coll. Annex

Town Quarry

W e s t o n -

Road

Boating Slip

Anchor Head

Madeira Cove

Glentworth Bay

BIRNBECK RD

RUBBECK RD
CATEMAY RD

KEWSTONE RD
CAMP RD N

MADEIRA RD

Parade

Marine Lake

Yacht Club H.Q.

Theatre

Swimming Pool, Sauna & Solarium

KNIGHTSTONE

KNIGHTSTONE CAUSEWAY

WESTON BAY

Model Yacht Pond

SOUTH
ATLANTIC RD

ATLANTIC RD. STH.

TRINITY RD

HAMILTON RD

PARSON

HIGHBURY RD

MANILLA RD

UPPER
KNIGHTSTONE

GREENFIELD PL

RAGLAN PL

ROAD

Putting Grn.

Park

ROYAL

TOWER WLK

SHRUBBERY

STRUBBERY WLK

SHRUBBERY

SHR WLK

AVE. ST.

ST. MATTHEW'S
TER'S AVE.

St John's C²

Rectory

ROAD

CHURCH

LWR.
CHURCH

SOUTH
PARK VILL² TER.

Coll.

ROYAL RD

WEST

ROAD

Lovers WLK

VICTORIA RD

St JOSEPH'S

Grove
Park

ROAD

Bandstand

FEDIN

BURGH PL

CON-
NAUGHT

GROVE

MKT. LA

OLD PO.

WORTHY ST

WORTHY

WATERLOO ST

GROVE LA

QUEEN'S
RD

CECIL

SAINTS

JOSEPH'S
RD

TICHBORNE RD

KEW RD

ROAD

EAS

ROAD

COOMBE

SOUTHSIDE

Landemann
Path

Landemann
Path

VICTORIA RD

LONGTON

B O U L E V A R D

ARUNDELL

Montpelier
Path

Tivoli
Houses

ALBERT QUAD

STAFFORD P²

ALFRED

Liby.

STREET

GE

PROSPECT PL

PALMER
PL

Winter
Pav Gdns.

POST.
OFF.

SOVEREIGN
SHOP.
CEN.

CAMB

RIDGE

BURLINGTON ST

WOOLER
RD

ALFRED

ALBERT

BAKER

MEADOW

GLEBE RD.

RD.

Sch

Mus.

GEORGE

LITTLE
GEORGE S.

WESTON - SUPER - MARE

Pavilion

GRAND PIER

REGENT

RICHMOND

St JAMES

HIGH

VIC

SALISBURY

ST

ALEXANDRA PARADE

LOCKING RD

JUBILEE

WOOLER
RD

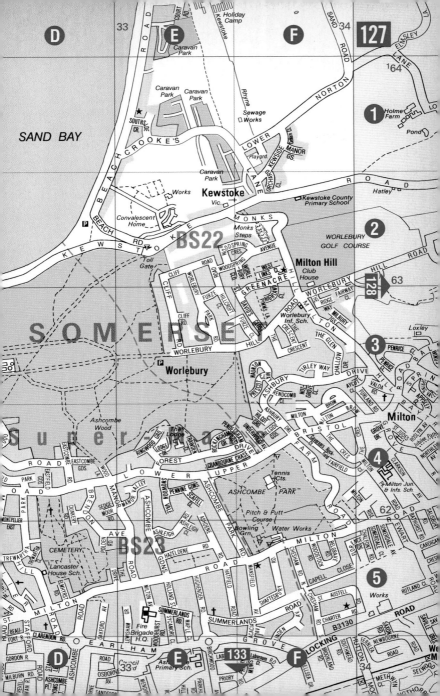

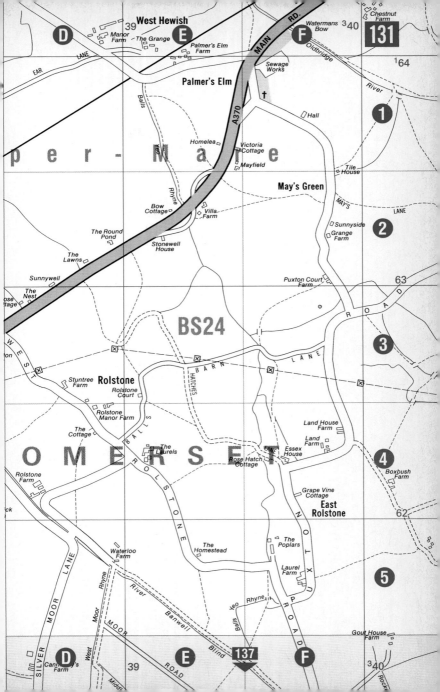

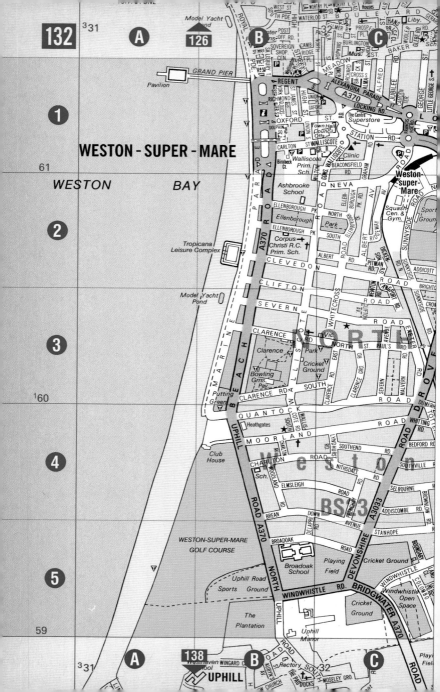

A   B   C

Model Yacht Pond **126**

Pavilion

GRAND PIER

1

WESTON - SUPER - MARE

61

WESTON   *BAY*

2

Ashbrooke School

Tropicana Leisure Complex

Ellenborough Pk

Ellenborough Pk North

Ellenborough Pk South

Park

Corpus Christi R.C. Prim. Sch.

CLEVEDON

Model Yacht Pond

CLIFTON

SEVERN

3

CLARENCE RD

Clarence Park

NORTH

Cricket Ground

Bowling Grns. Pav.

¹60

Putting Green

CLARENCE RD SOUTH

QUANTOCK

Heathgates

MOORLAND

ROAD

Club House

4

CHARLTON

Sch.

ELMSLEIGH ROAD

BREAN

SELBOURNE

ADDISCOMBE RD.

BS23

DOWN AVENUE

STANHOPE

BROADOAK

WESTON-SUPER-MARE GOLF COURSE

Broadoak School

Playing Field

Cricket Ground

Weston

5

Uphill Road Sports Ground

WINDWHISTLE RD.

NORTH

UPHILL

Cricket Ground

Windwhistle Open Space

The Plantation

Uphill Manor

59

BRIDGWATER A370

DEVONSHIRE

A   **138**   B   C

UPHILL

WINGARD CL

Rectory

MOSELEY GRO

³²

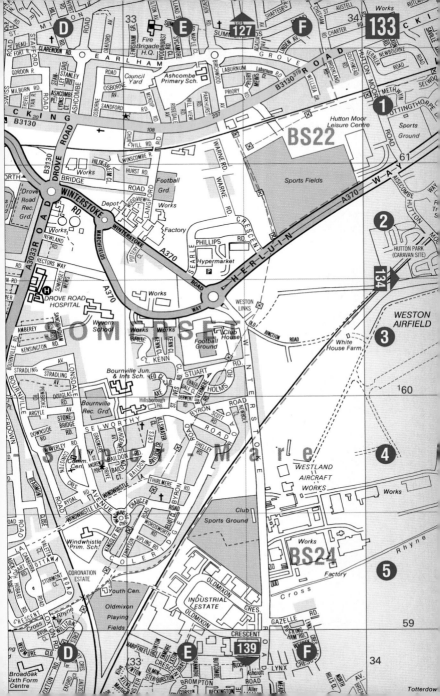

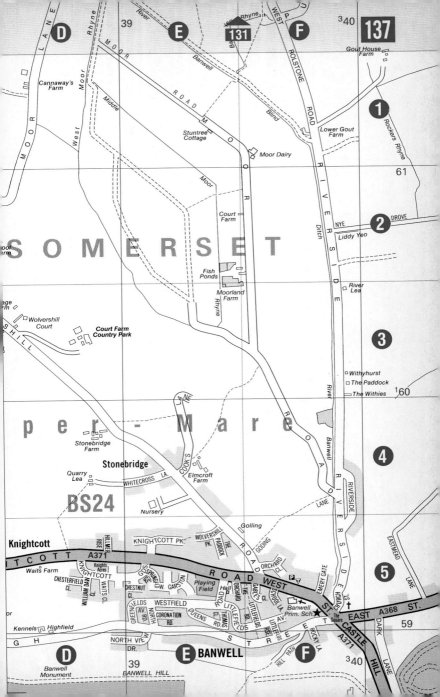

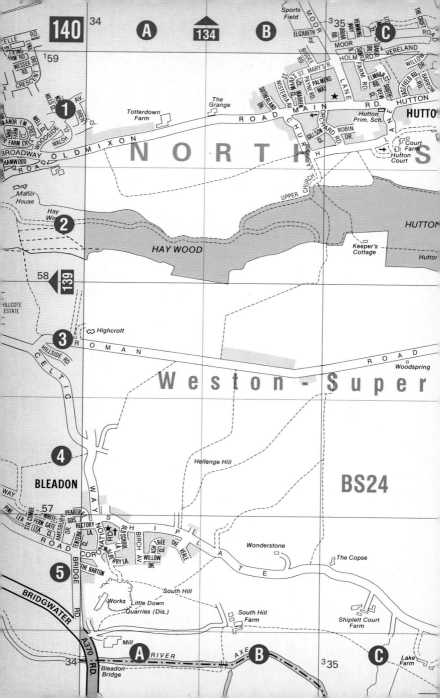

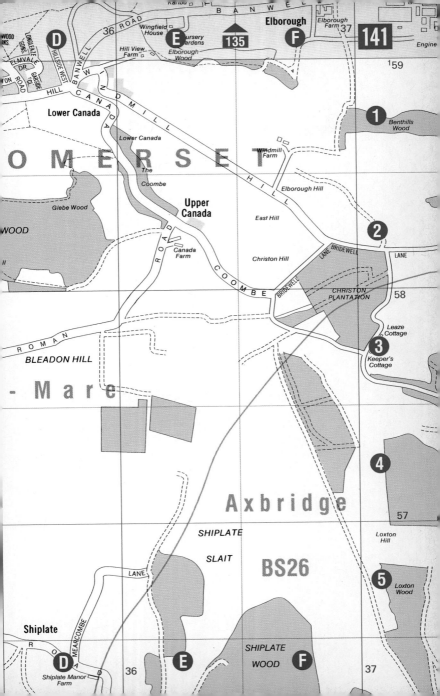

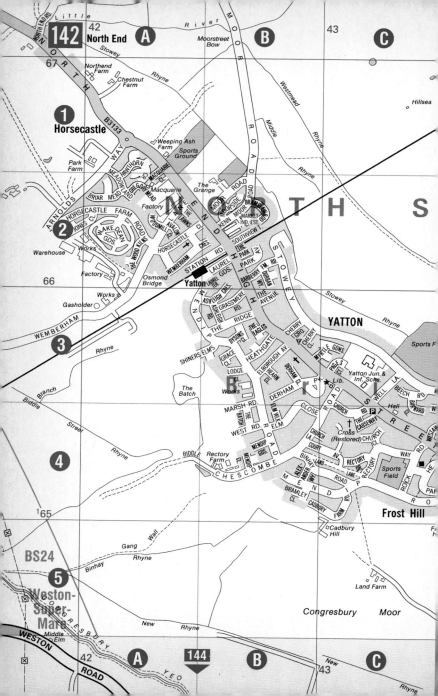

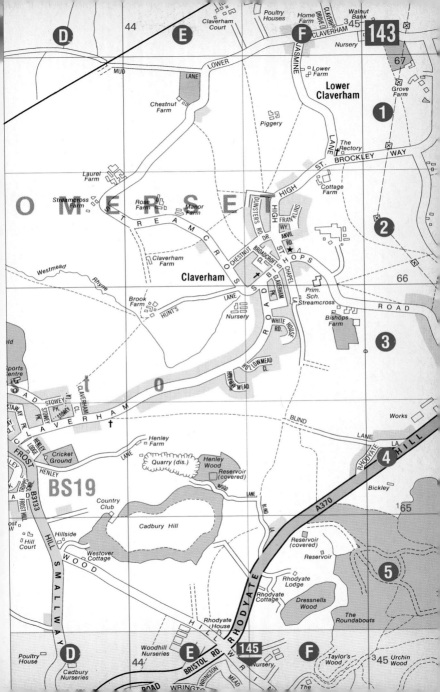

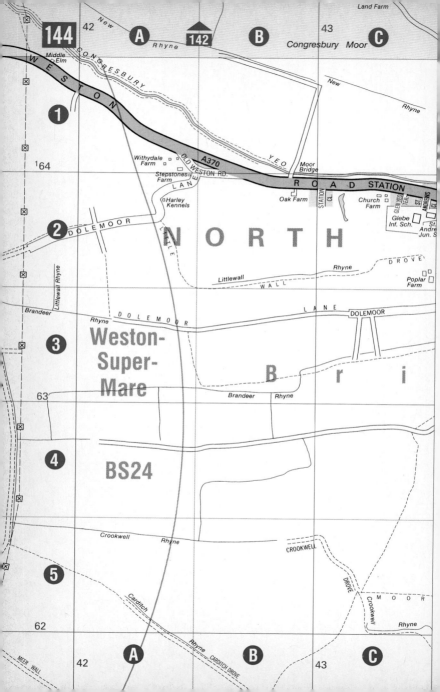

Land Farm

Middle
Elm

CONGRESBURY

Rhyne

New

WESTON

1

Rhyne

'64

YEO

Withydale
Farm

OLD WESTON RD. A370

Moor
Bridge

Stepstones
Farm

R O A D   S T A T I O N

LAN

Oak Farm

STATION CL.

Church
Farm

GLEN YEO TERR.

ST. ANDREWS

Harley
Kennels

Glebe
Inf. Sch.

St.
Andre
Jun. S

2 DOLEMOOR

N   O   R   T   H

DROVE

LITTLE

Littlewall

Rhyne

Poplar
Farm

WALL

Littlewall Rhyne

Brandeer

L A N E

DOLEMOOR

**Weston-
Super-
Mare**

Rhyne

DOLEMOOR

DOLEMOOR

3

B r i

63

Brandeer

Rhyne

4

BS24

Crookwell

Rhyne

CROOKWELL

5

DROVE

M O O R

62

Carditch

Crookwell

Rhyne

Rhyne CARDITCH DROVE

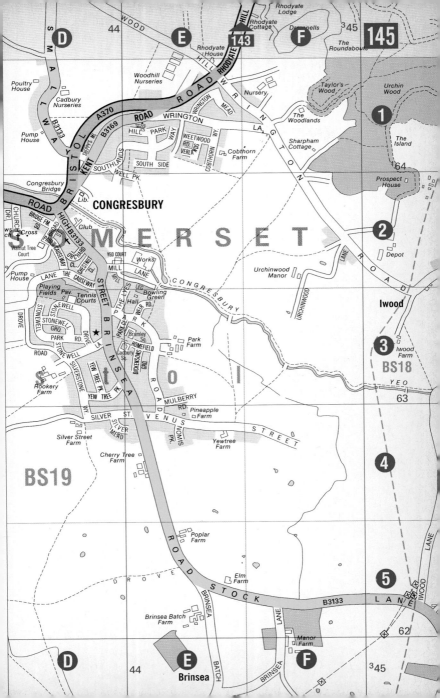

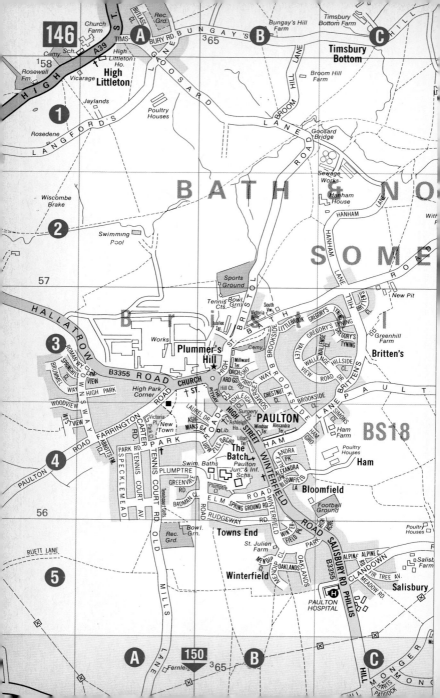

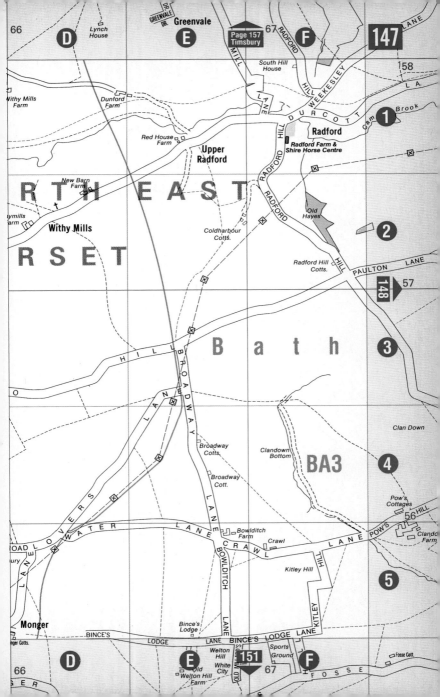

GREENVALE DR
Greenvale

MILL LANE

South Hill House

RADFORD

WEEKESLEY LANE   LA.

Withy Mills Farm

Dunford Farm

DURCOTT

cam   Brook

1

Radford

Red House Farm

Upper Radford

RADFORD HILL

Radford Farm & Shire Horse Centre

RT H   E A S T

New Barn Farm

Old Hayes

2

ymills arm

Withy Mills

RADFORD HILL

Coldharbour Cotts.

Radford Hill Cotts.

PAULTON   LANE

R S E T

148   57

HILL   LANE

BROADWAY   LANE

B a t h

3

O

Clan Down

Broadway Cotts.

Clandown Bottom

BA3

4

Broadway Cott.

Pow's Cottages

56   HILL

WATER   LANE

LANE LOVERS

ROAD

Bowlditch Farm

Crawl

POW'S   LANE

Clando Farm

Kitley Hill

5

bury

CRAWL

BOWLDITCH   LANE

KITLEY LANE

Monger

BINCE'S   LODGE   LANE

Bince's Lodge

Sports Ground

nger Cotts.

Old Welton Hill Farm   BINCE'S LODGE LANE   FOSSE

ER

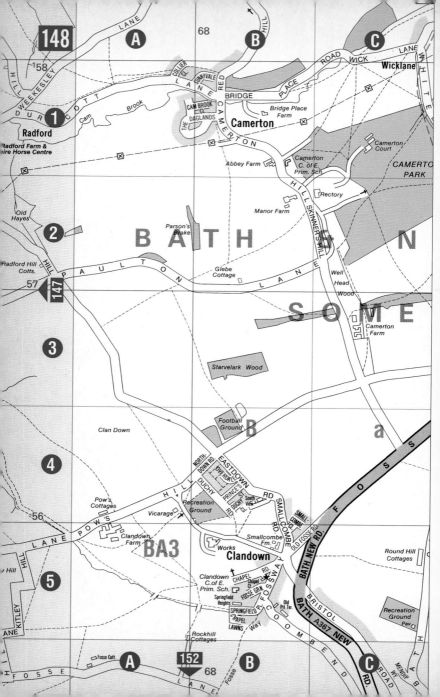

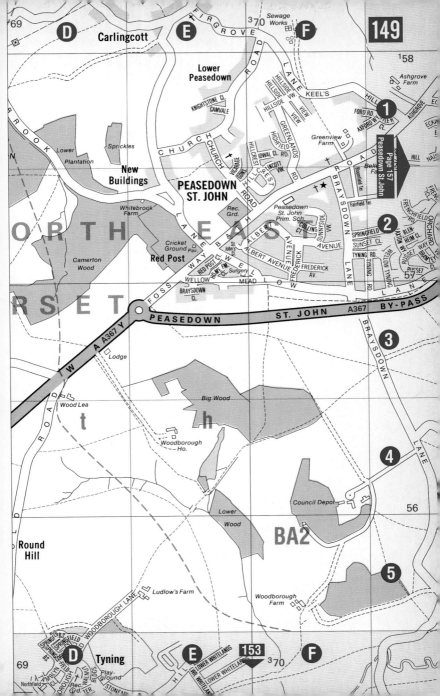

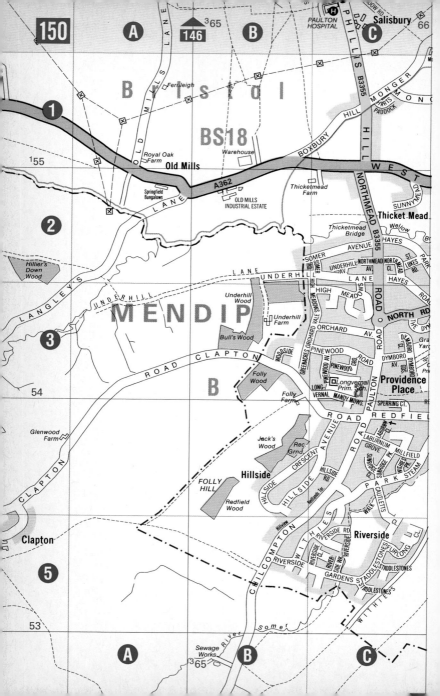

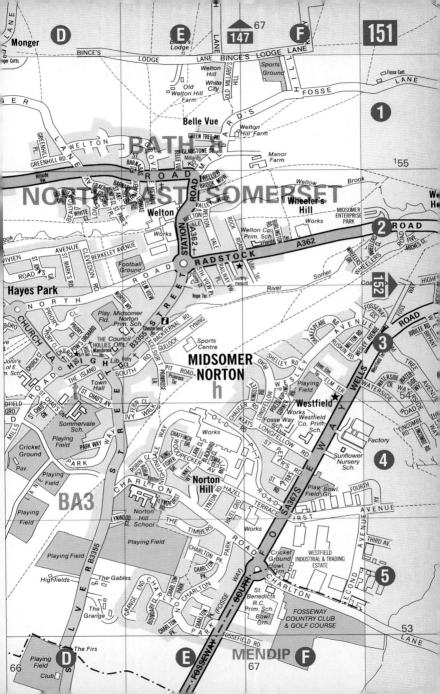

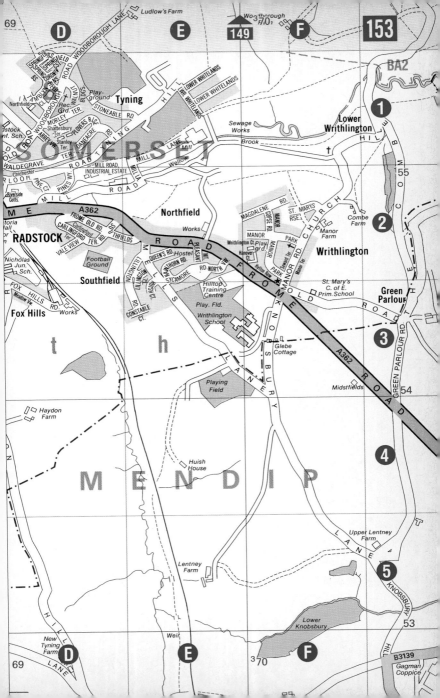

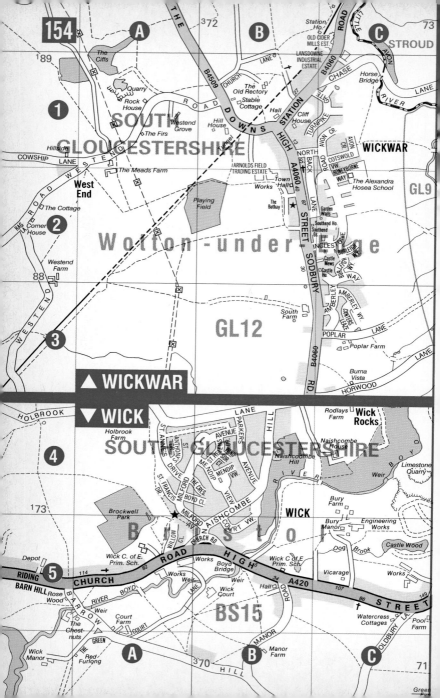

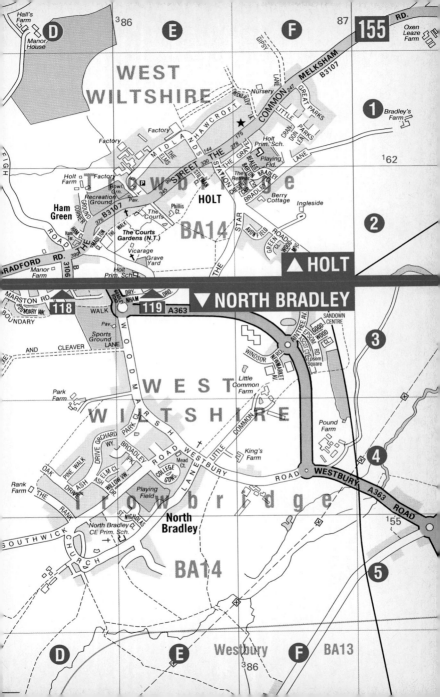

Ⓐ Ⓑ Ⓒ

1

WEST HAY ROAD
CHAPEL WK.
ROPER'S
ORCHARD
YEOMANS
47
HOME CL.
ORCHARD CL.
ROAD
LA.
WRINGTON

Le Moigne's
ALBURYS
HIGH
ST.
Maines Batch
WILK.
BELTS
Sch.

NORTH
SOMERSET
LADYWELL
BROAD ST.
SILVER
SCHOOL
LAWRENCE RD.
SOUTH MEADOWS
SOUTH MEADOWS
RD.

Court
Farm
TRANGLE
CHURCH
WLK.
BAKER'S
BUILDINGS
MORE CL.
HANNAH
BRICKYARD RD.

Sewage Works
WILTONS
BROOKLYN
THE COTTAGES
CHURCH
WLK.
THE GLEBE
GARSTONS CL.
GARSTONS
WRINGTON

Piggery
WESTWARD
BATCH STATION
OLD STA.
THE GLEBE
GARSTONS CL.
ORCHARD
GREEN
Tennis
Courts
Sports
Ground

B
KINGS RD.
Butt's Batch
GARSTON'S
Works
GREEN
GARSTONS

Congresbury
Yeo
BS18
COX'S
COX'S GREEN
Oakdene
Farm

2

▲ **WRINGTON**

Beam
Bridge
Weir
Beam Mill
BUTT'S
COX'S GREEN
Towerhead
Brook

▼ **WINSCOMBE**

SHIPHAM
LANE

3
RAILWAY
THE GROVE
SANDFORD
Sloughpit
Farm

EVER-
GREEN CL.

MOORHAM
ASH CL.
OAK
Winscombe Woodborough
Primary School

Lox
Yeo
River
¹58
OMEFIELD
PLUM TREE
ROAD
HOMESTEAD
CLOSE
RD.

NORTH SOMERSET
BIDDLE
WELL
ROAD
Woodborough
Greenhill
Farm

4
BANWELL
A371 ROAD
Mooseheart
WALK
KNAPPS DR.
KNAPPS CL.
Robiyn Ct.
HIPPONS WK.
WOODBOROUGH
ROAD
WOODBOROUGH WY.
BRIMRIDGE RD.
BELMONT
BRAE RISE
BRAE
HILLYFIELDS
ROAD

Mill Pond
Cottage
Nut Tree
Farm
66
HILLYFIELDS
APPLE
TREE DR.
SOUTHMEAD
RISEDALE RD.
BRAE
BRISTOL

Five Springs
Cottage
WOODBOROUGH ROAD
WINSCOMBE
THE GREEN
SIDCOT
Sewell
House
Sidcot
School

Winscombe
Brook
73
ROAD
A371 LANE
Coombe
Farm

Winscombe
ASHLEY CL.
CR.
ASHLEY
THE CHESTNUTS
A371
FOUNTAIN
LA.
OAKRIDGE

5
THE
BARTON RD.
LYNCH CR.
YADLEY CL.
THE VINNY
Playing Field
Sidcot

BS25
YADLEY
MEAD
YADLEY CL.
Football
Ground
BRIDGWATER
ROAD
A38
OAKRIDGE CL.
OAKRIDGE LA.

Westlands
57
CHURCH
Winscombe
Brook
Laurel
Farm
Club Ho.
Memorial
Rec. Grd.
SOUTH-
LEAZE
Camping &
Caravan
Site

The Square
PARSONS WY.
Ⓐ
³42
FULLERS
LANE
RAILWAY
WALK
Ⓑ
BRIDGWATER
LANE
Ⓒ

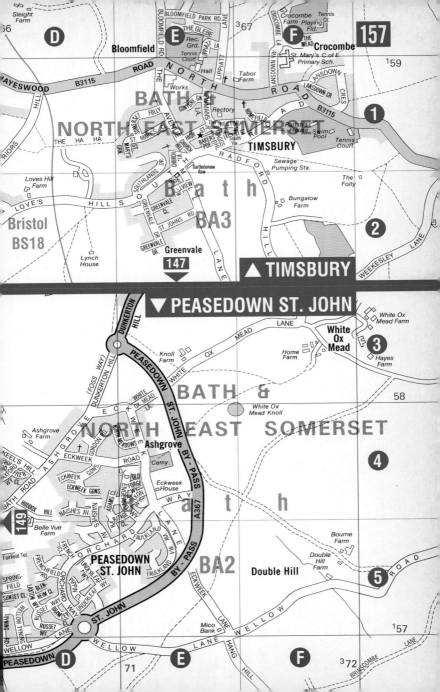

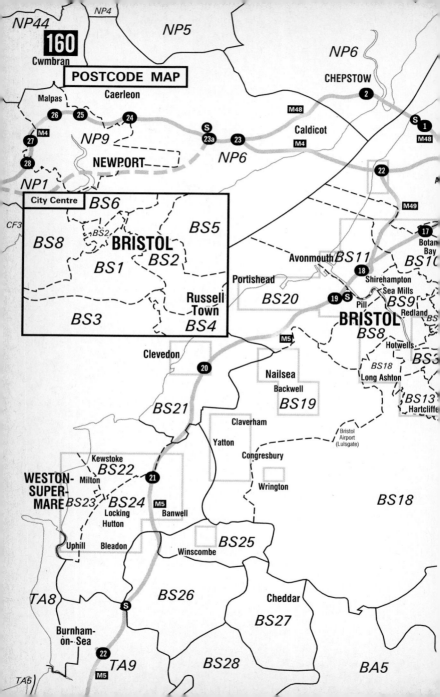

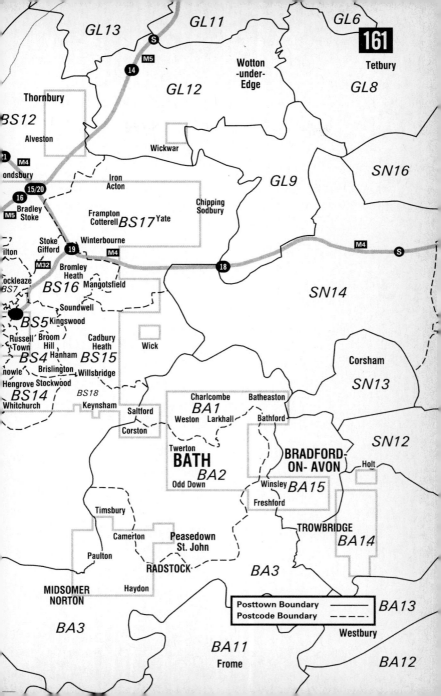

161

GL13

GL11

GL6

Tetbury

GL8

S

M5

14

Wotton
-under-
Edge

GL12

Thornbury

BS12

Alveston

Wickwar

SN16

1

M4

ondsbury

Iron
Acton

GL9

15/20

16

M5

Bradley
Stoke

Frampton
Cotterell *BS17* Yate

Chipping
Sodbury

ilton

Stoke
Gifford

Winterbourne

M4

M4

S

19

M32

Bromley
Heath

18

SN14

ockleaze
BS7

BS16

Mangotsfield

Soundwell

BS5

Kingswood

Russell
Town

Broom
Hill

Cadbury
Heath

Corsham

BS4

Hanham

BS15

Wick

SN13

nowle

Brislington

Willsbridge

Hengrove Stockwood

BS18

BS14

Whitchurch

Keynsham

Saltford

Charlcombe

BA1

Batheaston

SN12

Weston

Larkhall

Bathford

Corston

BRADFORD-
ON- AVON

Twerton

BATH

BA2

Winsley

BA15

Holt

Odd Down

Freshford

Timsbury

TROWBRIDGE

BA14

Camerton

Peasedown
St. John

Paulton

RADSTOCK

BA3

MIDSOMER
NORTON

Haydon

| Posttown Boundary | ——— |
| Postcode Boundary | - - - |

BA13

BA3

Westbury

BA11

Frome

BA12

INDEX TO PLACES & AREAS

with their map square reference

NOTES

1. Names in this Index shown in CAPITAL LETTERS followed by their Postcode District(s), are Postal Addresses.

2. The places & areas index reference indicates the approximate centre of the town or place and not where the name occurs on the map.

A
ABBOTS LEIGH. (BS8)
—3E **67**
ALMONDSBURY. (BS12)
—2D **11**
ALVESTON. (BS12) —2B **8**
Alveston Down. —2A **8**
ARNO'S VALE. (BS4)
—1D **81**
Ashgrove. —4D **157**
ASHLEY DOWN. (BS7)
—3A **58**
ASHTON GATE. (BS3)
—1C **78**
Ashton Hill. —4A **94**
Ashton Vale. —3B **78**
Ashton Watering. —5A **76**
AVONCLIFF. (BA15) —4F **113**
AVONMOUTH. (BS11)
—3D **37**
AZTEC WEST. (BS12)
—4C **10**

B
BACKWELL. (BS19)
—2D **125**
Backwell Common. —1D **125**
Backwell Green. —1F **125**
Bailbrook. —3D **101**
BANWELL. (BS24) —5F **137**
BAPTIST MILLS. (BS2)
—5C **58**
BARRS COURT. (BS15)
—5B **74**
BARTON HILL. (BS5)
—4D **71**
Batch, The. —4B **146**
BATH. (BA1 to BA3)
—3B **106**
BATHAMPTON. (BA2)
—5A **102**
BATHEASTON. (BA1)
—3A **102**
BATHFORD. (BA1) —4D **103**
BATHWICK. (BA2) —2C **106**
Beacon Hill. —5B **100**
Bear Flat. —5A **106**
BEDMINSTER. (BS3) —2E **79**
BEDMINSTER DOWN. (BS13)
—5C **78**
Beechen Cliff. —4A **106**
Belle Vue. —1E **151**
Berwick. —3F **23**
BISHOPSTON. (BS7) —4F **57**
BISHOPSWORTH. (BS13)
—2C **86**
BITTON. (BS15) —5F **85**
Blackhorse. —4C **46**
Blaise Hamlet. —2F **39**
BLEADON. (BS24) —5A **140**
Bloomfield. —2E **109**
(Bath)
Bloomfield. —4B **146**
(Paulton)
Bloomfield. —1E **157**
(Timsbury)
Botany Bay. —5B **24**
Bower Ashton. —1A **78**
BRADFORD-ON-AVON.
(BA15) —3D **115**
BRADLEY STOKE. (BS12)
—1E **27**
BRENTRY. (BS10) —1D **41**

BRIDGEYATE. (BS15)
—3F **75**
Brinsea. —5E **145**
BRISLINGTON. (BS4)
—3A **82**
BRISTOL. (BS1 to BS20)
—3F **69**
Britten's. —3C **146**
Broad Mead. —5D **27**
BROCKLEY. (BS19) —5A **124**
Bromley Heath. —3F **45**
Broomhill. —1B **60**
(North Bristol)
Broom Hill. —2B **82**
(South Bristol)
Burchells Green. —1D **73**
Butts Batch. —2B **156**

C
Cadbury Heath. —4D **75**
CAMERTON. (BA3) —1B **148**
Canon's Marsh. —4E **69**
CARLINGCOTT. (BA2)
—1D **149**
Catbrain. —3D **25**
CHARLCOMBE. (BA1)
—3A **100**
CHELVEY. (BS19) —3A **124**
Chelvey Batch. —5B **124**
Chester Park. —5D **61**
CHIPPING SODBURY. (BS17)
—5D **19**
Church Town. —3E **125**
CLANDOWN. (BA3) —5B **148**
CLAVERHAM. (BS19)
—2F **143**
CLAVERTON DOWN. (BA2)
—1F **111**
Clay Bottom. —5F **59**
CLAY HILL. (BS5) —5A **60**
CLEVEDON. (BS21) —3D **121**
CLIFTON. (BS8) —5C **56**
CLIFTON WOOD. (BS8)
—4C **68**
COALPIT HEATH. (BS17)
—3E **31**
Cockshot Hill. —5A **62**
Colt's Green. —1F **35**
COMBE DOWN. (BA2)
—3C **110**
Compton Greenfield. —1B **24**
CONGRESBURY. (BS19)
—2D **145**
Conham. —5B **72**
Conkwell. —1C **112**
COOMBE DINGLE. (BS9)
—5F **39**
CORSTON. (BA2) —5D **95**
COTHAM. (BS6) —1E **69**
Crew's Hole. —3A **72**
Crocombe. —1F **157**
Crofts End. —1A **72**
Crook's Marsh. —1C **22**
Crossways. —2F **7**

D
Dean Hill. —4A **98**
Dings, The. —4C **70**
Double Hill. —5F **157**
DOWNEND. (BS16) —1A **62**
Drynham. —5E **119**
DUNDRY. (BS18) —4A **86**

E
East Clevedon. —3F **121**
East End. —4F **123**
EASTER COMPTON. (BS12)
—1D **25**
Eastfield. —5D **41**
EASTON-IN-GORDANO.
(BS20) —3C **52**
EAST ROLSTONE. (BS24)
—4F **131**
East Twerton. —3E **105**
EASTVILLE. (BS5) —5E **59**
Elborough. —5F **135**
Emerson's Green. —1D **63**
Engine Common. —1E **17**
ENGLISHCOMBE. (BA2)
—2A **108**

F
Fairfield Park. —4B **100**
Farleigh. —1F **125**
FILTON. (BS12) —1C **42**
Filwood Park. —4A **80**
FISHPONDS. (BS16) —3C **60**
Flaxpits. —4A **30**
Forewoods Common.
—1B **116**
Fox Hills. —3D **153**
FRAMPTON COTTERELL.
(BS17) —1C **30**
Frampton End. —1E **31**
FRENCHAY. (BS16) —5D **45**
FRESHFORD. (BA3) —4C **112**
Frogland Cross. —2E **13**
Frost Hill. —4D **143**

G
GAUNT'S EARTHCOTT.
(BS12) —1D **13**
Golden Hill. —2E **57**
Goose Green. —2A **18**
GREAT ASHLEY. (BA15)
—1B **114**
Great Stoke. —4B **28**
Green Parlour. —3F **153**
Green Vale. —2E **157**
GROVESEND. (BS12) —5F **7**

H
Hacket, The. —3F **7**
HALLEN. (BS10) —5E **23**
Ham. —4C **146**
HAMBROOK. (BS16)
—2D **45**
Ham Green. —2D **155**
(West Wiltshire)
Ham Green. —3F **53**
(Woodspring)
HANHAM. (BS15) —5E **73**
Hanham Green. —2D **83**
Harry Stoke. —2A **44**
Hartcliffe. —4E **87**
HAYDON. (BA3) —4C **152**
Hayes Park. —2C **150**
Headley Park. —2F **87**
HENBURY. (BS10) —2A **40**
Henfield. —1F **47**
HENGROVE. (BS14) —2D **89**
HENLEAZE. (BS9) —2D **57**
Hicks Common. —4A **30**
Hicks Gate. —5E **83**
HIGH LITTLETON. (BS18)
—1A **146**

Highridge. —1A **86**
(Bristol)
Highridge. —4A **86**
(Woodspring)
Hillend. —5B **136**
Hillfields. —4D **61**
Hillside. —4B **150**
HILPERTON. (BA14)
—4F **117**
HILPERTON MARSH. (BA14)
—3E **117**
HOLT. (BA14) —1F **155**
HORFIELD. (BS7) —1A **58**
Horsecastle. —2A **142**
HOTWELLS. (BS8) —5C **68**
HUTTON. (BS24) —1C **140**

I
Inn's Court. —1F **87**
IRON ACTON. (BS17)
—2F **15**
Ivory Hill. —5C **30**
IWOOD. (BS18) —3F **145**

J
Jeffries Hill. —5C **72**

K
KELSTON. (BA1) —1E **95**
Kendleshire. —1C **46**
Kensington Park. —2E **81**
KEWSTOKE. (BS22) —2F **127**
KEYNSHAM. (BS18) —2A **92**
KINGSDOWN. (BS2) —2E **69**
KINGSWOOD. (BS15)
—2A **74**
Knightcott. —5D **137**
KNOWLE. (BS4 & BS14)
—3D **81**
Knowle Park. —4D **81**

L
Lambridge. —5D **101**
LANSDOWN. (BA1) —1C **98**
LARKHALL. (BA1) —4C **100**
Latteridge. —1C **14**
LAWRENCE WESTON. (BS11)
—3C **38**
LEIGH WOODS. (BS8)
—4F **67**
Lilliput. —1C **34**
LIMPLEY STOKE. (BA3)
—3B **112**
LITTLE STOKE. (BS12)
—3F **27**
LOCKING. (BS24) —4E **135**
Lockleaze. —5E **43**
Lodway. —2E **53**
LONG ASHTON. (BS18)
—4B **76**
Longfield. —3D **119**
LONGWELL GREEN. (BS15)
—2B **84**
Lower Almondsbury. —1C **10**
Lower Canada. —1D **141**
LOWER CLAVERHAM. (BS19)
—1F **143**
Lower Easton. —1E **71**
LOWER HAZEL. (BS12)
—4A **8**
Lower Knowle. —3A **80**
Lower Peasedown. —1E **149**

LOWER WESTON. (BA1)
—2D **105**
Lower Writhlington. —1F **153**
Lyde Green. —4F **47**
Lye Green. —5B **114**
Lyncombe Hill. —5B **106**
Lyncombe Vale. —1B **110**

Maines Batch. —1C **156**
MANGOTSFIELD. (BS17)
—2C **62**
Mayfield Park. —5C **60**
May's Green. —2F **131**
Mayshill. —5A **16**
MIDFORD. (BA2) —5C **110**
MIDSOMER NORTON. (BA3)
—3D **151**
MILTON. (BS22) —4A **128**
MILTON HILL. (BS22)
—2F **127**
Monger. —1C **150**
MONKTON COMBE. (BA2)
—3F **111**
MONTPELIER. (BS6) —5F **57**
Moorend. —2A **46**
Moorfields. —2E **71**
Moorlands. —1E **109**
Morton. —2E **7**
Mount Hill. —4B **74**
Murhill. —3E **113**

NAILSEA. (BS19) —3D **123**
Netham. —4F **71**
Newbridge. —1B **104**
New Buildings. —2D **149**
NEW CHELTENHAM. (BS15)
—1B **74**
Newleaze. —2D **43**
New Passage. —1B **20**
NEWTON ST LOE. (BA2)
—5F **95**
NEWTOWN. (BS2) —3C **70**
Nibley. —5C **16**
NORTH BRADLEY. (BA14)
—4E **155**
North Common. —4F **75**
North Corner. —5B **14**
NORTH END. (BA1) —1A **102**
Northfield. —2E **153**
NORTHVILLE. (BS7) —3C **42**
North Weston. —5E **49**
Norton. —1A **128**
Norton Hill. —4E **151**

Odd Down. —3E **109**
Oldfield Park. —4F **105**
Oldland. —1E **85**
OLDLAND COMMON. (BS15)
—2E **85**
Old Mills. —1A **150**
Oldmixon. —1F **139**
Oval, The. —1D **109**
Over. —4A **10**
Overhill. —4F **53**

Palmer's Elm. —1E **131**
Park Corner. —5B **112**
Parkfield. —1C **64**
Parkway. —1A **44**
PATCHWAY. (BS12) —3E **27**
PAULTON. (BS18) —4B **146**
PEASEDOWN ST JOHN.
(BA2) —2F **149**
Perrymead. —1C **110**
Pilemarsh. —3F **71**
PILL. (BS20) —3E **53**
Pipehouse. —5A **112**

Plummers Hill. —3A **146**
Pomphrey. —2D **63**
PORTBURY. (BS20) —4A **52**
Portbury Wharf. —2C **50**
PORTISHEAD. (BS20)
—4F **49**
Potterswood. —3E **73**
Primrose Hill. —5E **99**
Providence. —3B **76**
Providence Place. —3C **150**
PUCKLECHURCH. (BS17)
—2D **65**
Purn. —4E **139**
Pye Corner. —1F **45**

QUEEN CHARLTON. (BS18)
—5C **90**

RADSTOCK. (BA3) —2C **152**
Ram Hill. —5F **31**
Redcliff Bay. —4A **48**
REDFIELD. (BS5) —2F **71**
REDLAND. (BS6) —4E **57**
Red Post. —2E **149**
Redwick. —1C **20**
Ridge, The. —4B **18**
Ridgeway. —5B **60**
Riverside. —5C **150**
Rocks, The. —1B **18**
Rodford. —2F **33**
Rodway Hill. —3C **62**
Rolstone. —4D **131**
Rose Green. —5F **59**
Round Hill. —5C **148**
RUDGEWAY. (BS12) —5A **8**
Rush Hill. —2D **109**
Russell Town. —3D **71**

ST ANDREWS. (BS6)
—5F **57**
ST ANNE'S. (BS4) —5F **71**
ST ANNE'S PARK. (BS4)
—5A **72**
ST GEORGE. (BS5) —2B **72**
ST GEORGE'S. (BS22)
—3B **130**
ST PAUL'S. (BS2) —2B **70**
ST PHILIP'S MARSH. (BS2)
—5D **71**
Salisbury. —5C **146**
SALTFORD. (BS18) —1A **94**
SEA MILLS. (BS9) —1E **55**
SEVERN BEACH. (BS12)
—4B **20**
Sharpstone. —5B **112**
Sheepway. —3D **51**
SHIREHAMPTON. (BS11)
—1A **54**
Shockerwick. —1F **103**
Shortwood. —2F **63**
Sidcot. —5B **156**
Sion Hill. —5F **99**
Siston. —4B **64**
Siston Common. —1C **74**
Sladebrook. —1D **109**
SNEYD PARK. (BS9) —4F **55**
Somerdale. —1B **92**
SOUNDWELL. (BS16)
—4A **62**
SOUTH DOWN. (BA2)
—1C **108**
Southfield. —2D **153**
South Lyncombe. —1A **110**
SOUTHMEAD. (BS10)
—3E **41**
SOUTH STOKE. (BA2)
—5A **110**
South Twerton. —5E **105**

SOUTHVILLE. (BS3) —1E **79**
SPEEDWELL. (BS5) —1C **72**
Stanshawe. —1A **34**
STAPLE HILL. (BS16)
—3F **61**
STAPLETON. (BS16) —2F **59**
STAVERTON. (BA14)
—1D **117**
STOCKWOOD. (BS14)
—3A **90**
Stockwood Vale. —2E **91**
STOKE BISHOP. (BS9)
—2F **55**
STOKE GIFFORD. (BS12)
—5B **28**
Stonebridge. —4D **137**
Stone-edge Batch. —1B **122**
Stone Hill. —1A **84**
Stover. —4D **17**
Studley Green. —4A **118**
SWAINSWICK. (BA1)
—1D **101**

Thicket Mead. —2C **150**
THORNBURY. (BS12) —4C **6**
Thornbury Park. —2C **6**
TICKENHAM. (BS21)
—2A **122**
TIMSBURY. (BA3) —1E **157**
Timsbury Bottom. —1C **146**
TOTTERDOWN. (BS3 & BS4)
—1B **80**
Towns End. —5B **146**
TROWBRIDGE. (BA14)
—2D **119**
Trowle Common. —1A **118**
TURLEIGH. (BA15) —3A **114**
TWERTON. (BA2) —3C **104**
Twerton Hill. —1B **108**
Twomile Hill. —2D **73**
TYNDALL'S PARK. (BS8)
—3D **69**
Tyning. —1D **153**

UPHILL. (BS23) —1B **138**
Upper Canada. —2E **141**
Upper Easton. —2D **71**
Upper Eastville. —4A **60**
Upper Knowle. —2D **81**
UPPER MORTON. (BS12)
—1E **7**
Upper Soundwell. —4F **61**
Upper Studley. —5A **118**
UPPER SWAINSWICK. (BA1)
—1C **100**
Upper Weston. —3C **98**
UPPER WESTWOOD. (BA15)
—5A **114**

Victoria Park. —2D **69**
Villa Fields. —1C **106**
Vinney Green. —5C **46**

Walton St Mary. —1D **121**
Wapley. —5A **34**
WARMLEY. (BS15) —2D **75**
Warmley Hill. —2C **74**
Waterside. —3B **152**
Watley's End. —2B **30**
WAY WICK. (BS24) —4C **130**
Webbs Heath. —1F **75**
Welton. —2E **151**
Welton Hollow. —2A **152**
WESTBURY ON TRYM.
(BS9 & BS10) —5C **40**
WESTBURY PARK. (BS6)
—3C **56**

West End. —4B **120**
WESTERLEIGH. (BS17)
—5D **33**
Westfield. —3F **151**
WEST HEWISH. (BS24)
—1E **131**
WEST HILL. (BS19) —1E **123**
(Nailsea)
WEST HILL. (BS20) —3D **49**
(Portishead)
West Hill Gardens. —3A **152**
WESTON. (BA1) —5C **98**
Weston Park. —5D **99**
WESTON-SUPER-MARE.
(BS22 to BS24) —5B **126**
West Passage. —2A **154**
WEST TOWN. (BS19)
—3C **124**
WEST WICK. (BS24)
—4A **130**
WESTWOOD. (BA15)
—5A **114**
Wheeler's Hill. —2F **151**
WHITCHURCH. (BS14)
—4E **89**
WHITEHALL. (BS5) —1F **71**
White's Hill. —4C **72**
(Bristol)
Whiteshill. —1F **45**
(Northavon)
Whiteway. —2C **72**
(Kingswood)
WHITEWAY. (BA2) —4A **104**
(Twerton)
WICK. (BS15) —5B **154**
Wicklane. —1C **148**
Wick Rocks. —4C **154**
WICKWAR. (GL12) —1B **154**
Widbrook. —5F **115**
WIDCOMBE. (BA2)
—4C **106**
WILLSBRIDGE. (BS15)
—3C **84**
Windmill Hill. —1F **79**
WINSCOMBE. (BS25)
—4B **156**
WINSLEY. (BA15) —2F **113**
WINTERBOURNE. (BS17)
—3F **29**
WINTERBOURNE DOWN.
(BS17) —5A **30**
Winterfield. —5B **146**
Withy Mills. —2D **147**
Withywood. —4B **86**
Wolvers Hill. —2C **136**
Wolvershill Batch. —3C **136**
Woodborough. —4B **156**
Woodhill. —1F **49**
Woodlands. —2E **11**
Woodstock. —3A **74**
Woolley. —2F **115**
(Bradford-on-Avon)
WOOLLEY. (BA1) —1A **100**
(Swainswick)
Woolley Green. —1F **115**
WORLE. (BS22) —3D **129**
WORLEBURY. (BS22)
—3E **127**
WRINGTON. (BS18)
—1B **156**
WRITHLINGTON. (BA3)
—2F **153**

Yanley. —5D **77**
YATE. (BS17) —5A **18**
Yate Rocks. —1B **18**
YATTON. (BS19) —3C **142**

INDEX TO STREETS

HOW TO USE THIS INDEX

1. Each street name is followed by its Posttown or Postal Locality and then by its map reference;
   e.g. Abbeydale. *Wint* —3A **30** is in the Winterbourne Postal Locality and is to be found in square 3A on page **30**.
   The page number being shown in bold type.
   A strict alphabetical order is followed in which Av., Rd., St., etc. (though abbreviated) are read in full and as part of the
   street name; e.g. Abbotsbury Rd. appears after Abbots Av. but before Abbots Clo.

2. Streets and a selection of Subsidiary names not shown on the Maps, appear in the index in *Italics* with the
   thoroughfare to which it is connected shown in brackets; e.g. *Abbey Chambers. Bath* —3B **106** (off York St.)

3. The page references shown in brackets indicate those streets that appear on the large scale map pages 4-5 and 96-97;
   e.g. Abbey Ct. *Bath* —2C **106** (2E **97**) appears in square 2C on page **106** and also appears in the enlarged
   section in square 2E on page **97**.

GENERAL ABBREVIATIONS

All : Alley
App : Approach
Arc : Arcade
Av : Avenue
Bk : Back
Boulevd : Boulevard
Bri : Bridge
B'way : Broadway
Bldgs : Buildings
Bus : Business
Cvn : Caravan
Cen : Centre
Chu : Church
Chyd : Churchyard
Circ : Circle

Cir : Circus
Clo : Close
Comn : Common
Cotts : Cottages
Ct : Court
Cres : Crescent
Dri : Drive
E : East
Embkmt : Embankment
Est : Estate
Gdns : Gardens
Ga : Gate
Grn : Green
Gt : Great
Gro : Grove

Ho : House
Ind : Industrial
Junct : Junction
La : Lane
Lit : Little
Lwr : Lower
Mnr : Manor
Mans : Mansions
Mkt : Market
M : Mews
Mt : Mount
N : North
Pal : Palace
Pde : Parade
Pk : Park

Pas : Passage
Pl : Place
Quad : Quadrant
Rd : Road
S : South
Sq : Square
Sta : Station
St : Street
Ter : Terrace
Trad : Trading
Up : Upper
Vs : Villas
Wlk : Walk
W : West
Yd : Yard

POSTTOWN AND POSTAL LOCALITY ABBREVIATIONS

Abb L : Abbots Leigh
Alm : Almondsbury
Alv : Alveston
Arn V : Arnos Vale
Ash D : Ashley Down
Asht : Ashton
Ash G : Ashton Gate
Avon : Avoncliff
A'mth : Avonmouth
Azt W : Aztec West
Back : Backwell
Bann : Bannerdown
Ban : Banwell
Bap M : Baptist Mills
Bar C : Barrs Court
Bar H : Barton Hill
Bath : Bath
B'ptn : Bathampton
Bathe : Batheaston
Bathf : Bathford
Bathw : Bathwick
Bedm : Bedminster
Bed D : Bedminster Down
Bishop : Bishopston
B'wth : Bishopsworth
Bit : Bitton
B'don : Bleadon
Brad A : Bradford-on-Avon
Brad S : Bradley Stoke
Bren : Brentry
Brisl : Brislington
Bris : Bristol
B'ley : Brockley
C'ton : Camerton
Charl : Charlcombe
C'vey : Chelvey
Chip S : Chipping Sodbury
Chit : Chittening
C'chu : Christchurch
Clan : Clandown
C'tn : Clapton
Clav : Claverham
Clav D : Claverton Down

Clay H : Clay Hill
C've : Cleeve
Clev : Clevedon
Clif : Clifton
Clif W : Clifton Wood
Clut : Clutton
Coal H : Coalpit Heath
Cod : Codrington
C Down : Combe Down
C Hay : Combe Hay
Cong : Congresbury
C Din : Coombe Dingle
Cor : Corston
Cot : Cotham
Crom : Cromhall
Dod : Dodington
Down : Downend
Dun : Dundry
E Comp : Easter Compton
E'tn : Easton
E'ton G : Easton-in-Gordano
Eastv : Eastville
E Grn : Emersons Green
Eng : Englishcombe
Fail : Failand
Far G : Farrington Gurney
Fil : Filton
Fish : Fishponds
Fram C : Frampton Cotterell
Fren : Frenchay
F'frd : Freshford
G'bnk : Greenbank
Grov : Grovesend
Hall : Hallatrow
H'len : Hallen
Ham : Hambrook
Han : Hanham
Hawk B : Hawkfield Bus. Park
Hay : Haydon
Hen : Henbury
H'gro : Hengrove
Henl : Henleaze
Hew : Hewish

High L : High Littleton
Hil : Hilperton
Hil M : Hilperton Marsh
Holt : Holt
Hor : Horfield
Hot : Hotwells
Hut : Hutton
Iron A : Iron Acton
Kel : Kelston
Ken : Kendleshire
Kew : Kewstoke
Key : Keynsham
Kngdn : Kingsdown (Bath)
K'dwn : Kingsdown (Bristol)
K'wd : Kingswood
Know : Knowle
L'dwn : Lansdown
Lark : Larkhall
Law H : Lawrence Hill
Law W : Lawrence Weston
L Wds : Leigh Woods
Lim S : Limpley Stoke
Lit S : Little Stoke
L Sev : Littleton-upon-Severn
Lock : Locking
L Ash : Long Ashton
L Grn : Longwell Green
Lwr W : Lower Weston
L W'wd : Lower Westwood
Mang : Mangotsfield
Mid : Midford
Mid N : Midsomer Norton
Mil : Milton
Mon C : Monkton Combe
Mont : Montpelier
Nail : Nailsea
New C : New Cheltenham
N Brad : North Bradley
Nthnd : Northend
N'vle : Northville
Old C : Oldland Common
Old S : Old Sodbury
Pat : Patchway

Paul : Paulton
Pea J : Peasedown St John
Pill : Pill
Piln : Pilning
P'bry : Portbury
P'head : Portishead
Puck : Pucklechurch
Rads : Radstock
Redc : Redcliffe
Redf : Redfield
Redl : Redland
Rudg : Rudgeway
St Ag : St Agnes
St And : St Andrews
St Ap : St Annes Park
St Aug : St Augustines
St G : St George
St Geo : St Georges
St Ja : St James
St Jud : St Judes
St Pa : St Pauls
St Ph : St Philips
St Pm : St Philips Marsh
St W : St Werburghs
Salt : Saltford
Sea M : Sea Mills
Sev B : Severn Beach
Shire : Shirehampton
S Park : Sneyd Park
Soun : Soundwell
S'dwn : Southdown
S'mead : Southmead
S'ske : Southstoke
S'vle : Southville
S'wll : Speedwell
Stap H : Staple Hill
Stap : Stapleton
Stav : Staverton
Stoc : Stockwood
Stok B : Stoke Bishop
Stok G : Stoke Gifford
Swain : Swainswick
Tem M : Temple Meads

Posttown and Postal Locality Abbreviations

T'bry : Thornbury
Tic : Tickenham
Tim : Timsbury
Tot : Totterdown
Trow : Trowbridge
Tur : Turleigh
Twer A : Twerton on Avon
Tyn P : Tyndalls Park
Tyth : Tytherington
Uph : Uphill
Up Swa : Upper Swainswick
Up W : Upper Westwood

War : Warmley
W Trym : Westbury-on-Trym
W'bry P : Westbury Park
W'lgh : Westerleigh
W'fld I : Westfield Ind. Est.
W Hill : West Hill
W'ton : Weston
W Mare : Weston-super-Mare
W Town : West Town
W'wd : Westwood
W'chu : Whitchurch
W'hall : Whitehall

Whit B : White Horse
     Bus. Park
W'way : Whiteway
Wick : Wick
Wick L : Wick St Lawrence
Wickw : Wickwar
Wid : Widcombe
Will : Willsbridge
Wins : Winscombe
W'ley : Winsley
Wint : Winterbourne
Wint D : Winterbourne Down

W'ly : Woolley
Wor : Worle
Worl : Worlebury
Wrax : Wraxall
Wrin : Wrington
Writ : Writhlington
Yarn : Yarnbrook
Yate : Yate
Yat : Yatton

INDEX TO STREETS

Abbey Chambers. Bath
  (off York St.) —3B **106**
Abbey Chu. Ho. Bath
  (off Hetling Ct.) —3A **106**
Abbey Chu. Yd. Bath
  (off Cheap St.) —3B **106**
Abbey Clo. *Key* —1A **92**
Abbey Ct. *Bath*
  —2C **106** (2E **97**)
Abbey Ct. *St Ap* —5B **72**
Abbey Courtyard. Bath
  —3B **106**
Abbeydale. *Wint* —3A **30**
Abbeygate St. *Bath*
  —3B **106** (4C **96**)
Abbey Grn. *Bath*
  —3B **106** (4C **96**)
Abbey Ho. *Yate* —2F **33**
Abbey La. *Alv* —1E **9**
Abbey La. *F'frd* —5B **112**
Abbey Pk. *Key* —2B **92**
Abbey Rd. *Bris* —1B **56**
Abbey St. Bath —3B 106
  (off York St.)
Abbey View. Bath
  —4C **106** (5F **97**)
Abbey View. *Rads* —1D **153**
Abbey View Gdns. Bath
  —4C **106** (5E **97**)
Abbeywood Dri. *Bris* —2E **55**
Abbots Av. *Bris* —1E **83**
Abbotsbury Rd. *Nail*
  —4C **122**
Abbots Clo. *Bris* —5C **88**
Abbot's Clo. W Mare
  —2E **129**
Abbotsford Rd. *Bris* —1D **69**
Abbots Horn. *Nail* —1D **122**
Abbots Leigh Rd. *Abb L*
  —2C **66**
Abbots Leigh Rd. *L Wds*
  —4F **67**
Abbots Rd. *Bris* —2E **83**
Abbots Way. *Bris* —1F **57**
Abbotswood. *Bris* —3F **73**
Abbotswood. *Yate* —2F **33**
Abbott Rd. *Sev B* —5B **20**
Abbotts Farm Clo. *Paul*
  —4A **146**
Aberdeen Rd. *Bris* —2D **69**
Abingdon Gdns. *Bath*
  —4E **109**
Abingdon Rd. *Bris* —4C **60**
Ableton Ct. *Brad S* —4B **20**
Ableton La. *H'ley* —1B **22**
Ableton La. *Sev B* —4B **20**
Ableton Wlk. *Bris* —2E **55**
Abon Ho. *Bris* —3E **55**
Abraham Clo. *Bris* —2D **71**
Abraham Fry Ho. *Bris*
  —3A **74**
Abson Rd. *Puck* —2E **65**
Acacia Av. *Bris* —3E **61**

Acacia Av. *W Mare* —5F **127**
Acacia Clo. *Bris* —4F **61**
Acacia Ct. *Key* —4E **91**
Acacia Cres. *Trow* —2B **118**
Acacia Gro. *Bath* —1D **109**
Acacia M. *Bris* —3F **61**
Acacia Rd. *Bris* —3F **61**
Acacia Rd. *Rads* —3B **152**
Accomodation Rd. *B'don*
  —5C **138**
Acorn Gro. *Bris* —2A **86**
Acraman's Rd. *Bris* —1E **79**
Acresbush Clo. *Bris* —3C **86**
Acton Rd. *Bris* —4C **60**
Adams Clo. *Pea J* —4D **157**
Adams Gdns. *Fram C*
  —1E **31**
Adams Hay. *Bris* —4F **81**
Adastral Rd. *Lock* —4B **136**
Adcroft Dri. *Trow* —1D **119**
Adcroft St. *Trow* —1D **119**
Addicott Rd. W Mare
  —2C **132**
Addiscombe Rd. *Bris*
  —3D **89**
Addiscombe Rd. W Mare
  —4C **132**
Addison Rd. *Bris* —2A **80**
Adelaide Pl. *Bath*
  —3C **106** (3F **97**)
Adelaide Pl. *Bris* —3B **60**
Adelaide Pl. *E'tn* —2D **71**
Adelaide Ter. *Bris* —3C **60**
Admirals Wlk. *P'head*
  —3D **49**
Agate St. *Bris* —2D **79**
Aiken St. *Bris* —4D **71**
Ainslie's Belvedere. Bath
  (off Caroline Pl.) —1A **106**
Aintree Av. *Whit B* —3F **155**
Aintree Dri. *Bris* —3B **46**
Air Balloon Rd. *Bris* —3C **72**
Airport Rd. *Bris* —1B **88**
Aisecombe Way. W Mare
  —2A **134**
Akeman Way. *Bris* —4E **37**
Alard Rd. *Bris* —1B **88**
Alastair Ct. *Trow* —3C **118**
Albany Bldgs. *Bris* —1E **79**
Albany Clo. *Trow* —5F **117**
Albany Ga. *Stok G* —4A **28**
Albany Rd. *Bath* —3C **104**
Albany Rd. *Bris* —1B **70**
Albany St. *Bris* —2E **73**
Albany Way. *Bris* —5E **75**
Albermarle Row. Bris
  —4B **68**
Albermarle Ter. *Bris* —4B **68**
Albert Av. *Pea J* —2F **149**
Albert Av. W Mare —2C **132**
Albert Cres. *Bris* —5C **70**
Albert Gro. *Bris* —2B **72**
Albert Mill. *Key* —4B **92**

Alberton Rd. *Bris* —1B **60**
Albert Pde. *Bris* —2F **71**
Albert Pk. *Bris* —1B **70**
Albert Pk. Pl. *Bris* —1A **70**
Albert Pl. *Bath* —3D **111**
Albert Pl. *Bedm* —2E **79**
Albert Pl. *W Trym* —5C **40**
Albert Quad. W Mare
  —5C **126**
Albert Rd. *Clev* —3C **120**
Albert Rd. *Han* —5F **73**
Albert Rd. *Key* —3A **92**
Albert Rd. *P'head* —3F **49**
Albert Rd. *Sev B* —4B **20**
Albert Rd. *Stap H* —2A **62**
Albert Rd. *St Ph* —1C **80**
Albert Rd. *Trow* —4F **117**
Albert Rd. W Mare —2C **132**
Albert St. *Bris* —2E **71**
Albert Ter. *Bath* —2F **105**
Albert Ter. *Twer A* —3D **105**
Albion Bldgs. *Bath* —2E **105**
Albion Clo. *Bris* —2B **62**
Albion Dockside Est. *Bris*
  —5D **69**
Albion Dri. *Trow* —2B **118**
Albion Pl. *Bath* —2F **105**
Albion Pl. *Bris* —4C **70**
Albion Pl. *St Ph*
  —3B **70** (2F **5**)
Albion Rd. *Bris* —1D **71**
Albion St. *Bris* —2E **71**
Albion Ter. *Bath* —2F **105**
Albion Ter. *Pat* —5D **11**
Alburys. *Wrin* —1B **156**
Alcove Rd. *Bris* —4A **60**
Aldeburgh Pl. *Trow* —4A **118**
Alder Clo. *Trow* —5B **118**
Aldercombe Rd. *Bris*
  —4E **39**
Alderdown Clo. *Bris* —4C **38**
Alder Dri. *Bris* —1A **72**
Alderley Rd. *Bath* —5B **104**
Aldermoor Way. *L Grn*
  —1A **84**
Alderney Av. *Bris* —1B **82**
Alders, The. Bris —3D **45**
  (off Marlborough Dri.)
Alder Ter. *Rads* —2B **152**
Alderton Rd. *Bris* —4A **42**
Alderton Way. *Trow*
  —5D **119**
Alder Way. *Bath* —4E **109**
Aldhelm Ct. *Brad A* —4F **115**
Aldwick Av. *Bris* —5E **87**
Alec Ricketts Clo. *Bath*
  —4A **104**
Alexander Bldgs. *Bath*
  —5C **100**
Alexander Way. *Yat*
  —4B **142**
Alexandra Clo. *Bris* —3F **61**
Alexandra Ct. *Clev* —2C **120**

Alexandra Gdns. *Bris* —3F **61**
Alexandra Pde. W Mare
  —1C **132**
Alexandra Pk. *Fish* —3B **60**
Alexandra Pk. *Paul* —4B **146**
Alexandra Pk. *Redl* —5E **57**
Alexandra Pl. *Bath* —3D **111**
Alexandra Pl. *Bris* —3F **61**
Alexandra Rd. *Bath* —4B **106**
Alexandra Rd. *Bed D*
  —1B **86**
Alexandra Rd. *Clev* —2C **120**
Alexandra Rd. *Clif* —2D **69**
Alexandra Rd. *Coal H*
  —2F **31**
Alexandra Rd. *Han* —5F **73**
Alexandra Rd. *W Trym*
  —4E **41**
Alexandra Ter. *Paul*
  —4B **146**
Alexandra Way. *T'bry* —1C **6**
Alford Rd. *Bris* —3E **81**
Alfred Hill. *Bris* —2F **69**
Alfred Lovell Gdns. *Bris*
  —1C **84**
Alfred Pde. *Bris* —2F **69**
Alfred Pl. *K'dwn* —2E **69**
Alfred Pl. *Redc* —5F **69**
Alfred Rd. *Bris* —2F **79**
Alfred Rd. *W'bry P* —3C **56**
Alfred St. *Bath*
  —2A **106** (1B **96**)
Alfred St. *Redf* —2E **71**
Alfred St. *St Ph* —4C **70**
Alfred St. W Mare —1C **132**
Algars Dri. *Iron A* —3A **16**
Algiers St. *Bris* —2F **79**
Alison Gdns. *Back* —1C **124**
Allanmead Rd. *Bris* —5D **81**
Allen Rd. *Trow* —3B **118**
Aller Pde. *W Mare* —1F **139**
Allerton Cres. *Bris* —4D **89**
Allerton Gdns. *Bris* —3D **89**
Allerton Rd. *Bris* —4C **88**
Allfoxton Rd. *Bris* —4C **58**
All Hallows Rd. *Bris* —2D **71**
Allington Dri. *Bar C* —1B **84**
Allington Gdns. *Nail*
  —5B **122**
Allington Rd. *Bris* —5E **69**
Allison Av. *Bris* —2A **82**
Allison Rd. *Bris* —2F **81**
All Saints Ct. *Bris*
  —3F **69** (3C **4**)
All Saints La. *Bris*
  —3F **69** (2C **4**)
All Saints La. *Clev* —2F **121**
All Saints Pl. *Bath* —4E **107**
All Saints Rd. *Bath* —1A **106**
All Saints Rd. *Bris* —2C **68**
All Saints Rd. W Mare
  —4C **126**

All Saints St.—Ashvale Clo.

All Saints St. *Bris*
  —3F **69** (2C **4**)
Alma Clo. *Bris* —2A **74**
Alma Ct. *Bris* —1D **69**
Alma Rd. *Clif* —2C **68**
Alma Rd. *K'wd* —1A **74**
Alma Rd. Av. *Bris* —2D **69**
Alma St. *Trow* —2E **119**
Alma St. *W Mare* —1C **132**
Alma Vale Rd. *Bris* —2C **68**
Almeda Rd. *Bris* —4C **72**
Almond Clo. *W Mare*
  —4E **129**
Almond Gro. *Trow* —5B **118**
Almondsbury Bus. Cen. *Alm*
  —3F **11**
Almond Way. *Bris* —2B **62**
Almorah Rd. *Bris* —2A **80**
Alpha Rd. *Bris* —1F **79**
Alpine Clo. *Paul* —5C **146**
Alpine Gdns. *Bath* —1B **106**
Alpine Rd. *Bris* —1E **71**
Alpine Rd. *Paul* —5C **146**
Alsop Rd. *Bris* —2F **73**
Alton Pl. *Bath* —4B **106**
Alton Rd. *Bris* —2B **58**
Altringham Rd. *Bris* —1F **71**
Alum Clo. *Trow* —3E **119**
Alverstoke. *Bris* —1B **88**
Alveston Hill. *T'bry* —1B **8**
Alveston Wlk. *Bris* —5D **39**
Alwins Ct. *Bar C* —1B **84**
Amberey Rd. *W Mare*
  —3D **133**
Amberlands Clo. *Back*
  —1C **124**
Amberley Clo. *Bris* —5F **45**
Amberley Clo. *Key* —4A **92**
Amberley Gdns. *Nail*
  —4C **122**
Amberley Rd. *Bris* —5F **45**
Amberley Rd. *Pat* —1D **27**
Amberley Way. *Wickw*
  —3C **154**
Amble Clo. *Bris* —3B **74**
Ambleside Av. *Bris* —3D **41**
Ambleside Rd. *Bath*
  —2C **108**
Ambra Vale. *Bris* —4C **68**
Ambra Vale E. *Bris* —4C **68**
Ambra Vale S. *Bris* —4C **68**
Ambra Vale W. *Bris* —4C **68**
Ambrose Rd. *Bris* —4C **68**
Ambury. *Bath*
  —4A **106** (5B **96**)
(in two parts)
Amercombe Wlk. *Bris*
  —1F **89**
Amery La. *Bath*
  —3B **106** (4C **96**)
Amesbury Dri. *B'don*
  —5F **139**
Amouracre. *Trow* —2F **119**
Ancaster Clo. *Trow* —1A **118**
Anchor Clo. *St G* —4B **72**
Anchor La. *Bris*
  —4E **69** (4A **4**)
Anchor Rd. *Bath* —5C **98**
Anchor Rd. *Bris* —4D **69**
Anchor Rd. *K'wd* —1C **74**
Anchor Way. *Pill* —3F **53**
Ancliff Sq. *Avon* —3F **115**
Andereach Clo. *Bris* —5D **81**
Andover Rd. *Bris* —3B **80**
Angels Ground. *St Ap*
  —4B **72**
Angers Rd. *Tot* —1B **80**
Anglesea Pl. *Bris* —5C **56**

Anglo Ter. *Bath* —1B **106**
(off London Rd.)
Annandale Av. *W Mare*
  —4C **128**
Anson Clo. *Salt* —5F **93**
Anson Rd. *Kew* —1B **128**
Anson Rd. *Lock* —2E **135**
Anstey's Rd. *Han* —5D **73**
Anstey St. *Bris* —1D **71**
Anthea Rd. *Bris* —5A **60**
Antona Ct. *Bris* —5E **37**
Antona Dri. *Bris* —5F **37**
Antrim Rd. *Bris* —1D **57**
Anvil Rd. *Clav* —2F **143**
Anvil St. *Bris* —4B **70**
Apex Ct. *Alm* —3F **11**
Apperley Clo. *Yate* —1F **33**
Appleby Wlk. *Bris* —1F **87**
Appledore. *W Mare*
  —3D **129**
Appledore Clo. *Bris* —5D **81**
Applegate. *Bris* —1D **41**
Appletree Ct. *Wor* —3F **129**
Apple Tree Dri. *Wins*
  —4B **156**
Appsley Clo. *W Mare*
  —3A **128**
Apseleys Mead. *Brad S*
  —4E **11**
Apsley Clo. *Bath* —2C **104**
Apsley Rd. *Bath* —2B **104**
Apsley Rd. *Bris* —1C **68**
Apsley St. *Bris* —5E **59**
Apsley Vs. *Bris* —1F **69**
Arbutus Dri. *Bris* —5E **39**
Arbutus Wlk. *Bris* —3F **39**
Arcade, The. *Bris*
  —3A **70** (1D **5**)
Arch Clo. *L Ash* —4B **76**
Archer Ct. *L Grn* —2B **84**
Archer's Ct. *Clev* —2D **121**
Archer Wlk. *Bris* —1A **90**
Archfield Rd. *Bris* —1E **69**
Archgrove. *L Ash* —4B **76**
Archway St. *Bath*
  —4C **106** (5E **97**)
Arch Yd. *Trow* —1D **119**
Arden Clo. *Brad S* —3A **28**
Arden Clo. *W Mare*
  —2D **129**
Ardenton Wlk. *Bris* —1C **40**
Ardern Clo. *Bris* —4D **39**
Argus Rd. *Bris* —2E **79**
Argyle Av. *W Mare* —4D **133**
Argyle Dri. *Yate* —2A **18**
Argyle Pl. *Bris* —4C **68**
Argyle Rd. *Clev* —1D **121**
Argyle Rd. *Fish* —5D **61**
Argyle Rd. *St Pa* —2A **70**
Argyle St. *Bath*
  —3B **106** (3C **96**)
Argyle St. *Bedm* —1E **79**
Argyle St. *Eastv* —5E **59**
Argyle Ter. *Bath* —3D **105**
Arley Cotts. *Bris* —1F **69**
Arley Hill. *Bris* —1F **69**
Arley Pk. *Bris* —5F **57**
Arley Ter. *Bris* —1A **72**
Arlingham Way. *Pat* —5A **10**
Arlington Rd. *Bath* —4E **105**
Arlington Rd. *Bris* —4F **71**
Arlington Vs. *Bris* —3D **69**
Armadale Av. *Bris* —1A **70**
Armada Pl. *Bris* —1A **70**
Armada Rd. *Bris* —2C **88**
Armes Ct. *Bath* —4B **106**
Armoury Sq. *Bris* —2C **70**

Armstrong Clo. *T'bry* —5E **7**
Armstrong Dri. *War* —5D **75**
Armstrong Way. *Yate*
  —3C **16**
Arnall Dri. *Bris* —3B **40**
Arncliffe Flats. *Bris* —4E **41**
Arndale Rd. *W Mare*
  —5B **128**
Arneside Rd. *Bris* —3E **41**
Arnold Ct. *Chip S* —5D **19**
Arnolds Field Trad. Est.
  Wickw —2B **154**
Arnolds Hill. *Wing* —3A **118**
Arnolds Way. *Yat* —2A **142**
Arnor Clo. *W Mare* —1E **129**
Arno's St. *Bris* —2C **80**
Arras Clo. *Trow* —4C **118**
Arrowfield Clo. *Bris* —5C **88**
Arthur Skemp Clo. *Bris*
  —3D **71**
Arthur St. *Bris* —5C **70**
Arthur St. *St G* —2E **71**
Arthurswood Rd. *Bris*
  —4C **86**
Arundel Clo. *Bris* —3D **87**
Arundel Ct. *Bris* —4F **57**
Arundel Rd. *W Mare*
  —5C **126**
Arundel Rd. *Bath* —5B **100**
Arundel Rd. *Bris* —4F **57**
Arundel Rd. *Clev* —3D **121**
Arundel Wlk. *Key* —3F **91**
Ascension Ho. *Bath*
  —5E **105**
Ascot Clo. *Bris* —3B **46**
Ascot Ct. *Whit B* —3F **155**
Ascot Rd. *Bris* —2F **41**
Ashbourne Clo. *Bris* —4E **75**
Ashburton Rd. *Bris* —3E **41**
Ashbury Dri. *W Mare*
  —3F **127**
Ash Clo. *Fish* —4E **61**
Ash Clo. *Lit S* —2F **27**
Ash Clo. *Wins* —3B **156**
Ash Clo. *Yate* —3F **17**
Ashcombe Cres. *Bris*
  —4E **75**
Ashcombe Gdns. *W Mare*
  —4E **127**
Ashcombe Pk. Rd. *W Mare*
  —4E **127**
Ashcombe Pl. *W Mare*
  —1D **133**
Ashcombe Rd. *W Mare*
  —1D **133**
Ashcott. *Bris* —1B **88**
Ash Ct. *Bris* —3C **88**
Ashcroft. *W Mare* —1F **139**
Ashcroft Av. *Key* —3F **91**
Ashcroft Rd. *Bris* —5E **39**
Ashdene Av. *Bris* —4F **59**
Ashdene Rd. *W Mare*
  —4E **127**
Ashdown Rd. *P'head*
  —2C **48**
Ash Dri. *N Brad* —4D **155**
Asher La. *Bris*
  —3B **70** (1F **5**)
Ashes La. *F'frd* —5A **112**
Ashfield Pl. *Bris* —1B **70**
Ashfield Rd. *Bris* —2D **79**
Ashford Dri. *W Mare*
  —2E **139**
Ashford Rd. *Bath* —5E **105**
Ashford Rd. *Pat* —2C **26**
Ashford Way. *Bris* —3B **74**
Ash Gro. *Bath* —5D **105**
Ash Gro. *Bris* —4E **61**

Ash Gro. *Clev* —2E **121**
Ashgrove. *Pea J* —4D **157**
Ashgrove. *T'bry* —3D **7**
Ash Gro. *Uph* —1C **138**
Ashgrove Av. *Abb L* —3D **67**
Ashgrove Av. *Bris* —3B **58**
Ashgrove Rd. *Ash D* —3B **58**
Ashgrove Rd. *Bedm* —2D **79**
Ashgrove Rd. *Redl* —1D **69**
Ash Hayes Dri. *Nail*
  —4D **123**
Ash Hayes Rd. *Nail*
  —4D **123**
Ashland Rd. *Bris* —4C **86**
Ashleigh Clo. *Paul* —3B **146**
Ashleigh Clo. *W Mare*
  —5E **127**
Ashleigh Cres. *Yat* —3B **142**
Ashleigh Ho. *Paul* —4B **146**
Ashleigh Rd. *W Mare*
  —5E **127**
Ashleigh Rd. *Yat* —3B **142**
Ashley. *Bris* —2B **74**
Ashley Av. *Bath* —2D **105**
Ashley Clo. *Bris* —3B **58**
Ashley Clo. *Wins* —5B **156**
Ashley Ct. *Bris* —1B **70**
Ashley Ct. Rd. *Bris* —5B **58**
Ashley Down Rd. *Bris*
  —2A **58**
Ashley Gro. Rd. *Bris* —5B **58**
Ashley Hill. *Bris* —4B **58**
Ashley La. *W'ley* —2A **114**
Ashley Pde. *Bris* —5B **58**
Ashley Pk. *Bris* —4B **58**
Ashley Rd. *Bathf* —4D **103**
Ashley Rd. *Brad A* —1C **114**
Ashley Rd. *Bris* —1A **70**
Ashley Rd. *Clev* —5B **120**
Ashley St. *Bris* —1C **70**
Ashley Ter. *Bath* —2D **105**
Ashley Trad. Est. *Bris*
  —5B **58**
Ashman Clo. *Bris* —2C **70**
Ashmans Ga. *Paul* —4B **146**
Ashmead. *Trow* —4C **118**
Ashmead Bus. Cen. *Key*
  —3D **93**
Ashmead Ct. *Trow* —3D **119**
Ashmead Rd. *Key* —3D **93**
Ashmead Way. *Bris* —5B **68**
Ashridge Rd. *Alm* —3D **11**
Ash Rd. *Ban* —4C **136**
Ash Rd. *Bris* —2A **58**
Ashton. *Bris* —3E **45**
(off Harford Dri.)
Ashton Av. *Bris* —5C **68**
Ashton Clo. *Clev* —5B **120**
Ashton Cres. *Nail* —4C **122**
Ashton Dri. *Bris* —3A **78**
Ashton Ga. Rd. *Bris* —1C **78**
Ashton Ga. Ter. *Bris* —1C **78**
Ashton Ga. Underpass. *Bris*
  —1B **78**
Ashton Rd. *Bris* —2F **77**
Ashton St. *Trow* —2E **119**
Ashton Vale Rd. *Bris*
  —2A **78**
Ashton Vale Trad. Est. *Bris*
  —4B **78**
Ashton Way. *Key* —2A **92**
Ash Tree Clo. *B'don*
  —5A **140**
Ash Tree Ct. *Rads* —3B **152**
Ashvale Clo. *Nail* —3F **123**

Ashville Rd. *Bris* —1C **78**
Ash Wlk. *Bren* —1D **41**
Ashwell Clo. *Bris* —2A **90**
Ashwicke. *Bris* —2C **88**
Aspen Pk. Rd. *W Mare*
—5C **128**
Assembly Rooms La. *Bris*
—4F **69** (4B **4**)
Astry Clo. *Bris* —3C **38**
Atchley St. *Bris* —3D **71**
Atherston. *Bris* —5F **75**
Athlone Wlk. *Bris* —4A **80**
Atholl Clo. *W Mare* —2D **129**
Atkins Clo. *Bris* —2A **90**
Atlantic Rd. *Bris* —4E **37**
Atlantic Rd. *W Mare*
—4A **126**
Atlantic Rd. S. *W Mare*
—4A **126**
Atlas Clo. *Bris* —5C **60**
Atlas Rd. *Bris* —2A **80**
Atlas St. *Bris* —5D **71**
Attwell Ct. *Bath* —5A **106**
Atwell Dri. *Brad S* —4D **11**
Atwood Dri. *Bris* —2D **39**
Aubrey Rd. *Bris* —2D **79**
Auburn Av. *L Grn* —2D **85**
Auburn Rd. *Bris* —5D **57**
Auckland Clo. *W Mare*
—5D **133**
Audley Av. *Bath* —2D **105**
Audley Clo. *Bath* —2E **105**
Audley Gro. *Bath* —1D **105**
Audley Pk. Rd. *Bath*
—1D **105**
Audrey Wlk. *Bris* —5F **41**
Augusta Pl. *Bath* —2E **105**
Austen Dri. *W Mare*
—1F **129**
Austen Gro. *Bris* —4C **42**
Aust La. *Bris* —4C **40**
Avalon Clo. *Yat* —2A **142**
Avalon Ho. *Nail* —4B **122**
Avalon Rd. *Bris* —5D **73**
Avebury Rd. *Bris* —3A **78**
Avendall. *Bris* —5A **38**
Avening Clo. *Nail* —5E **123**
Avening Rd. *Bris* —2C **72**
Avenue Pl. *C Down*
—3C **110**
Avenue Rd. *Trow* —2B **118**
Avenue, The. *Back* —1C **124**
Avenue, The. *Brad S* —4E **11**
Avenue, The. *Clav D*
—4F **107**
Avenue, The. *Clev* —1E **121**
Avenue, The. *Clif* —1C **68**
Avenue, The. *C Down*
—2D **111**
Avenue, The. *Key* —2A **92**
Avenue, The. *Lit S* —3E **27**
Avenue, The. *S Park* —4A **56**
Avenue, The. *St And* —4A **58**
Avenue, The. *St G* —2B **72**
Avenue, The. *Tim* —1E **157**
Avenue, The. *Yat* —3B **142**
Averay Rd. *Bris* —3E **59**
Avon Bank Ind. Est. *Bris*
—5D **37**
Avonbridge Ind. Est. *Bris*
—4F **37**
Avon Bldgs. *Bath* —3D **105**
(off Old Ferry Rd.)
Avon Clo. *Brad A* —4F **115**
Avon Clo. *Key* —2B **92**
Avon Clo. *St G* —4B **72**
Avon Clo. *W Mare* —1D **139**

Avon Ct. *Bathe* —2B **102**
Avon Ct. *Bris* —2D **61**
Avon Cres. *Bris* —5C **68**
Avon Cres. *Wickw* —1C **154**
(in two parts)
Avondale Bldgs. *Bath*
—4C **100**
Avondale Ct. *Bris* —5F **55**
Avondale Ct. *L Grn* —3B **84**
Avondale Rd. *Bath* —2C **104**
Avondown Clo. *Bris* —2F **41**
Avondown Ct. *Bris* —3E **79**
Avonfield. *Holt* —2F **155**
Avonfield Av. *Brad A*
—4F **115**
Avon Gorge Ind. Est. *Bris*
—5E **37**
Avon Gro. *Bris* —5F **55**
Avon La. *Salt* —1B **94**
Avonlea. *Han* —5E **73**
Avonleaze. *Bris* —2D **55**
Avonleigh Rd. *Bris* —3D **79**
Avonmeads. *Bris* —5E **71**
Avonmere residential Pk.
Brad S —1E **43**
Avon Mill La. *Key* —2B **92**
Avonmouth Rd. *Bris*
—3D **37**
Avonmouth Way. *A'mth*
—3D **37**
Avonmouth Way. *Bris*
—1A **40**
Avon Pk. *Bath* —2B **104**
Avon Pk. *Bris* —3F **71**
Avon Ring Rd. *Bris & E Grn*
—2A **44**
Avon Ring Rd. *Han & War*
—5E **83**
Avon Rd. *Bris* —2C **86**
Avon Rd. *Key* —3B **92**
Avon Rd. *Pill* —2E **53**
Avonside Rd. *Bris* —4E **71**
Avonside Trad. Est. *Bris*
—4E **71**
Avonside Way *St Ap* —4B **72**
Avonsmere Cvn. Pk. *Brad S*
—1E **43**
Avon St. *Bath*
—3A **106** (5B **96**)
Avon St. *Bris* —4B **70** (3F **5**)
Avon Trad. Est. *Bris* —5C **70**
Avon Vale. *Bris* —3F **55**
Avonvale Pl. *Bathe* —3A **102**
Avonvale Rd. *Bris* —4D **71**
Avonvale Rd. *Trow* —5D **117**
Avon Valley Bus. Pk. *Bris*
—4A **72**
Avon View. *Bris* —2D **83**
Avon Way. *Bris* —2E **55**
Avon Way. *P'head* —3D **49**
Avon Way. *T'bry* —4D **7**
Avon Way. *Trow* —4D **117**
Avonwood Clo. *Bris* —1A **54**
Awdelett Clo. *Bris* —3D **39**
Axbridge Clo. *Nail* —5D **123**
Axbridge Rd. *Bath* —2B **110**
Axbridge Rd. *Bris* —3B **80**
Axe Clo. *W Mare* —3E **133**
Axe Clo. *T'bry* —4C **6**
Axford Way. *Pea J* —4D **157**
Aycote Clo. *W Mare*
—3F **127**
Aylesbury Cres. *Bris*
—4D **79**
Aylesbury Rd. *Bris* —4D **79**
Aylmer Cres. *Bris* —2D **89**
Aylminton Wlk. *Bris* —2D **39**
Ayr St. *Bath* —3E **105**

Aztec Cen. *Alm* —4C **10**
Aztec W. *Brad S* —4C **10**
Aztec W. Bus. Pk. *Brad S*
—4C **10**

B

Backfields. *Bris* —2A **70**
Backfields La. *Bris* —2A **70**
Back La. *Coal H* —2F **31**
Back La. *Key* —2A **92**
Back La. *Pill* —2E **53**
(in two parts)
Back La. *Puck* —3C **64**
Back La. *Wickw* —1B **154**
Bk. of Kingsdown Pde. *Bris*
—2F **69**
Back Rd. *Bris* —1C **78**
Bk. Stoke La. *Bris* —1B **56**
Back St. *Trow* —1C **118**
Back St. *W Mare* —1C **132**
Backwell Bow. *Back*
—1E **125**
Backwell Comn. *Back*
—1C **124**
Backwell Hill Rd. *Back*
—1F **125**
Backwell Wlk. *Bris* —5B **78**
Badenham Gro. *Bris* —4B **38**
Baden Rd. *K'wd* —3C **74**
(in two parts)
Baden Rd. *St G* —3E **71**
Bader Clo. *Yate* —3F **17**
Badger Rise. *P'head* —5A **48**
Badgers Clo. *Brad S* —3F **11**
Badgers Dri. *Bris* —5A **26**
Badger's La. *Alm* —2A **10**
Badgers Wlk. *Bris* —3F **81**
Badgeworth. *Yate* —3F **33**
Badman Clo. *Paul* —4A **146**
Badminton. *Bris* —3E **45**
(off Penn Dri.)
Badminton Cen. *Yate*
—4E **17**
Badminton Ct. *Yate* —4E **17**
Badminton Gdns. *Bath*
—1D **105**
Badminton Rd. *Chip S*
—1F **35**
Badminton Rd. *Down &*
Fram C —1A **62**
Badminton Rd. *St Pa*
—1B **70**
Badminton Rd. Trad. Est.
Yate —5D **17**
Badminton Wlk. *Down*
—5A **46**
Baglyn Av. *Bris* —4B **62**
Bagnell Clo. *Bris* —3A **90**
Bagnell Rd. *Bris* —3A **90**
Bagworth Dri. *L Grn* —2B **84**
Bailbrook Ct. *Bath* —3F **101**
Bailbrook Gro. *Bath*
—3D **101**
Bailbrook La. *Bath* —3D **101**
Baildon Ct. *W Mare*
—4D **133**
Baildon Cres. *W Mare*
—4E **133**
Baildon Rd. *W Mare*
—4D **133**
Bailey Clo. *W Mare*
—5C **128**
Baileys Ct. Rd. *Brad S*
—3A **28**
Baileys La. *Wrin* —1C **156**
Bainton Clo. *Brad A*
—2E **115**
Baker Clo. *Clev* —5B **120**

Baker's Bldgs. *Wrin*
—1B **156**
Bakersfield. *L Grn* —2C **84**
Bakers Ground. *Stok G*
—4C **28**
Bakers Pde. *Tim* —1E **157**
Baker St. *W Mare* —5C **126**
Baker Way. *Chip S* —1B **34**
Balaclava Rd. *Bris* —4B **60**
Baldwin St. *Bris*
—4F **69** (3B **4**)
Balfour Rd. *Bris* —2D **79**
Ballance St. *Bath* —1A **106**
Ballast La. *Bris* —2F **37**
Balls Barn La. *W Mare*
—4E **131**
Balmain St. *Bris* —1C **80**
Balmoral Clo. *Stok G*
—5F **27**
Balmoral Ct. *Mang* —2C **62**
Balmoral Rd. *Bris* —5B **58**
Balmoral Rd. *Key* —4A **92**
Balmoral Rd. *L Grn* —3B **84**
Balmoral Rd. *Trow* —5B **118**
Balmoral Way. *W Mare*
—3A **128**
Baltic Pl. *Pill* —3F **53**
Bamfield. *Bris* —1B **88**
Bampton. *W Mare* —3D **129**
Bampton Clo. *Bris* —1D **87**
Bancroft. *Brad A* —1F **115**
Banfield Clo. *Bris* —4C **38**
Bangor Gro. *Bris* —5B **72**
Bangrove Wlk. *Bris* —4A **38**
Banister Gro. *Bris* —1F **87**
Bank Pl. *Pill* —3F **53**
Bank Rd. *Bris* —2F **73**
Bank Rd. *Chit* —2F **21**
Banks Clo. *Clev* —5D **121**
Bankside. *Bris* —3B **62**
Bankside Rd. *Bris* —2F **81**
Bannerdown Clo. *Bathe*
—2C **102**
Bannerdown Dri. *Bathe*
—2B **102**
Bannerdown Rd. *Bathe*
—3B **102**
Bannerleigh La. *Bris* —4A **68**
Bannerleigh Rd. *Bris*
—4A **68**
Bannerman Rd. *Bris* —2D **71**
Banner Rd. *Bris* —1A **70**
Bannetts Tree Cres. *Alv*
—2B **8**
Bantock Clo. *Bris* —2F **87**
Bantry Rd. *Bris* —5A **80**
Banwell Clo. *Bris* —5C **78**
Banwell Clo. *Key* —5A **92**
Banwell Rd. *Bath* —4E **109**
Banwell Rd. *Bris* —2C **78**
Banwell Rd. *Hut* —1D **141**
Banwell Rd. *Wins* —4A **156**
Baptist St. *Bris* —1C **70**
Barberry Farm Rd. *Yat*
—2B **142**
Barbour Gdns. *Bris* —5F **87**
Barbour Rd. *Bris* —5F **87**
Barcroft Clo. *Bris* —2E **73**
Barkers Mead. *Yate* —1B **18**
Barker Wlk. *Bris* —1C **70**
Barkleys Hill. *Stap* —2E **59**
Barlands Ho. *Bris* —1B **40**
Barley Clo. *Fram C* —1D **31**
Barley Clo. *Yate* —1C **62**
Barley Croft. *Bris* —2B **56**
Barnabas St. *Bris* —1A **70**
Barnaby Clo. *Mid N*
—2D **151**

Barnack Clo. *Trow* —1A **118**
Barnack Trad. Est. *Bedm*
    —4E **79**
Barnard Clo. *Yat* —3C **142**
Barnard Wlk. *Key* —4F **91**
Barnes Clo. *Trow* —3A **118**
Barnes St. *Bris* —2F **71**
Barnfield Way. *Bathe*
    —2C **102**
Barn Glebe. *Trow* —1F **119**
Barnhill Clo. *Yate* —2C **18**
Barnhill Rd. *Chip S* —5C **18**
Barn Owl Way. *Stok G*
    —4B **28**
Barn Piece. *Brad A* —5E **115**
Barns Clo. *Nail* —3D **123**
Barnstaple Ct. *Know* —5A **80**
Barnstaple Rd. *Bris* —5A **80**
Barnstaple Wlk. *Bris* —5B **80**
Barnwood Clo. *Bris* —2B **74**
Barnwood Rd. *Yate* —2E **33**
Barossa Pl. *Bris*
    —5F **69** (5C **4**)
Barracks La. *Bris* —4F **37**
Barratt St. *Bris* —1D **71**
Barrington Clo. *Bris* —5B **62**
Barrington Ct. *Bris* —1B **80**
Barrington Ct. *K'wd* —1A **74**
Barrow Hill. *Wick* —5A **154**
Barrow Hill Cres. *Bris*
    —5E **37**
Barrow Hill Rd. *Bris* —1E **53**
Barrowmead Dri. *Bris*
    —4A **38**
Barrow Rd. *Bath* —3D **109**
Barrow Rd. *Bris* —3C **70**
Barrow Rd. *Hut* —1C **140**
Barrows, The. *W Mare*
    —1A **134**
Barr's Ct. *Bris*
    —2A **70** (1D **5**)
Barrs Ct. Av. *Bar C* —5C **74**
Barrs Ct. Rd. *Bar C* —5C **74**
Barry Clo. *Bit* —4E **85**
Barry Clo. *W Mare* —2E **139**
Barry Rd. *Old C* —3E **85**
Barstaple Ho. *Bris* —3B **70**
Bartholomew Row. *Tim*
    —1E **157**
Bartlett Ct. *Bris* —1C **68**
Bartlett Dri. *Bris* —2D **39**
Bartlett's Rd. *Bris* —3E **79**
Bartlett St. *Bath*
    —2A **106** (2B **96**)
Bartley St. *Bris* —1F **79**
Barton Bldgs. *Bath*
    —2A **106** (2B **96**)
Barton Clo. *Alv* —2B **8**
Barton Clo. *Bris* —4E **71**
Barton Clo. *St Ap* —4B **72**
Barton Clo. *Wint* —4A **30**
Barton Ct. *Bath* —3B **106**
    (off Up. Borough Walls)
Barton Grn. *Bris* —3D **71**
Barton Hill Rd. *Bris* —4D **71**
Barton Hill Trad. Est. *Bris*
    —4D **71**
Barton Ho. *Bar H* —4E **71**
Bartonia Gro. *Bris* —4F **81**
Barton Mnr. *Bris* —3C **70**
Barton Meadow. Ter. *Bris*
    —1E **61**
Barton Orchard. *Brad A*
    —3D **115**
Barton Rd. *Bris* —4B **70**
Barton Rd. *Wins* —5A **156**
Barton St. *Bath*
    —3A **106** (3B **96**)

Barton St. *Bris* —2F **69**
Barton, The. *B'don* —5A **140**
Barton, The. *Bris* —1D **83**
Barton, The. *Cor* —5C **94**
Barton Vale. *Bris* —4C **70**
    (in two parts)
Barwick. *Bris* —5F **37**
Bassetts Pasture. *Brad A*
    —5E **115**
Batches, The. *Bris* —3D **79**
Batch, The. *Bathe* —3A **102**
Batch, The. *Salt* —1B **94**
Batch, The. *Yat* —4B **142**
Bates Clo. *Bris* —2C **70**
Bathampton La. *B'ptn*
    —5E **101**
Bath Bldgs. *Bris* —1A **70**
Bath Bus. Cen. *Bath*
    —3B **106**
    (off Up. Borough Walls)
Batheaston Swainswick
    By-Pass. *Swain & Bathe*
    —1C **100**
Bathford Hill. *Bathf*
    —4C **102**
Bath Hill E. *Key* —3B **92**
Bath Hill W. *Key* —2A **92**
Bathings, The. *T'bry* —4D **7**
Bathite Cotts. *Bath* —3E **111**
Bath New Rd. *Rads*
    —5B **148**
Bath Old Rd. *Rads* —1C **152**
Bath Riverside Bus. Pk. *Bath*
    —4A **106** (4A **96**)
Bath Rd. *Brad A* —1D **115**
Bath Rd. *Brisl* —4A **82**
Bath Rd. *Bris & Tot* —5B **70**
Bath Rd. *B'yate* —5F **75**
Bath Rd. *Key* —3B **92**
Bath Rd. *L Grn* —1A **84**
Bath Rd. *Paul* —3B **146**
Bath Rd. *Pea J* —3D **149**
Bath Rd. *Salt & Cor* —5F **93**
Bath Rd. *T'bry* —4C **6**
Bath Rd. *Will* —4D **85**
Bath St. *Ash G* —1C **78**
Bath St. *Bath*
    —3A **106** (4B **96**)
Bath St. *Bris* —4A **70** (3D **5**)
Bath St. *Stap H* —3A **62**
Bathurst Pde. *Bris* —5F **69**
Bathurst Rd. *W Mare*
    —4A **128**
Bathurst Ter. *Bris* —5F **69**
Bathwell Rd. *Bris* —1C **80**
Bathwick Hill. *Bath*
    —3C **106** (2E **97**)
Bathwick Rise. *Bath*
    —1D **107**
Bathwick St. *Bath* —1B **106**
Bathwick Ter. *Bath* —3C **106**
Batley Ct. *Bris* —1F **85**
Batstone Clo. *Bath* —4C **100**
Battenburg Rd. *Bris* —2C **72**
Batten Ct. *Chip S* —5E **19**
Batten Rd. *Bris* —3D **73**
Batten's La. *Bris* —4C **72**
Battersby Way. *Bris* —2A **40**
Battersea Rd. *Bris* —2E **71**
Battery La. *P'head* —2F **49**
Battery Rd. *P'head* —2F **49**
Battson Rd. *Bris* —3A **90**
Baugh Gdns. *Bris* —3A **46**
Baugh Rd. *Bris* —3A **46**
Bawns Pl. *Bris* —3C **60**
Baxter Clo. *K'wd* —2B **74**
Baydon Clo. *Trow* —5C **118**
Bay Gdns. *Bris* —5E **59**

Bayham Rd. *Bris* —2B **80**
Bayleys Dri. *Bris* —4E **73**
Baynham Ct. *Han* —5D **73**
Baynton Ho. *Bris* —3C **70**
Baynton Rd. *Bris* —1C **78**
Bay Rd. *Clev* —1D **121**
Bayswater Av. *Bris* —3D **57**
Bayswater Rd. *Bris* —5B **42**
Bay Tree Clo. *Pat* —2B **26**
Bay Tree Rd. *Bath* —4B **100**
Bay Tree Rd. *Clev* —4E **121**
Baytree Rd. *W Mare*
    —4A **128**
Baytree View. *W Mare*
    (in two parts) —4B **128**
Beach Av. *Clev* —4C **120**
Beach Av. *Sev B* —3A **20**
Beach End Rd. *Uph*
    —1A **138**
Beachgrove Gdns. *Bris*
    —3E **61**
Beachgrove Rd. *Bris* —3D **61**
Beach Hill. *P'head* —2E **49**
Beachley Wlk. *Bris* —5F **37**
Beach Rd. *Kew* —2D **127**
Beach Rd. *Sev B* —3A **20**
Beach Rd. *W Mare* —3B **132**
Beach Rd. E. *P'head*
    —2F **49**
Beach Rd. W. *P'head*
    —2E **49**
Beach, The. *Clev* —2C **120**
Beacon La. *Wint* —3E **29**
Beaconlea. *Bris* —4F **73**
Beacon Rd. *Bath* —5B **100**
Beaconsfield Clo. *Bar H*
    —4D **71**
Beaconsfield Rd. *Clev*
    —4E **121**
Beaconsfield Rd. *Clif*
    —1C **68**
Beaconsfield Rd. *Know*
    —2D **81**
Beaconsfield Rd. *St G*
    —2A **72**
Beaconsfield Rd. *W Mare*
    —1C **132**
Beaconsfield St. *Bris*
    —4D **71**
Beale Clo. *Bris* —2A **90**
Beales Barton. *Holt*
    —2F **155**
Beam St. *Bris* —3E **71**
Bean Acre, The. *Bris* —4F **37**
Beanhill Cres. *Alv* —2B **8**
Bean St. *Bris* —1C **70**
Bearbridge Rd. *Bris* —4B **86**
Bear Clo. *Brad A* —2C **114**
Bearfield Bldgs. *Brad A*
    —1D **115**
Beauchamp Rd. *Bris* —3F **57**
Beauford Sq. *Bath*
    —3A **106** (3B **96**)
Beaufort. Bris —3E **45**
    (off Harford Dri.)
Beaufort All. *Bris* —4B **72**
Beaufort Av. *Mid N*
    —2D **151**
Beaufort Av. *Yate* —4F **17**
Beaufort Bldgs. *Bris* —3B **68**
Beaufort Clo. *Bris* —3F **71**
Beaufort Cres. *Stok G*
    —5A **28**
Beaufort E. *Bath* —5D **101**
Beaufort Gdns. *Nail*
    —4C **122**
Beaufort Heights. *Bris*
    —3A **72**

Beaufort Ho. *Bris* —3D **71**
Beaufort M. *Bath* —5D **101**
Beaufort Pk. *Brad S* —3F **11**
Beaufort Pl. *Bath* —5D **101**
Beaufort Pl. *Fren* —3D **45**
Beaufort Rd. *Clif* —1C **68**
Beaufort Rd. *Down* —5C **46**
Beaufort Rd. *Fram C*
    —1C **30**
Beaufort Rd. *Hor* —1B **58**
Beaufort Rd. *K'wd* —1E **73**
Beaufort Rd. *Stap H* —3A **62**
Beaufort Rd. *St G* —3F **71**
Beaufort Rd. *W Mare*
    —5D **127**
Beaufort Rd. *Yate* —4F **17**
Beaufort St. *Bedm* —3E **79**
Beaufort St. *E'tn* —2C **70**
Beaufort Vs. *Bath* —5C **100**
Beaufort W. *Bath* —5D **101**
Beauley Rd. *Bris* —1D **79**
Beaumont Clo. *L Grn*
    —2C **84**
Beaumont Clo. *W Mare*
    —4D **133**
Beaumont St. *Bris* —2C **70**
Beaumont Ter. *Bris* —2C **70**
Beau St. *Bath*
    —3A **106** (4B **96**)
Beaver Clo. *Wint* —2B **30**
Beazer Clo. *Bris* —4F **61**
Beckerley La. *Holt* —1F **155**
Becket Ct. *Puck* —2D **65**
Becket Dri. *W Mare*
    —2E **129**
Becket Rd. *W Mare*
    —2E **129**
Becket's La. *Nail* —5D **123**
Beckford Ct. Bath
    —2C **106** (1F **97**)
    (off Darlington Rd.)
Beckford Gdns. *Bath*
    —1C **106** (1F **97**)
Beckford Gdns. *Bris* —5C **88**
Beckford Rd. *Bath*
    —2C **106** (1E **97**)
Beckhampton Rd. *Bath*
    —4E **105**
Beck Ho. *Pat* —1C **26**
Beckington. *W Mare*
    —1E **139**
Beckington Rd. *Bris* —3B **80**
Beckington Wlk. *Bris*
    —3B **80**
Beckspool Rd. *Fren & Ham*
    —5D **45**
Beddoe Clo. *Brad A*
    —5F **115**
Bedford Ct. *Bath* —1B **106**
Bedford Cres. *Bris* —2B **58**
Bedford Pl. *Bris* —2F **69**
Bedford Rd. *W Mare*
    —4C **132**
Bedford St. *Bath* —1B **106**
Bedminster Bri. *Bris* —1F **79**
Bedminster Down Rd. *Bris*
    —4C **78**
Bedminster Pde. *Bris*
    —1F **79**
Bedminster Pl. *Bris* —1F **79**
Bedminster Rd. *Bris* —4D **79**
Benhown Clo. *P'head* —4B **48**
Beech Av. *Bath* —4F **107**
Beech Clo. *Alv* —2B **8**
Beech Clo. *Bar C* —5C **74**
Beech Ct. *Bris* —3C **88**
Beechcroft. *Bar G* —5A **86**
Beechcroft Wlk. *Bris* —4C **42**

Beech Dri. *Nail* —2F **123**
Beechen Cliff Rd. *Bath*
—4A **106**
Beechen Dri. *Bris* —5D **61**
Beeches Gro. *Bris* —3F **81**
Beeches Ind. Est. *Yate*
—4D **17**
Beeches, The. *Bath*
—3E **109**
Beeches, The. *Brad S*
—1F **27**
Beeches, The. *Bris* —4F **55**
Beeches, The. *Old C* —3E **85**
Beeches, The. *St Ap* —5A **72**
Beeches, The. *Trow*
—5F **117**
Beechfield Clo. *L Ash*
—3E **77**
Beech Gro. *Bath* —5D **105**
Beech Gro. *Trow* —4B **118**
Beech Ho. *Bris* —2E **59**
Beech Leaze. *Alv* —2B **8**
Beechmount Clo. *W Mare*
—2E **139**
Beechmount Ct. *Bris*
—5D **81**
Beechmount Dri. *W Mare*
—2E **139**
Beechmount Gro. *Bris*
—5D **81**
Beech Rd. *Bris* —2A **58**
Beech Rd. *Salt* —1A **94**
Beech Rd. *Yat* —3C **142**
Beech Ter. *Rads* —3A **152**
Beech View. *Bath* —4E **107**
Beechwood Av. *Bris* —5F **73**
Beechwood Av. *Lock*
—4E **135**
Beechwood Clo. *Bris* —5E **81**
Beechwood Dri. *P'head*
—3A **48**
Beechwood Rd. *Bath*
—3C **110**
Beechwood Rd. *Bris* —3D **60**
Beechwood Rd. *E'ton G*
—3C **52**
Beechwood Rd. *Nail*
—3C **122**
Beechwood Rd. *P'head*
—3A **48**
Bee Hive Trad. Est. *Bris*
—3A **72**
Beehive Yd. *Bath*
—2B **106** (2C **96**)
Beesmoor Rd. *Fram C*
—3D **31**
Begbrook Dri. *Bris* —1B **60**
Begbrook La. *Bris* —1B **60**
Begbrook Pk. *Bris* —4C **44**
Beggar Bush La. *Fail*
—1A **76**
Beggarswell Clo. *Bris*
—2B **70**
Belcombe Pl. *Brad A*
—3D **115**
Belcombe Rd. *Brad A*
—3C **114**
Belevue Av. *Bris* —2C **72**
Belfast Wlk. *Bris* —5A **80**
Belfry. *War* —4D **75**
Belfry All. *Bris* —2C **72**
Belfry Av. *Bris* —2C **72**
Belgrave Cres. *Bath*
—1B **106**
Belgrave Hill. *Bris* —5C **56**
Belgrave Pl. *Bath* —5B **100**
Belgrave Pl. *Bris* —3C **68**
Belgrave Rd. *Bath* —5C **100**

Belgrave Rd. *Bris* —2D **69**
Belgrave Rd. *W Mare*
—5F **127**
Belgrave Ter. *Bath* —5B **100**
Bellamy Av. *Bris* —4E **87**
Bellamy Clo. *Bris* —5C **72**
Belland Dri. *Bris* —4B **88**
Bella Vista Rd. *Bath*
—1A **106**
Bell Barn Rd. *Bris* —1F **55**
Bellefield Cres. *Trow*
—1D **119**
Bellevue. *Bris* —4D **69**
Belle Vue. *Mid N* —1E **151**
Bellevue Clo. *Bris* —3B **74**
Bellevue Cotts. *W Trym*
—5C **40**
Bellevue Ct. *Bris* —4D **69**
Bellevue Cres. *Bris* —4D **69**
Bellevue Mans. *Clev*
—2D **121**
Bellevue Pk. *Bris* —3F **81**
Bellevue Rd. *Clev* —2D **121**
Bellevue Rd. *E'tn* —5E **59**
Bellevue Rd. *K'wd* —3B **74**
Bellevue Rd. *St G* —2C **72**
Bellevue Rd. *Tot* —1B **80**
Bellevue Ter. *Brisl* —3F **81**
Bellevue Ter. *Clif* —4D **69**
Bellevue Ter. *Tot* —1B **80**
Bell Hill. *Bris* —3E **59**
Bell Hill Rd. *Bris* —2C **72**
Bellhouse Wlk. *Bris* —3D **39**
Bell La. *Bris* —3F **69** (2B **4**)
Bellotts Rd. *Bath* —3D **105**
Bell Rd. *Coal H* —3E **31**
Bell's Wlk. *Wrin* —1C **156**
Belluton Rd. *Bris* —2C **80**
Bellvue Cotts. *Clif* —4D **69**
Belmont. *Bath*
—2A **106** (1B **96**)
Belmont Dri. *Stok G* —4A **28**
Belmont Pk. *Bris* —3B **42**
Belmont Rd. *Bath* —3D **111**
Belmont Rd. *Brisl* —1E **81**
Belmont Rd. *St And* —5A **58**
Belmont Rd. *Wins* —4B **156**
Belmont St. *Bris* —1D **71**
Belmore Gdns. *Bath*
—1C **108**
Beloe Rd. *Bris* —2A **58**
Belroyal Av. *Bris* —2B **82**
Belsher Dri. *K'wd* —4C **74**
Belstone Wlk. *Bris* —5E **79**
Belton Ct. *Bath* —4C **98**
Belton Ho. *Bath* —4C **98**
Belton Rd. *Bris* —1D **71**
Belton Rd. *P'head* —2C **48**
Belvedere. *Bath*
—2A **106** (1B **96**)
Belvedere Cres. *W Mare*
—4A **128**
Belvedere Pl. *Bath* —1A **106**
Belvedere Rd. *Bris* —4C **56**
Belvedere Vs. *Bath* —1A **106**
Belverstone. *Bris* —2E **73**
Belvoir Rd. *Bath* —4E **105**
Belvoir Rd. *Bris* —5A **58**
Bence Ct. *Han* —4D **73**
Benford Clo. *Bris* —1E **61**
Bengough's Almshouses.
Bris —3E **69** (1A **4**)
Bennett Rd. *Bris* —3A **72**
Bennetts Ct. *Yate* —5C **18**
Bennett's La. *Bath* —5B **100**
Bennett's Rd. *Bath* —3D **101**
Bennett St. *Bath*
—2A **106** (1B **96**)

Bennetts Way. *Clev*
—1E **121**
Bennett Way. *Bris* —5B **68**
Bensaunt Gro. *Bris* —5F **25**
Bentley Clo. *Bris* —5B **88**
Bentley Rd. *W Mare*
—1F **129**
Berchel Ho. *Bris* —1F **79**
Benville Av. *Bris* —4E **39**
Berenda Dri. *L Grn* —2D **85**
Beresford Clo. *Salt* —2A **94**
Beresford Gdns. *Bath*
—3B **98**
Berkeley Av. *Bishop* —4F **57**
Berkeley Av. *Bris* —3E **69**
Berkeley Av. *Mid N*
—2D **151**
Berkeley Clo. *Bris* —4B **46**
Berkeley Ct. *Bath* —3D **107**
Berkeley Ct. *Bris* —4F **57**
Berkeley Ct. *Pat* —5B **10**
Berkeley Cres. *Bris* —3D **69**
Berkeley Cres. *Uph*
—1A **138**
Berkeley Gdns. *Key* —4A **92**
Berkeley Grn. *Bris* —3D **45**
Berkeley Grn. Rd. *G'bnk*
—5E **59**
Berkeley Gro. *G'bnk* —5E **59**
Berkeley Ho. *Bath* —1B **106**
Berkeley Ho. *Bris* —2F **61**
Berkeley Pl. *Bath* —1B **106**
Berkeley Pl. *Bris* —3D **69**
Berkeley Pl. *C Down*
—2D **111**
Berkeley Rd. *Bishop* —4F **57**
Berkeley Rd. *Fish* —5C **60**
Berkeley Rd. *K'wd* —3A **74**
Berkeley Rd. *Stap H* —3F **61**
Berkeley Rd. *Trow* —2A **118**
Berkeley Rd. *W'bry* D
—3C **56**
Berkeleys Mead. *Brad S*
—3B **28**
Berkeley Sq. *Bris* —3E **69**
Berkeley St. *Bris* —4E **59**
(in two parts)
Berkshire Rd. *Bris* —4F **57**
Berlington Ct. *Bris*
—5A **70** (5E **5**)
Berners Clo. *Bris* —1F **87**
Berrow Wlk. *Bris* —3A **80**
Berry Croft. *Bris* —1F **79**
Berryfield Rd. *Brad A*
—2E **115**
Berry La. *Bris* —1B **58**
Berwick Dri. *Bris* —4A **24**
Berwick La. *H'len & E Comp*
—4E **23**
Berwick Rd. *Bris* —5D **59**
Beryl Gro. *Bris* —5E **81**
Beryl Rd. *Bris* —2D **79**
Besom La. *W'lgh* —4E **33**
Bess Ho. *Clev* —4C **120**
Bethell Ct. *Brad A* —2D **115**
Bethel Rd. *Bris* —2B **72**
Betjeman Ct. *Bar C* —5C **74**
Bevan Ct. *Bris* —2C **42**
Beverley Av. *Bris* —3B **46**
Beverley Clo. *Bris* —4D **73**
Beverley Gdns. *Bris* —5F **39**
Beverley Rd. *Bris* —4B **46**
Beverstone. *Bris* —2E **73**
Beverston Gdns. *Bris*
—2D **39**
Bevington Clo. *Pat* —5A **10**
Bevington Wlk. *Pat* —5A **10**
Bewdley Rd. *Bath* —5C **106**

Bewley Rd. *Trow* —5C **118**
Bexley Rd. *Bris* —4D **61**
Bibstone. *Bris* —2C **74**
Bibury Av. *Pat* —1D **27**
Bibury Clo. *Bris* —5F **41**
Bibury Clo. *Nail* —4F **123**
Bibury Cres. *Han* —5E **73**
Bibury Cres. *W Trym*
—5F **41**
Bickerton Clo. *Bris* —1B **40**
Bickford Clo. *Bar C* —4C **74**
Bickley Clo. *Bris* —3D **83**
Biddestone Rd. *Bris* —4A **42**
Biddisham Clo. *Nail*
—4D **123**
Biddle St. *Yat* —4A **142**
Bideford Cres. *Bris* —5B **80**
Bideford Rd. *W Mare*
—3D **129**
Bidwell Clo. *Bris* —1D **41**
Bifield Clo. *Bris* —3B **90**
Bifield Gdns. *Bris* —3A **90**
(in two parts)
Bifield Rd. *Bris* —4A **90**
Bignell Clo. *Wins* —4A **156**
Bilberry Clo. *Bris* —4E **39**
Bilbie Clo. *Bris* —5F **41**
Bilbie Rd. *W Mare* —2F **129**
Bilbury Ho. *Bath* —4C **98**
Bilbury La. *Bath*
—3B **106** (4C **96**)
Bileys Mead Rd. *Bris*
—2E **59**
Billand Clo. *Bris*
—5D **147**
Bince's Lodge La. *Mid N*
—5D **147**
Bindon Dri. *Bris* —5F **25**
Binhay Rd. *Yat* —4B **142**
Binley Gro. *Bris* —3F **89**
Binmead Gdns. *Bris* —4D **87**
Birbeck Rd. *Bris* —2A **56**
Birchall Rd. *Bris* —3E **57**
Birch Av. *B'don* —5A **140**
Birch Av. *Clev* —2E **121**
Birch Clo. *Lock* —4F **135**
Birch Clo. *Pat* —2A **26**
Birch Ct. *Key* —4E **91**
Birch Croft. *Bris* —5C **88**
Birchdale Rd. *Bris* —5C **80**
Birchdene. *Nail* —3F **123**
Birch Dri. *Alv* —3A **8**
Birch Dri. *Puck* —2D **65**
Birches, The. *Nail* —3F **123**
Birch Gro. *P'head* —4E **49**
Birch Rd. *K'wd* —4A **62**
Birch Rd. *Rads* —3B **152**
Birch Rd. *S'vie* —1D **79**
Birch Rd. *Yate* —4F **17**
Birchwood. *Bris* —5D **41**
Birchwood Av. *W Mare*
—1E **133**
Birchwood Ct. *St Ap* —4B **72**
Birchwood Rd. *Bris* —2A **82**
Birdale Clo. *Bris* —1A **40**
Birdcombe Clo. *Nail*
—2D **123**
Birdlip Clo. *Nail* —4F **123**
Birdwell La. *L Ash* —4B **76**
Birdwell Rd. *L Ash* —4B **76**
Birdwood. *Bris* —4F **73**
Birkdale. *War* —4C **74**
Birkdale. *Yate* —1A **34**
Birkett Rd. *W Mare* —4A **126**
Birkin St. *Bris* —4C **70**
Birnbeck Ct. *W Mare*
—1B **132**
Birnbeck Rd. *W Mare*
—4A **126**

Bisdee Rd.—Braikenridge Rd.

Bisdee Rd. *Hut* —5B **134**
Bishop Av. *W Mare*
　　　　　—2E **129**
Bishop Manor Rd. *Bris*
　　　　　—5F **41**
Bishop M. *Bris* —2A **70**
Bishop Rd. *Bris* —3E **57**
Bishops Clo. *Bris* —4A **56**
Bishops Ct. *Bris* —4E **55**
Bishops Cove. *Bris* —3B **86**
Bishops Rd. *Clav* —2F **143**
Bishop St. *St Pa* —2A **70**
Bishops Wood. *Alm* —1E **11**
Bishopsworth Rd. *Bris*
　　　　　—1C **86**
Bishop Ter. *St Pa* —2B **70**
Bishopthorpe Rd. *Bris*
　　　　　—5F **41**
Bishport Av. *Bris* —4C **86**
Bishport Clo. *Bris* —4D **87**
Bishport Grn. *Bris* —5E **87**
Bisley. *Yate* —2E **33**
Biss Meadow. *Trow*
　　　　　—2A **118**
Bittern Clo. *W Mare*
　　　　　—4D **129**
Bitterwell Clo. *Coal H*
　　　　　—1F **47**
Bittle Mead. *Bris* —4B **88**
Blackacre. *Bris* —4E **89**
Blackberry Av. *Bris* —2A **60**
Blackberry Dri. *W Mare*
　　　　　—4E **129**
Blackberry Hill. *Stap* —2A **60**
Blackberry La. *P'head*
　　　　　—5B **48**
Blackbird Clo. *Mid N*
　　　　　—4E **151**
Black Boy Hill. *Bris* —5C **56**
Blackdown Ct. *Bris* —3D **89**
Blackdown Rd. *P'head*
　　　　　—3C **48**
Blackfriars. *Bris*
　　　　　—3F **69** (1B **4**)
Blackfriars Rd. *Nail*
　　　　　—4A **122**
Blackhorse Hill. *E Comp*
　　　　　—1D **25**
Blackhorse La. *Bris* —3B **46**
(in two parts)
Blackhorse Pl. *Mang*
　　　　　—1C **62**
Blackhorse Rd. *Bris* —2F **73**
Blackhorse Rd. *Mang*
　　　　　—5C **46**
Blackmoor. *Clev* —5C **120**
Blackmoor. *W Mare*
　　　　　—3D **129**
Blackmoor Rd. *Abb L*
　　　　　—1A **66**
Blackmoors La. *Bris* —2A **78**
Blackmore Dri. *Bath*
　　　　　—4D **105**
Blacksmith La. *Up Swa*
　　　　　—1C **100**
Blacksmiths La. *Kel* —1D **95**
Blackswarth Rd. *Bris*
　　　　　—3F **71**
Blackthorn Clo. *Bris* —3F **87**
Blackthorn Dri. *Brad S*
　　　　　—2F **27**
Blackthorne Ter. *W Mare*
　　　　　—4E **129**
Blackthorn Gdns. *W Mare*
　　　　　—4E **129**
Blackthorn Rd. *Bris* —3F **87**
Blackthorn Sq. *Clev*
　　　　　—5D **121**

Blackthorn Wlk. *Bris* —5A **62**
Blackthorn Way. *Nail*
　　　　　—3F **123**
Blackwell Hill Rd. *Back*
　　　　　—1F **125**
Bladen Clo. *P'head* —4A **50**
Bladud Bldgs. *Bath*
　　　　　—2B **106** (2C **96**)
Blagdon Clo. *Bris* —3A **80**
Blagdon Clo. *W Mare*
　　　　　—2D **139**
Blagdon Pk. *Bath* —5B **104**
Blagrove Clo. *Bris* —5E **87**
Blagrove Cres. *Bris* —5E **87**
Blair Rd. *Trow* —4A **118**
Blaisdon. *Yate* —2A **34**
Blaisdon Clo. *Bris* —3C **40**
Blaise Wlk. *Bris* —5E **39**
Blake End. *Kew* —1C **128**
Blakeney Gro. *Nail* —5B **122**
Blakeney Mills. *Yate* —5F **17**
Blakeney Rd. *Bris* —1C **58**
Blakeney Rd. *Pat* —5A **10**
Blake Rd. *Bris* —1D **59**
Blakes Rd. *T'bry* —3C **6**
Blanchards. *Chip S* —1F **35**
Blandford Clo. *Bris* —1D **57**
Blandford Clo. *Nail* —4D **123**
Bleadon Hill. *W Mare*
　　　　　—5D **157**
Bleadon Rd. *B'don* —4E **139**
Blenheim Clo. *Pea J*
　　　　　—5D **157**
Blenheim Clo. *W Mare*
　　　　　—3E **129**
Blenheim Dri. *Bris* —5D **27**
Blenheim Dri. *Yate* —3E **17**
Blenheim Gdns. *Bath*
　　　　　—4B **100**
Blenheim Rd. *Bris* —4D **57**
Blenheim St. *Bris* —1C **70**
Blenheim Way. *P'head*
　　　　　—3A **50**
Blenman Clo. *Bris* —5C **44**
Blethwin Clo. *Bris* —3B **40**
Blind La. *Bath* —5C **106**
Blind La. *Clav* —4F **143**
(in two parts)
Blind La. *W'ton* —4D **99**
Bloomfield. *W Mare*
　　　　　—1E **139**
Bloomfield Av. *Bath*
　　　　　—5F **105**
Bloomfield Cres. *Bath*
　　　　　—2E **109**
Bloomfield Dri. *Bath*
　　　　　—2D **109**
Bloomfield Gro. *Bath*
　　　　　—1F **109**
Bloomfield La. *Paul*
　　　　　—4B **146**
Bloomfield Pk. *Bath*
　　　　　—1F **109**
Bloomfield Pk. Rd. *Tim*
　　　　　—1E **157**
Bloomfield Rise N. *Bath*
　　　　　—2E **109**
Bloomfield Rd. *Bath*
　　　　　—2E **109**
Bloomfield Rd. *Bris* —1E **81**
Bloomfield Rd. *Tim* —1E **157**
Bloomfield Ter. *Pea J*
　　　　　—2F **149**
Bloucher Pl. *Bris* —5C **58**
Bloy St. *Bris* —1E **71**
Bluebell Clo. *T'bry* —2E **7**
Bluebells, The. *Brad S*
　　　　　—2A **28**

Blueberry Way. *W Mare*
　　　　　—4D **129**
Blythe Gdns. *W Mare*
　　　　　—2E **129**
Boarding Ho. La. *Alm*
　　　　　—2A **10**
Boat Stall La. Bath —3B **106**
(off Orange Gro.)
Bobbin La. *W'wd* —5A **114**
Bobbin Pk. *Brad A* —5A **114**
Bockenem Clo. *T'bry* —5E **7**
Bodey Clo. *Bris* —4C **74**
Bodmin Wlk. *Bris* —4B **80**
Bodyce Rd. *Alv* —2B **8**
Boiling Wells La. *Bris*
　　　　　—4C **58**
Bolton Rd. *Bris* —4A **58**
Bond St. *Trow* —2A **70**
Bond St. *Trow* —3C **118**
Bond St. Bldgs. *Trow*
　　　　　—3B **118**
Bonnington Wlk. *Bris*
　　　　　—4D **43**
Bonville Bus. Cen. *Bris*
　　　　　—3B **82**
Bonville Rd. *Bris* —4A **82**
Booth Rd. *Bris* —1E **79**
Boot La. *Bris* —1F **79**
Bordesley Rd. *Bris* —5C **88**
Borgie Pl. *W Mare* —2D **129**
Borleyton Wlk. *Bris* —4B **86**
Borver Gro. *Bris* —4D **87**
(in two parts)
Boscombe Cres. *Bris*
　　　　　—5B **46**
Boston Rd. *Bris* —4B **42**
Boswell Rd. *L W'wd*
　　　　　—5A **114**
Boswell St. *Bris* —5C **59**
Botham Clo. *W Mare*
　　　　　—1E **129**
Botham Dri. *Bris* —4F **81**
Boucher Pl. *Bris* —5C **58**
Boulevard. *W Mare*
　　　　　—5C **126**
Boulters Rd. *Bris* —4E **87**
Boulton's La. *Bris* —2F **73**
Boulton's Rd. *Bris* —2F **73**
Boundary Clo. *Mid N*
　　　　　—5E **151**
Boundary Clo. *W Mare*
　　　　　—5C **132**
Boundary Rd. *Coal H*
　　　　　—2F **31**
Boundary Wlk. *Trow*
(in three parts) —5B **118**
Bourchier Gdns. *Bris*
　　　　　—5D **87**
Bourne Clo. *Bris* —2D **73**
Bourne Clo. *Wint* —2A **30**
Bourne Rd. *Bris* —2C **72**
Bourneville Rd. *Bris* —2F **71**
Bournville Rd. *W Mare*
　　　　　—3D **133**
Boursland Clo. *Brad S*
　　　　　—4F **11**
Bourton Av. *Pat* —5E **11**
Bourton Clo. *Pat* —1E **27**
Bourton La. *St Geo*
　　　　　—2B **130**
Bourton Mead. *L Ash*
　　　　　—4D **77**
Bourton Wlk. *Bris* —5C **78**
Bouverie St. *Bris* —2D **71**
Boverton Rd. *Bris* —1D **43**
Bowden Clo. *Bris* —4E **39**
Bowden Pl. *Bris* —5B **46**
Bowden Rd. *Bris* —1A **72**

Bowen Rd. *Lock* —3F **135**
Bower Ashton Ter. *Bris*
　　　　　—1B **78**
Bowerleaze. *Bris* —2E **55**
Bower Rd. *Bris* —2C **78**
Bower Wlk. *Bris* —2A **80**
Bowlditch La. *Mid N*
　　　　　—5E **147**
Bowling Hill. *Chip S* —5C **18**
Bowling Rd. *Chip S* —1D **35**
Bow Mead. *Bris* —3A **90**
Bowness Gdns. *Bris* —4E **41**
Bowood. *Bris* —3E **45**
(off Harford Dri.)
Bowring Clo. *Bris* —5E **87**
Bowsland. *Brad S* —4A **12**
Bowsland Way. *Brad S*
　　　　　—4E **11**
Bowstreet La. *E Comp*
　　　　　—1C **24**
Boxbury Hill. *Paul* —1B **150**
Box Hedge La. *Coal H*
　　　　　—5A **32**
Box Rd. *Bath* —3C **102**
Box Wlk. *Key* —4E **91**
Boyce Clo. *Bath* —4A **104**
Boyce Dri. *Bris* —5C **58**
Boyce's Av. *Bris* —3C **68**
Boyd Clo. *Wick* —4A **154**
Boyd Rd. *Salt* —5F **93**
Brabazon Rd. *Bris* —2D **43**
Bracewell Gdns. *Bris*
　　　　　—5E **25**
Bracey Dri. *Bris* —1E **61**
Brackenbury Dri. *Stok G*
　　　　　—4B **28**
Brackendene. *Pat* —5E **11**
Bracken Wood. *Clev*
　　　　　—1E **121**
Bracton Dri. *Bris* —3C **88**
Bradeston Gro. *Bris* —5C **44**
Bradford Clo. *Clev* —5C **120**
Bradford Pk. *Bath* —2B **110**
(in two parts)
Bradford Rd. *Bathf* —3C **102**
Bradford Rd. *C Down*
　　　　　—3A **110**
Bradford Rd. *Holt* —2D **155**
Bradford Rd. *Trow* —1B **118**
Bradford Rd. *W'ley* —2F **113**
Bradford Wood La. *Brad A*
　　　　　—3F **115**
Bradhurst St. *Bris* —4D **71**
Bradley Av. *Bris* —1A **54**
Bradley Av. *Wint* —4A **30**
Bradley Clo. *Holt* —2F **155**
Bradley Ct. *Bris* —2E **61**
Bradley Cres. *Bris* —1A **54**
Bradley La. *Holt* —2F **155**
Bradley Pavilions. *Brad S*
　　　　　—4E **11**
Bradley Rd. *Pat* —1B **26**
Bradley Rd. *Trow* —3C **118**
Bradley Stoke Way. *Brad S*
　　　　　—3B **28**
Bradstone Rd. *Wint* —4F **29**
Bradville Gdns. *L Ash*
　　　　　—5B **76**
Bradwell Gro. *Bris* —4E **41**
Braemar Av. *Bris* —3B **42**
Braemar Cres. *Bris* —3B **42**
Brae Rise. *Wins* —4B **156**
Brae Rd. *Wins* —4A **156**
Bragg's La. *Bris* —3B **70**
Braikenridge Clo. *Clev*
　　　　　—5C **120**
Braikenridge Rd. *Bris*
　　　　　—1F **81**

Brainsfield. *Bris* —1B **56**
Brake Clo. *Brad S* —3A **28**
Brake Clo. *Bris* —3B **74**
Brake, The. *Coal H* —4E **31**
Brake, The. *Yate* —1A **18**
Brakewell Gdns. *Bris*
—4C **88**
Bramble Dri. *Bris* —4E **55**
—5E **41**
Bramble La. *Bris* —4E **55**
Brambles, The. *Bris* —4E **87**
Brambles, The. *Key* —5F **91**
Bramble Way. *C Down*
—3C **110**
Bramblewood. *Yat* —2B **142**
Bramblewood Rd. *W Mare*
—2C **128**
Brambling Wlk. *Bris* —1B **60**
(in two parts)
Bramley Clo. *Lock* —4E **135**
Bramley Clo. *Pea J* —5D **157**
Bramley Clo. *Pill* —3E **53**
Bramley Clo. *Yat* —4B **142**
Bramley Ct. *Bar C* —1B **84**
Bramley Dri. *Back* —3C **124**
Bramley La. *Trow* —3D **119**
Bramley Sq. *Cong* —3D **145**
Bramleys, The. *Nail*
—5A **122**
Brampton Dri. *Bris* —4F **45**
Brampton Way. *P'head*
—3F **49**
Bramshill Dri. *W Mare*
—2D **129**
Branche Gro. *Bris* —5F **87**
Brandash Rd. *Chip S*
—5E **19**
Brandon Ho. *Bris* —4D **69**
Brandon Steep. *Bris* —4E **69**
Brandon Steps. *Bris* —4E **69**
Brandon St. *Bris* —4E **69**
Brangwyn Gro. *Bris* —2D **59**
Brangwyn Sq. *W Mare*
—3D **129**
Branksome Cres. *Bris*
—1D **43**
Branksome Dri. *Bris* —1D **43**
Branksome Dri. *Wint*
—3A **30**
Branksome Rd. *Bris* —4D **57**
Branscombe Rd. *Bris*
—3E **55**
Branscombe Wlk. *P'head*
—5B **48**
Branwhite Clo. *Bris* —5D **43**
Brassknocker Hill. *Mon C*
—1B **112**
Brassmill La. *Bath* —1B **104**
Brassmill La. Trad. Est. *Bath*
—2B **104**
Bratton Rd. *Bris* —1F **87**
Braunton Rd. *Bris* —2E **79**
Braydon Av. *Lit S* —1E **27**
Brayne Ct. *L Grn* —2B **84**
Braysdown Clo. *Pea J*
—3E **149**
Braysdown La. *Pea J*
(in two parts) —2F **149**
Breaches Ga. *Brad S*
—3B **28**
Breaches La. *Key* —4C **92**
Breaches, The. *E'ton G*
—2D **53**
Breach Rd. *Bris* —2C **78**
Breakneck. *Back* —4D **125**
Brean Down Av. *Bris*
—2D **57**
Brean Down Av. *W Mare*
—4B **132**

Brecknock Rd. *Bris* —2C **80**
Brecon Rd. *Bris* —1C **56**
Brecon View. *W Mare*
—2E **139**
Bredon. *Yate* —2F **33**
Bredon Clo. *Bris* —3B **74**
Bredon Nook Rd. *Bris*
—5E **41**
Bree Clo. *W Mare* —1E **129**
Brendon Av. *W Mare*
—4D **127**
Brendon Clo. *Old C* —1E **85**
Brendon Gdns. *Nail*
—4D **123**
Brendon Rd. *Bris* —2F **79**
Brendon Rd. *P'head* —3C **48**
Brenner St. *Bris* —5D **59**
Brent Clo. *W Mare* —1F **139**
Brent Rd. *Bris* —2B **58**
Brentry Av. *Bris* —3D **71**
Brentry Hill. *Bris* —3C **40**
Brentry Ho. *Bris* —1D **41**
Brentry La. *Bris* —2C **40**
Brentry Rd. *Bris* —3A **60**
Brereton Way. *Bris* —1D **85**
Brewerton Clo. *Bris* —1E **41**
Briar Clo. *Nail* —3F **123**
Briar Clo. *Rads* —4A **152**
Briarfield Av. *Bris* —5D **73**
Briarleaze. *Rudg* —5A **8**
Briar Mead. *Yat* —2A **142**
Briar Rd. *Hut* —5C **134**
Briarside Rd. *Bris* —1E **41**
Briar Wlk. *Bris* —4E **61**
Briar Way. *Bris* —3D **61**
Briarwood. *Bris* —1B **56**
Briary Rd. *P'head* —3E **49**
Briavels Gro. *Bris* —5B **58**
Briburn M. Bath —3F **105**
(off Stanhope Pl.)
Brick St. *Bris* —3B **70**
Bridewell La. *Bath*
—3A **106** (3B **96**)
Bridewell La. *Hut* —3F **141**
Bridewell St. *Bris*
—3F **69** (1C **4**)
Bridge Av. *Trow* —2A **118**
Bridge Clo. *Bris* —4E **89**
Bridge Farm Clo. *Bris*
—5C **88**
Bridge Farm Sq. *Cong*
—2D **145**
Bridgeleap Rd. *Bris* —4B **46**
Bridge Pl. Rd. *C'ton*
—1B **148**
Bridge Rd. *Bath* —4D **105**
Bridge Rd. *B'don* —5F **139**
Bridge Rd. *Eastv* —4D **69**
Bridge Rd. *K'wd* —4B **62**
Bridge Rd. *L Wds* —4F **67**
Bridge Rd. *Mang* —3E **63**
Bridge Rd. *W Mare*
—2D **133**
Bridge Rd. *Yate* —4C **16**
Bridges Ct. *Fish* —3D **61**
Bridges Dri. *Bris* —1E **61**
Bridge St. *Bath*
—3B **106** (3C **96**)
Bridge St. *Brad A* —3E **115**
Bridge St. *Bris*
—4A **70** (3C **4**)
Bridge St. *Eastv* —5F **59**
Bridge St. *Trow* —3D **119**
Bridge Valley Rd. *Bris*
—2A **68**
Bridge Wlk. *Bris* —4C **42**
Bridge Way. *Fram C*
—1D **31**

Bridgewell La. *W Mare*
—2F **141**
Bridgman Gro. *Bris* —1E **43**
Bridgwater Rd. *Bris* —2A **86**
Bridgwater Rd. *Uph & B'don*
—5C **132**
Bridgwater Rd. *Wins*
—5C **156**
Bridle Way. *Alv* —3A **8**
Briercliffe Rd. *Bris* —5F **39**
Brierly Furlong. *Stok G*
—1F **43**
Briery Leaze Rd. *Bris*
—3C **88**
Brighton Cres. *Bris* —3D **79**
Brighton M. *Bris* —2D **69**
Brighton Pk. *Bris* —2D **71**
Brighton Pl. *Bris* —1F **73**
Brighton Rd. *Bris* —1E **69**
Brighton Rd. *Pat* —1B **26**
Brighton Rd. *W Mare*
—2C **132**
Brighton St. *Bris* —1A **70**
Brighton Ter. *Bedm* —3D **79**
Bright St. *Bar H* —3D **71**
Bright St. *K'wd* —2F **73**
Brigstocke Rd. *Bris* —1A **70**
Brimbles. *Bris* —2D **43**
Brimbleworth La. *St Geo*
—1A **130**
Brimridge Rd. *Wins*
—4B **156**
Brinkworthy Rd. *Bris*
—1A **60**
Brinmead Wlk. *Bris* —5B **86**
Brins Clo. *Stok G* —5B **28**
Brinscombe La. *Bath*
—5F **157**
Brinsea Batch. *Cong*
—5E **145**
Brinsea La. *Cong* —5F **145**
Brinsea Rd. *Cong* —3D **145**
Brinsham La. *Yate* —1C **18**
Briscoes Av. *Bris* —4E **87**
Brislington Hill. *Bris* —3A **82**
Brislington Retail Pk. *Brisl*
—4A **82**
Brislington Trad. Est. *Bris*
—3B **82**
Bristol Bus. Pk. *Bris* —3A **44**
Bristol Ga. *Bris* —5B **68**
Bristol Hill. *Bris* —3F **81**
Bristol Rd. *Bath* —4D **95**
Bristol Rd. *Cong* —2D **145**
Bristol Rd. *Fram C* —5C **14**
Bristol Rd. *Fren* —4C **44**
Bristol Rd. *Ham* —1F **45**
Bristol Rd. *Key* —2F **91**
Bristol Rd. *Paul* —3B **146**
Bristol Rd. *Rads* —5B **148**
Bristol Rd. *T'bry* —5C **6**
Bristol Rd. *W'chu* —3E **89**
Bristol Rd. *Wins* —5C **156**
Bristol Rd. *Wint* —2A **30**
Bristol Rd. *W Mare*
—3A **130**
Bristol Rd. Lwr. *W Mare*
—5B **126**
Bristol Vale Cen. for Industry.
Bris —4D **79**
Bristol Vale Trad. Est. *Bris*
—5E **79**
Bristol View. *Bath* —4D **105**
Britannia Cres. *Stok G*
—4F **27**
Britannia Ho. *Brad S* —2B **42**
Britannia Rd. *E'tn* —1D **71**

Britannia Rd. *K'wd* —2E **73**
Britannia Rd. *Pat* —1F **25**
Britannia Way. *Clev*
—5C **120**
British Rd. *Bris* —2D **79**
British Row. *Trow* —1C **118**
British, The. *Yate* —2D **17**
Brittan Pl. *P'bry* —4A **52**
Britten Ct. *L Grn* —1B **84**
Britten's Clo. *Paul* —3C **146**
Britten's Hill. *Paul* —3C **146**
Brixham Rd. *Bris* —3E **79**
Brixton Rd. *Bris* —2D **71**
Brixton Rd. M. *E'tn* —2D **71**
Broadbury Rd. *Bris* —5F **79**
Broadcloth La. *Trow*
—3E **119**
Broadcloth La. E. *Trow*
—4E **119**
Broad Croft. *Brad S* —4E **11**
Broadcroft Av. *Clav*
—2F **143**
Broadcroft Clo. *Clav*
—2F **143**
Broadfield Av. *Bris* —2E **73**
Broadfield Rd. *Bris* —5C **80**
Broadlands. *Clev* —3F **121**
Broadlands Av. *Key* —2F **91**
Broadlands Dri. *Bris* —3C **38**
Broad La. *W'lgh* —4F **31**
Broad La. *Yate* —2D **17**
Broadleas. *Bris* —1E **87**
Broadleaze. *Shire* —5F **37**
Broadley Pk. *N Brad*
—4E **155**
Broadleys Av. *Bris* —5E **41**
Broadmead. *Bris*
—3A **70** (1D **5**)
Broadmead. *Trow* —1A **118**
Broadmead La. *Key* —3D **93**
Broadmead Shopping Cen.
Bris —3A **70** (1D **5**)
Broadmoor La. *Bath* —2A **98**
Broadmoor Pk. *Bath* —4C **98**
Broadmoor Vale. *Bath*
—3B **98**
Broad Oaks. *Bris* —4A **68**
Broadoak Wlk. *Bris* —3D **61**
Broad Plain. *Bris*
—3B **70** (3F **5**)
Broad Quay. *Bath*
—4A **106** (5C **96**)
Broad Quay. *Bris*
—4F **69** (3B **4**)
Broad Rd. *Bris* —1E **73**
Broadstone Wlk. *Bris*
—3F **87**
Broad St. *Bath*
—2B **106** (2C **96**)
Broad St. *Bris*
—3F **69** (2C **4**)
Broad St. *Chip S* —5D **19**
Broad St. *Cong* —2D **145**
Broad St. *Stap H* —3F **61**
Broad St. *Trow* —1C **118**
Broad St. *Wrin* —1B **156**
Broad St. Pl. *Bath*
—2B **106** (2C **96**)
Broad Wlk. *Bris* —3B **80**
Broad Wlk. *P'head* —1A **50**
Broad Wlk. Shopping
Precinct. *Bris* —3D **81**
Broadway. *Bath*
—3C **106** (4E **97**)

Broadway. *Lock* —4B **136**
Broadway. *Salt* —5F **93**
Broadway. *W Mare*
　—1D **139**
Broadway. *Yate* —4B **18**
Broadway Av. *Bris* —1F **57**
Broadway La. *Rads* —3E **147**
Broadway Rd. *Bishop*
　—4F **57**
Broadway Rd. *B'wth*
　—3B **86**
Broadways Dri. *Bris* —5B **44**
Broad Weir. *Bris*
　—3A **70** (2E **5**)
Brock End. *P'head* —5A **48**
Brockhurst Gdns. *Bris*
　—2C **72**
Brockhurst Rd. *Bris* —2C **72**
Brockley Clo. *Lit S* —2E **27**
Brockley Clo. *Nail* —4C **122**
Brockley Clo. *W Mare*
　—2D **139**
Brockley Combe Rd. *Back*
　—5A **124**
Brockley Cres. *W Mare*
　—2D **139**
Brockley La. *B'ley* —3A **124**
Brockley Rd. *Salt* —5F **93**
Brockley Wlk. *Bris* —5C **78**
Brockley Way. *B'ley*
　—5A **124**
Brockley Way. *Clav*
　—1F **143**
Brockridge La. *Fram C*
　—2E **31**
Brocks La. *L Ash* —4B **76**
Brocks Rd. *Bris* —5E **87**
Brock St. *Bath*
　—2A **106** (1A **96**)
Brockway. *Nail* —3E **123**
Brockworth. *Yate* —3E **33**
Brockworth Cres. *Bris*
　—1B **60**
Bromley Dri. *Bris* —4F **45**
Bromley Heath Av. *Bris*
　—4F **45**
Bromley Heath Rd. *Bris*
(in two parts)　—5F **45**
Bromley Rd. *Bris* —2B **58**
Brompton Clo. *Bris* —2B **74**
Brompton Rd. *W Mare*
　—1E **139**
Broncksea Rd. *Bris* —3B **42**
Brook Clo. *L Ash* —4D **77**
Brookcote Dri. *Lit S* —3F **27**
Brookdale Rd. *Bris* —2D **87**
Brookfield Av. *Bris* —4F **57**
Brookfield Clo. *Chip S*
　—4E **19**
Brookfield Pk. *Bath* —4C **98**
Brookfield Rd. *Bris* —5F **57**
Brookfield Rd. *Pat* —1D **27**
Brookfield Wlk. *Clev*
　—3F **121**
Brookfield Wlk. *Old C*
　—2E **85**
Brookgate. *Bris* —4A **78**
Brook Hill. *Bris* —1B **70**
Brook Ho. *Lit S* —2E **27**
Brookland Rd. *Bris* —2F **57**
Brookland Rd. *W Mare*
　—1F **133**
Brook La. *Mont* —1B **70**
Brook La. *Stap* —1A **60**
Brooklea. *Old C* —1D **85**
Brookleaze. *Bris* —1E **55**
Brookleaze Bldgs. *Bath*
　—4C **100**

Brook Lintons. *Bris* —2F **81**
Brooklyn. *Wrin* —1B **156**
Brooklyn Rd. *Bath* —4D **101**
Brooklyn Rd. *Bris* —5D **79**
Brooklyn St. *Bris* —5B **58**
Brookmead. *T'bry* —5E **7**
Brookridge Ho. *Bris* —1B **40**
Brook Rd. *Bath* —3E **105**
Brook Rd. *Fish* —3C **60**
Brook Rd. *Mang* —1B **62**
Brook Rd. *Mont* —1B **70**
Brook Rd. *St G* —1A **72**
Brook Rd. *S'vle* —1F **79**
Brook Rd. *Trow* —2A **118**
Brook Rd. *War* —2C **74**
Brookside. *Paul* —3B **146**
Brookside. *Pill* —4E **53**
Brookside Clo. *Bathe*
　—1A **102**
Brookside Clo. *Paul*
　—3B **146**
Brookside Dri. *Fram C*
　—1D **31**
Brookside Ho. *Bath* —5C **98**
Brookside Rd. *Bris* —3A **82**
Brook St. *Bris* —3E **71**
Brook St. *Chip S* —5C **18**
Brookthorpe. *Yate* —1F **33**
Brookthorpe Av. *Bris*
　—3C **38**
Brookview Wlk. *Bris*
　—1D **87**
Brook Way. *Brad S* —3A **28**
Broom Farm Clo. *Nail*
　—5D **123**
Broomfield Wlk. *E Grn*
　—5D **47**
Broomground. *W'ley*
　—2F **113**
Broom Hill. *Bris* —1A **60**
Broom Hill La. *Clut*
　—1B **146**
Broomhill Rd. *Brisl* —4B **82**
Brougham Cotts. *Bath*
(off Dafford St.) —4D **101**
Brougham Hayes. *Bath*
　—3E **105**
Brougham Pl. *Bath* —4D **101**
(off St Saviours Rd.)
Broughton Ho. *Bris* —5A **70**
Broughton Rd. *Holt*
　—5C **118**
Brow Hill. *Bath* —2A **102**
Brow Hill Vs. *Bath* —2A **102**
Brownlow Rd. *W Mare*
　—4C **132**
Brown St. *Trow* —3D **119**
Brow, The. *Bath* —3D **111**
(Church Rd.)
Brow, The. *Bath* —4C **104**
(Innox Rd.)
Broxholme Wlk. *Bris*
　—4B **38**
Bruce Av. *Bris* —1E **71**
Bruce Rd. *Bris* —1E **71**
Brue Clo. *W Mare* —3C **132**
Brummel Way. *Paul*
　—3A **146**
Brunel Clo. *W Mare*
　—2D **139**
Brunel Ct. *Yate* —4E **17**
Brunel Ho. *Bath* —3B **104**
Brunel Lock Rd. *Bris*
　—5B **68**
Brunel Rd. *Bris* —5B **78**
Brunel Rd. *Nail* —4A **122**
Brunel Way. *Ash G & Bris*
　—1B **78**

Brunel Way. *T'bry* —5C **6**
Brunswick Pl. *Bath*
　—2A **106** (1B **96**)
Brunswick Pl. *Bris* —5B **68**
Brunswick Sq. *Bris* —2A **70**
Brunswick St. *Bar H* —3E **71**
Brunswick St. *Bath*
　—5C **100**
Brunswick St. *St Pa* —2A **70**
Bruton. *W Mare* —1E **139**
Bruton Av. *Bath* —5A **106**
Bruton Av. *P'head* —3E **48**
Bruton Clo. *Bris* —2B **72**
Bruton Clo. *Nail* —5D **123**
Bruton Pl. *Bris* —3D **69**
Bryanson's Clo. *Bris* —1F **59**
Bryant Av. *Rads* —3A **152**
Bryant Gdns. *Clev* —5C **120**
Bryants Clo. *Bris* —3E **45**
Bryants Hill. *Bris* —4D **73**
Bryer-Ash Bus. Pk. *Trow*
　—2C **118**
Brynland Av. *Bris* —3A **58**
Buchanans Wharf N. *Bris*
　—4A **70** (4D **5**)
Buchanans Wharf S. *Bris*
　—4A **70** (4D **5**)
Buckingham Dri. *Stok G*
　—5A **28**
Buckingham Gdns. *Bris*
　—1A **62**
Buckingham Ho. *Brad S*
　—2B **42**
Buckingham Pde. *T'bry*
　—3C **6**
Buckingham Pl. *Clif* —3C **68**
Buckingham Pl. *Down*
　—1A **62**
Buckingham Rd. *Bris*
　—5F **71**
Buckingham Rd. *W Mare*
　—5F **133**
Buckingham St. *Bris*
　—3E **79**
Buckingham Vale. *Bris*
　—2C **68**
Buckland Grn. *W Mare*
　—1E **129**
Bucklands Batch. *Nail*
　—5E **123**
Bucklands Dri. *Nail*
　—5E **123**
Bucklands End. *Nail*
　—5E **123**
Bucklands Gro. *Nail*
　—5E **123**
Bucklands La. *Nail* —5E **123**
Bucklands View. *Nail*
　—5F **123**
Buckleaze Clo. *Trow*
　—5D **119**
Budbury Circ. *Brad A*
　—2D **115**
Budbury Clo. *Brad A*
　—2D **115**
Budbury Heights. *Brad A*
　—2D **115**
Budbury Pl. *Brad A*
　—2D **115**
Budbury Ridge. *Brad A*
　—2D **115**
Budbury Tyning. *Brad A*
　—2C **114**
Bude Av. *Bris* —2C **72**
Bude Clo. *Nail* —4F **123**
Bude Rd. *Bris* —1D **43**
Bullens Clo. *Brad S* —4F **11**
Buller Rd. *Bris* —3E **81**

Bull La. *Bris* —4B **72**
Bull La. *Pill* —3E **53**
Bull Pit. *Brad A* —3E **115**
Bumper's Batch. *Bath*
　—4B **110**
Bungay's Hill. *Paul* —1B **146**
Bunting Ct. *W Mare*
　—4C **128**
Burbank Clo. *L Grn* —2C **84**
Burchells Av. *Bris* —1D **73**
Burchells Grn. Clo. *Bris*
　—1D **73**
Burchells Grn. Rd. *Bris*
　—1D **73**
Burcott Rd. *Bris* —4E **21**
Burden Clo. *Brad S* —3B **28**
Burderop Clo. *Trow*
　—5D **119**
Burfoote Gdns. *Bris* —4A **90**
Burfoote Rd. *Bris* —4A **90**
Burford Av. *Pat* —1E **27**
Burford Clo. *Bath* —1C **108**
Burford Clo. *P'head* —4A **50**
Burford Gro. *Bris* —2B **54**
Burgage Clo. *Chip S*
　—1D **35**
Burgess Grn. Clo. *St Ap*
　—3A **72**
Burghill Rd. *W Trym*
　—3C **40**
Burghley Rd. *Bris* —5A **58**
Burgis Rd. *Bris* —2F **89**
Burleigh Gdns. *Bath*
　—1B **104**
Burleigh Way. *Wickw*
　—2C **154**
Burley Av. *Bris* —2B **62**
Burley Cres. *Bris* —1B **62**
Burley Gro. *Bris* —1B **62**
Burlington Pl. *Bath* —2A **106**
(off Julian Rd.)
Burlington Rd. *Bris* —5D **57**
Burlington Rd. *Mid N*
　—2F **151**
Burlington St. *Bath* —1A **106**
Burlington St. *W Mare*
　—5C **126**
Burnbush Clo. *Bris* —2A **90**
Burnell Dri. *Bris* —2B **70**
Burnett Rd. *Trow* —4D **119**
Burney Way. *L Grn* —2C **84**
Burnham Clo. *Bris* —1B **74**
Burnham Clo. *W Mare*
　—2D **139**
Burnham Dri. *Bris* —1B **74**
Burnham Dri. *W Mare*
　—2D **139**
Burnham Rd. *Bath* —3D **105**
Burnham Rd. *Bris* —1F **53**
Burnside Clo. *Bris* —2E **41**
Burnt Ho. Cotts. *Bath*
　—4D **109**
Burnt House Rd. *Bath*
　—4E **109**
Burrington Av. *W Mare*
　—2D **139**
Burrington Clo. *Nail*
　—4D **123**
Burrington Clo. *W Mare*
　—2D **139**
Burrington Wlk. *Bris*
　—5C **78**
Burrough Way. *Wint*
　—4A **30**
Burton Clo. *Bris* —5A **70**
Burton Ct. *Bris* —3D **69**
Burton St. *Bath*
　—3B **106** (3C **96**)

Burwalls Rd. *Bris* —4A **68**
Bury Ct. Clo. *Bris* —3C **38**
Bury Hill. *Wint* —1B **46**
Bury, The. *Lock* —5E **135**
Bush Av. *Lit S* —3E **27**
Bush Ct. *Alv* —2A **8**
Bush Ct. *Bris* —1B **80**
Bush Ind. Est. *Bris* —2F **71**
Bush La. *Bris* —1D **79**
Bushy Ho. *Bris* —2B **80**
Bushy Pk. *Bris* —2B **80**
Butcombe. *W Mare* —1E **139**
Butcombe Wlk. *Bris* —3D **89**
Buthay, The. *Wickw*
—2B **154**
Butlass Clo. *High L*
—1A **146**
Butlers Clo. *Bris* —4B **72**
Butterfield Clo. *Bris* —5A **42**
Butterfield Pk. *Clev* —5C **120**
Butterfield Rd. *Bris* —5A **42**
Buttermere Rd. *W Mare*
—3E **133**
Butterworth Ct. *Bris* —1F **87**
Butt La. *T'bry* —1D **7**
Button Clo. *Bris* —2C **88**
Butt's Batch. *Wrin* —2B **155**
Buxton Wlk. *Bris* —4C **42**
Byfield. *C Down* —3C **110**
Byfield Bldgs. *Bath* —3C **110**
(off Byfield Pl.)
Byfield Pl. *Bath* —3C **110**
Byfields. *Clev* —5C **120**
Byron Clo. *Lock* —4E **135**
Byron Pl. *Bris* —3D **69**
Byron Pl. *Stap H* —3A **62**
Byron Rd. *Bath* —5A **106**
Byron Rd. *Lock* —4E **135**
Byron Rd. *W Mare* —4E **133**
Byron St. *Redf* —3E **71**
Byron St. *St Pa* —1C **70**
Bythesea Rd. *Trow*
—2C **118**
Byways Cvn. Pk. *Clev*
—5C **120**
Byzantine Ct. *Bris* —5F **69**

Cabot Clo. *Salt* —5F **93**
Cabot Clo. *Yate* —5B **18**
Cabot Ct. *Bris* —3B **42**
Cabot Grn. *Bris* —3D **71**
Cabot Ho. *T'bry* —4D **7**
Cabot Rise. *P'head* —3C **48**
Cabot Way. *Bris* —5B **68**
Cabot Way. *Pill* —4F **53**
Cabot Way. *W Mare*
—2E **129**
Cabstand. *P'head* —2F **49**
Cadbury Farm Rd. *Yat*
—4B **142**
Cadbury Heath Rd. *Bris*
—5C **70**
Cadbury Rd. *Key* —5A **92**
Cadbury Rd. *P'head* —4F **49**
Cadbury Sq. *Cong* —3D **145**
Cadby Clo. *Trow* —2F **119**
Cadby Ho. *Bath* —3B **104**
Caddick Clo. *Stok G* —5B **62**
Cade Clo. *K'wd* —4B **74**
Cade Clo. *Stok G* —4A **28**
Cadogan Rd. *Bris* —5C **80**
Caen Rd. *Bris* —2F **79**
Caernarvon Rd. *Key* —4E **91**
Caine Rd. *Bris* —5B **42**
Cains Clo. *Bris* —4A **74**
Cairn Clo. *Nail* —4F **123**
Cairns Ct. *Bris* —3E **57**

Cairns Cres. *Bris* —1B **70**
Cairns Rd. *Bris* —2D **57**
Cala Trad. Est. *Bris* —2B **78**
Calcott Rd. *Bris* —3C **80**
Caldbeck Clo. *Bris* —2F **41**
Calder Clo. *Key* —4C **92**
Caldicot Clo. *Bris* —2E **39**
Caldicot Clo. *Will* —3D **85**
Caledonia M. *Bris* —3B **68**
Caledonian Rd. *Bath*
—3E **105**
Caledonia Pl. *Bris* —4B **68**
California Rd. *Old C* —2C **84**
Callard Ho. *Bris* —3B **60**
Callicroft Rd. *Pat* —2C **26**
Callington Rd. *Bris* —4D **81**
Callowhill Ct. *Bris*
—3A **70** (1D **5**)
Calton Gdns. *Bath* —4A **106**
Calton Rd. *Bath* —4B **106**
Calton Wlk. *Bath* —4A **106**
Camberley Dri. *Fram C*
—1B **30**
Camberley Rd. *Bris* —5E **79**
(in two parts)
Camborne Rd. *Bris* —5C **42**
Cambrian Dri. *Yate* —3F **17**
Cambridge Cres. *Bris*
—5C **40**
Cambridge Gro. *Clev*
—1D **121**
Cambridge Pk. *Bris* —4D **57**
Cambridge Pl. *Bath*
—4C **106**
Cambridge Pl. *W Mare*
—5B **126**
Cambridge Rd. *Bris* —3F **57**
Cambridge Rd. *Clev*
—1D **121**
Cambridge St. *Redf* —3E **71**
Cambridge St. *Tot* —1B **80**
Cambridge Ter. *Bath*
—4C **106**
Cam Brook Clo. *C'ton*
—1A **148**
Camden Ct. *Bath* —1A **106**
Camden Cres. *Bath*
—1A **106**
Camden Rd. *Bath* —1B **106**
Camden Rd. *Bris* —5D **69**
Camden Row. *Bath*
(in two parts) —1A **106**
Camden Ter. *Bath* —1B **106**
(off Camden Rd.)
Camden Ter. *Bris* —4C **68**
Camden Ter. *W Mare*
—1C **132**
Cameley Grn. *Bath* —3A **104**
Camelford Rd. *Bris* —5F **59**
Cameron Wlk. *Bris* —1E **59**
Cameroons Clo. *Key* —4A **92**
Camerton Clo. *Salt* —1A **94**
Camerton Hill. *C'ton*
—1B **148**
Camerton Rd. *Bris* —1F **71**
Campbells Farm Dri. *Bris*
—3B **38**
Campbell St. *Bris* —1A **70**
Campian Wlk. *Bris* —2F **87**
Campion Clo. *T'bry* —2E **7**
Campion Clo. *W Mare*
—1B **134**
Campion Dri. *Brad S*
—4F **11**
Campion Dri. *Trow*
—4D **119**
Camplins. *Clev* —5C **120**
Camp Rd. *Bris* —3B **68**

Camp Rd. *W Mare* —4A **126**
Camp Rd. N. *W Mare*
—4A **126**
Camp View. *Nail* —3C **122**
Camp View. *Wint D* —5A **30**
Camvale. *Pea J* —1E **149**
Camview. *Paul* —3A **146**
Camwal Ind. Est. *Bris*
—5C **70**
Camwal Rd. *Bris* —5C **70**
Canada Coombe. *Hut*
—1D **141**
Canada Way. *Bris* —5C **68**
Canal Rd. *Trow* —5D **117**
Canal Rd. Ind. Est. *Trow*
—4D **117**
Canal Ter. *B'ptn* —5A **102**
Canberra Cres. *Lock*
—2F **135**
Canberra Gro. *Bris* —5D **27**
Canberra Rd. *W Mare*
—5D **133**
Canford La. *Bris* —5F **39**
Canford Rd. *Bris* —4B **40**
Cann La. *Bris* —4F **75**
Cannons Ga. *Clev* —5C **120**
Cannon St. *Bedm* —1E **79**
Cannon St. *Bris* —2F **69**
Canons Clo. *Bath* —2C **108**
Canons Clo. *Wint* —2A **30**
Canons Ho. *Bris*
—5E **69** (5A **4**)
Canons Rd. *Bris*
—5E **69** (5A **4**)
Canon St. *Bris* —2E **71**
Canon's Wlk. *Bris* —5A **62**
Canon's Wlk. *W Mare*
—3B **128**
Canons Way. *Bris* —4E **69**
Canowie Rd. *Bris* —4D **57**
Cantell Gro. *Bris* —3B **90**
Canterbury Clo. *W Mare*
—1E **129**
Canterbury Clo. *Yate*
—3A **18**
Canterbury Rd. *Bath*
—4E **105**
Canterbury St. *Bar H*
—4D **71**
Canters Leaze. *Wickw*
—3C **154**
Cantock's Clo. *Bris*
—3E **69** (2A **4**)
Canton Pl. *Bath* —1B **106**
Canvey Clo. *Bris* —5A **42**
Canynge Ho. *Bris* —5A **70**
Canynge Rd. *Bris* —2B **68**
Canynge Sq. *Bris* —2B **68**
Canynge St. *Bris*
—4A **70** (4D **5**)
Capel Clo. *Bris* —2D **75**
Capell Clo. *W Mare*
—5F **127**
Capel Rd. *Bris* —3D **39**
Capenor Clo. *P'head* —4E **49**
Capgrave Clo. *Bris* —2C **82**
Capgrave Cres. *Bris* —2C **82**
Caraway Gdns. *Bris* —5E **59**
Carders Corner. *Trow*
—3D **119**
Cardigan Cres. *W Mare*
—5A **128**
Cardigan La. *Bris* —1D **57**
Cardigan Rd. *Bris* —1D **57**
Cardill Clo. *Bris* —5C **78**
Cardinal Clo. *Bath* —4E **109**
Carditch Drove. *Cong*
—5B **144**

Carey's Clo. *Clev* —2F **121**
Carice Gdns. *Clev* —5D **121**
Carisbrooke Cres. *Trow*
—2E **117**
Carisbrooke Rd. *Bris*
—5F **79**
Carlingford Ter. *Rads*
—2D **153**
Carlingford Ter. Rd. *Rads*
—2D **153**
Carlow Rd. *Bris* —5A **80**
Carlton Ct. *Bris* —5C **40**
Carlton Mans. N. W Mare
(off Beach Rd.) —1B **132**
Carlton Mans. S. W Mare
(off Beach Rd.) —1B **132**
Carlton Pk. *Bris* —2E **71**
Carlton Row. *Trow* —4C **118**
Carlton St. *W Mare*
—1B **132**
Carlyle Rd. *Bris* —1E **71**
Carmarthen Clo. *Yate*
—2B **18**
Carmarthen Gro. *Will*
—4D **85**
Carmarthen Rd. *Bris*
—1C **56**
Carnarvon Rd. *Bris* —5E **57**
Caroline Bldgs. *Bath*
—4C **106** (5E **97**)
Caroline Clo. *Key* —4E **91**
Caroline Clo. *Back* —3C **124**
Caroline Pl. *Bath* —1A **106**
Carpenters La. *Key* —3A **92**
Carpenters Shop La. *Bris*
—1A **62**
Carre Gdns. *W Mare*
—1D **129**
Carr Ho. *Bath* —3B **104**
Carrick Ho. Bris —4B **68**
(off Hotwell Rd.)
Carrington Rd. *Bris* —1C **78**
Carsons Rd. *Mang* —4D **63**
Carter Rd. *Paul* —4A **146**
Carter Wlk. *Brad S* —1F **27**
Cart La. *Bris* —4A **70** (4E **5**)
Cartledge Rd. *Bris* —1E **71**
Cashmore Ho. *Bris* —3D **71**
Caslon Ct. *Bris* —5A **70**
Cassell Rd. *Bris* —2E **61**
Cassey Bottom La. *Bris*
—3C **72**
Castle Clo. *Bris* —2F **39**
Castle Ct. *T'bry* —3C **6**
Castle Farm Rd. *Bris*
—3D **83**
Castle Gdns. *Bath* —1F **109**
Castle Hill. *Ban* —5F **137**
Castle Ho. *Wickw* —2C **154**
Castle M. *Wickw* —2C **154**
Castle Pl. *Trow* —2D **119**
Castle Rd. *Bris* —5F **61**
Castle Rd. *Clev* —1D **121**
Castle Rd. *Old C* —2E **85**
Castle Rd. *Puck* —1E **65**
Castle Rd. *W Mare* —2C **128**
Castle St. *Bris*
—3A **70** (2E **5**)
Castle St. *T'bry* —2B **6**
Castle St. *Trow* —2D **119**
Castle View Rd. *Clev*
—1D **121**
Castlewood Clo. *Clev*
—2D **121**
Caswell Hill. *P'bry* —5D **51**
Caswell La. *P'bry* —5E **51**
Catbrain Hill. *Bris* —3D **25**
Catbrain La. *Bris* —3D **25**

Catemead—Charter Wlk.

Catemead. *Clev* —5C **120**
Cater Rd. *Bris* —2C **86**
Catharine Pl. *Bath*
　—2A **106** (1A **96**)
Cathcart Ho. *Bath* —1B **106**
Cathedral Sq. *Bris*
　—4E **69** (4A **4**)
Catherine Mead St. *Bris*
　—1E **79**
Catherine St. *A'mth* —4E **37**
Catherine Way. *Bathe*
　—2B **102**
Catley Gro. *L Ash* —4D **77**
Cato St. *Bris* —5D **59**
Catsley Pl. *Bath* —3D **101**
Cattistock Dri. *Bris* —4C **72**
Cattle Mkt. *Bris*
　—5B **70** (5F **5**)
Cattybrook Rd. *Mang &*
　E Grn —2F **63**
(in two parts)
Cattybrook St. *Bris* —2D **71**
Caulfield Rd. *W Mare*
　—1F **129**
Causeway. *Tic & Nail*
　—2A **122**
Causeway, The. *Coal H*
　—1D **81**
　—2F **31**
Causeway, The. *Cong*
　—2D **145**
Causeway, The. *Yat*
　—4C **142**
Causeway View. *Nail*
　—3B **122**
Causley Dri. *Bar C* —5B **74**
Cautletts Clo. *Mid N*
　—4C **150**
Cavan Wlk. *Bris* —4F **79**
Cave Ct. *Bris* —2A **70**
Cave Dri. *Bris* —1F **61**
Cavell Ct. *Clev* —5C **120**
Cavendish Clo. *Salt* —5F **93**
Cavendish Cres. *Bath*
　—1F **105**
Cavendish Gdns. *Bris*
　—3E **55**
Cavendish Lodge *Bath*
　—1F **105**
Cavendish Pl. *Bath* —1F **105**
Cavendish Rd. *Bath*
　—1F **105**
Cavendish Rd. *Bris* —2C **56**
Cavendish Rd. *Pat* —1B **26**
Caverners Ct. *W Mare*
　—4F **127**
Caversham Dri. *Nail*
　—3F **123**
Cave St. *Bris* —2A **70**
Caxton Ct. *Bath*
　—2B **106** (2C **96**)
Caxton Ga. *Bris* —5A **70**
Cecil Av. *Bris* —1B **72**
Cecil Rd. *Clif* —2B **68**
Cecil Rd. *K'wd* —2F **73**
Cecil Rd. *W Mare* —4C **126**
Cedar Av. *W Mare* —4A **128**
Cedar Clo. *L Ash* —4B **76**
Cedar Clo. *Old C* —1D **85**
Cedar Clo. *Pat* —2B **26**
Cedar Ct. *Brad A* —1E **115**
Cedar Ct. *Bris* —3E **55**
Cedar Dri. *Key* —4F **91**
Cedar Gro. *Bath* —1E **109**
Cedar Gro. *Bris* —2F **55**
Cedar Gro. *Trow* —4B **118**
Cedar Hall. *Bris* —4E **45**
Cedarhurst Rd. *P'head*
　—5A **48**

Cedarn Ct. *W Mare* —1F **127**
Cedar Pk. *Bris* —2F **55**
Cedar Row. *Bris* —1B **54**
Cedars, The. *Bris* —4F **55**
Cedars Way. *Wint* —4F **29**
Cedar Ter. *Rads* —3A **152**
Cedar Vs. *Bath* —4F **105**
Cedar Wlk. *Bath* —4F **105**
(in two parts)
Cedar Way. *Bath* —4F **105**
Cedar Way. *Nail* —3F **123**
Cedar Way. *P'head* —4D **49**
Cedar Way. *Puck* —2D **65**
Cedric Clo. *Bath* —2D **105**
Cedric Rd. *Bath* —2D **105**
Celandine Clo. *T'bry* —2E **7**
Celestine Rd. *Yate* —3E **17**
Celia Ter. *St Ap* —4B **72**
Celtic Way. *B'don* —3F **139**
Cemetery La. *Brad A*
　—2F **115**
Cemetery Rd. *Bris* —2C **80**
Cennick Av. *Bris* —1A **74**
Centaurus Rd. *Pat* —2E **25**
Central Av. *Bris* —5E **73**
Central Trad. Est. *Bris*
　—1C **132**
Central Way. *Clev* —5D **121**
Centre Dri. *Ban* —4C **136**
Centre, The. *Key* —3A **92**
Centre, The. *W Mare*
　—1C **132**
Ceres Clo. *L Grn* —3B **84**
Cerimon Ga. *Stok G* —4A **28**
Cerney Gdns. *Nail* —3F **123**
Cerney La. *Bris* —2A **54**
Cesson Clo. *Chip S* —1E **35**
Chadleigh Gro. *Bris* —1F **87**
Chaffinch Dri. *Mid N*
　—4E **151**
Chaffinch Dri. *Trow*
　—2A **118**
Chaffins, The. *Clev* —4E **121**
Chaingate La. *Iron A*
　—1B **16**
Chakeshill Clo. *Bris* —1E **41**
Chakeshill Dri. *Bris* —1E **41**
Chalcombe Clo. *Lit S*
　—1E **27**
Chalcroft Ho. *Bris* —1C **78**
Chalcroft Wlk. *Bris* —4A **86**
Chalet, The. *Bris* —1B **40**
Chalfont Clo. *Trow* —2A **118**
Chalfont Rd. *W Mare*
　—5A **128**
Chalford Clo. *Yate* —1F **33**
Chalks Rd. *Bris* —2F **71**
Challender Av. *Bris* —2B **40**
Challoner Ct. *Bris*
　—5F **69** (5B **4**)
Challow Dri. *W Mare*
　—3F **127**
Champion Rd. *Bris* —5B **62**
Champneys Av. *Bris* —1B **40**
Chancel Clo. *Bris* —4F **55**
Chancel Clo. *Nail* —4C **122**
Chancery St. *Bris* —3D **71**
Chandag Rd. *Key* —4B **92**
Chandler Clo. *Bath* —5C **98**
Chandos Bldgs. Bath
　—3A **106**
(off Westgate Bldgs.)
Chandos Rd. *Bris* —1D **69**
Chandos Rd. *Key* —1A **92**
Chandos Trad. Est. *Bris*
　—5C **70**
Channel Heights. *W Mare*
　—2D **139**

Channels Hill. *W Trym*
　—4C **40**
Channel Rd. *Clev* —1D **121**
Channel View Cres. *P'head*
　—3D **49**
Channel View Rd. *P'head*
　—3D **49**
Channon's Hill. *Bris* —3B **60**
Chantree Rd. *Bris* —4F **41**
Chantry Clo. *Nail* —4B **122**
Chantry Dri. *W Mare*
　—1D **129**
Chantry Gro. *Bris* —2E **39**
Chantry La. *Down* —3B **46**
Chantry Mead Rd. *Bath*
　—1F **109**
Chantry Rd. *Bris* —1D **69**
Chantry Rd. *T'bry* —2C **6**
Chapel Av. *Nail* —3D **123**
Chapel Barton. *Bedm*
　—3D **79**
Chapel Barton. *Nail* —3B **122**
Chapel Clo. *Bris* —2D **75**
Chapel Clo. *Nail* —3D **123**
Chapel Ct. Bath —3A **106**
(off Westgate Bldgs.)
Chapel Ct. *Rads* —5B **148**
Chapel Gdns. *Bris* —3C **40**
Chapel Grn. La. *Bris* —5D **57**
Chapel Hill. *Back* —1F **125**
Chapel Hill. *Clev* —3D **121**
Chapel Hill. *Wrin* —1B **156**
Chapel La. *Clav* —2F **143**
Chapel La. *Clay H* —5A **60**
Chapel La. *Fish* —3C **60**
Chapel La. *Fren* —5E **45**
Chapel La. *Law W* —2D **39**
Chapel La. *War* —2D **75**
Chapel Lawns. *Clan*
　—5B **148**
Chapel Rd. *B'wth* —2C **86**
Chapel Rd. *Clan* —5B **148**
Chapel Rd. *E'tn* —1D **71**
Chapel Rd. *Han* —5E **73**
Chapel Row. *Bath*
　—3A **106** (3A **96**)
Chapel Row. *B'ptn* —5A **102**
Chapel Row. *Bathf* —4D **103**
Chapel Row. *Pill* —3E **53**
Chapel St. *Bris* —5C **70**
Chapel St. *T'bry* —4C **6**
Chapel Way. *St Ap & Avon V*
　—4A **72**
Chaplin Rd. *Bris* —1D **71**
Chapter St. *Bris* —2A **70**
Charbon Ga. *Stok G* —4B **28**
Charborough Ct. *Brad S*
　—2C **42**
Charborough Rd. *Bris*
　—2B **42**
Charbury Wlk. *Bris* —2A **54**
Chard Clo. *Nail* —5E **123**
Chard Ct. *Bris* —2D **89**
Chard Rd. *Clev* —5D **121**
Chardstock Av. *Bris* —4E **39**
Charfield. *Bris* —2C **74**
Charfield Rd. *Bris* —3E **41**
Chargrove. *Bris* —4F **75**
Chargrove. *Yate* —2F **33**
Charis Av. *Bris* —5E **41**
Charlcombe La. *Lark*
　—4A **100**
Charlcombe Rise. *Bath*
　—4A **100**
Charlcombe View Rd. *Bath*
　—4B **100**
Charlcombe Way. *Bath*
　—4A **100**

Charlecombe Ct. *W Trym*
　—1B **56**
Charlecombe Rd. *W Mare*
　—1B **56**
Charles Av. *Stok G* —5A **28**
Charles Clo. *T'bry* —1D **7**
Charles Pl. *Bris* —4C **68**
Charles Rd. *Bris* —1D **43**
Charles St. *Bath*
　—3A **106** (3A **96**)
Charles St. *Bris* —2F **69**
Charles St. *Trow* —1C **118**
Charlock Clo. *W Mare*
　—1B **134**
Charlock Rd. *W Mare*
　—1B **134**
Charlotte Ct. *Trow* —1D **119**
Charlotte Sq. *Trow* —1D **119**
Charlotte St. *Bath*
　—2A **106** (3A **96**)
Charlotte St. *Bris* —2B **70**
(Meadow St.)
Charlotte St. *Bris* —3E **69**
(Park St.)
Charlotte St. *Trow* —1D **119**
Charlotte St. S. *Bris* —4E **69**
Charlton Av. *Bris* —2C **42**
Charlton Av. *W Mare*
　—4B **132**
Charlton Comn. *Bris* —5F **25**
Charlton Ct. *Pat* —5B **10**
Charlton Gdns. *Bris* —5F **25**
Charlton La. *Bris* —1C **40**
Charlton La. *Mid N* —5F **151**
Charlton Mead Ct. *Bris*
　—5F **25**
Charlton Mead Dri. *Bris*
　—1F **41**
Charlton Pk. *Key* —3F **91**
Charlton Pk. *Mid N*
　—5E **151**
Charlton Pl. *Bris* —5F **25**
Charlton Rd. *Key* —5E **91**
Charlton Rd. *K'wd* —1D **73**
Charlton Rd. *Mid N*
　—4E **151**
Charlton Rd. *W Mare*
　—4B **132**
Charlton Rd. *W Trym*
　—3C **40**
Charlton St. *Bris* —3D **71**
Charlton View. *P'head*
　—3E **49**
Charminster Rd. *Bris*
　—4D **61**
Charmouth Rd. *Bath*
　—2C **104**
Charnell Rd. *Stap H* —3A **62**
Charnhill Brow. *Mang*
　—3C **62**
Charnhill Cres. *Mang*
　—3B **62**
Charnhill Dri. *Mang* —3B **62**
Charnhill Ridge. *Mang*
　—3C **62**
Charnhill Vale. *Mang*
　—3B **62**
Charnwood. *Mang* —3C **62**
Charnwood Rd. *Bris* —4D **89**
Charnwood Rd. *Trow*
　—1A **118**
Charterhouse Clo. *Nail*
　—4E **123**
Charterhouse Rd. *Bris*
　—2F **71**
Charter Rd. *W Mare*
　—5F **127**
Charter Wlk. *Bris* —2C **88**

Chase La. *K'wd* —1C **154**
Chase Rd. *Bris* —5F **61**
Chase, The. *Bris* —4E **61**
Chatcombe. *Yate* —2A **34**
Chatham Pk. *Bath* —3D **107**
Chatham Row. *Bath*
  —2B **106** (1C **96**)
Chatsworth Pk. *T'bry* —1D **7**
Chatsworth Rd. *Arn V*
  —1E **81**
Chatsworth Rd. *Fish* —4D **61**
Chatterton Grn. *Bris* —4B **88**
Chatterton Ho. Bris —5A **70**
  (off Ship La.)
Chatterton Rd. *Yate* —5F **17**
Chatterton Sq. *Bris* —5B **70**
Chatterton St. *Bris* —5B **70**
Chaucer Rd. *Bath* —5A **106**
Chaucer Rd. *Rads* —4E **151**
Chaucer Rd. *W Mare*
  —4E **133**
Chaundey Gro. *Bris* —3D **87**
Chavenage. *Bris* —1C **74**
Cheapside. *Bris* —2B **70**
Cheapside St. *Bris* —1B **80**
Cheap St. *Bath*
  —3B **106** (3C **96**)
Cheddar Clo. *Nail* —5E **123**
Cheddar Gro. *Bris* —5C **78**
Chedworth. *Bris* —4A **62**
Chedworth. *Yate* —2D **33**
Chedworth Clo. *Clav D*
  —1F **111**
Chedworth Rd. *Bris* —1C **58**
Cheese La. *Bris*
  —4A **70** (3E **5**)
Chelford Gro. *Pat* —1D **27**
Chelmer Gro. *Key* —4B **92**
Chelmsford Wlk. *Bris*
  —5B **72**
Chelscombe. *Bath* —5C **98**
Chelsea Clo. *Key* —3C **92**
Chelsea Ho. Bath —1B **106**
  (off Snow Hill)
Chelsea Pk. *Bris* —2E **71**
Chelsea Rd. *Bath* —2D **105**
Chelsea Rd. *Bris* —1D **71**
Chelsfield. *Back* —1C **124**
Chelston Rd. *Bris* —1F **87**
Chelswood Av. *W Mare*
  —5A **128**
Chelswood Gdns. *W Mare*
  —5B **128**
Cheltenham La. *Bris* —5A **58**
Cheltenham Rd. *Bris* —5F **57**
Cheltenham Rd. *Bris*
  —1A **74**
Cheltenham St. *Bath*
  —4F **105**
Chelvey Batch. *B'ley*
  —5B **124**
Chelvey La. *W Town*
  —5A **124**
Chelvey Rise. *Nail* —5F **123**
Chelvey Rd. *C'vey & W Town*
  —3A **124**
Chelvy Clo. *Bris* —5F **87**
Chelwood Dri. *Bath*
  —3E **109**
Chelwood Rd. *Bris* —5F **45**
Chelwood Rd. *Salt* —1A **94**
Chepston Pl. *Trow* —1A **118**
Chepstow Pk. *Bris* —3B **46**
Chepstow Rd. *Bris* —5F **79**
Chepstow Wlk. *Key* —3F **91**
Chequers Clo. *Old C* —2E **85**
Chequers Ct. *Brad S*
  —2C **28**

Cherington. *Bris* —5D **73**
Cherington. *Yate* —3F **33**
Cherington Rd. *Bris* —5E **41**
Cherington Rd. *Nail*
  —4F **123**
Cheriton Pl. *War* —4E **75**
Cheriton Pl. *W Trym*
  —5D **41**
Cherry Av. *Clev* —4E **121**
Cherry Clo. *Yat* —3B **142**
Cherry Garden La. *Old C*
  —2D **85**
Cherry Garden Rd. *Bit*
  —4E **85**
Cherry Gdns. *Bit* —4E **85**
Cherry Gdns. *Hil* —3D **119**
  (in two parts)
Cherry Gdns. Ct. *Trow*
  —3D **119**
Cherry Gro. *Mang* —1C **62**
Cherry Gro. *Yat* —3B **142**
Cherry Hay. *Clev* —5D **121**
Cherry La. *Bris* —2A **70**
Cherry Orchard La. *Bris*
  —2B **72**
Cherry Rd. *Chip S* —5C **18**
Cherry Rd. *L Ash* —3B **76**
Cherry Rd. *Nail* —4C **122**
Cherrytree Clo. *Key*
  —4E **91**
Cherry Tree Clo. *Rads*
  —3B **152**
Cherrytree Ct. *Puck* —2E **65**
Cherrytree Cres. *Bris*
  —5E **61**
Cherrytree Rd. *Bris* —5E **61**
Cherry Wood. *Old C*
  —3D **85**
Cherrywood Rise. *W Mare*
  —3D **129**
Cherrywood Rd. *W Mare*
  —3D **129**
Chertsey Rd. *Bris* —1D **69**
Cherwell Clo. *T'bry* —5D **7**
Cherwell Rd. *Key* —4C **92**
Chescombe Rd. *Yat*
  —4B **142**
Chesham Rd. N. *W Mare*
  —5F **127**
Chesham Rd. S. *W Mare*
  —5F **127**
Chesham Way. *Bris* —1F **73**
Cheshire Clo. *Yate* —3A **18**
Chesle Clo. *P'head* —5A **48**
Cheslefield. *P'head* —5A **48**
Chesle Way. *P'head* —5A **48**
Chessel Clo. *Brad S* —4E **11**
Chessel St. *Bris* —2D **79**
Chessington Av. *Bris*
  —3D **89**
Chesterfield Av. *Bris*
  —5A **58**
Chesterfield Clo. *Ban*
  —5D **137**
Chesterfield Ho. *Mid N*
  —3E **151**
Chesterfield Rd. *Down*
  —2A **62**
Chesterfield Rd. *St And*
  —5A **58**
Chestermaster Clo. *Alm*
  —1C **10**
Chester Pk. Rd. *Bris*
  —5D **61**
Chester Rd. *Bris* —1A **72**
Chesters. *Bris* —1C **84**
Chester St. *Bris* —5D **59**

Chesterton Dri. *Nail* —3F **123**
Chestertons, The. *B'ptn*
  (in two parts) —5A **102**
Chestnut Av. *W Mare*
  —4E **129**
Chestnut Chase. *Nail*
  —2F **123**
Chestnut Clo. *Ban* —5E **137**
Chestnut Clo. *Bris* —3A **90**
Chestnut Clo. *Cong*
  —2D **145**
Chestnut Clo. *Paul* —3B **146**
Chestnut Clo. *Rads*
  —3B **152**
Chestnut Corner. *Trow*
  —2F **155**
Chestnut Ct. *Mang* —2C **62**
Chestnut Dri. *Chip S*
  —5C **18**
Chestnut Dri. *Clav* —2E **143**
Chestnut Dri. *T'bry* —3D **7**
Chestnut Gro. *Bath*
  —5D **105**
Chestnut Gro. *Clev* —2E **121**
Chestnut Gro. *Trow*
  —4B **118**
Chestnut Gro. *Up W*
  —5A **114**
Chestnut Ho. *Bris* —4F **87**
Chestnut La. *B'don*
  —4F **139**
Chestnut Rd. *Down* —1F **61**
Chestnut Rd. *K'wd* —4B **62**
Chestnut Rd. *L Ash* —3D **77**
Chestnuts, The. *Wins*
  —5B **156**
Chestnut Wlk. *Bris* —2C **86**
Chestnut Wlk. *Salt* —1A **94**
Chestnut Way. *Bris* —4B **62**
Cheston Coombe. *Back*
  —3E **125**
Chestwood Ho. *Bris* —4E **71**
Chetwode Clo. *Bris* —1F **41**
Chevening Clo. *Stok G*
  —3F **81**
Cheverell Clo. *Trow*
  —5D **119**
Cheviot Dri. *T'bry* —4F **7**
Cheviot Way. *Old C* —5E **75**
Chewton Clo. *Bris* —4D **61**
Cheyne Rd. *Bris* —1F **55**
Chichester Ho. *Bris* —4B **72**
Chichester Pl. *Rads*
  —2D **153**
Chichester Way. *Yate*
  —3F **17**
Chilcompton Rd. *Mid N*
  —5B **150**
Chillington Ct. *Pat* —5A **10**
Chilmark Rd. *Trow* —1A **118**
Chiltern Clo. *Bris* —4D **89**
Chiltern Clo. *War* —5F **75**
Chiltern Pk. *T'bry* —4E **7**
Chiltern Pl. *Bris* —4E **75**
Chilton Rd. *Bath* —5C **100**
Chilton Rd. *Bris* —5C **80**
Chilwood Clo. *Iron A*
  —3A **16**
Chimes, The. *Nail* —5C **122**
Chine, The. *Bris* —2F **59**
Chine View. *Bris* —4B **46**
Chiphouse Rd. *Bris* —4B **62**
Chipperfield Dri. *Bris*
  —1B **74**
Chipping Cross. *Clev*
  —5C **120**
Chipping Edge Ind. Est.
  Chip S —5E **19**

Chippings, The. *Bris* —2F **59**
Chirton Pl. *Trow* —4D **119**
Chisbury St. *Bris* —4E **59**
Chittening Rd. *Chit* —2A **22**
Chock La. *Bris* —5C **40**
Christchurch Av. *Bris*
  —2F **61**
Christ Chu. Clo. *Nail*
  —3D **123**
Christ Chu. Cotts. Bath
  (off Julian Rd.) —1A **106**
Christchurch La. *Bris*
  —1F **61**
Christ Chu. Path. N. *W Mare*
  —5D **127**
Christ Chu. Path. S. *W Mare*
  —5C **126**
Christchurch Rd. *Brad A*
  —1E **115**
Christchurch Rd. *Bris*
  —3C **68**
Christian Clo. *W Mare*
  —2E **129**
Christina Ter. *Bris* —5C **68**
Christin Ct. *Trow* —2A **118**
Christmas Steps. *Bris*
  —3F **69** (2B **4**)
Christmas St. *Bris*
  —3F **69** (2B **4**)
Christon Ter. *W Mare*
  —1D **139**
Chubb Clo. *Bar C* —5B **74**
Church Acre. *Brad A*
  —2D **115**
Church Av. *E'tn* —1D **71**
Church Av. *Stok B* —3A **56**
Church Av. *War* —3F **75**
Church Clo. *B'ptn* —4A **102**
Church Clo. *Bathf* —4C **102**
Church Clo. *Bris* —2A **40**
Church Clo. *Clev* —4A **120**
Church Clo. *Fram C* —1D **31**
Church Clo. *P'head* —3F **49**
Church Clo. *Yat* —4C **142**
Church Ct. *Mid N* —3D **151**
Churchdown Wlk. *Bris*
  —2A **54**
Church Dri. *Bris* —2A **72**
Church Dri. *Cong* —2D **145**
Churches. *Brad A* —2C **114**
Churchfarm Clo. *Yate*
  —3B **18**
Church Farm Paddock. *Bit*
  —1F **93**
Church Fields. *Trow*
  —5A **118**
Church Hayes Clo. *Nail*
  —5D **123**
Church Hayes Dri. *Nail*
  —4D **123**
Church Hill. *Bris* —3F **81**
Church Hill. *F'frd* —4C **112**
Church Hill. *Tim* —1E **157**
Church Hill. *Writ* —2F **153**
Churchill Av. *Clev* —4C **120**
Churchill Clo. *Bar C* —5C **74**
Churchill Clo. *Clev* —4C **120**
Churchill Dri. *Bris* —5F **39**
Churchill Rd. *Bris* —1E **81**
Churchill Rd. *W Mare*
  —1E **133**
Churchlands. *N Brad*
  —5E **155**
Churchlands Rd. *Bris*
  —3D **79**
Church La. *Back* —3C **124**
Church La. *Bedm* —2F **79**
  (in two parts)

Church La. *Bit* —1F 93
Church La. *Bris*
—4A 70 (4E 5)
Church La. *Clif* —4D 69
Church La. *Coal H* —3E 31
Church La. *Down* —3B 46
(in two parts)
Church La. *Ham* —2A 46
Church La. *Hen* —2A 40
Church La. *Hut* —1B 140
Church La. *Lim S & F'frd*
—3B 112
Church La. *L Ash* —3E 77
Church La. *Mid N* —3D 151
Church La. *Nail* —4B 122
(in two parts)
Church La. *N Brad* —5D 155
Church La. *Nthnd* —2A 102
Church La. *Paul* —3B 146
(off Church St.)
Church La. *St G* —2F 71
Church La. *Tic* —1A 122
Church La. *Tim* —1E 157
Church La. *Trow* —4A 118
Church La. *W'chu* —5D 89
Church La. *Wickw* —1B 154
Church La. *Wid* —5D 107
Church La. *Wint* —3E 29
Church La. *Yat* —4B 142
Church Leaze. *Bris* —1F 53
Church Meadows. *W'chu*
—4E 89
Church Pde. *Bris* —3A 82
Church Path. *Bris* —5B 58
(Ashley Hill)
Church Path. *Bris* —5C 68
(Hotwell Rd.)
Church Path. *Bris* —2E 79
(New John St.)
Churchpath Rd. *Pill* —3E 53
Church Pl. *Pill* —3E 53
Church Rd. *Abb L* —2C 66
Church Rd. *Alm* —1C 10
Church Rd. *Bedm* —1E 79
Church Rd. *B'wth* —3B 86
Church Rd. *Bit* —5F 85
Church Rd. *C Down*
—3C 110
Church Rd. *Dun* —5A 86
Church Rd. *E Comp* —1C 24
Church Rd. *E'ton G* —3C 52
Church Rd. *Fil* —1C 42
Church Rd. *Fram C* —5C 14
Church Rd. *Fren* —5D 45
Church Rd. *Hor* —1A 58
Church Rd. *K'wd* —2A 74
Church Rd. *Law H & St G*
—3D 71
Church Rd. *L Wds* —4F 67
Church Rd. *Pea J* —1E 149
Church Rd. *P'bry* —4A 52
Church Rd. *Sev B* —4B 20
(in two parts)
Church Rd. *Soun* —4F 61
Church Rd. *Stok B* —4F 55
Church Rd. *Stok G* —5A 28
Church Rd. *T'bry* —2C 6
Church Rd. *W'chu* —4D 89
Church Rd. *Wick* —5A 154
Church Rd. *Wins* —5A 156
Church Rd. *Wint* —5A 30
Church Rd. *Wor* —3B 128
Church Rd. *W'ton* —5D 99
Church Rd. *W Trym* —5C 40
Church Rd. *Yat* —3C 142
Church Rd. *Yate* —4A 18
(in two parts)

Church Rd. N. *P'head*
—3F 49
Church Rd. S. *P'head*
—4F 49
Church Sq. *Mid N* —3D 151
Church St. *Ban* —5F 137
Church St. *Bath* —3B 106
(off York St.)
Church St. *Bathf* —4C 102
Church St. *Brad A* —3D 115
Church St. *Bris*
—4A 70 (4E 5)
(Church La.)
Church St. *Bris* —4D 71
(Queen Ann Rd.)
Church St. *E'tn* —1D 71
Church St. *Paul* —3A 146
Church St. *Rads* —2C 152
Church St. *Trow* —1D 119
Church St. *Wid* —4C 106
Church St. *W'ly* —1A 100
Church St. *W'ton* —5C 98
Church Town. *Back*
—3E 125
Church View. *Fil* —1C 42
Church View. *Fish* —2F 61
Church Wlk. *Pill* —3E 53
Church Wlk. *Trow* —1D 119
Church Wlk. *Wrin* —1B 156
(in two parts)
Churchward Clo. *Han*
—5D 73
Churchward Rd. *W Mare*
—2F 129
Churchward Rd. *Yate*
—3D 17
Churchways. *Bris* —4E 89
Churchways Av. *Bris*
—1A 58
Churchways Cres. *Bris*
—1A 58
Churston Clo. *Bris* —5C 88
Circle, The. *Bath* —1C 108
Circular Rd. *Bris* —5A 56
Circus M. *Bath*
—2A 106 (1A 96)
Circus Pl. *Bath*
—2A 106 (1A 96)
(in two parts)
Circus, The. *Bath*
—2A 106 (1B 96)
City Bus. Pk. *Bris* —3C 70
City Rd. *Bris* —2A 70
Clamp, The. *Old C* —2E 85
Clanage Rd. *Bris* —1A 78
Clandown Rd. *Paul*
—5C 146
Clapton La. *P'head* —5F 49
Clapton Rd. *Mid N* —4A 150
Clapton Rd. *P'bry* —5F 51
Clapton Wlk. *Bris* —2E 55
Clare Av. *Bris* —4E 57
Clare Gdns. *Bath* —3E 109
Claremont Av. *Bris* —4E 57
Claremont Bldgs. *Bath*
—5B 100
Claremont Cres. *W Mare*
—4A 126
Claremont Gdns. *Clev*
—5E 121
Claremont Gdns. *Nail*
—4C 122
Claremont Pl. *Bath* —5B 100
(off Camden Rd.)
Claremont Rd. *Bath*
—5C 100
Claremont Rd. *Bris* —4F 57
Claremont St. *Bris* —1C 70

Claremont Ter. *Bath*
—5C 100
(off Camden Rd.)
Claremont Ter. *Bris* —3F 71
Claremont Wlk. *Bath*
—5B 100
Clarence Av. *Bris* —2A 62
Clarence Gdns. *Bris* —2A 62
Clarence Gro. Rd. *W Mare*
—3C 132
Clarence Pl. *Bath* —2C 104
Clarence Pl. *Bris* —2E 69
Clarence Rd. *Bris* —5A 70
Clarence Rd. *K'wd* —1D 73
Clarence Rd. *Stap H* —2F 61
Clarence Rd. *St Ph* —3C 70
Clarence Rd. *Trow* —2F 119
Clarence Rd. E. *W Mare*
—3C 132
Clarence Rd. N. *W Mare*
—3B 132
Clarence Rd. S. *W Mare*
—3B 132
Clarence St. *Bath* —1B 106
Clarence Ter. *Bath* —4E 107
Clarendon Av. *Trow*
—2E 119
Clarendon Rd. *Bath*
—4C 106
Clarendon Rd. *Bris* —5E 57
Clarendon Rd. *Trow*
—2E 119
Clarendon Rd. *W Mare*
—5D 127
Clarendon Vs. *Bath* —4C 106
Clare Rd. *Cot* —1F 69
Clare Rd. *Eastv* —5D 59
Clare Rd. *K'wd* —5E 61
Clare St. *Bris* —4F 69 (3B 4)
Clare St. *Redf* —2E 71
Clare Wlk. *T'bry* —2C 6
Clarke Dri. *Bris* —5B 44
Clarken Clo. *Nail* —4D 123
Clarke St. *Bris* —1F 79
(in two parts)
Clark Pl. *Bris* —5B 46
Clarkson Av. *W Mare*
—4A 128
Clark's Pl. *Trow* —2E 119
Clark St. *Bris* —2C 70
Clatworthy Dri. *Bris* —1C 88
Claude Av. *Bath* —4D 105
Claude Ter. *Bath* —4D 105
Claude Vale. *Bath* —4D 105
Clavell Rd. *Bris* —2B 40
Claverham Clo. *Yat*
—3D 143
Claverham Drove. *Clav*
—1F 143
Claverham Pk. *Clav*
—2F 143
Claverham Rd. *Bris* —2C 60
Claverham Rd. *Yat* —4D 143
Claverton Bldgs. *Bath*
—4B 106 (5D 97)
(off Claverton St.)
Claverton Ct. *Bath* —4F 107
Claverton Down Rd. *Bath*
—4F 107
Claverton Down Rd. *C Down*
—2E 111
Claverton Rd. *Salt* —5F 93
Claverton Rd. W. *Salt*
—5F 93
Claverton St. *Bath*
—4B 106 (5C 96)
Clay Bottom. *Bris* —5F 59
Claydon Grn. *Bris* —5B 88

Clayfield. *Yate* —1A 18
Clayfield Rd. *Bris* —2A 82
Clay Hill. *Bris* —5A 60
Clay La. *Bit* —5F 85
Clay La. *Pat* —2D 27
Clay La. *T'bry* —3F 7
Claymore Cres. *Bris* —1D 73
Claypiece Rd. *Bris* —4B 86
Claypit Hill. *Chip S* —2D 35
Clay Pit Rd. *Bris* —4C 56
Claypool Rd. *Bris* —3F 73
Clayton Clo. *P'head* —4A 50
Clayton Rd. *Bris* —2C 68
Clayton St. *A'mth* —3C 36
Clayton St. *E'tn* —2D 71
Cleave St. *Bris* —5C 58
Cleeve Av. *Bris* —5A 46
Cleeve Ct. *Bris* —5F 45
Cleevedale. *Bris* —5F 45
Cleevedale Rd. *Bath*
—3B 110
Cleeve Gdns. *Bris* —5F 45
Cleeve Grn. *Bath* —3A 104
Cleeve Gro. *Key* —5F 91
Cleeve Hill. *Bris* —5F 45
Cleeve Hill Extension.
—1A 62
Cleeve Lawns. *Bris* —5F 45
Cleeve Lodge Clo. *Bris*
—1A 62
Cleeve Lodge Rd. *Bris*
—5A 46
Cleeve Pk. Rd. *Bris* —5F 45
Cleeve Pl. *Nail* —4F 123
Cleeve Quarry. *Bris* —4F 45
Cleeve Rd. *Down* —1A 62
Cleeve Rd. *Fren* —4E 45
Cleeve Rd. *Know* —2D 81
Cleeve Rd. *Yate* —5A 18
Cleeve Wood Pk. *Bris*
—4E 45
Cleeve Wood Rd. *Bris*
(in two parts) —4E 45
Clement St. *Bris* —2B 70
Clevedale Ct. *Bris* —5F 45
(off Cleeve Wood Rd.)
Clevedon Hall Est. *Clev*
—3C 120
Clevedon Rd. *Bris* —3F 57
Clevedon Rd. *Fail & L Ash*
—2A 76
Clevedon Rd. *Mid N*
—2D 151
Clevedon Rd. *Nail* —2F 123
Clevedon Rd. *P'head* —5E 49
Clevedon Rd. *Tic & Nail*
—1A 122
Clevedon Rd. *W Mare*
—2B 132
Clevedon Ter. *Bris* —2F 69
Clevedon Wlk. *Nail* —3D 123
Cleveland Clo. *T'bry* —4F 7
Cleveland Cotts. *Bath*
—1B 106
Cleveland Ct. *Bath* —3D 107
Cleveland Gdns. *Trow*
—5E 117
Cleveland Pl. *Bath* —1B 106
Cleveland Pl. E. *Bath*
—1B 106
(off Cleveland Pl.)
Cleveland Pl. W. *Bath*
—1B 106
(off Cleveland Pl.)
Cleveland Reach. *Bath*
—1B 106
Cleveland Row. *Bath*
—1C 106

Cleveland Ter. *Bath*
(off London Rd.) —1B **106**
Cleveland Wlk. *Bath*
—3D **107**
Cleve Rd. *Bris* —5C **26**
Cleweson Rise. *Bris* —5B **88**
Cliff Ct. Dri. *Bris* —5D **45**
Cliffe Dri. *Lim S* —3B **112**
Clifford Gdns. *Bris* —1A **54**
Clifford Rd. —3E **61**
Cliff Rd. *W Mare* —2E **127**
Clift Ho. Rd. *Bris* —1B **78**
Clift Ho. Spur. *Bris* —1B **78**
Clifton Av. *W Mare* —3C **132**
Clifton Clo. *Bris* —2B **68**
Clifton Ct. *Bris* —4F **55**
Clifton Ct. *Clev* —4C **120**
Clifton Down. *Bris* —2B **68**
Clifton Down Rd. *Clif*
—3B **68**
Clifton Down Shopping Cen.
Bris —1D **69**
Clifton Heights. *Bris*
—3D **69**
Clifton High Gro. *Stok B*
—2A **56**
Clifton Hill. *Bris* —4C **68**
Clifton Pk. *Clif* —2C **68**
Clifton Pk. Rd. *Bris* —2B **68**
Clifton Pl. *Bris* —2C **70**
Clifton Rd. *Bris* —3C **68**
Clifton Rd. *W Mare*
—2B **132**
Clifton St. *Bedm* —2E **79**
Clifton St. *Bris* —3F **71**
Clifton St. *P'head* —5E **49**
Clifton Ter. *Bris* —2E **79**
Clifton Vale. *Bris* —4C **68**
Clifton Vale Clo. *Bris*
—4C **68**
Clifton View. *Bris* —1B **80**
Clifton Wood Ct. *Bris*
—4D **69**
Clifton Wood Cres. *Bris*
—4D **69**
Clifton Wood Rd. *Bris*
—4D **69**
Clifton Wood Ter. *Bris*
—4C **68**
Clift Pl. *Bris* —5F **69** (5C **4**)
Clift Rd. *Bris* —1C **78**
Clinton Rd. *Bris* —3E **79**
Clipsham Rise. *Trow*
—1A **118**
Clive Rd. *Bris* —5E **81**
Clockhouse M. *P'head*
—2F **49**
Clocktower Yd. *Tem M*
—5B **70**
Cloford Clo. *Trow* —1A **118**
Cloisters Rd. *Wint* —3A **30**
Clonmel Rd. *Bris* —4F **79**
Closemead. *Clev* —5D **121**
Close, The. *Coal H* —3E **31**
Close, The. *Hen* —4B **24**
Close, The. *Lit S* —3E **27**
Close, The. *Pat* —5E **11**
Close, The. *Soun* —4F **61**
Close, The. *T'bry* —4C **6**
Clothier Leaze *Trow*
—3D **119**
Clothier Rd. *Brisl* —3B **82**
Clouds Hill Av. *Bris* —2A **72**
Clouds Hill Rd. *St G* —2B **72**
Clovelly Clo. *Bris* —2B **72**
Clovelly Rd. *Bris* —2B **72**
Clovelly Rd. *W Mare*
—3E **129**

Cleveland Ter. *Bath*
Clover Clo. *Clev* —3F **121**
Cloverdale Dri. *L Grn*
—2C **84**
Clover Ground. *Bris* —4D **41**
Cloverlea Rd. *BS15* —1E **85**
Clover Leaze. *Lit S* —3F **27**
Clyde Av. *Key* —4B **92**
Clyde Gdns. *Bath* —3C **104**
Clyde Gdns. *Bris* —4D **73**
Clyde Gro. *Bris* —2B **42**
Clyde La. *Bris* —5E **57**
Clyde M. *Redl* —5E **57**
Clyde Pk. *Bris* —5D **57**
Clyde Rd. *Fram C* —1D **31**
Clyde Rd. *Know* —2C **80**
Clyde Rd. *Redl* —5D **57**
Clydesdale Clo. *Bris* —2C **88**
Clydesdale Clo. *Trow*
—5C **118**
Clyde Ter. *Bedm* —2E **79**
Clyde Ter. *Know* —2C **80**
Clynder Gro. *Clev* —1E **121**
Coach Rd. *Brad A* —3D **115**
Coalbridge Clo. *W Mare*
—3D **129**
Coaley Rd. *Bris* —2F **53**
Coalpit Rd. *Bathe* —2B **102**
Coalsack La. *Wint* —1D **47**
Coalville Rd. *Coal H* —2F **31**
Coape Rd. *Bris* —3B **90**
Coates Gro. *Nail* —3F **123**
Coates Wlk. *Bris* —2F **87**
Cobbe Ho. *Bris* —1B **70**
Cobblestone M. *Bris* —2C **68**
Cobden St. *Bris* —3D **71**
Coberley. *Bris* —4E **73**
Cobhorn Dri. *Bris* —4B **86**
Cobley Croft. *Clev* —5C **120**
Cobourg Rd. *Bris* —1B **70**
Cobthorn Way. *Cong*
—1E **145**
Coburg Vs. *Bath* —5B **100**
Cock Hill. *Trow* —1A **118**
Cock Hill Ho. Ct. *Trow*
—1A **118**
Cock Rd. *Bris* —4A **74**
Codrington Pl. *Bris* —3C **68**
Codrington Rd. *Bris* —4F **57**
Cody Ct. *Han* —5D **73**
Cogan Rd. *Bris* —4A **62**
Cogmill La. *Iron A* —2B **14**
Cogsall Rd. *Bris* —2B **90**
Coity Pl. *Clev* —2C **120**
Coker Rd. *W Mare* —2F **129**
Colbourne Rd. *Bath*
—3E **109**
Colchester Cres. *Bris*
—1F **87**
Coldharbour La. *Bris*
—2A **44**
Coldharbour Rd. *Bris*
—4D **57**
Coldpark Gdns. *Bris* —3A **86**
Coldpark Rd. *Bris* —3A **86**
Coldrick Clo. *Bris* —5B **88**
Colebrook Rd. *Bris* —2E **73**
Coleford Rd. *Bris* —4F **41**
Cole Mead. *Bris* —3D **87**
Coleridge Rd. *Bris* —4E **59**
Coleridge Rd. *Clev* —5C **120**
Coleridge Rd. *W Mare*
—5D **133**
Coleridge Vale Rd. E. *Clev*
—3D **121**
Coleridge Vale Rd. N. *Clev*
—4C **120**
Coleridge Vale Rd. S. *Clev*
—4C **120**

Coleridge Vale Rd. W. *Clev*
—4C **120**
Cole Rd. *Bris* —4D **71**
Colesborne Clo. *Yate*
—1F **33**
Coleshill Dri. *Bris* —3D **87**
Colin Clo. *T'bry* —3C **6**
College Av. *Bris* —2C **60**
College Ct. *Bris* —2C **60**
College Fields. *Bris* —2B **68**
College Grn. *Bris*
—4E **69** (3A **4**)
(in three parts)
College Ho. Bris —4F **69**
(off Orchard St.)
College La. *Bris*
—4E **69** (3A **4**)
College Pk. Dri. *Bris* —3B **40**
College Rd. *Bath* —4F **99**
College Rd. *Clif* —2B **68**
College Rd. *Fish* —2C **60**
College Rd. *Trow* —4A **118**
College Rd. *W Trym* —5C **40**
College Sq. *Bris* —4E **69**
College St. *Bris* —4E **69**
College View. *Bath* —5B **100**
Collegge Gdns. *Trow*
—4E **155**
Collett Clo. *Bris* —5D **73**
Collett Clo. *W Mare*
—1A **130**
Collett Way. *Yate* —3E **17**
Collier Clo. *C'ton* —1A **148**
Collier's La. *Charl* —2F **99**
Colliers Wlk. *Nail* —3D **123**
Collingbourne Clo. *Trow*
—5D **119**
Collingwood Av. *Bris*
—1A **74**
Collingwood Clo. *Salt*
—2A **94**
Collingwood Clo. *W Mare*
—1C **128**
Collingwood Rd. *Bris*
—1D **69**
Collin Rd. *Bris* —1F **81**
Collins Av. *Lit S* —3E **27**
Collins Bldgs. *Salt* —1A **94**
Collins La. *Bris* —1A **60**
Collinson Rd. *Bris* —3D **87**
Collins St. *Bris* —4D **37**
Colliter Cres. *Bris* —3C **78**
Collum La. *Kew* —1C **128**
Colne Grn. *Key* —4C **92**
Coln Sq. *T'bry* —4D **7**
Colombo Cres. *W Mare*
—5C **132**
Colonnades, The. Bath
—3A **106** (4B **96**)
(off Bath St.)
Colston Av. *Bris*
—4F **69** (3B **4**)
Colston Cen. *Bris*
—3F **69** (2B **4**)
Colston Clo. *Bris* —4F **61**
Colston Clo. *Wint D* —5A **30**
Colston Ct. *Bris* —4F **57**
Colston Dale. *Bris* —3A **60**
Colston Fort. *Bris* —2F **69**
(off Montague Pl.)
Colston Hill. *Bris* —3F **59**
Colston Pde. *Bris*
—5A **70** (5D **5**)
Colston Pl. *Bris*
—4A **70** (3E **5**)
Colston Rd. *Bris* —1E **71**
Colston St. *Bris*
—4F **69** (2B **4**)

Colston St. *Soun* —4F **61**
Colthurst Dri. *Bris* —5A **74**
Colwyn Rd. *Bris* —1E **71**
Combe Av. *P'head* —2E **49**
Combe Fields. *P'head*
—2E **49**
Combe Gro. *Bath* —1C **104**
Combe Hay La. *Eng*
—5C **108**
Combe Pk. *Bath* —2D **105**
Combermere. *T'bry* —4E **7**
Combe Rd. *Bath* —3C **110**
Combe Rd. *P'head* —3F **49**
Combe Rd. Clo. *Bath*
—3C **110**
Combeside. *Back* —1C **124**
Combeside. *Bath* —1B **110**
Combe, The. *Rads* —3F **153**
Combfactory La. *Bris*
—2D **71**
Comb Paddock. *Bris*
—5D **41**
Comfortable Pl. *Bath*
—2F **105**
Comfrey Clo. *Trow* —4E **119**
Commercial Rd. *Bris*
—5F **69**
Common E., The. *Brad S*
—5F **11**
Commonfield Rd. *Bris*
—3D **39**
Common La. *E'ton G*
(in two parts) —4D **53**
Common Mead La. *Ham*
—3C **44**
Common Rd. *Bris* —2D **83**
Common Rd. *Wint* —2B **30**
Common, The. *Bris* —5D **45**
Common, The. *Holt*
—1E **155**
Common W., The. *Pat*
—5D **11**
Compton Dri. *Bris* —5E **39**
Compton Grn. *Key* —4A **92**
Compton St. *Bris* —3E **71**
Comyn Wlk. *Bris* —2C **60**
Concorde Dri. *Bris* —3D **41**
Concorde Dri. *Clev* —5B **120**
Concorde Ho. *Brad S*
—2B **42**
Concorde Rd. *Pat* —2A **26**
Concourse, The. *Bris*
—3A **82**
Condor Clo. *W Mare*
—5B **128**
Condor Ho. *Bris* —5E **43**
Condover Rd. *Bris* —2B **82**
Conduit Pl. *Bris* —1C **70**
Conduit Rd. *Bris* —1C **70**
Coneygree. *Bris* —2B **86**
Congleton Rd. *Bris* —1F **71**
Conham Hill. *Bris* —5C **72**
Conham Rd. *Bris* —5B **72**
Conham Vale. *Bris* —5B **72**
Conifer Clo. *Down* —1F **61**
Conifer Clo. *Fram C* —5C **14**
Conifer Way. *Lock* —3C **134**
Conigre. *Trow* —1C **118**
Conigre Hill. *Brad A*
—2D **115**
Coniston Av. *Bris* —1A **56**
Coniston Clo. *Bris* —4F **75**
Coniston Cres. *W Mare*
—4D **133**
Coniston Rd. *Pat* —1A **26**
Coniston Rd. *Trow* —5E **117**
Connaught Pl. *W Mare*
—5B **126**

Connaught Rd.—Crandale Rd.

Connaught Rd. *Bris* —5A **80**
Connection Rd. *Bath*
　　　　—3B **104**
Constable Clo. *Key* —2B **92**
Constable Dri. *W Mare*
　　　　—2D **129**
Constable Rd. *Bris* —1D **59**
Constable St. *Bath* —2D **105**
Constantine Av. *Stok G*
　　　　—4A **28**
Constitution Hill. *Bris*
　　　　—4C **68**
Convent Clo. *Bris* —1E **39**
Convocation Av. *Bath*
　　　　—4F **107**
Conway Grn. *Key* —5C **92**
Conway Rd. *Brisl* —1E **81**
Conygar Clo. *Clev* —1F **121**
Conygre Grn. *Tim* —1E **157**
Conygre Gro. *Bris* —5D **27**
Conygre Rd. *Bris* —1C **42**
Conygre Ter. *Bath* —3F **107**
Cook Clo. *Old C* —1E **89**
Cook Ct. *C Down* —2D **111**
Cooks Clo. *Brad S* —3E **11**
Cooks Folly Rd. *Bris* —4F **55**
Cook's La. *Ban* —4E **137**
Cooks La. *Coal H* —1F **47**
Cooksley Rd. *Bris* —2E **71**
Cook St. *Bris* —4D **37**
Cookworthy Clo. *Bris*
　　　　—3D **71**
Coombe Av. *T'bry* —2C **6**
Coombe Bri. Av. *Bris*
　　　　—1F **55**
Coombe Clo. *Bris* —1F **39**
Coombe Clo. *P'head* —3F **49**
Coombe Dale. *Bris* —1E **55**
Coombe Gdns. *Bris* —1F **55**
Coombe La. *Bris* —5F **39**
Coombe La. *E'ton G* —5C **52**
Coombend. *Rads* —5B **148**
Coombe Rd. *Bris* —5E **59**
Coombe Rd. *Nail* —4C **122**
Coombe Rd. *W Mare*
　　　　—5C **126**
Coombes Way. *Bris* —1F **85**
Coombe Way. *Hen* —3B **40**
Coomb Rocke. *Bris* —5A **74**
Cooperage La. *Bris* —5D **69**
Cooperage Rd. *Bris* —3F **71**
Co-operation Rd. *Bris*
　　　　—1E **71**
Cooper Rd. *Bris* —5B **40**
Cooper Rd. *T'bry* —5C **6**
Coopers Dri. *Yate* —1B **18**
Coots, The. *Bris* —2A **90**
Copeland Dri. *Bris* —3D **89**
Cope Pk. *Alm* —1E **11**
Copford La. *L Ash* —4D **77**
Copley Ct. *Bris* —5A **74**
Copley Gdns. *Bris* —1D **59**
Copley Gdns. *W Mare*
　　　　—3D **129**
Copper Beeches. *Trow*
　　　　—4F **117**
Copperfield Dri. *W Mare*
　　　　—1D **129**
Coppice Hill. *Brad A*
　　　　—2E **115**
Coppice, The *Brad S*
　　　　—2A **28**
Coppice, The. *Bris* —4A **86**
Coppice Wood. *Trow*
　　　　—2F **119**
Copse Clo. *W Mare*
　　　　—2E **139**
Copseland. *Bath* —4E **107**

Copse Rd. *Bris* —2D **81**
Copse Rd. *Clev* —2C **120**
Copse Rd. *Key* —4E **93**
Coralberry Dri. *W Mare*
　　　　—4D **129**
Corbet Clo. *Bris* —4D **39**
Cordwell Wlk. *Bris* —5F **41**
Corey Clo. *Bris* —1B **70**
Corfe Clo. *Nail* —4C **122**
Corfe Cres. *Key* —4A **92**
Corfe Pl. *Will* —4D **85**
Corfe Rd. *Bris* —1F **87**
Coriander Dri. *Brad S*
　　　　—3C **28**
Coriander Wlk. *Bris* —5E **59**
Corinthian Ct. *Bris*
　　　　—5A **70** (5E **5**)
Corkers Hill. *St G* —4B **72**
Cork Pl. Bath —2E **105**
　(off Cork St.)
Cork St. *Bath* —2E **105**
Cork Ter. *Bath* —2E **105**
Cormandel Heights Bath
　(off Camden Rd.) —1B **106**
Cormorant Clo. *W Mare*
　　　　—4D **129**
Corner Croft. *Clev* —5D **121**
Cornfield Clo. *Pat* —5E **11**
Cornfields. The. *Wick L*
　　　　—1D **129**
Cornhill Dri. *Bris* —1C **88**
Cornish Gro. *Bris* —2A **90**
Cornish Rd. *Bris* —3F **89**
Cornish Wlk. *Bris* —2A **90**
Cornleaze. *Bris* —3C **86**
Corn St. *Bath*
　　　　—3A **106** (4B **96**)
Corn St. *Bris* —4F **69** (3C **4**)
Cornwall Cres. *Yate* —2B **18**
Cornwallis Av. *Bris* —4C **68**
Cornwallis Av. *W Mare*
　　　　—1C **128**
Cornwallis Cres. *Bris*
　　　　—4B **68**
Cornwallis Gro. *Bris* —4B **68**
Cornwall Rd. *Bris* —3F **57**
Coronation Av. *Bath*
　　　　—1D **109**
Coronation Av. *Brad A*
　　　　—2F **115**
Coronation Av. *Bris* —3C **60**
Coronation Av. *Key* —4F **91**
Coronation Clo. *Bris* —5C **74**
Coronation Cotts. *Bathe*
　　　　—3A **102**
Coronation Est. *W Mare*
　　　　—5D **133**
Coronation Pl. *Bris*
　　　　—4F **69** (3C **4**)
Coronation Rd. *Ban*
Coronation Rd. *Bath*
　　　　—5E **137**
Coronation Rd. *Bath*
　　　　—2E **105**
Coronation Rd. *B'don*
　　　　—5A **140**
Coronation Rd. *Down*
　　　　—2A **62**
Coronation Rd. *K'wd*
　　　　—3B **74**
Coronation Rd. *S'vle*
　　　　—1C **78**
Coronation Rd. *War* —5C **74**
Coronation Rd. *W Mare*
　　　　—3C **128**
Coronation St. *Trow*
　　　　—3D **119**
Coronation Vs. *Rads*
　　　　—1D **153**

Corondale Rd. *W Mare*
　　　　—5B **128**
Corridor, The. *Bath*
　　　　—3B **106** (3C **96**)
Corsley Wlk. *Bris* —5B **80**
Corston. *W Mare* —1E **139**
Corston La. *Cor* —5C **94**
Corston View. *Bath*
　　　　—2D **109**
Corston Wlk. *Bris* —5F **37**
Coryton. *W Mare* —3E **129**
Cossham Clo. *T'bry* —2D **7**
Cossham Rd. *Bris* —2F **71**
Cossham Rd. *Yate* —3E **65**
Cossham St. *Mang* —2C **62**
Cossham Wlk. *Bris* —1C **72**
Cossington Rd. *Bris* —4B **80**
Cossins Rd. *Bris* —4D **57**
Costers Clo. *Alv* —2B **8**
Costiland Dri. *Bris* —2B **86**
Cote Bank Ho. *Bris* —5D **41**
Cote Dri. *Bris* —3C **56**
Cote Ho. La. *Bris* —2C **56**
Cote La. *Bris* —2C **56**
Cote Lea Pk. *Bris* —5D **41**
Cote Paddock. *Bris* —3B **56**
Cote Pk. *Bris* —1A **56**
Cote Rd. *Bris* —2C **56**
Cotham Brow. *Bris* —1F **69**
Cotham Gdns. *Bris* —1D **69**
Cotham Gro. *Bris* —1F **69**
Cotham Hill. *Bris* —1D **69**
Cotham Lawn Rd. *Bris*
　　　　—1E **69**
Cotham Pk. *Bris* —1E **69**
Cotham Pk. N. *Bris* —1E **69**
Cotham Pl. *Bris* —1E **69**
Cotham Rd. *Bris* —2E **69**
Cotham Rd. S. *Bris* —2F **69**
Cotham Side. *Bris* —1F **69**
Cotham Vale. *Bris* —1E **69**
Cotman Wlk. *Bris* —1D **59**
Cotman Wlk. *W Mare*
　　　　—3D **129**
Cotrith Gro. *Bris* —1A **40**
Cotswold Clo. *P'head*
　　　　—4F **49**
Cotswold Ct. *Chip S* —5D **19**
Cotswold Rd. *Bath* —5E **105**
Cotswold Rd. *Bris* —2F **79**
Cotswold Rd. *Chip S*
　　　　—1D **35**
Cotswold Ter. *Bath* —3F **107**
Cotswold View. *Bath*
　　　　—4C **104**
Cotswold View. *Fil* —1C **42**
Cotswold View. *K'wd*
　　　　—5F **61**
Cotswold View. *Wickw*
　　　　—1C **154**
Cottage Pl. *Bath* —4D **101**
Cottage Pl. *Bris* —2F **69**
Cottages, The. *Wrin*
　　　　—1B **156**
Cottington Ct. *Bris* —5A **74**
Cottisford Rd. *Bris* —3D **59**
Cottle Gdns. *Bris* —2B **90**
Cottle Rd. *Bris* —2B **90**
Cottles La. *Tur* —3A **114**
Cotton Mead. *Cor* —5D **95**
Cottonwood Dri. *L Grn*
　　　　—2C **84**
Cottrell Av. *Bris* —5D **61**
Cottrell Rd. *Bris* —4E **59**
Coulson Dri. *W Mare*
　　　　—2F **129**
Coulsons Clo. *Bris* —5C **88**
Coulson's Rd. *Bris* —5B **88**

Coulson Wlk. *Bris* —5E **61**
Counterpool Rd. *Bris*
　　　　—3E **73**
Countership. *Bris*
　　　　—4A **70** (3D **5**)
Countership Gdns. *Bris*
　　　　—2E **89**
Countess Wlk. *Bris* —1F **59**
County St. *Bris* —1C **80**
County Way. *Trow* —2D **119**
Court Av. *Stok G* —4B **28**
Court Av. *Yat* —4B **142**
Court Clo. *Back* —3E **125**
Court Clo. *Bris* —5A **42**
Court Clo. *P'head* —4F **49**
Courtenay Cres. *Bris* —1F **87**
Courtenay Rd. *Key* —5A **92**
Courtenay Wlk. *W Mare*
　　　　—2E **129**
Court Farm Rd. *Bris* —5B **88**
Court Farm Rd. *L Grn*
　　　　—4F **83**
Courtfield Gro. *Bris* —3C **60**
Court Gdns. *Bathe* —2B **102**
Court Hay. *E'ton G* —3C **52**
Courtlands. *Key* —3A **92**
Courtlands. *Pat* —5E **11**
Courtlands La. *Bris* —1A **78**
Court La. *Bathf* —4C **102**
Court La. *Clev* —3F **121**
Court La. *Wick* —5A **154**
Courtmead. *Bath* —5A **110**
Courtney Rd. *Bris* —3A **74**
Courtney Way. *Bris* —3B **74**
Court Pl. *W Mare* —3D **129**
Court Rd. *Fram C* —1B **30**
Court Rd. *Hor* —5B **42**
Court Rd. *Kew* —1E **127**
Court Rd. *K'wd* —3F **73**
Court Rd. *Old C* —2D **85**
Courtside. *Bris* —3B **74**
Courtside M. *Bris* —1E **69**
Court St. *Trow* —2D **119**
Court View. *Wick* —5B **154**
Court View Clo. *Alm* —1C **10**
Courtyard, The. *Alm* —3F **11**
Courville Clo. *Alv* —3B **8**
Cousins Clo. *Bris* —1F **39**
Cousins La. *Bris* —3B **72**
Cousins M. *St Ap* —4B **72**
Couzens Ct. *Chip S* —4D **19**
Couzens Pl. *Stok G* —4B **28**
Coventry Wlk. *Bris* —4B **72**
Cowdray Rd. *Bris* —1F **87**
Cowhorn Hill. *Old C* —5E **75**
Cow La. *Bath* —2F **105**
Cowler Wlk. *Bris* —4B **86**
Cowling Dri. *Bris* —3E **89**
Cowling Rd. *Bris* —3F **89**
Cowmead Wlk. *Bris* —5C **58**
Cowper Rd. *Bris* —1E **69**
Cowper St. *Bris* —3E **71**
Cowship La. *Crom* —1A **154**
Cox Ct. *Bar C* —1B **84**
Coxgrove Hill. *Puck* —1B **64**
Coxley Dri. *Bath* —4C **100**
Cox's Grn. *Wrin* —2C **156**
Coxway. *Clev* —4E **121**
Crabtree Path. *Clev*
　　　　—5C **120**
Crabtree Wlk. *Bris* —5F **59**
Craddock Clo. *Bris* —1C **84**
Cranberry Wlk. *Bris* —4E **39**
Cranbourne Chase. *W Mare*
　　　　—4E **127**
Cranbourne Rd. *Pat* —2B **26**
Cranbrook Rd. *Bris* —3E **57**
Crandale Rd. *Bath* —4E **105**

Crandell Clo. *Bris* —5B **24**
Crandon Lea. *Holt* —1F **155**
Crane Clo. *Bris* —2D **75**
Cranford Clo. *W Mare*
—4B **128**
Cranham. *Yate* —2E **33**
Cranham Clo. *Bris* —5B **62**
Cranham Dri. *Pat* —5E **11**
Cranham Rd. *Bris* —4E **41**
Cranhill Rd. *Bath* —1E **105**
Cranleigh. *Bath* —4A **110**
Cranleigh Ct. Rd. *Yate*
—4F **17**
Cranleigh Gdns. *Bris*
—3A **56**
Cranleigh Rd. *Bris* —3D **89**
Cranmore. *W Mare*
—1E **139**
Cranmore Av. *Key* —2F **91**
Cranmore Clo. *Trow*
—1A **118**
Cranmore Cres. *Bris* —3F **41**
Cranmore Pl. *Bath* —4E **109**
Cranside Av. *Bris* —3E **57**
Cransley Cres. *Bris* —5E **41**
Crantock Av. *Bris* —5D **79**
Crantock Dri. *Alm* —1D **11**
Crantock Rd. *Yate* —5F **17**
Cranwell Gro. *Bris* —3C **88**
Cranwell Rd. *Lock* —3A **136**
Cranwells Pk. *Bath* —1E **105**
Crates Clo. *K'wd* —2A **74**
Craven Clo. *L Grn* —5B **74**
Craven Way. *Bar C* —5B **74**
Crawford Clo. *Clev* —5B **120**
Crawley Cres. *Trow*
—2A **118**
Crawl La. *Clan* —5E **147**
Craydon Gro. *Bris* —3F **89**
Craydon Rd. *Bris* —3F **89**
Craydon Wlk. *Bris* —3F **89**
Crediton. *W Mare* —3E **129**
Crediton Cres. *Bris* —4B **80**
Crescent Cen., The. *Bris*
—4A **70** (3E **5**)
Crescent Gdns. *Bath*
—2F **105**
Crescent La. *Bath* —1F **105**
Crescent Rd. *Bris* —1E **61**
Crescent, The. *Back*
—2C **124**
Crescent, The. *Henl* —1E **57**
Crescent, The. *Mil* —4F **127**
Crescent, The. *Sea M*
—1E **55**
Crescent, The. *Soun* —4F **61**
Crescent, The. *Wick*
—4B **154**
Crescent, The. *Worl*
—3F **127**
Crescent View. *Bath*
—4A **106**
Cresswell Clo. *W Mare*
—3E **129**
Crest, The. *Bris* —3E **81**
Creswicke Av. *Bris* —5E **73**
Creswicke Rd. *Bris* —1F **87**
Crewkerne Clo. *Nail*
—4F **123**
Crews Hole Rd. *Bris* —3F **71**
Cribbs Causeway. *Bris*
—5B **24**
Cribbs Causeway Cen. *Bris*
—3C **24**
Cribbs Causeway Shop. Cen.
Pat —3F **25**
Cribbs Retail Pk. *Pat*
—3F **25**

Cricket Field Grn. *Nail*
—3C **122**
Cricklade Ct. *Nail* —4F **123**
Cricklade Rd. *Bris* —3A **58**
Cripps Rd. *Bris* —2E **79**
Crispin La. *T'bry* —3C **6**
Crispin Way. *Bris* —5B **62**
Crockerne Dri. *Pill* —4E **53**
Crockerne Ho. *Pill* —2F **53**
(off Underbanks)
Crocombe La. *Tim* —1F **157**
Croft Av. *Bris* —3E **59**
Croft Clo. *Bit* —5F **85**
Croft Rd. *Bath* —5C **100**
Croft Rd. *Mon C* —3F **111**
Crofts End Rd. *Bris* —1A **72**
Croft, The. *Back* —1C **124**
Croft, The. *Bris* —2B **62**
Croft, The. *Clev* —2F **121**
Croft, The. *Hut* —5C **134**
Croft, The. *Old C* —2E **85**
Croft, The. *Trow* —4C **118**
Croft View. *Bris* —1E **57**
Crokeswood Wlk. *Bris*
—3C **38**
Crome Rd. *Bris* —5D **43**
Cromer Rd. *Bris* —5E **59**
Cromer Rd. *W Mare*
—3C **132**
Cromwell Ct. *Bris* —5A **74**
Cromwell Dri. *W Mare*
—1E **129**
Cromwell Rd. *St And*
—5F **57**
Cromwell Rd. *St G* —2C **72**
Cromwells Hide. *Bris*
—2A **60**
Cromwell St. *Bris* —2E **79**
Crooke's La. *Kew* —1E **127**
Crookwell Drove. *Cong*
—5C **144**
Croomes Hill. *Bris* —1F **61**
Cropthorne Rd. *Bris* —3C **42**
Cropthorne Rd. S. *Bris*
—4C **42**
Crosby Row. *Clif* —4C **68**
Crosscombe Dri. *Bris*
—5D **87**
Crosscombe Wlk. *Bris*
—5D **87**
Cross Elms La. *Bris* —2A **56**
Crossfield Rd. *Bris* —4A **62**
Cross Lanes. *Pill* —3D **53**
(in two parts)
Crossleaze Rd. *Bris* —2E **83**
Crossley Clo. *Wint* —2B **30**
Crossman Av. *Wint* —4A **30**
Crossman Wlk. *Clev*
—3F **121**
Cross St. *Bris* —1E **73**
Cross St. *Key* —1B **92**
Cross St. *Trow* —1D **119**
Cross St. *W Mare* —1C **132**
Cross Tree Gro. *Brad S*
—1F **27**
Cross Wlk. *Bris* —2C **88**
Crossways Rd. *Bris* —4C **80**
Crossways Rd. *T'bry* —3E **7**
Crowe Hill. *Lim S & F'frd*
—3C **112**
Crowe La. *F'frd* —4C **112**
Crow La. *Bris*
—4F **69** (3C **4**)
Crow La. *Hen* —2B **40**
Crown Ct. *Brad A* —2F **115**
Crowndale Rd. *Bris* —2C **80**
Crown Gdns. *Bris* —3D **75**

Crown Glass Pl. *Nail*
—3D **123**
Crown Hill. *Bath* —5D **99**
Crown Hill. *Bris* —2B **72**
Crown Hill Wlk. *Bris* —1B **72**
Crown Ho. *Nail* —4B **122**
Crown Ind. Est. *War* —3E **75**
Crown La. *Bris* —4F **61**
Crownleaze. *Bris* —4F **61**
Crown Rd. *Bath* —5C **98**
Crown Rd. *Bris* —5F **61**
Crown Rd. *War* —4E **75**
Crows Gro. *Brad S* —3F **11**
Crowther Pk. *Bris* —3C **58**
Crowther Rd. *Bris* —3C **58**
Crowthers Av. *Yate* —3A **18**
Crowther St. *Bris* —2D **79**
Croydon St. *Bris* —2D **71**
Crunnis, The. *Brad S*
—3A **28**
Crusty La. *Pill* —2E **53**
Cuckoo La. *Wint D* —1B **46**
Cuffington Av. *Bris* —1F **81**
Culverhill Rd. *Chip S*
—5C **18**
Culver Rd. *Brad A* —4F **115**
Culvers Rd. *Key* —2A **92**
Culver St. *Bris*
—4E **69** (3A **4**)
Culverwell Rd. *Bris* —4C **86**
Cumberland Basin Rd. *Bris*
—4B **68**
Cumberland Clo. *Bris*
—5C **68**
Cumberland Gro. *Bris*
—5B **58**
Cumberland Ho. *Bath*
—3F **105**
(off Norfolk Cres.)
Cumberland Pl. *Bris* —4B **68**
Cumberland Rd. *Bris*
—5B **68**
Cumberland Row. *Bath*
—3A **106** (3A **96**)
Cumberland St. *Bris* —2A **70**
Cumbria Clo. *T'bry* —3F **7**
Cunningham Gdns. *Bris*
—2D **61**
Cunnington Clo. *Will*
—4D **85**
Curland Gro. *Bris* —3D **89**
Curlew Clo. *Bris* —1B **60**
Curlew Gdns. *W Mare*
—4D **129**
Curtis La. *Stok G* —5C **28**
Custom Clo. *Bris* —1C **88**
Cutler Rd. *Bris* —2B **86**
Cygnet Cres. *W Mare*
—4D **129**
Cynthia Rd. *Bath* —4D **105**
Cynthia Vs. *Bath* —4D **105**
Cypress Ct. *Bris* —4F **55**
Cypress Gdns. *Bris* —4A **68**
Cypress Gro. *Bris* —1E **57**
Cypress Ter. *Rads* —3A **152**
Cyrus Ct. *E Grn* —5D **47**

Dafford's Bldgs. *Bath*
—4D **101**
Dafford's Pl. *Bath* —4D **101**
(off Dafford St.)
Dafford St. *Bath* —4D **101**
Daglands, The. *C'ton*
—1A **148**
Dahlia Gdns. *Bath*
—2C **106** (1F **97**)
Daisey Bank. *Bath* —5C **106**

Daisy Rd. *Bris* —5E **59**
Dakin Clo. *Bris* —4A **80**
Dakota Dri. *Bris* —4C **88**
Dalby Av. *Bris* —1F **79**
Dale St. *Bris* —2B **72**
(Hudd's Hill Rd.)
Dale St. *Bris* —2B **70**
(Newfoundland St.)
Daley Clo. *W Mare* —2F **129**
Dalkeith Av. *Bris* —1E **73**
Dalrymple Rd. *Bris* —1A **70**
Dalston Rd. *Bris* —1D **79**
Dalton Sq. *Bris* —2A **70**
Dalwood. *W Mare* —3E **129**
Dame Ct. Clo. *W Mare*
—1D **129**
Dampier Rd. *Bris* —2C **78**
Damson Rd. *W Mare*
—5B **128**
Danbury Cres. *Bris* —3E **41**
Danbury Wlk. *Bris* —3E **41**
Dancey Mead. *Bris* —1B **86**
Daneacre Rd. *Rads*
—1D **153**
Dane Clo. *W'ley* —2F **113**
Dane Rise. *W'ley* —2F **113**
Dangerfield Av. *Bris* —2B **86**
Daniel Clo. *Clev* —3F **121**
Daniel M. *Bath*
—2C **106** (1E **97**)
Daniel St. *Bath*
—2C **106** (2E **97**)
Dapp's Hill. *Key* —3B **92**
Dark La. *Back* —2D **125**
Dark La. *Ban* —5F **137**
Dark La. *Bris* —4C **40**
Dark La. *Mid N* —4C **112**
Darley Clo. *Bris* —1F **39**
Darlington M. *Bath*
—2C **106** (2E **97**)
Darlington Pl. *Bath*
—3C **106** (4F **97**)
Darlington Rd. *Bath*
—2C **106** (1F **97**)
Darlington St. *Bath*
—2C **106** (2E **97**)
Darmead. *W Mare* —4F **129**
Darnley Av. *Bris* —1B **58**
Dart Clo. *T'bry* —4C **6**
Dartmoor St. *Bris* —1D **79**
Dartmouth Av. *Bath*
—4D **105**
Dartmouth Clo. *W Mare*
—3E **129**
Dartmouth Wlk. *Key* —4F **91**
Dart Rd. *Clev* —5D **121**
Daubeny Clo. *Bris* —2D **61**
Davenport Clo. *L Grn*
—3C **84**
Daventry Rd. *Bris* —4A **88**
Davey St. *Bris* —1B **70**
David's Clo. *Alv* —3B **8**
David's La. *Alv* —3B **8**
David's Rd. *Bris* —1E **89**
David St. *Bris*
—3B **70** (2F **5**)
David Thomas Houses. *Bris*
—5A **58**
Davies Dri. *St Ap* —5B **72**
Davin Cres. *Pill* —4E **53**
Davis Clo. *Bar C* —5B **74**
Davis Ct. *T'bry* —2D **7**
Davis La. *Clev* —5D **121**
Davis St. *Bris* —4D **37**
Dawes Clo. *Clev* —5D **121**
Dawley Clo. *Wint* —2A **30**
Dawlish Rd. *Bris* —3F **79**
Dawn Rise. *Bris* —1B **74**

Day Cres. *Bath* —3A **104**
Day's Rd. *St Ph* —4C **70**
Deacon Clo. *Wint* —4A **30**
Deacons Clo. *W Mare*
　　—3C **128**
Deadmill La. *Swain*
　　—3D **101**
Dean Av. *T'bry* —2D **7**
Dean Clo. *Bris* —5D **73**
Dean Clo. *W Mare* —2F **129**
Dean Ct. *Yate* —3E **17**
Dean Cres. *Bris* —1E **79**
　(in two parts)
Deanery Clo. *K'wd* —2D **75**
Deanery Rd. *Bris* —4E **69**
Deanery Rd. *War* —2C **74**
Deanhill La. *Bath* —4A **98**
Dean La. *Bris* —5E **25**
Deanna Ct. *Bris* —1A **62**
Dean Rd. *Bris* —4E **21**
Dean Rd. *Yate* —3E **17**
Deans Dri. *S'wll* —5C **60**
Deans Mead. *Bris* —4C **38**
Deans, The. *P'head* —4D **49**
Dean St. *Bris* —1E **79**
Dean St. *St Pa* —2A **70**
De Beccas La. *E'ton G*
　　—3D **53**
De Clifford Rd. *Bris* —2E **39**
Deep Coombe Rd. *Bris*
　　—3C **78**
Deep Pit Rd. *Bris* —1A **72**
Deerhurst. *Bris* —5A **62**
Deerhurst. *Yate* —1E **33**
Deering Clo. *Bris* —3D **39**
Deer Mead. *Clev* —5B **120**
Deerswood. *Bris* —5C **62**
Delabere Av. *Bris* —2D **61**
Delamere Rd. *Trow*
　　—5D **117**
Delapre Rd. *W Mare*
　　—5B **132**
De La Warre Ct. *St Ap*
　　—4B **72**
Delius Gro. *Bris* —1F **87**
Dell, The. *Brad S* —2A **28**
Dell, The. *Bris* —5E **75**
Dell, The. *Nail* —3C **122**
Dell, The. *W Mare* —1C **128**
Dell, The. *W Trym* —2B **56**
Delvin Rd. *Bris* —4E **41**
De Montalt Pl. *C Down*
　　—3C **110**
Denbigh St. *Bris* —1B **70**
Dene Clo. *Key* —5B **92**
Dene Rd. *Bris* —4E **89**
Denleigh Clo. *Bris* —4C **88**
Denmark Av. *Bris*
　　—4E **69** (3A **4**)
Denmark Pl. *Bris* —4A **58**
Denmark Rd. *Bath* —3E **105**
Denmark St. *Bris*
　　—4E **69** (3A **4**)
Denning Ct. *W Mare*
　　—1F **129**
Dennisworth. *Puck* —2D **65**
Dennor Pk. *Bris* —1D **89**
Denny Clo. *P'head* —3C **48**
Denny Isle Dri. *Sev B*
　　—4B **20**
Denny View. *P'head* —3B **48**
Denny View Rd. *Abb L*
　　—2B **66**
Denston Dri. *P'head* —4A **50**
Denston Wlk. *Bris* —1C **86**
Dentwood Gro. *Bris* —5D **39**
Derby Rd. *Bris* —4A **58**
Derby St. *Bris* —2F **71**

Derham Clo. *Yat* —3B **142**
Derham Pk. *Yat* —3B **142**
Derham Rd. *Bris* —3C **86**
Derhill Ter. *Bath* —3F **107**
Dermot St. *Bris* —1B **70**
Derricke Rd. *Bris* —2B **90**
Derrick Rd. *Bris* —2F **73**
Derry Rd. *Bris* —3D **79**
Derwent Clo. *Pat* —1C **26**
Derwent Ct. *T'bry* —4E **7**
Derwent Gro. *Key* —3C **92**
Derwent Rd. *Bris* —1B **72**
Derwent Rd. *W Mare*
　　—3E **133**
Devaney Clo. *St Ap* —5B **72**
Deverell Clo. *Brad A*
　　—5F **115**
Deveron Gro. *Key* —4C **92**
Deverose Ct. *Bris* —1A **84**
Devon Gro. *Bris* —2E **71**
Devon Rd. *Bris* —1E **71**
Devonshire Bldgs. *Bath*
　　—5A **106**
Devonshire Dri. *P'head*
　　—3B **48**
Devonshire Pl. *Bath*
　　—5A **106**
Devonshire Rd. *B'ptn*
　　—5F **101**
Devonshire Rd. *Bris* —3D **57**
Devonshire Rd. *W Mare*
　　—5C **132**
Devonshire Vs. *Bath*
　　—1A **110**
Dial Hill Rd. *Clev* —2D **121**
Dial La. *Bris* —1F **61**
Diamond Rd. *Bris* —3B **72**
Diamond St. *Bris* —2E **79**
Dibden Clo. *Bris* —4C **46**
Dibden La. *E Grn* —5C **46**
Dibden Rd. *Bris* —4C **46**
Dickens Clo. *Bris* —4C **42**
Dickenson Rd. *W Mare*
　　—2C **132**
Dickensons Gro. *Cong*
　　—3E **145**
Didsbury Clo. *Bris* —3B **40**
Dighton Ga. *Stok G* —4A **28**
Dighton St. *Bris* —2F **69**
Dillon Ct. *Bris* —3F **71**
Dinder Clo. *Nail* —4D **123**
Dingle Clo. *Bris* —1E **55**
Dingle Rd. *Bris* —5B **38**
Dingle, The. *Bris* —5F **39**
Dingle, The. *Wint* —1B **46**
Dingle, The. *Yate* —2B **18**
Dingle View. *Bris* —5E **39**
Dinglewood Clo. *Bris*
　　—5F **39**
Dings Wlk. *Bris* —4C **70**
Dixon Gdns. *Bath* —5A **100**
Dixon Rd. *Bris* —3B **82**
Dock Ga. La. *Bris* —5C **68**
Docks Ind. Est. *Chit* —1F **21**
Doctor White's Clo. *Bris*
　　—5A **70**
Dodington La. *Dod* —3D **35**
Dodington Rd. *Chip S*
　　—2D **35**
Dodisham Wlk. *Bris* —1D **61**
Dodmore Crossing. *W'lgh*
　　—5D **33**
Dodsmoor La. *Alv* —3D **9**
Dolemoor La. *Cong*
　(in two parts) —2A **144**
Dolman Clo. *Bris* —1A **40**
Dolphin Sq. *W Mare*
　　—1B **132**

Dominion Rd. *Bath*
　　—3B **104**
Dominion Rd. *Bris* —4B **60**
Donald Rd. *Bris* —1B **86**
Doncaster Rd. *Bris* —3D **41**
Donegal Rd. *Bris* —4F **79**
Dongola Av. *Bris* —3A **58**
Dongola Rd. *Bris* —3A **58**
Donnington Wlk. *Key*
　　—4F **91**
Doone Rd. *Bris* —4B **42**
Dorcas Av. *Stok G* —4B **28**
Dorchester Clo. *Nail*
　　—5C **122**
Dorchester Rd. *Bris* —5C **42**
Dorchester St. *Bath*
　　—4B **106** (5C **96**)
Dorester Clo. *Bris* —5E **25**
Dorian Clo. *Bris* —5A **42**
Dorian Rd. *Bris* —4A **42**
Dormer Clo. *Coal H* —3F **31**
Dormer Rd. *Bris* —4D **59**
Dorset Clo. *Bath* —3E **105**
Dorset Gro. *Bris* —5C **58**
Dorset Ho. *Bris* —1E **109**
Dorset Rd. *K'wd* —1F **73**
Dorset Rd. *W Trym* —1D **57**
Dorset St. *Bath* —3E **105**
Dorset St. *Bris* —2D **79**
Dorset Way. *Yate* —3C **18**
Douglas Rd. *Hor* —5B **42**
Douglas Rd. *K'wd* —3F **73**
Douglas Rd. *W Mare*
　　—3D **133**
Doulton Way. *Bris* —3D **89**
Dovecote. *Yate* —1A **34**
Dovecote Clo. *Trow*
　　—2B **118**
Dovedale. *T'bry* —5E **7**
Dove La. *Redf* —3E **71**
Dove La. *St Pa* —2B **70**
Dovercourt Rd. *Bris* —2C **58**
Dover Ho. *Bath* —1B **106**
Dover Pl. *Bath* —5B **100**
　(off Seymour Rd.)
Dover Pl. *Bris* —3D **69**
Dover Pl. Cotts. *Bris*
　　—3D **69**
Dovers La. *Bathf* —4D **103**
Dovers Pk. *Bathf* —4D **103**
Dove St. *Bris* —2F **69**
Dove St. S. *Bris* —2F **69**
Doveswell Gro. *Bris* —4C **86**
Doveton St. *Bris* —1F **79**
Dovey Ct. *Bris* —5E **75**
Dowdeswell Clo. *Bris*
　　—1B **40**
Dowding Rd. *Bath* —5C **100**
Dowland. *W Mare* —3E **129**
Dowland Clo. *Bris* —2F **87**
Dowling Rd. *Bris* —5F **87**
Down Av. *Bath* —3B **110**
Downavon. *Brad A* —4E **115**
Down Clo. *P'head* —3B **48**
Downend Pk. *Bris* —2B **58**
Downend Pk. Rd. *Bris*
　　—2F **61**
Downend Rd. *Down* —2D **61**
Downend Rd. *Hor* —2B **58**
Downend Rd. *K'wd* —1F **73**
Downfield. *Key* —5F **91**
Downfield Clo. *Alv* —2A **8**
Downfield Dri. *Fram C*
　　—1D **31**
Downfield Lodge. *Bris*
　　—1C **68**
Downfield Rd. *Bris* —1C **68**

Downhayes Rd. *Trow*
　　—5D **117**
Downland Clo. *Nail*
　　—4C **122**
Down La. *B'ptn* —5A **102**
Down Leaze. *Alv* —2B **8**
Downleaze. *Down* —4F **45**
Downleaze. *P'head* —3C **48**
Downleaze. *Stok B* —4B **56**
Downleaze Dri. *Chip S*
　　—1C **34**
Downman Rd. *Bris* —2C **58**
Down Rd. *Alv* —2A **8**
Down Rd. *P'head* —5A **48**
Down Rd. *Wint D* —5A **30**
Downs Clo. *Alv* —2B **8**
Downs Clo. *Brad A*
　　—2C **114**
Downs Clo. *W Mare*
　　—4D **129**
Downs Cote Av. *Bris*
　　—1B **56**
Downs Cote Dri. *Bris*
　　—1B **56**
Downs Cote Gdns. *Bris*
　　—1C **56**
Downs Cote Pk. *Bris*
　　—1C **56**
Downs Cote View. *Bris*
　　—1C **56**
Downside. *P'head* —3E **49**
Downside Clo. *Bar C*
　　—4B **74**
Downside Clo. *B'ptn*
　　—5A **102**
Downside Pk. *Trow*
　　—5E **117**
Downside Rd. *Bris* —1C **68**
Downside Rd. *W Mare*
　　—4D **133**
Downside View. *Trow*
　　—5E **117**
Downs Pk. E. *Bris* —2C **56**
Downs Pk. W. *Bris* —2C **56**
Downs Rd. *Bris* —1C **56**
Downs, The. *P'head* —4D **49**
Downs, The. *Wickw*
　　—1A **154**
Downs View. *Brad A*
　　—2C **114**
Downsway. *Paul* —3A **8**
Down, The. *Alv* —2A **8**
Down, The. *Trow* —5D **117**
Down View. *Bris* —4B **58**
Down View. *Rads* —4C **152**
Dowry Pl. *Bris* —4B **68**
Dowry Rd. *Bris* —4C **68**
Dowry Sq. *Bris* —4C **68**
Dragon Ct. *Bris* —1A **72**
Dragon Rd. *Wint* —4F **29**
Dragons Hill Clo. *Key*
　　—3B **92**
Dragons Hill Ct. *Key* —3B **92**
Dragons Hill Gdns. *Key*
　　—3B **92**
Dragonswell Rd. *Bris*
　　—2C **40**
Dragon Wlk. *Bris* —1B **72**
Drake Av. *Bath* —2A **110**
Drake Clo. *Salt* —5F **93**
Drake Clo. *W Mare*
　　—1D **129**
Drake Rd. *Bris* —2C **78**
Drakes Way. *P'head* —3C **48**
Draycot Pl. *Bris* —5F **69**
Draycott Ct. *Bath*
　　—2B **106** (1D **97**)

Draycott Rd. *Bris* —2B **58**
Draydon Rd. *Bris* —5E **79**
Drayton. *W Mare* —1E **139**
Drayton Clo. *Bris* —5D **81**
Drayton Rd. *Bris* —4E **39**
Dring, The. *Rads* —2B **152**
Drive, The. *H'gro* —2E **89**
Drive, The. *Henl* —2D **57**
Drive, The. *W Mare*
—5D **127**
Drove Ct. *Nail* —2D **123**
Drove Rd. *Cong* —3D **145**
Drove Rd. *W Mare* —3C **132**
Drove, The. *P'bry* —1E **51**
Druce's Hill. *Brad A*
—2D **115**
Druett's Clo. *Bris* —5A **42**
Druid Clo. *Stok B* —2A **56**
Druid Hill. *Bris* —2A **56**
Druid Rd. *Bris* —3F **55**
Druid Stoke Av. *Bris*
—2E **55**
Druid Woods. *Bris* —3E **55**
Druid Wood St. *Bris* —2F **55**
Drummond Ct. *L Grn*
—1B **84**
Drummond Rd. *Fish*
—4B **60**
Drummond Rd. *St Pa*
—1A **70**
Drungway. *Bath* —3F **111**
Dryham Clo. *Bris* —2B **74**
Dryleaze. *Key* —1A **92**
Dryleaze. *Yate* —1A **18**
Dryleaze Rd. *Bris* —1B **60**
Drynham Drove. *Trow*
—3E **155**
Drynham La. *Trow* —4D **119**
Drynham Pk. *Trow* —4D **119**
Drynham Rd. *Trow*
—4D **119**
Drysdale Clo. *W Mare*
—4B **128**
Dubber's La. *Bris* —5A **60**
Dublin Cres. *Bris* —1D **57**
Duchess Rd. *Bris* —1C **68**
Duchess Way. *Bris* —2F **59**
Duchy Clo. *Rads* —4B **148**
Duchy Rd. *Rads* —4B **148**
Ducie Rd. *Law H* —3D **71**
Ducie Rd. *Stap H* —2A **62**
Duckmoor Rd. *Bris* —1C **78**
Duckmoor Yd. *Bris* —1C **78**
Dudley Clo. *Key* —4A **92**
Dudley Ct. *Bar C* —1B **84**
Dudley Gro. *Bris* —4C **42**
Dugar Wlk. *Bris* —4E **57**
Duke St. *Bath*
—3B **106** (4D **97**)
Duke St. *Trow* —1D **119**
Dulverton Rd. *Bris* —3F **57**
Dumaine Av. *Stok G*
—4A **28**
Dumfries Pl. *W Mare*
—3C **132**
Duncan Gdns. *Bath* —3B **98**
Duncombe La. *Bris* —5C **60**
Duncombe Rd. *Bris* —1D **73**
Dundas Clo. *Bris* —2A **40**
Dundonald Rd. *Bris* —4D **57**
Dundridge Gdns. *Bris*
—4C **72**
Dundridge La. *Bris* —4C **72**
Dundry Clo. *Bris* —4A **74**
Dundry View. *Bris* —4C **80**
Dunedin Way. *St Geo*
—1A **130**
Dunford Clo. *Trow* —4D **119**

Dunford Rd. *Bris* —2F **79**
Dunkeld Av. *Bris* —2B **42**
Dunkerry Rd. *Bris* —2F **79**
Dunkerton Hill. *Bath*
—3D **157**
Dunkery Clo. *Nail* —4D **123**
Dunkery Rd. *W Mare*
—4D **127**
Dunkirk Rd. *Bris* —4B **60**
Dunkite La. *W Mare*
—1D **129**
Dunmail Rd. *Bris* —2E **41**
Dunmore St. *Bris* —1B **80**
Dunsford Pl. *Bath*
—3C **106** (3F **97**)
Dunster Cres. *W Mare*
—1D **139**
Dunster Gdns. *Nail*
—4D **123**
Dunster Gdns. *Will* —3D **85**
Dunster Ho. *Bath* —2B **110**
Dunster Rd. *Bris* —5B **80**
Dunster Rd. *Key* —4F **91**
Dunsters Rd. *Clav* —2F **143**
Durban Rd. *Pat* —1B **26**
Durban Way. *Yat* —2B **142**
Durbin Pk. Rd. *Clev*
—1D **121**
Durbin Wlk. *Bris* —2C **70**
Durcott La. *Mid N* —1F **147**
Durdham Ct. *Bris* —4C **56**
Durdham Pk. *Bris* —4C **56**
Durham Gro. *Key* —4F **91**
Durham Rd. *Bris* —5C **58**
Durleigh Clo. *Bris* —1C **86**
Durley Hill. *Key* —5D **83**
Durley La. *Key* —1E **91**
Durley Pk. *Bath* —5F **105**
Durley Pk. *Key* —1E **91**
Durnford Av. *Bris* —1C **78**
Durnford St. *Bris* —1C **78**
Dursley Clo. *Yate* —5A **18**
Dursley Rd. *Bris* —2F **53**
Dursley Rd. *Trow* —3C **118**
Durston. *W Mare* —1E **139**
Durville Rd. *Bris* —2D **87**
Durweston Wlk. *Bris*
—5E **81**
Dutton Clo. *Bris* —2F **89**
Dutton Rd. *Bris* —2F **89**
Dutton Wlk. *Bris* —2F **89**
Dyers Clo. *Bris* —4F **87**
Dyer's La. *Iron A* —3C **16**
Dylan Thomas Ct. *Bar C*
—5C **74**
Dymboro Av. *Mid N*
—3C **150**
Dymboro Clo. *Mid N*
—3C **150**
Dymboro Gdns. *Mid N*
—3C **150**
Dymboro, The. *Mid N*
—3C **150**
Dymott Sq. *Hil* —4F **117**
Dyrham. *Bris* —3E **45**
(off Harford Dri.)
Dyrham Clo. *Henl* —1F **57**
Dyrham Clo. *K'wd* —2B **74**
Dyrham Clo. *T'bry* —1D **7**
Dyrham Pde. *Pat* —1E **27**
Dyrham Rd. *Bris* —2B **74**
Dyrham View. *Puck* —3E **65**
Dysons Clo. *Yat* —3B **142**

Eagle Clo. *W Mare*
—5B **128**
Eagle Cotts. *Bath* —1A **102**

Eagle Cres. *Puck* —3E **65**
Eagle Dri. *Pat* —1A **26**
Eagle Pk. *Bathe* —1A **102**
Eagle Rd. *Bathe* —1A **102**
Eagle Rd. *Bris* —3F **81**
Eagles, The. *Yat* —3B **142**
Eagles Wood Bus. Pk. *Alm*
—3E **11**
Earlesfield. *Nail* —4B **122**
Earlham Gro. *W Mare*
—1D **133**
Earl Russell Way. *Bris*
—3D **71**
Earls Mead. *Bris* —3A **60**
Earlstone Clo. *Bris* —1C **84**
Earlstone Cres. *Bris* —1C **84**
Earl St. *Bris* —2F **69**
Earthcott Rd. *Brad S* —5F **9**
Easedale Clo. *Bris* —2F **41**
Eastbourne Av. *Bath*
—5C **100**
Eastbourne Gdns. *Trow*
—1E **119**
Eastbourne Rd. *Bris*
—1D **71**
Eastbourne Rd. *Trow*
—1E **119**
Eastbourne Vs. *Bath*
—5C **100**
Eastbury Clo. *T'bry* —3D **7**
Eastbury Rd. *Bris* —3C **60**
Eastbury Rd. *T'bry* —3D **7**
E. Clevedon Triangle. *Clev*
—2E **121**
East Clo. *Bath* —4B **104**
Eastcombe Gdns. *W Mare*
—4D **127**
Eastcombe Rd. *W Mare*
—4D **127**
Eastcote Pk. *Bris* —3D **89**
E. Croft. *Bris* —5E **41**
Eastdown Rd. *Clan* —4B **148**
E. Dundry Rd. *Bris* —5B **88**
Eastfield. *Bris* —5D **41**
Eastfield Av. *Bath* —3C **98**
Eastfield Gdns. *W Mare*
—4D **127**
Eastfield Pk. *W Mare*
—4C **126**
Eastfield Rd. *Cot* —5F **57**
Eastfield Rd. *Hut* —1C **140**
Eastfield Rd. *W Trym*
—5C **40**
Eastfield Ter. *Bris* —5D **41**
Eastgate Cen. *Bris* —4D **59**
Eastgate Rd. *Bris* —4D **59**
East Gro. *Bris* —1B **70**
Eastlake Clo. *Bris* —5D **43**
Eastland Av. *T'bry* —2D **7**
Eastland Rd. *T'bry* —2D **7**
Eastlea. *Clev* —5B **120**
E. Lea Rd. *Bath* —1B **104**
Eastleigh Clo. *Bris* —3A **62**
Eastleigh Rd. *Stap H*
—4A **62**
Eastleigh Rd. *W Trym*
—3F **41**
Eastlyn Rd. *Bris* —5D **79**
East Mead. *Mid N* —2E **151**
E. Mead Drove. *B'don*
—5D **139**
Eastmead La. *Ban* —5F **137**
Eastmead La. *Bris* —3A **56**
Eastnor Rd. *Bris* —5C **88**
Easton Bus. Cen. *Bris*
—2D **71**
Easton Hill Rd. *T'bry* —2E **7**
Easton Rd. *Bris* —3C **70**

Easton Rd. *Pill* —3E **53**
Easton Way. *Bris* —1C **70**
Eastover Clo. *Bris* —4C **40**
Eastover Gro. *Bath*
—3D **109**
East Pde. *Bris* —1E **55**
East Pk. *Bris* —5E **59**
East Pk. Dri. *Bris* —5E **59**
East Pk. Trad. Est. *Bris*
—1F **71**
E. Priory Clo. *Bris* —5C **40**
Eastridge Dri. *Bris* —3B **86**
E. Shrubbery. *Bris* —5D **57**
East St. *A'mth* —3C **36**
East St. *Ban* —5F **137**
East St. *Bedm* —2E **79**
East St. *St Pa* —2B **70**
East View. *Mang* —1B **62**
Eastview Rd. *Trow* —3A **118**
Eastville. *Bath* —5C **100**
East Wlk. *Yate* —5A **18**
East Way. *Bath* —4B **104**
Eastway. *Nail* —2C **122**
Eastway Clo. *Nail* —2C **122**
Eastway Sq. *Nail* —2D **123**
Eastwood Cres. *Bris* —1B **82**
E. Wood Pl. *P'head* —1F **49**
Eastwood Rd. *Bris* —1B **82**
Eastwoods. *Bathf* —3C **102**
Eaton Clo. *Bris* —3A **90**
Eaton Clo. *Fish* —3D **61**
Eaton Cres. *Bris* —2C **68**
Eaton St. *Bris* —2E **79**
Ebdon Ct. *W Mare* —3E **129**
Ebdon Rd. *W Mare*
—1D **129**
Ebenezer La. *Bris* —1F **55**
(in two parts)
Ebenezer St. *Bris* —3F **71**
Ebenezer Ter. Bath
—4B **106** (5E **97**)
(off Rossiter Rd.)
Eccleston Ho. *Bris* —4D **71**
Eckweek Gdns. *Pea J*
—4D **157**
Eckweek La. *Pea J* —4E **157**
(in two parts)
Eckweek Rd. *Pea J*
—4D **157**
Eden Gro. *Bris* —3B **42**
Eden Pk. Cl. *Bathe* —2B **102**
Eden Pk. Dri. *Bathe*
—2B **102**
Eden Ter. *Bath* —4D **101**
Eden Vs. Bath —4D **101**
(off Dafford's Bldgs.)
Edgar Bldgs. *Bath* —2A **106**
(off George St.)
Edgecombe Av. *W Mare*
—3B **128**
Edgecombe Clo. *Bris*
—1B **74**
Edgecumbe Rd. *Bris* —5F **57**
Edgefield Clo. *Bris* —5B **88**
Edgefield Rd. *Bris* —5B **88**
Edgehill Rd. *Clev* —1D **121**
Edgeware Rd. *Stap H*
—3F **61**
Edgeware Rd. *S'vle* —1E **79**
Edgewood Clo. *Bris* —5D **81**
Edgewood Clo. *L Grn*
—2C **84**
Edgeworth. *Yate* —3E **33**
Edgeworth Rd. *Bath*
—2D **109**
Edinburgh Pl. *W Mare*
—5C **126**
Edinburgh Rd. *Key* —4A **92**

Edington Gro. *Bris* —2C **40**
Edmund Clo. *Bris* —1F **61**
Edmund Ct. *Puck* —1D **65**
Edna Av. *Bris* —2A **82**
Edward Bird Ho. *Bris*
　　　　　　—5E **43**
Edward Rd. *Arn V* —1D **81**
Edward Rd. *Clev* —1E **121**
Edward Rd. *K'wd* —2A **74**
Edward Rd. S. *Clev*
　　　　　　—1E **121**
Edward Rd. W. *Clev*
　　　　　　—1E **121**
Edward St. *Bathw*
　　　—2C **106** (2E **97**)
Edward St. *Eastv* —5F **59**
Edward St. *Lwr W* —2D **105**
Edward St. *Redf* —2E **71**
Effingham Rd. *Bris* —5A **58**
Egerton La. *Bris* —3F **57**
Egerton Rd. *Bath* —5F **105**
Egerton Rd. *Bris* —3F **57**
Eggshill La. *Yate* —5F **17**
Eighth Av. *Bris* —4D **43**
Eirene Ter. *Pill* —3F **53**
Elberton. *Bris* —2C **74**
Elberton Rd. *Bris* —5D **39**
Elborough Av. *Yat* —3B **142**
Elbury Av. *Bris* —5E **61**
Elcombe Clo. *Trow*
　　　　　　—5C **118**
Elderberry Wlk. *Bris* —2E **41**
Elderberry Wlk. *W Mare*
　　　　　　—4D **129**
Elderwood Dri. *L Grn*
　　　　　　—2C **84**
Elderwood Rd. *Bris* —1D **89**
Eldon Pl. *Bath* —4C **100**
Eldon Ter. *Bris* —2F **79**
Eldonwall Trad. Est. *Bris*
　　　　　　—5E **71**
Eldon Way. *Bris* —5E **71**
Eldred Clo. *Bris* —2F **55**
Eleanor Clo. *Bath* —4A **104**
Eleventh Av. *Bris* —3D **43**
Elfin Rd. *Bris* —2C **60**
Elgar Clo. *Bris* —2F **87**
Elgar Clo. *Clev* —5E **121**
Elgin Av. *Bris* —3B **42**
Elgin Croft. *Bris* —4D **87**
Elgin Pk. *Bris* —5D **57**
Elgin Rd. *Bris* —5D **61**
Eliot Clo. *W Mare* —5E **133**
Eliot Dri. *Bris* —3C **42**
Elizabeth Clo. *Hut* —5B **134**
Elizabeth Clo. *T'bry* —4E **7**
Elizabeth Cres. *Stok G*
　　　　　　—5A **28**
Elizabeth's M. *St Ap* —4B **72**
Elkstone Wlk. *Bit* —3E **85**
Ellacombe Rd. *L Grn*
　　　　　　—3A **84**
Ellan Hay Rd. *Brad S*
　　　　　　—3C **28**
Ellbridge Clo. *Bris* —2F **55**
Ellenborough Cres. *W Mare*
　　　　　　—2C **132**
Ellenborough La. *Bris*
　　　　　　—1A **54**
Ellenborough Pk. N. *W Mare*
　　　　　　—2B **132**
Ellenborough Pk. Rd.
　　W Mare —2C **132**
Ellenborough Pk. S. *W Mare*
　　　　　　—2B **132**
Ellen Ho. *Bath* —4B **104**
Ellesmere. *T'bry* —4D **7**

Ellesmere Rd. *Bris* —5F **81**
Ellesmere Rd. *K'wd* —2F **73**
Ellesmere Rd. *Uph* —1B **138**
Elfield Clo. *Bris* —2B **86**
Ellicks Clo. *Brad S* —4A **12**
Ellicott Rd. *Bris* —1B **58**
Ellinghurst Clo. *Bris* —2C **40**
Elliot Pl. *Trow* —1A **118**
Elliott Av. *Bris* —3E **45**
Ellis Av. *Bris* —5C **78**
Ellis Pk. *St Geo* —1A **130**
Elliston Dri. *Bath* —5C **104**
Elliston La. *Bris* —5E **57**
Elliston Rd. *Bris* —5E **57**
Ellsbridge Clo. *Key* —3D **93**
Ellsworth Rd. *Bris* —1B **40**
Elm Clo. *Ban* —4C **136**
Elm Clo. *Chip S* —5C **18**
Elm Clo. *Lit S* —3A **28**
Elm Clo. *Nail* —4B **122**
Elm Clo. *N Brad* —4D **155**
Elm Clo. *Stav* —1D **117**
Elm Clo. *Yat* —4B **142**
Elm Ct. *Bris* —3C **88**
Elm Ct. *Key* —4E **91**
Elmcroft Cres. *Bris* —3C **58**
Elmdale Ct. *Trow* —3A **118**
Elmdale Cres. *T'bry* —3D **7**
Elmdale Gdns. *Bris* —3C **60**
Elmdale Rd. *Bedm* —3D **79**
Elmdale Rd. *Trow* —3A **118**
Elmdale Rd. *Tyn P* —2D **69**
Elmfield. *Brad A* —2D **115**
Elmfield. *Bris* —4A **74**
Elmfield Clo. *Bris* —4A **74**
Elmfield Rd. *Bris* —4C **40**
Elm Gro. *Bath* —5D **105**
Elm Gro. *Lock* —4D **135**
Elm Gro. *Swain* —4D **101**
Elmgrove Av. *Bris* —2D **71**
Elmgrove Dri. *Yate* —4B **18**
Elmgrove Pk. *Cot* —1F **69**
Elmgrove Rd. *Fish* —4A **60**
Elmgrove Rd. *Redl* —1F **69**
Elm Hayes. *Bris* —2B **86**
Elmhirst Gdns. *Yate* —4C **18**
Elmhurst Av. *Bris* —4F **59**
Elmhurst Est. *Bathe*
　　　　　　—2B **102**
Elmhurst Gdns. *L Ash*
　　　　　　—4B **76**
Elmhurst Rd. *Hut* —1C **140**
Elmhyrst Rd. *W Mare*
　　　　　　—5D **127**
Elming Down Clo. *Lit S*
　　　　　　—3F **27**
Elm La. *Bris* —5D **57**
Elmlea Av. *Bris* —2B **56**
Elmleigh Av. *Mang* —2D **63**
Elmleigh Clo. *Mang* —2D **63**
Elmleigh Rd. *Mang* —2C **62**
Elmore. *Bris* —5B **62**
Elmore. *Yate* —1F **33**
Elmore Rd. *Bris* —1C **58**
Elmore Rd. *Pat* —5B **10**
Elm Pk. *Fil* —2C **42**
Elm Rd. *Hor* —2A **58**
Elm Rd. *K'wd* —4A **74**
Elm Rd. *Paul* —4B **146**
Elms Cross. *Brad A*
　　　　　　—5D **115**
Elmscross Bus. Pk. *Brad A*
　　　　　　—5D **115**
Elms Cross Dri. *Brad A*
　　　　　　—4D **115**
Elmscross Shopping Cen.
　　Brad A —5D **115**
Elms Gro. *Pat* —5D **11**

Elmsleigh Rd. *W Mare*
　　　　　　—4B **132**
Elmsley La. *W Mare*
　　　　　　—1A **128**
Elms, The. *Brad A* —1D **115**
Elms, The. *Holt* —1E **155**
Elms, The. *Bris* —3E **45**
Elm Ter. *Rads* —3F **151**
Elm Tree Av. *Mang* —5C **46**
Elm Tree Av. *Rads* —3A **152**
Elmtree Clo. *Bris* —1F **73**
Elmtree Dri. *Bris* —4B **86**
Elm Tree Pk. *P'bry* —4F **51**
Elm Tree Rd. *Clev* —4D **121**
Elm Tree Rd. *Lock* —3D **135**
Elmtree Way. *Bris* —1F **73**
Elmvale Dri. *Hut* —5D **135**
Elm View. *Mid N* —2E **151**
Elm Wlk. *P'head* —4E **49**
Elm Wlk. *Yat* —4B **142**
Elmwood. *Yate* —1A **34**
Elsbert Dri. *Bris* —2A **86**
Elstree Rd. *Bris* —1A **72**
Elton La. *Bris* —5F **57**
Elton Mans. *Bris* —5F **57**
Elton Rd. *Bishop* —4F **57**
Elton Rd. *Clev* —3B **120**
Elton Rd. *K'wd* —1D **73**
Elton Rd. *Tyn P* —3D **69**
Elton Rd. *W Mare* —1F **133**
Elton St. *Bris* —2B **70**
Elvard Clo. *Bris* —4C **86**
Elvard Rd. *Bris* —3C **86**
Elvaston Rd. *Bris* —2A **80**
Ely Gro. *Bris* —5D **39**
Embassy Rd. *Bris* —1A **72**
Embassy Wlk. *Bris* —1A **72**
Embercourt Dri. *Back*
　　　　　　—2C **124**
Embleton Rd. *Bris* —2D **41**
Emerson Sq. *Bris* —1D **63**
Emerson Sq. *Bris* —4C **42**
Emerson Way. *E Grn*
　　　　　　—4D **47**
Emery Ga. *Ban* —5F **137**
Emery Rd. *Bris* —3B **82**
Emlyn Clo. *W Mare*
　　　　　　—1F **129**
Emlyn Rd. *Bris* —5E **59**
Emmanuel Ct. *Bris* —2C **68**
Emmett Wood. *Bris* —5D **89**
Empire Cres. *Han* —1A **84**
Empress Menen Gdns. *Bath*
　　　　　　—1B **104**
Emra Clo. *Bris* —1B **72**
Enfield Rd. *Bris* —4C **60**
Engine Comn. *Yate* —2E **17**
Engine Comn. La. *Yate*
　　　　　　—1E **17**
Enginehouse La. *Key*
　　　　　　—4C **90**
Engine La. *Nail* —4A **122**
England's Cres. *Wint*
　　　　　　—2A **30**
Englishcombe La. *Bath*
　　　　　　—1C **108**
Englishcombe Rd. *Bath*
　　　　　　—2A **108**
Englishcombe Rd. *Bris*
　　　　　　—5E **87**
Englishcombe Way. *Bath*
　　　　　　—1F **109**
Enmore. *W Mare* —1E **139**
Ennerdale Clo. *W Mare*
　　　　　　—3E **133**
Ennerdale Rd. *Bris* —2F **41**
Entry Hill. *Bath* —1A **110**

Entry Hill Dri. *Bath* —1A **110**
Entry Hill Gdns. *Bath*
　　　　　　—1A **110**
Entry Hill Pk. *Bath* —2A **110**
Entry Rise. *Bath* —3A **110**
Epney Clo. *Pat* —5B **10**
Epsom Clo. *Bris* —3B **46**
Epsom Rd. *Whit B* —3F **155**
Epsom Sq. *Whit B* —3F **155**
Epworth Rd. *Bris* —5C **42**
Equinox. *Brad S* —3E **11**
Erin Wlk. *Bris* —5F **79**
Ermine Way. *Bris* —5E **37**
Ermleet Rd. *Bris* —5E **57**
Ernest Barker Clo. *Bris*
　　　　　　—3D **71**
Ernestville Rd. *Bris* —4B **60**
Ervine Ter. *Bris* —2B **70**
Esgar Rise. *W Mare*
　　　　　　—2C **128**
Eskdale. *T'bry* —5E **7**
Eskdale Clo. *W Mare*
　　　　　　—5B **128**
Esmond Gro. *Clev* —2D **121**
Esplanade Rd. *P'head*
　　　　　　—2E **49**
Essery Rd. *Bris* —5E **59**
Esson Rd. *Bris* —1D **73**
Estcourt Gdns. *Stap* —2F **59**
Estcourt La. *Bris* —2F **59**
Estelle Pk. *Bris* —5E **59**
Estoril. *Yate* —5B **18**
Estune Wlk. *L Ash* —3C **76**
Etloe Rd. *Bris* —3C **56**
Eton La. *Lock* —1B **136**
Eton Rd. *Bris* —2F **81**
Ettlingen Way. *Clev* —4E **121**
Ettricke Dri. *Bris* —1D **61**
Eugene St. *St Ja* —2F **69**
Eugene St. *St Jud* —2B **70**
Evans Clo. *St Ap* —5B **72**
Evans Rd. *Bris* —5D **57**
Eveleigh Ho. *Bath* —2B **106**
　　(off Grove St.)
Evelyn Rd. *Bath* —1C **104**
Evelyn Rd. *Bris* —4E **41**
Evelyn Ter. *Bath* —5B **100**
Evenlode Gdns. *Bris* —2B **54**
Evenlode Way. *Key* —5C **92**
Everall Dri. *W Mare*
　　　　　　—2E **127**
Evercreech Rd. *Bris* —4C **88**
Everest Av. *Bris* —3A **60**
Everest Rd. *Bris* —3A **60**
Evergreen Clo. *Wins*
　　　　　　—3A **156**
Everleigh Clo. *Trow*
　　　　　　—5D **119**
Eve Rd. *Bris* —1D **71**
Everson Clo. *W Mare*
　　　　　　—4E **133**
Ewart Rd. *W Mare* —5A **128**
Exbourne. *W Mare* —3E **129**
Excelsior St. *Bath*
　　　—4C **106** (5D **97**)
Excelsior Ter. *Mid N*
　　　　　　—3E **151**
Exchange Av. *Bris*
　　　—4F **69** (3C **4**)
Exeter Bldgs. *Bris* —5D **57**
Exeter Rd. *Bris* —1D **79**
Exeter Rd. *P'head* —4A **50**
Exeter Rd. *W Mare*
　　　　　　—3C **132**
Exford Clo. *W Mare*
　　　　　　—1D **139**
Exley Clo. *Bris* —5E **75**
Exmoor Rd. *Bath* —2A **110**

Exmoor St. *Bris* —1D **79**
Exmouth Rd. *Bris* —4B **80**
Exton. *W Mare* —1E **139**
Exton Clo. *Bris* —3D **89**
Eyers La. *Bris*
—3B **70** (1F **5**)

Faber Gro. *Bris* —4E **87**
Fabian Dri. *Stok G* —4A **28**
Factory Rd. *Wint* —2B **30**
Failand Cres. *Bris* —2E **55**
Failand La. *P'bry & Fail*
—5A **52**
Failand Wlk. *Bris* —1E **55**
Fairacre Clo. *Bris* —2D **59**
Fairacre Clo. *Lock* —4F **135**
Fairacres Clo. *Key* —3A **92**
Fairfax Ct. *Bris* —3A **70**
Fairfax St. *Bris*
—3F **69** (2C **4**)
Fairfield Av. *Bath* —4B **100**
Fairfield Clo. *Back* —1F **125**
Fairfield Clo. *W Mare*
—4F **127**
Fairfield Mead. *Back*
—1F **125**
Fairfield Pk. Rd. *Bath*
—4A **100**
Fairfield Pl. *Bris* —1D **79**
Fairfield Rd. *Bath* —5B **100**
Fairfield Rd. *Mont* —5B **58**
Fairfield Rd. *S'vle* —1E **79**
Fairfield Ter. *Bath* —4B **100**
Fairfield Ter. *Pea J* —2F **149**
Fairfield View. *Bath*
—4B **100**
Fairfield Way. *Back*
—2E **125**
Fairfoot Rd. *Bris* —2C **80**
Fairford Clo. *Bris* —5B **62**
Fairford Cres. *Pat* —1E **57**
Fairford Rd. *Bris* —5F **37**
Fair Furlong. *Bris* —4C **86**
Fairhaven. *Yate* —5B **18**
Fairhaven Cotts. *Bath*
—1B **102**
Fairhaven Rd. *Bris* —3E **57**
Fair Lawn. *Old C* —1C **84**
Fairlawn Av. *Brad S* —1C **42**
Fairlawn Rd. *Bris* —5B **58**
Fairleigh Rd. *Clev* —5A **120**
Fairlyn Dri. *Bris* —4B **62**
Fairoaks. *L Grn* —2C **84**
Fairview. *W Mare* —1D **129**
Fair View Dri. *Bris* —5E **57**
Fairview Rd. *Bris* —2B **74**
Fairway. *Bris* —4F **81**
Fairway Clo. *Old C* —1D **85**
Fairway Clo. *W Mare*
—3F **127**
Fairway Ind. Cen. *Brad S*
—1B **42**
Fairways. *Salt* —2A **94**
Falcon Clo. *Bris* —4B **40**
Falcon Clo. *Pat* —1A **26**
Falcon Clo. *P'head* —4F **49**
Falcon Ct. *W Trym* —1C **56**
Falcon Cres. *W Mare*
—5B **128**
Falcondale Rd. *Bris* —4B **40**
Falcondale Wlk. *Bris* —4C **40**
Falcon Dri. *Pat* —1A **26**
Falconer Rd. *Bath* —3B **98**
Falcon Wlk. *Pat* —5A **10**
Falcon Way. *T'bry* —2E **7**
Falfield Rd. *Bris* —2E **81**
Falfield Wlk. *Bris* —4E **41**

Falkland Rd. *Bris* —5B **58**
Fallodon Ct. *Bris* —2D **57**
Fallodon Way. *Bris* —2D **57**
Fallowfield. *War* —5F **75**
Fallowfield. *W Mare*
—1D **129**
Falmouth Clo. *Nail* —4F **123**
Falmouth Rd. *Bris* —3F **57**
Fane Clo. *Bris* —2C **40**
Fanshawe Rd. *Bris* —1C **88**
Faraday Rd. *Bris* —5B **68**
Far Handstones. *Bris*
—1C **84**
Farington Rd. *Bris* —5F **41**
Farleigh Av. *Trow* —3A **118**
Farleigh Rise. *Bathf & Mon F*
—5E **103**
Farleigh Rd. *Back* —1F **125**
Farleigh Rd. *Key* —4F **91**
Farleigh Wlk. *Bris* —5C **78**
Farler's End. *Nail* —5E **123**
(in two parts)
Farley Clo. *Lit S* —2E **27**
Farm Ct. *Bris* —5A **46**
Farmer Rd. *Bris* —4A **86**
Farmhouse Clo. *Nail*
—3D **123**
Farm La. *E Comp* —1C **24**
Farm Rd. *Bris* —5A **46**
Farm Rd. *Hut* —1C **140**
Farm Rd. *W Mare* —4F **127**
Farmwell Clo. *Bris* —3D **87**
Farnaby Clo. *Bris* —1E **87**
Farnborough Rd. *Lock*
—4A **136**
Farndale Rd. *Bris* —4C **72**
Farndale Rd. *W Mare*
—5B **128**
Farne Clo. *Bris* —2D **57**
Farrant Clo. *Bris* —2F **87**
Farringford Ho. *Bris* —5F **59**
Farrington Rd. *Paul*
—4A **146**
Farr's La. *Bath* —2C **110**
Farrs La. *Bris* —4F **69** (4B **4**)
Farr St. *Bris* —4D **37**
Faulkland Rd. *Bath* —4E **105**
Faulkland View. *Pea J*
—5E **157**
Faversham Dri. *W Mare*
—2E **139**
Fawkes Clo. *Bris* —2D **75**
Fearnville Est. *Clev* —4C **120**
Featherstone Rd. *Bris*
—3B **60**
Feeder Rd. *Bris* —5B **70**
Felix Rd. *Bris* —2C **70**
Felstead Rd. *Bris* —3A **42**
Feltham Rd. *Puck* —2E **65**
Felton Gro. *Bris* —5B **78**
Fenbrook Clo. *Ham* —3D **45**
Fenhurst Gdns. *L Ash*
—5B **76**
Feniton. *W Mare* —3E **129**
Fennell Gro. *Bris* —2C **40**
Fenners. *W Mare* —1F **129**
Fenswood Clo. *L Ash*
—4A **76**
Fenswood Mead. *L Ash*
—4A **76**
Fenswood Rd. *L Ash*
—4A **76**
Fenton Clo. *Salt* —5F **93**
Fenton Rd. *Bris* —3F **57**
Fermaine Av. *Bris* —2B **82**
Fernbank Rd. *Bris* —5E **57**
Fern Clo. *Bren* —1D **41**
Fern Clo. *Mid N* —4E **151**

Ferndale Av. *L Grn* —2B **84**
Ferndale Rd. *Bath* —3D **101**
Ferndale Rd. *Bris* —2C **42**
Ferndale Rd. *P'head* —2F **49**
Ferndene. *Brad S* —4E **11**
Ferndown. *Yate* —5A **18**
Ferndown Clo. *Bris* —5C **38**
Fern Gro. *Lit S* —1E **27**
Fern Gro. *Nail* —5B **122**
Fernhill La. *Bris* —3D **39**
Fernhurst Rd. *Bris* —1B **72**
Fern Lea. *B'don* —5F **139**
Fernlea Gdns. *E'ton G*
—3D **53**
Fernlea Rd. *W Mare*
—1A **134**
Fernleaze. *Coal H* —3E **31**
Fernleigh Ct. *Bris* —4D **57**
Fern Rd. *Bris* —2F **61**
Fernside. *Back* —1C **124**
Fernsteed Rd. *Bris* —2B **86**
Fern St. *Bris* —1B **70**
Ferry La. *Bath*
—3B **106** (4E **97**)
Ferry Rd. *Bris* —4F **83**
Ferry Steps Ind. Est. *Bris*
—1C **80**
Ferry St. *Bris*
—4A **70** (4D **5**)
Fersfield. *Bath* —1C **110**
Fiddes Rd. *Bris* —3E **57**
Fielders, The. *W Mare*
—1F **129**
Field Farm Clo. *Stok G*
—5B **28**
Fieldgrove La. *Bris* —5E **85**
Fieldings. *W'ley* —2F **113**
Fieldings Rd. *Bath* —3D **105**
Field La. *Bris* —2A **84**
Field La. *L Sev* —4F **9**
Field Marshall Slim Ct. *Bris*
—3B **70** (1F **5**)
Field View. *Bris* —1E **73**
Field View. *Bris* —2C **70**
Field View Dri. *Bris* —1E **61**
Field Way. *Trow* —4A **118**
Fiennes Clo. *Bris* —3A **62**
Fifth Av. *Bris* —3C **42**
Fifth Way. *Bris* —2A **38**
Filby Dri. *Lit S* —1E **27**
Filer Clo. *Pea J* —4D **157**
Filton Av. *Fil* —5D **27**
Filton Av. *Hor & Fil* —1B **58**
Filton Gro. *Bris* —1B **58**
Filton Hill. *Brad S* —5C **26**
Filton La. *Brad S* —2F **43**
Filton Rd. *Fren & Ham*
—2A **44**
Filton Rd. *Hor* —5B **42**
Filton Rd. *Stok G* —2F **43**
Filwood B'way. *Bris* —5A **80**
Filwood Ct. *Bris* —4D **61**
Filwood Dri. *Bris* —2B **74**
Filwood Rd. *Bris* —3C **60**
Finch Clo. *T'bry* —2D **7**
Finch Clo. *W Mare* —5C **128**
Finch Rd. *Chip S* —1B **34**
Finmere Gdns. *W Mare*
—1E **129**
Fircliff Pk. *P'head* —1F **49**
Fireclay Rd. *Bris* —3F **71**
Fire Engine La. *Coal H*
—2F **31**
Firework Clo. *Bris* —2D **75**
Firfield St. *Bris* —1C **80**
Firgrove Cres. *Yate* —4B **18**
Firgrove La. *Mid N* —1E **149**
Firleaze. *Nail* —4A **122**

Firs Ct. *Key* —4E **91**
Firs Hill. *Trow* —5A **118**
First Av. *Bath* —5E **105**
First Av. *Bris* —5A **72**
First Av. *P'bry* —2A **52**
First Av. *W'fld I* —4F **151**
Firs, The. *Bris* —1A **62**
Firs, The. *C Hay* —3C **110**
Firs, The. *Lim S* —4B **112**
First Way. *Bris* —3E **37**
Fir Tree Av. *Lock* —4C **134**
Fir Tree Av. *Paul* —5C **146**
Fir Tree Clo. *Pat* —2A **26**
Firtree La. *Bris* —4C **72**
Fisher Av. *Bris* —1C **74**
Fisher Rd. *Bris* —1C **74**
Fishponds Rd. *Eastv & Fish*
—5E **59**
Fishponds Trad. Est. *Bris*
—5A **60**
Fitchett Wlk. *Bris* —1B **40**
Fitzgerald Rd. *Bris* —2B **80**
Fitzmaurice Clo. *Brad A*
—5F **115**
Fitzmaurice Pl. *Brad A*
—4E **115**
Fitzroy Rd. *Bris* —5D **61**
Fitzroy St. *Bris* —1C **80**
Fitzroy Ter. *Bris* —5D **57**
Five Acre Dri. *Bris* —5B **44**
Five Arches Clo. *Mid N*
5C Bus. Cen. *Clev* —5B **120**
—2A **152**
Flamingo Cres. *W Mare*
—5C **128**
Flatwoods Cres. *Clav D*
—1F **111**
Flatwoods Rd. *Clav D*
—1F **111**
Flaxman Clo. *Bris* —1C **58**
Flaxpits La. *Wint* —3F **29**
Fleece Cotts. *Trow* —3E **119**
Florence Gro. *W Mare*
—5F **127**
Florence Pk. *Alm* —1E **11**
Florence Pk. *Bris* —3D **57**
Florence Rd. *Bris* —4A **62**
Florida Ter. *Mid N* —2F **151**
Flowerdown Bri. *W Mare*
—1B **134**
Flowerdown Rd. *Lock*
—4A **136**
Flowers Hill. *Bris* —5A **82**
Flowers Hill Clo. *Bris*
—4A **82**
Flowers Hill Trad. Cen. *Bris*
—4A **82**
Flowers Ind. Est. *Bris*
—4B **82**
Flowerwell Rd. *Bris* —3D **87**
Folleigh Dri. *L Ash* —3D **77**
Folleigh La. *L Ash* —3D **77**
Folliot Clo. *Bris* —4C **44**
Folly Bri. Clo. *Yate* —4F **17**
Follyfield. *Brad A* —5E **115**
Folly La. *Bris* —3C **70**
Folly La. *W Mare* —2C **138**
Folly Rd. *Iron A* —2B **8**
Folly, The. *Bris* —5B **46**
Folly, The. *Salt* —2B **94**
Fontana Clo. *L Grn* —2D **85**
Fonthill Rd. *Bath* —4F **99**
Fonthill Rd. *Bris* —2F **41**
Fonthill Way. *Bit* —3D **85**
Fontmell Ct. *Bris* —1F **89**
Fontwell Dri. *Bris* —3B **46**
Footes La. *Fram C* —2D **31**

Footshill Clo. *Bris* —4E **73**
Footshill Dri. *Bris* —3E **73**
Footshill Gdns. *Bris* —4E **73**
Footshill Rd. *Bris* —4E **73**
Forde Clo. *Bar C* —5B **74**
Fordell Pl. *Bris* —2C **80**
Ford Rd. *Pea J* —1F **149**
Ford St. *Bris* —4E **71**
Forefield Pl. *Bath* —4B **106**
Forefield Rise. *Bath*
　　　　　—5B **106**
Forefield Ter. *Bath* —4C **106**
Forest Av. *Bris* —4D **61**
Forest Dri. *Bren* —1E **41**
Forest Dri. *W Mare*
　　　　　—4E **127**
Forest Edge. *Bris* —1E **83**
Forester Av. *Bath* —1B **106**
Forester Ct. *Bath* —1B **106**
Forester La. *Bath* —1C **106**
Forester Rd. *Bath*
　　　—2C **106** (1E **97**)
Forester Rd. *P'head* —4F **49**
Forest Hills. *Alm* —1D **11**
Fore St. *Trow* —1D **119**
Forest Rd. *Fish* —4D **61**
Forest Rd. *K'wd* —3F **73**
Forest Wlk. *Fish* —4D **61**
Forest Wlk. *K'wd* —3E **73**
Forge End. *P'bry* —4A **52**
Fortescue Rd. *Rads*
　　　　　—2C **152**
Fortfield Rd. *Bris* —4C **88**
Forty Acre La. *Alv* —4B **8**
Forum Bldgs. *Bath* —4B **106**
(off St James's Sq.)
Fosse Barton. *Nail* —3C **122**
Fosse Clo. *Nail* —3B **122**
Fossedale Av. *Bris* —2E **89**
Fossefield Rd. *Mid N*
　　　　　—5E **151**
Fosse Gdns. *Bath* —4E **109**
Fosse Grn. *Rads* —5B **148**
Fosse La. *Bathe* —2B **102**
Fosse La. *Mid N* —1F **151**
Fosse La. *Nail* —3B **122**
(in two parts)
Fosseway. *Clev* —5C **120**
Fosseway. *Mid N* —5E **151**
Fosse Way. *Nail* —3B **122**
Fosseway Ct. *Bris* —3C **68**
Fosseway Gdns. *Rads*
　　　　　—3A **152**
Fosseway S. *Mid N* —5E **151**
Fosseway, The. *Bris* —3C **68**
Fossway. *Clan* —5B **148**
Foss Way. *Mid N* —3A **152**
Foster's Almshouses. *Bris*
　　　—3F **69** (2B **4**)
Foster St. *Bris* —5D **59**
Foundry La. *Bris* —5B **60**
Fountain Bldgs. *Bath*
　　　—2B **106** (2C **96**)
Fountain Ct. *Brad S* —3E **11**
Fountain Ct. *Yate* —2F **33**
(off Abbotswood)
Fountaine Ct. *Bris* —5E **59**
Fountain Hill. *Bris* —1B **68**
Fountain La. *Wins* —5C **156**
Fountains Dri. *Bar C*
　　　　　—4B **74**
Four Acre Av. *Bris* —4A **46**
Fouracre Cres. *Bris* —3A **46**
Four Acre Rd. *Bris* —3A **46**
Four Acres. *Bris* —4A **86**
Four Acres Clo. *Bris* —4B **86**
Four Acres Clo. *Nail*
　　　　　—5D **123**

Fourth Av. *Bris* —3C **42**
Fourth Av. *W'fld I* —4A **152**
Fourth Way. *Bris* —3F **37**
Fowey Clo. *Nail* —4F **123**
Fowey Rd. *W Mare*
　　　　　—1E **129**
Fox Av. *Yate* —4F **17**
Foxborough Gdns. *Brad S*
　　　　　—4F **11**
Foxcombe Rd. *Bath*
　　　　　—2C **104**
Foxcombe Rd. *Bris* —4D **89**
Foxcote. *Bris* —3B **74**
Foxcote Rd. *Bris* —2C **78**
Fox Ct. *L Grn* —2B **84**
Foxcroft Clo. *Brad S*
　　　　　—2B **28**
Foxcroft Rd. *Bris* —2F **71**
Fox Den Rd. *Stok G* —1F **43**
Foxe Rd. *Fram C* —1C **30**
Foxfield Av. *Brad S* —4F **11**
Foxglove Clo. *Stap* —3A **60**
Foxglove Clo. *T'bry* —2E **7**
Fox Hill. *Bath* —3B **110**
Fox Hills Rd. *Rads* —3D **153**
Fox & Hounds La. *Key*
　　　　　—3B **92**
Fox Ho. *Bris* —2A **82**
Fox Rd. *Bris* —1D **71**
Fraley Rd. *Bris* —5C **40**
Frampton Ct. *L Grn* —1B **84**
Frampton Ct. *Trow* —4A **118**
Frampton Cres. *Bris* —3E **61**
Frampton End Rd. *Fram C*
　　　　　—1E **31**
Frampton End Rd. *Yate*
　　　　　—4F **15**
Frances Greeves Ct. *Bris*
　　　　　—3B **40**
Francis Fox Rd. *W Mare*
　　　　　—1C **132**
Francis Pl. *L Grn* —1B **84**
Francis Rd. *Bedm* —3E **79**
Francis Rd. *W Trym* —4E **41**
Francis St. *Trow* —1C **118**
Francombe Gro. *Bris*
　　　　　—1A **58**
Frankland Clo. *Bath* —5B **98**
Frankley Bldgs. *Bath*
　　　　　—5C **100**
Frankley Ter. *Bath* —5C **100**
(off Snow Hill)
Franklin Ct. *Bris*
　　　—5A **70** (5E **5**)
Franklins Way. *Clav*
　　　　　—2F **143**
Franklyn La. *Bris* —1B **70**
Franklyn St. *Bris* —1B **70**
Fraser Clo. *W Mare*
　　　　　—1D **129**
Fraser St. *Bris* —2F **79**
Frayne Rd. *Bris* —1C **78**
Frederick Av. *Pea J* —2F **149**
Frederick Pl. *Bris* —3D **69**
Frederick St. *Bris* —1C **80**
Freeland Bldgs. *Bris* —5E **59**
Freeland Pl. *Bris* —4B **68**
Freelands. *Clev* —5C **120**
Freeling Ho. *Bris* —5A **70**
Freemantle Gdns. *Eastv*
　　　　　—4E **59**
Freemantle Rd. *Bris* —4E **59**
Freestone Rd. *Bris* —4C **70**
Free Tank. *Bris* —4B **70**
Freeview Rd. *Bath* —3B **104**
Fremantle La. *Bris* —1F **69**
Fremantle Rd. *Bris* —1F **69**

Fremantle Sq. *Bris* —1F **69**
Frenchay Clo. *Bris* —5D **45**
Frenchay Comn. *Bris*
　　　　　—5D **45**
Frenchay Hill. *Bris* —5E **45**
Frenchay Pk. Rd. *Bris*
　　　　　—1A **60**
Frenchay Rd. *Bris* —5E **45**
Frenchay Rd. *W Mare*
　　　　　—4C **132**
French Clo. *Nail* —2E **123**
French Clo. *Pea J* —5D **157**
Frenchfield Rd. *Pea J*
　　　　　—5D **157**
Freshfield Way. *Bris*
　　　　　—2D **73**
Freshford Ho. *Bris*
　　　—5A **70** (5D **5**)
Freshford La. *F'frd* —5B **112**
Freshland Way. *Bris*
　　　　　—2D **73**
Freshmoor. *Clev* —3F **121**
Friar Av. *W Mare* —2C **128**
Friars. *Bris* —3A **70**
Friars Ho. *Yate* —2F **33**
Friary Clo. *Clev* —1C **120**
Friary Clo. *Up W* —5F **113**
Friary Grange Pk. *Wint*
　　　　　—3A **30**
Friary Rd. *Bris* —3F **57**
Friary Rd. *P'head* —3D **49**
Friendly Row. *Pill* —2E **53**
Friendship Dri. *Nail*
　　　　　—3E **123**
Friendship Rd. *Bris* —3B **80**
Friendship Rd. *Nail*
　　　　　—2E **123**
Friezewood Rd. *Bris* —1C **78**
Fripp Clo. *Bris* —4D **71**
Frobisher Av. *P'head*
　　　　　—3C **48**
Frobisher Clo. *P'head*
　　　　　—3C **48**
Frobisher Clo. *W Mare*
　　　　　—1C **128**
Frobisher Rd. *Bris* —2C **78**
Frog La. *Bris*
　　　　　—4E **69** (3A **4**)
Frog La. *Coal H* —1A **32**
Frogmore St. *Bris*
　　　　　—4E **69** (3A **4**)
Frome Bank Gdns. *Wint D*
　　　　　—1A **46**
Frome Ct. *T'bry* —4D **7**
Frome Glen. *Wint D* —5A **30**
Frome Old Rd. *Rads*
　　　　　—2D **153**
Frome Pl. *Bris* —1A **60**
Frome Rd. *Bath* —2D **109**
Frome Rd. *Brad A* —5D **115**
Frome Rd. *Chip S* —5E **19**
Frome Rd. *Trow* —5A **118**
Frome Rd. *Writ* —2C **152**
Fromeside Pk. *Bris* —5D **45**
Frome St. *Bris* —2B **70**
Frome Valley Rd. *Bris*
　　　　　—1B **60**
Frome View. *Fram C*
　　　　　—2D **31**
Frome Vs. *Bris* —5E **45**
Frome Way. *Wint* —4A **30**
Froomshaw Rd. *Bris*
　　　　　—5C **44**
Frost Hill. *Yat* —4D **143**
Fry Ct. *Bris* —1E **79**
Fry's Clo. *Bris* —3F **59**
Fry's Hill. *Brisl* —3F **81**
Fry's Hill. *Bris* —1A **74**

Frys Leaze. *Bath* —4C **100**
Fryth Way. *Nail* —3B **122**
Fulford Dri. *Bris* —3D **87**
Fulford Rd. *Trow* —5E **117**
Fulford Wlk. *Bris* —3D **87**
Fullens Clo. *W Mare*
　　　　　—1B **134**
Fuller Rd. *Bath* —4D **101**
Fullers La. *Wins* —5B **156**
Fullers Way. *Bath* —4E **109**
Fulmar Clo. *T'bry* —2E **7**
Fulmar Rd. *W Mare*
　　　　　—4D **129**
Fulney Clo. *Trow* —5F **117**
Funchal Vs. *Bris* —3C **68**
Furber Ct. *Bris* —4D **73**
Furber Ridge. *Bris* —4D **73**
Furber Rd. *Bris* —3D **73**
Furber Vale. *Bris* —4D **73**
Furland Rd. *W Mare*
　　　　　—3A **128**
Furlong Clo. *Mid N*
　　　　　—5C **150**
Furlong Gdns. *Trow*
　　　　　—1E **119**
Furlong, The. *Bris* —2F **57**
Furnwood. *Bris* —4C **72**
Furze Clo. *W Mare* —3F **127**
Furze Rd. *Bris* —4E **61**
Furze Rd. *W Mare* —3E **127**
Furzewood Rd. *Bris* —2B **74**
Fussell Ct. *Bris* —2B **74**
Fylton Croft. *Bris* —5D **89**

G
Gable Rd. *Bris* —1C **70**
Gables Clo. *Ban* —5F **137**
Gadshill Dri. *Stok G* —4A **28**
Gadshill Rd. *Bris* —4E **59**
Gages Clo. *Bris* —3B **74**
Gages Rd. *Bris* —3A **74**
Gainsborough Dri. *W Mare*
　　　　　—2D **129**
Gainsborough Gdns. *Bath*
　　　　　—1D **105**
Gainsborough Rise. *Trow*
　　　　　—4A **118**
Gainsborough Rd. *Key*
　　　　　—3B **92**
Gainsborough Sq. *Bris*
　　　　　—5D **43**
Galleries Shopping Cen. *Bris*
　　　—3A **70** (1D **5**)
Gallivan Clo. *Lit S* —1D **27**
Galway Rd. *Bris* —4A **80**
Gander Clo. *Bris* —3D **87**
Gannet Rd. *W Mare*
　　　　　—4D **129**
Garamond Ct. *Redc* —5A **70**
Garden Clo. *Bris* —2E **55**
Garden Clo. *W Mare*
　　　　　—3C **128**
Garden Ct. *Bris* —2C **68**
Gardeners Wlk. *L Ash*
　　　　　—4D **77**
Gardens Rd. *Clev* —2C **120**
Garden Walls. *Wickw*
　　　　　—2C **154**
Gardner Av. *Bris* —1B **86**
Gardner Rd. *P'head* —2F **49**
Garfield Rd. *Bris* —2C **72**
Garfield Ter. *Bath* —4D **101**
Garner Ct. *W Mare*
　　　　　—1F **129**
Garnet St. *Bris* —2D **79**
Garnett Pl. *Bris* —5B **46**
Garoner Way. *P'bry* —2B **52**
Garre Ho. *Bath* —4A **104**

Garrett Dri. *Brad S* —2F **27**
Garrick Rd. *Bath* —4A **104**
Garsdale Rd. *W Mare*
　—5B **128**
Garside St. *Paul* —5C **146**
Garstons. *Bathf* —4E **103**
Garstons. *Clev* —5B **120**
Garstons. *Wrin* —2C **156**
Garstons Clo. *Wrin* —1C **156**
Garstons Orchard. *Wrin*
　—2B **156**
Garstons, The. *P'head*
　—4F **49**
Garth Rd. *Bris* —5C **78**
Gasferry Rd. *Bris* —5D **69**
　(in two parts)
Gaskins, The. *Bris* —2C **58**
Gas La. *Bris* —4C **70**
Gaston Av. *Key* —2B **92**
Gastons, The. *Bris* —4C **38**
Gatcombe Dri. *Stok G*
　—5A **28**
Gatcombe Rd. *Bris* —3D **87**
Gatehouse Av. *Bris* —3C **86**
Gatehouse Clo. *Bris* —3C **86**
Gatehouse Ct. *Bris* —3C **86**
Gatehouse Way. *Bris*
　—3C **86**
Gatesby Mead. *Stok G*
　—4A **28**
Gathorne Cres. *Yate* —4F **17**
Gathorne Rd. *Bris* —1D **79**
Gatton Rd. *Bris* —1C **70**
Gaunts Clo. *P'head* —4B **48**
Gaunt's Earthcott La. *Alm*
　—1D **13**
Gaunts La. *Bris*
　—4E **69** (3A **4**)
Gaunts Rd. *Chip S* —1D **35**
Gay Ct. *Bath* —3F **101**
Gay Elms Rd. *Bris* —4C **86**
Gayner Rd. *Bris* —3C **42**
Gay's Hill. *Bath* —1B **106**
Gay's Rd. *Bris* —1D **83**
Gay St. *Bath*
　—2A **106** (2A **96**)
Gaywood Ho. *Bris* —2D **79**
Gazelle Rd. *W Mare*
　—5F **133**
Gazzard Clo. *Wint* —2A **30**
Gazzard Rd. *Wint* —2A **30**
Gee Moors. *Bris* —3B **74**
Gefle Clo. *Bris* —5D **69**
Geldof Dri. *Mid N* —2D **151**
Geoffrey Clo. *Bris* —2A **86**
George Clo. *Back* —1F **125**
George & Dragon La. *Bris*
　—3F **71**
George's Bldgs. *Bath*
　—1B **106**
George's Pl. *Bath* —3C **106**
George's Rd. *Bath* —5B **100**
George St. *Bath*
　—2A **106** (2B **96**)
George St. *Bathw*
　—3C **106** (3F **97**)
George St. *Bris* —2E **71**
George St. *P'head* —5E **49**
George St. *Trow* —1D **119**
George St. *W Mare*
　—1C **132**
George Whitefield Ct. *Bris*
　—3A **70** (1E **5**)
Georgian View. *Bath*
　—1D **109**
Gerald Rd. *Bris* —2C **78**
Gerard Rd. *W Mare*
　—5C **126**

Gerrard Bldgs. *Bath*
Gerrish Av. *Stap H* —2B **62**
Gerrish Av. *W'hall* —2E **71**
Gibbsfold Rd. *Bris* —5E **87**
Gibson Rd. *Bris* —1F **69**
Giffard Ho. *Lit S* —3F **27**
Gifford Cres. *Lit S* —3E **27**
Gifford Rd. *Bris* —5B **24**
Gilbeck Rd. *Nail* —3B **122**
Gilbert Rd. *K'wd* —1F **73**
Gilbert Rd. *Redf* —2E **71**
Gilberyn Dri. *W Mare*
　—2F **129**
Gilda Clo. *Bris* —3E **89**
Gilda Cres. *Bris* —2D **89**
Gilda Pde. *Bris* —3E **89**
Gilda Sq. E. *Bris* —3D **89**
Gilda Sq. W. *Bris* —3D **89**
Gillard Clo. *K'wd* —2D **73**
Gillard Rd. *Bris* —2D **73**
Gill Av. *Bris* —2D **61**
Gillebank Clo. *Bris* —3F **89**
Gillingham Hill. *Bris* —5D **73**
Gillingham Ter. *Bath*
　—5C **100**
Gillingstool. *T'bry* —4D **7**
Gillmews. *W Mare* —1F **129**
Gillmore Clo. *W Mare*
　—4B **128**
Gillmore Rd. *W Mare*
　—4B **128**
Gillson Clo. *Hut* —1B **140**
Gilpin Clo. *K'wd* —5B **62**
Gilray Clo. *Bris* —1D **59**
Gilroy Clo. *L Grn* —2D **85**
Gilslake Av. *Bris* —1D **41**
Gilton Ho. *Bris* —3A **82**
Gimblett Rd. *W Mare*
　—1F **129**
Gingell Clo. *Bris* —4C **74**
Gingell's Grn. *Bris* —2C **72**
Gipsies Plat. *Brad S* —4B **20**
Gipsy La. *Trow* —1F **155**
Gipsy Patch La. *Lit S*
　—3D **27**
Glades, The. *Bris* —5A **60**
Gladstone Dri. *Bris* —4A **62**
Gladstone La. *Fram C*
　—2E **31**
Gladstone Pl. *C Down*
　—2D **111**
Gladstone Rd. *Bath*
　—2D **111**
Gladstone Rd. *Bris* —2D **89**
Gladstone Rd. *K'wd* —1F **73**
Gladstone Rd. *Trow*
　—3B **118**
Gladstone St. *Bedm* —2D **79**
Gladstone St. *Mid N*
　—1E **151**
Gladstone St. *Redf* —3F **71**
Gladstone St. *Stap H*
　—4F **61**
Glaisdale Rd. *Bris* —2C **60**
Glanville Gdns. *Bris* —3A **74**
Glass Ho. La. *Bris* —5D **71**
Glastonbury Clo. *L Grn*
　—5B **74**
Glastonbury Clo. *Nail*
　—4F **123**
Glastonbury Way. *W Mare*
　—3E **129**
Glebe Av. *P'head* —4A **50**
Glebe Clo. *L Ash* —3E **77**
Glebe Field. *Alm* —1C **10**
Glebelands. *Rads* —3A **152**
Glebelands Rd. *Bris* —1C **42**

Glebe Rd. *Bath* —5C **104**
Glebe Rd. *Bris* —2A **72**
Glebe Rd. *Clev* —4C **120**
Glebe Rd. *L Ash* —4E **77**
Glebe Rd. *P'head* —4A **50**
Glebe Rd. *Trow* —3A **118**
Glebe Rd. *W Mare* —5C **126**
Glebe, The. *F'frd* —5C **112**
Glebe, The. *Tim* —1E **157**
Glebe, The. *Wrin* —1B **156**
Glebe Wlk. *Key* —4E **91**
Gledemoor Dri. *Coal H*
　—2F **31**
Gleeson Ho. *Bris* —1D **61**
Glena Av. *Bris* —3D **81**
Glenarm Rd. *Bris* —3A **82**
Glenarm Wlk. *Bris* —3A **82**
Glen Av. *Abb L* —2B **66**
Glenavon Ct. *Bris* —3E **55**
Glenavon Pk. *Bris* —3E **55**
Glenburn Rd. *Bris* —1D **73**
Glencairn Ct. *Bath*
　—3C **106** (3E **97**)
Glencoyne Sq. *Bris* —2E **41**
Glendale. *Clif* —4B **68**
Glendale. *Down* —4A **46**
Glendale. *Fish* —4E **61**
Glendare St. *Bris* —4E **71**
Glendevon Rd. *Bris* —5C **88**
Glen Dri. *Bris* —2F **55**
Gleneagles. *Yate* —5A **18**
Gleneagles Clo. *Nail*
　—4F **123**
Gleneagles Clo. *W Mare*
　—2D **129**
Gleneagles Dri. *Bris* —1F **39**
Gleneagles Rd. *War* —4D **75**
Glenfall. *Yate* —2F **33**
Glenfrome Ho. *Eastv*
　—5D **59**
Glenfrome Rd. *St W & Eastv*
　—5C **58**
Glen La. *Bris* —3F **81**
Glen Pk. *Eastv* —5E **59**
Glen Pk. *St G* —2C **72**
Glen Pk. Gdns. *Bris* —2C **72**
Glenroy Av. *Bris* —1D **73**
Glenside Clo. *Bris* —5E **45**
Glenside Pk. *Bris* —2A **60**
Glen, The. *Han* —1D **83**
Glen, The. *Redl* —4D **57**
Glen, The. *Salt* —3B **94**
Glen, The. *W Mare* —3F **127**
Glen, The. *Yate* —4A **18**
Glentworth Rd. *Clif* —4D **69**
Glentworth Rd. *Redl* —5E **57**
Glenview Rd. *Bris* —3F **81**
Glenwood. *Bris* —4E **61**
Glenwood Dri. *Old C*
　—1D **85**
Glenwood Rise. *P'head*
　—3B **48**
Glenwood Rd. *Bris* —5E **41**
Glen Yeo Ter. *Cong*
　—2C **144**
Gloster Av. *Bris* —4F **59**
Gloucester Clo. *Stok G*
　—4F **27**
Gloucester La. *Bris* —3B **70**
Gloucester Mans. *Bris*
　—5F **57**
Gloucester Pl. *Bris*
　—3F **69** (1B **4**)
Gloucester Rd. *Alm* —1D **11**
Gloucester Rd. *A'mth*
　—3C **36**
Gloucester Rd. *Bishop & Hor*
　—5F **57**

Gloucester Rd. *Pat* —1D **27**
Gloucester Rd. *Rudg* —5A **8**
Gloucester Rd. *Stap H*
　—4A **62**
Gloucester Rd. *Swain*
　—1D **101**
Gloucester Rd. *T'bry* —3C **6**
Gloucester Rd. *Trow*
　—3B **118**
Gloucester Rd. *Wint*
　—2D **29**
Gloucester Rd. N. *Bris & Fil*
　—3B **42**
Gloucester Row. *Bris*
　—3B **68**
Gloucester St. *Bath*
　—2A **106** (1A **96**)
Gloucester St. *Clif* —3B **68**
Gloucester St. *Eastv* —4F **59**
Gloucester St. *St Pa*
　—2A **70**
Gloucester St. *W Mare*
　—1B **132**
Gloucester Ter. *T'bry* —3C **6**
Glyn Vale. *Bris* —4F **79**
Goddard Dri. *W Mare*
　—1F **129**
Godfrey Ct. *L Grn* —1B **84**
Goding La. *Ban* —5F **137**
Godwin Dri. *Nail* —2B **122**
Goffenton Dri. *Bris* —1D **61**
Goldcrest Rd. *Chip S*
　—2B **34**
Golden Hill. *Bris* —2F **57**
Goldfinch Way. *Puck*
　—3E **65**
Goldney Av. *Clif* —4C **68**
Goldney Av. *War* —3E **75**
Goldney La. *Bris* —4C **68**
Goldney Rd. *Bris* —4C **68**
Goldsbury Wlk. *Bris* —3C **38**
Goldsmiths Ho. *Bris*
　—4B **70** (3F **5**)
Golf Club La. *Salt* —2A **94**
Golf Course La. *Bris* —1B **42**
Golf Course Rd. *Bath*
　—3D **107**
Gooch Ct. *Old C* —2E **85**
Gooch Way. *W Mare*
　—2F **129**
Goodeve Pk. *Bris* —4F **55**
　(in two parts)
Goodeve Rd. *Bris* —4F **55**
Goodhind St. *Bris* —2C **70**
Goodneston Rd. *Bris*
　—4C **60**
Goodring Hill. *Bris* —3C **38**
Good Shepherd Clo. *Bris*
　—3E **57**
Goodwin Dri. *Bris* —4B **88**
Goodwood Clo. *Whit B*
　—3F **155**
Goodwood Gdns. *Bris*
　—3B **46**
Goold Clo. *Cor* —4C **94**
Goolden St. *Bris* —2C **80**
Goosard La. *High L*
　—1A **146**
Goose Acre. *Stok G* —3B **28**
Gooseberry La. *Key* —3B **92**
Goose Grn. *Bris* —1E **75**
Goosegreen. *Fram C*
　—1E **31**
Goose Grn. *Yate* —2A **18**
Goose Grn. Way. *Yate*
　—3C **16**
Gooseland Clo. *Bris* —5B **88**
Goosey La. *St Geo* —3A **130**

Gordano Gdns.—Griffin Rd.

Gordano Gdns. *E'ton G*
—3D **53**
Gordano Rd. *P'bry* —1F **51**
Gordano View. *P'head*
—3E **49**
Gordon Av. *Bris* —1F **71**
Gordon Clo. *Bris* —1A **72**
Gordon Rd. *Bath* —4C **106**
Gordon Rd. *Clif* —3D **69**
Gordon Rd. *Pea J* —4D **157**
Gordon Rd. *St Pa* —1B **70**
Gordon Rd. *W'hall* —1F **71**
Gordon Rd. *W Mare*
—1D **133**
Gore Rd. *Bris* —2C **78**
Gore's Marsh Rd. *Bris*
—3C **78**
Gorham Clo. *Bris* —2E **39**
Gorlands Rd. *Chip S*
—5E **19**
Gorlangton Clo. *Bris*
—1C **88**
Gorse Cover Rd. *Sev B*
—3B **20**
Gorse Hill. *Bris* —4D **61**
Gorse La. *Bris* —4D **69**
Gosforth Rd. *Bris* —2D **41**
Goslet Rd. *Bris* —3A **90**
Goss Barton. *Nail* —4C **122**
Goss Clo. *Nail* —4B **122**
Goss La. *Nail* —4B **122**
Goss View. *Nail* —4B **122**
Gotley Rd. *Bris* —3F **81**
Gott Dri. *Bris* —4F **71**
Goulston Rd. *Bris* —3C **86**
Goulston Wlk. *Bris* —2C **86**
Goulter St. *Bris* —4D **71**
Gourney Clo. *Bris* —2D **39**
Gover Rd. *Han* —2E **83**
Goy Rd. *Pat* —2C **26**
Grace Clo. *Chip S* —5E **19**
Grace Clo. *Yat* —3B **142**
Grace Ct. *Bris* —1F **61**
Grace Dri. *Bris* —1C **74**
Grace Dri. *Mid N* —2D **151**
Grace Pk. Rd. *Bris* —4F **81**
Grace Rd. *Bris* —2E **61**
Grace Rd. *W Mare* —1F **129**
Gradwell Clo. *W Mare*
—2F **129**
Graeme Clo. *Bris* —3C **60**
Graham Rd. *Bedm* —2E **79**
Graham Rd. *Down* —1B **62**
Graham Rd. *E'tn* —1D **71**
Graham Rd. *W Mare*
—1C **132**
Grainger Ct. *Bris* —5A **38**
Grampian Clo. *Old C*
—1E **85**
Granby Ct. *Bris* —4B **68**
Granby Hill. *Bris* —4B **68**
Grand Pde. *Bath*
—3B **106** (3C **96**)
Grange Av. *Bris* —5E **73**
Grange Av. *Lit S* —3E **27**
Grange Clo. *Brad S* —4E **11**
Grange Clo. *Uph* —2C **138**
Grange Clo. N. *Bris* —1D **57**
Grange Ct. *Bris* —1D **57**
Grange Ct. *Han* —5F **73**
Grange Ct. Rd. *Bris* —1C **56**
Grange Dri. *Bris* —1E **61**
Grange End. *Mid N*
—5E **151**
Grange Pk. *Fren* —4E **45**
Grange Pk. *W Trym* —1D **57**
Grange Rd. *B'wth* —3C **86**
Grange Rd. *Clif* —3C **68**

Grange Rd. *Salt* —5E **93**
Grange Rd. *Uph* —2C **138**
Grange View. *Brad A*
—2F **115**
Grangeville Clo. *L Grn*
—2D **85**
Grangewood Clo. *Bris*
—1E **61**
Granny's La. *Bris* —4A **74**
Grantham La. *Bris* —2E **73**
Grantham Rd. *Bris* —2E **73**
Grantson Clo. *Bris* —3A **82**
Granville Clo. *Bris* —2D **83**
Granville Rd. *Bath* —3F **99**
Granville St. *Bris* —4E **71**
Grasmere. *Trow* —5E **117**
Grasmere Clo. *Bris* —4C **40**
Grasmere Dri. *W Mare*
—4D **133**
Grasmere Gdns. *Bris* —4F **75**
Grassington Dri. *Chip S*
—1C **34**
Grass Meers Dri. *Bris*
—4C **88**
Grassmere Rd. *Yat* —3B **142**
Gratitude Rd. *Bris* —1E **71**
Gravel Hill Rd. *Yate* —3A **18**
(in two parts)
Gravel, The. *Holt* —1E **155**
Gravel Wlk. *Bath* —2F **105**
Graveney Clo. *Bris* —4F **81**
Gray Clo. *Bris* —2A **40**
Grayle Rd. *Bris* —2C **40**
Gt. Ann St. *Bris* —3B **70**
Gt. Bedford St. *Bath*
—1A **106**
Gt. Brockeridge. *Bris*
—1B **56**
Gt. Dowles. *Bris* —1C **84**
Gt. George St. *Bris* —4E **69**
Gt. George St. *St Jud*
—3B **70** (1F **5**)
Gt. Hayles Rd. *Bris* —1B **88**
Gt. Leaze. *Bris* —1C **84**
Gt. Meadow Rd. *Brad S*
—3B **28**
Gt. Orchard. *Brad A*
—5A **114**
Gt. Park Rd. *Alm* —3E **11**
Great Parks. *Holt* —1F **155**
Gt. Pulteney St. *Bath*
—2B **106** (2D **97**)
Gt. Stanhope St. *Bath*
—3F **105**
Gt. Stoke Way. *Brad S*
—2F **43**
Gt. Western Bus. Pk. *Yate*
—3E **17**
Gt. Western La. *Bris* —4E **71**
Gt. Western Rd. *Clev*
—3D **121**
Gt. Western Rd. *Bath*
—4B **70** (4F **5**)
Greenacre. *W Mare*
—2F **127**
Greenacre Rd. *Bris* —5C **88**
Greenacres. *Bath* —3C **98**
Greenacres. *Bris* —5A **40**
Greenacres. *E Grn* —5D **82**
Greenacres. *Mid N* —3B **150**
Greenacres Cvn. Site. *Coal H*
—5F **31**
Greenbank Av. E. *Bris*
—1E **71**
Greenbank Av. W. *Bris*
—1D **71**
Greenbank Gdns. *Bath*
—5C **98**

Greenbank Rd. *G'bnk*
—5E **59**
Greenbank Rd. *Han* —1F **83**
Greenbank Rd. *S'vle*
—5C **68**
Greenbank View. *Bris*
—5E **59**
Green Clo. *Bris* —4C **42**
Green Clo. *Holt* —2F **155**
Green Cotts. *Bath* —3D **111**
Green Croft. *Bris* —1C **72**
Greendale Rd. *Bedm*
—2A **80**
Greendale Rd. *Redl* —3D **57**
Green Dell Clo. *Bris* —1F **39**
Greenditch Av. *Bris* —3E **87**
Greendown. *Bris* —3C **72**
Green Down Pl. *Bath*
—3B **110**
Green Dragon Rd. *Wint*
—4F **29**
Greenfield Av. *Bris* —4F **41**
Greenfield Cres. *Nail*
—2D **123**
Greenfield Pk. *P'head*
—5E **49**
Greenfield Pl. *W Mare*
—5A **126**
Greenfield Rd. *Bris* —3F **41**
Greenfields Av. *Ban*
—5E **137**
Greenfinch Lodge. *Bris*
—1A **60**
Greengage Clo. *W Mare*
—5C **128**
Green Hayes. *Chip S*
—1E **35**
Greenhill Clo. *Nail* —3C **122**
Greenhill Clo. *W Mare*
—2E **129**
Greenhill Down. *Alv* —3B **8**
Greenhill Gdns. *Alv* —3B **8**
Greenhill Gdns. *Hil* —3F **117**
Greenhill Gro. *Bris* —3C **78**
Greenhill La. *Alv* —4A **8**
Greenhill La. *Bris* —3E **39**
Greenhill Pde. *Alv* —2B **8**
Greenhill Pl. *Mid N*
—1D **151**
Greenhill Rd. *Alv* —2B **8**
Greenhill Rd. *Mid N*
—1D **151**
Greenland Mills. *Brad A*
—3F **115**
Greenland Rd. *W Mare*
—4B **128**
Greenlands Rd. *Bris* —5A **24**
Greenlands Rd. *Pea J*
—1F **149**
Greenlands Way. *Bris*
—5A **24**
Greenland View. *Brad A*
—3E **115**
Green La. *Bris* —4D **37**
Green La. *Sev B* —3B **20**
Green La. *Trow* —2E **119**
Green La. *Wint* —3E **29**
Greenleaze. *Bris* —4D **81**
Greenleaze Av. *Bris* —3F **45**
Greenleaze Clo. *Bris* —3F **45**
Greenmore Rd. *Bris* —3D **81**
Greenore. *Bris* —3E **73**
Green Pk. Ho. *Bath*
—3A **106**
Green Pk. M. *Bath* —3F **105**
(off Green Pk.)
Green Pk. Rd. *Bath*
—3A **106** (4A **96**)

Greenpark Rd. *Bris* —3A **42**
Green Pk. Station. *Bath*
—3F **105**
Green Parlour Rd. *Rads*
—3F **153**
Greenplott Rd. *Brad S*
—2A **22**
Greenridge Clo. *Bris* —4A **86**
Greens Hill. *Bris* —4A **60**
Green Side. *Mang* —1C **62**
Greenside Clo. *Bris* —1F **39**
Greenslade Gdns. *Nail*
—2C **122**
Greensplott Rd. *Chit*
—2A **22**
Green St. *Bath*
—2A **106** (3B **96**)
Green St. *Bris* —1B **80**
Green Ter. *Trow* —5C **116**
Green, The. *Back* —3B **124**
Green, The. *Lock* —4E **135**
Green, The. *New C* —5A **62**
Green, The. *Pill* —3A **54**
Green, The. *Shire* —1A **54**
Green, The. *Stok G* —5A **28**
Green, The. *Wick* —5A **154**
Green, The. *Wins* —4A **156**
Green Tree Rd. *Mid N*
—1E **151**
Greenvale Clo. *Tim* —2E **157**
Greenvale Dri. *Tim* —2E **157**
Greenvale Rd. *Paul*
—4A **146**
Greenview. *L Grn* —3C **84**
Green Wlk. *Bris* —4C **80**
Greenway Bush La. *Bris*
—1C **78**
Greenway Ct. *Bath* —5A **106**
Greenway Dri. *Bris* —3F **41**
Greenway Gdns. *Trow*
—4E **117**
Greenway La. *Bath* —1A **110**
Greenway Pk. *Bris* —4F **41**
Greenway Pk. *Clev* —3F **121**
Greenway Rd. *Bris* —5D **57**
Greenways. *Bris* —1C **74**
Greenways Rd. *Yate* —3F **17**
Greenway, The. *Bris* —4E **61**
Greenwood Clo. *Bris*
—5A **42**
Greenwood Dri. *Alv* —3A **8**
Greenwood Rd. *Bris* —3C **80**
Greenwood Rd. *W Mare*
—3C **128**
Gregory Ct. *Bris* —4C **74**
Gregory Mead. *Yat* —2A **142**
Gregorys Gro. *Bath*
—4E **109**
Gregory's Tyning. *Paul*
—3B **146**
Greinton. *W Mare* —1E **139**
Grenville Av. *Lock* —4E **135**
Grenville Clo. *Bris* —2B **72**
Grenville Rd. *Bris* —4A **58**
Greve Ct. *Bar C* —1B **84**
Greville Rd. *Bris* —1D **79**
Greville St. *Bris* —1E **79**
Greyfriars. *Bris*
—3F **69** (1B **4**)
Greylands Rd. *Bris* —1B **86**
Greystoke. *Bris* —3C **40**
Greystoke Av. *Bris* —4C **40**
Greystoke Gdns. *Bris*
—4C **40**
Greystones. *Bris* —3A **46**
Griffin Clo. *W Mare*
—3F **129**
Griffin Rd. *Clev* —3D **121**

Griggfield Wlk. *Bris* —1B **88**
Grimsbury Rd. *Bris* —2C **74**
Grindell Rd. *Bris* —3F **71**
Grinfield Av. *Bris* —4E **87**
Grinfield Ct. *Bris* —4E **87**
Grittleton Rd. *Bris* —4A **42**
Grosvenor Bri. Rd. *Bath*
　　　　—5D **101**
Grosvenor Pk. *Bath*
　　　　—5D **101**
Grosvenor Pl. *Bath*
　　　　—5D **101**
Grosvenor Rd. *Bris* —1B **70**
Grosvenor Ter. *Bath*
　　　　—4D **101**
Grosvenor Vs. *Bath*
　　　　—5C **100**
Ground Corner. *Holt*
　　　　—2D **155**
Grove Av. *Bris*
　　　　—5F **69** (5C **4**)
Grove Av. *Fish* —3B **60**
Grove Av. *W Trym* —5E **39**
Grove Bank. *Bris* —3E **45**
Grove Ct. *Trow* —4C **118**
Grove Dri. *Mil* —4A **128**
Grove La. *W Mare* —5B **126**
Grove Leaze. *Brad A*
　　　　—3C **114**
Grove Leaze. *Shire* —1E **53**
Grove Pk. *Brisl* —3F **81**
Grove Pk. *Redl* —5E **57**
Grove Pk. *W Mare* —5B **126**
Grove Pk. Av. *Bris* —3F **81**
Grove Pk. Rd. *Bris* —3F **81**
Grove Pk. Rd. *W Mare*
　　　　—4B **126**
Grove Pk. Ter. *Bris* —3B **60**
Grove Rd. *Ban* —4C **156**
Grove Rd. *C Din* —4E **39**
Grove Rd. *Fish* —3B **60**
Grove Rd. *Mil* —4A **128**
Grove Rd. *Redl* —5C **56**
Grove Rd. *W Mare* —5B **126**
Grovesend Rd. *T'bry* —3C **6**
　(in two parts)
Groves, The. *Bris* —4F **87**
Grove St. *Bath*
　　　　—2B **106** (2C **96**)
Grove, The. *Bath* —5D **99**
Grove, The. *Bris*
　　　　—5F **69** (5B **4**)
Grove, The. *Clev* —5B **120**
Grove, The. *Pat* —1D **27**
Grove, The. *War* —1C **84**
Grove, The. *Wins* —3A **156**
Grove View. *Bris* —1A **60**
Grove Wood Rd. *Hay*
　　　　—4B **152**
Guernsey Av. *Bris* —1B **82**
Guest Av. *E Grn* —4D **47**
Guild Ct. *Bris*
　　　　—4A **70** (5D **5**)
Guildford Rd. *Bris* —5A **72**
Guinea La. *Bath*
　　　　—2A **106** (1B **96**)
Guinea La. *Bris* —2C **60**
　(in two parts)
Guinea St. *Bris* —5F **69**
Gulliford's Bank. *Clev*
　　　　—4E **121**
Gullimore Gdns. *Bris*
　　　　—4D **87**
Gullivers Pl. *Chip S* —1C **34**
Gullock Tyning. *Mid N*
　　　　—3E **151**
Gullons Clo. *Bris* —2C **86**
Gullon Wlk. *Bris* —3B **86**

Gullybrook La. *Bris* —4D **71**
Gully, The. *Wint* —2B **93**
Gunnings Clo. *K'wd* —4F **73**
Gunter's Hill. *Bris* —4C **72**
Guthrie Rd. *Bris* —2B **68**
Gwilliam St. *Bris* —2F **79**
Gwyn St. *Bris* —1A **70**
Gypsy La. *Coal H* —2F **47**

Haberfield Hill. *Pill* —5F **53**
Haberfield Ho. *Bris* —4B **68**
Hacket La. *T'bry* —3E **7**
　(in two parts)
Haden Rd. *Trow* —3D **119**
Hadley Ct. *Bris* —4D **75**
Hadley Rd. *Bath* —2C **110**
Hadrian Clo. *Bris* —3E **55**
Ha Ha, The. *Tim* —1D **157**
Haig Clo. *Bris* —5D **39**
Halbrow Cres. *Bris* —2E **61**
Haldon Clo. *Bris* —4F **79**
Hale Clo. *Han* —1F **83**
Hales Horn Clo. *Lit S*
　　　　—3F **27**
Halfacre Clo. *Bris* —5C **88**
Halfacre La. *Bris* —4D **89**
Halfway Clo. *Trow* —5F **117**
Halfway La. *Trow* —1E **119**
Halifax Rd. *Yate* —2F **17**
Hallam Rd. *Clev* —2C **120**
Hallards Clo. *Bris* —4B **38**
Hallatrow Rd. *Paul* —3A **146**
Hallen Clo. *Bris* —1F **39**
Hallen Dri. *Bris* —5E **39**
Hallen Rd. *H'len* —5E **23**
Hallets Way. *P'head* —4F **49**
Halliwell Rd. *P'head* —4A **48**
Halls Rd. *Bris* —2F **73**
Hall St. *Bris* —3D **79**
Halsbury Rd. *Bris* —2F **69**
Halsbury Rd. *W'bry P*
　　　　—3D **57**
Halstock Av. *Bris* —4B **60**
Halston Dri. *Bris* —2B **70**
Halswell Gdns. *Bris* —4D **87**
Halswell Rd. *Clev* —5D **121**
Halt End. *Bris* —5E **89**
Halve, The. *Trow* —1D **119**
Halwyn Clo. *Bris* —2F **55**
Hamble Clo. *T'bry* —4D **7**
Hambledon Rd. *W Mare*
　　　　—1A **130**
Hambrook La. *Stok G & Ham*
　　　　—1B **44**
Ham Clo. *Holt* —2D **155**
Ham Grn. *Pill* —3F **53**
Ham Gro. *Paul* —4B **146**
Hamilton Ho. *Bath* —3F **99**
Hamilton Rd. *Bath* —4F **99**
Hamilton Rd. *E'tn* —2D **71**
Hamilton Rd. *S'vle* —1D **79**
Hamilton Rd. *W Mare*
　　　　—4A **126**
Ham La. *Bris* —1A **60**
Ham La. *Dun* —5A **86**
Ham La. *Nail* —1F **123**
Ham La. *Paul* —4B **146**
Hamlet, The. *Nail* —2F **123**
Hammersmith Rd. *Bris*
　　　　—2F **71**
Hammond Clo. *Bris* —4F **81**
Hammond Gdns. *Bris*
　　　　—5A **40**
Hammond Way. *Trow*
　　　　—3D **117**
Hampden Clo. *Yate* —2F **17**
Hampden Rd. *Bris* —2D **81**

Hampden Rd. *W Mare*
　　　　—3C **128**
Hampshire Way. *Yate*
　　　　—2B **18**
Hampstead Rd. *Bris* —2E **81**
Hampton Clo. *Bris* —5C **74**
Hampton Corner. *Shire*
　　　　—1A **54**
Hampton Ho. *Bath* —5D **101**
Hampton La. *Bris* —1D **69**
Hampton Pk. *Bris* —1D **69**
Hampton Rd. *Bris* —5D **57**
Hampton Row. *Bath*
　　　　—1C **106**
Hampton St. *Bris* —1F **73**
Hampton View. *Bath*
　　　　—5C **100**
Ham Ter. *Trow* —2D **155**
Hamwood Clo. *W Mare*
　　　　—1F **139**
Hanbury Clo. *Bris* —3D **87**
Hanbury Rd. *Bris* —2C **68**
Handel Av. *Bris* —2F **71**
Handel Rd. *Key* —3F **91**
Handford Way. *L Grn*
　　　　—2D **85**
Hanford Ct. *Bris* —1E **89**
Hang Hill. *Bath* —5E **157**
Hangstone Wlk. *Clev*
　　　　—3C **120**
Hanham Bus. Pk. *Han*
　　　　—5D **73**
Hanham La. *Paul* —2C **146**
Hanham Mt. *Bris* —4F **73**
Hanham Rd. *K'wd* —4F **73**
Hanham Way. *Nail* —3A **122**
Hanna Clo. *Bath* —3B **104**
Hannah More Clo. *Wrin*
　　　　—1C **156**
Hannah More Rd. *Nail*
　　　　—4B **122**
Hanover Clo. *Trow* —3E **117**
Hanover Clo. *W Mare*
　　　　—1E **129**
Hanover Ct. *Bath* —4C **100**
Hanover Ct. *Bris*
　　　　—3A **70** (1E **5**)
Hanover Ct. *Fil* —1C **42**
Hanover Ct. *Rads* —2F **153**
Hanover Ho. *Bris* —3C **70**
*Hanover Pl. Bath —5C **100***
　(off London Rd.)
Hanover Pl. *Bris* —5C **70**
Hanover St. *Bar H* —3E **71**
Hanover St. *Bath* —5C **100**
Hanover St. *Bris*
　　　　—4F **69** (3B **4**)
*Hanover Ter. Bath —5C **100***
　(off Gillingham Ter.)
Hansford Clo. *Bath* —3F **109**
Hansford Sq. *Bath* —3F **109**
Hansons Way. *Clev* —4C **120**
Hans Price Clo. *W Mare*
　　　　—5C **126**
Hantone Hill. *B'ptn* —5A **102**
Happerton La. *E'ton G*
　　　　—5D **53**
Hapsburg Clo. *W Mare*
　　　　—1E **129**
Harbour Clo. *P'head* —2F **49**
Harbour Rd. Trad. Est.
　　　P'head —2A **50**
Harbour Wall. *Bris* —3D **55**
Harbour Way. *Bris* —5E **69**
Harbury Rd. *Bris* —5E **41**
Harbutts. *B'ptn* —5A **102**
Harcombe Hill. *Wint D*
　　　　—5A **30**

Harcombe Rd. *Wint* —4F **29**
Harcourt Av. *Bris* —4C **72**
Harcourt Clo. *Salt* —2A **94**
Harcourt Gdns. *Bath*
　　　　—4C **98**
Harcourt Hill. *Bris* —4E **57**
Harcourt Rd. *Bris* —3D **57**
Hardenhuish Rd. *Bris*
　　　　—5F **71**
Harden Rd. *Bris* —3A **90**
Harding Pl. *Key* —3D **93**
Hardings Ter. *Bris* —2B **72**
Hardington Dri. *Key* —5A **92**
Hardwick. *Yate* —2E **33**
Hardwick Clo. *Brisl* —2A **82**
Hardwick Clo. *War* —5F **75**
Hardwick Rd. *Pill* —2E **53**
Hardy Av. *Bris* —1C **78**
Hardy Ct. *Bar C* —5B **74**
Hardy Rd. *Bris* —3D **79**
Hareclive Rd. *Bris* —3D **87**
Harefield Clo. *Bris* —3E **83**
Hare Knapp. *Brad A*
　　　　—3C **114**
Harescombe. *Yate* —2A **34**
Harewood Rd. *Bris* —1C **72**
Harford Clo. *Bris* —5E **39**
Harford Dri. *Bris* —3E **45**
Harford St. *Trow* —1E **119**
Hargreaves Rd. *Trow*
　　　　—3E **119**
Harington Pl. *Bath*
　　　　—3A **106** (3B **96**)
Harlech Way. *Will* —3D **85**
Harleston St. *Bris* —2C **70**
Harley Pl. *Bris* —3B **68**
Harley St. *Bath* —1A **106**
Harmer Clo. *Bris* —1B **40**
Harmony Dri. *P'head*
　　　　—4B **48**
Harmony Pl. *Trow* —3D **119**
Harnhill Clo. *Bris* —4D **87**
Harolds Way. *Bris* —4E **73**
Harptree. *W Mare* —1E **129**
Harptree Clo. *Nail* —5C **122**
Harptree Ct. *Bar C* —1C **84**
Harptree Gro. *Bris* —3D **79**
Harrier Path. *W Mare*
　　　　—5C **128**
Harrington Av. *Bris* —2A **90**
Harrington Gro. *Bris* —2A **90**
Harrington Rd. *Bris* —2A **90**
Harrington Wlk. *Bris* —2A **90**
Harris Barton. *Fram C*
　　　　—2D **31**
Harris Ct. *L Grn* —1B **84**
Harris La. *Abb L* —2B **66**
Harrowdene Rd. *Bris*
　　　　—2D **81**
Harrow Rd. *Bris* —2F **81**
Harry Stoke Rd. *Stok G*
　　　　—2A **44**
Hartcliffe Rd. *Bris* —5A **80**
Hartcliffe Wlk. *Bris* —5B **80**
Hartcliffe Way. *Bris* —4E **79**
Hartfield Av. *Bris* —1E **69**
Hartgill Clo. *Bris* —5D **87**
Hartington Pk. *Bris* —5E **57**
Hartland. *W Mare* —3E **129**
Hartland Ho. *Bris* —4E **71**
Hartley Clo. *Chip S* —5E **19**
Harts Croft. *Yate* —2B **18**
Harts Paddock. *Mid N*
　　　　—1C **150**
Harvest Way. *W Mare*
　　　　—1D **129**
Harvey Clo. *W Mare*
　　　　—1E **129**

Harvey's La. *Bris* —2B **72**
Harwood Grn. *Kew*
　—1C **128**
Harwood La. *Wickw*
　—3C **154**
Haselbury Gro. *Salt* —2A **94**
Haskins Ct. *Bar C* —1C **84**
Haslands. *Nail* —5C **122**
Haslemere Ind. Est. *Bris*
　—2E **37**
Hassell Dri. *Bris* —3C **70**
Hastings Clo. *Bris* —4E **79**
Hastings Rd. *Bris* —4E **79**
Hatches La. *W Mare*
　—3E **131**
Hatchet La. *Stok G* —5A **28**
Hatchet Rd. *Stok G* —4F **27**
Hatchmere. *T'bry* —4E **7**
　—4C **106**
Hatfield Bldgs. *Bath*
Hatfield Rd. *Bath* —1F **109**
Hatfield Rd. *W Mare*
　—5E **127**
Hatherley. *Yate* —2A **34**
Hatherley Rd. *Bris* —3A **58**
Hathway Wlk. *Bris* —2C **70**
Hatters La. *Chip S* —5D **19**
Havelock Ct. *Trow* —3C **118**
Havelock St. *Trow* —3D **119**
Haven, The. *Bris* —1A **74**
　—4B **128**
Haversham Clo. *W Mare*
Haverstock Rd. *Bris* —2C **80**
Haviland Gro. *Bath* —3B **98**
Haviland Pk. *Bath* —4C **98**
Havory. *Bath* —5D **101**
Hawarden Ter. *Bath*
　—5C **100**
Hawburn Clo. *Bris* —3F **81**
Hawcroft. *Holt* —1E **155**
Haweswater. *Bris* —2D **41**
Haweswater Clo. *Bris*
　—4F **75**
Hawke Rd. *Kew* —1C **128**
Hawkesbury Rd. *Bris*
　—4A **60**
Hawkeseley Dri. *Lit S*
　—3F **27**
Hawkesley Dri. *Lit S* —3F **27**
Hawkesworth Rd. *Yate*
　—3E **17**
Hawkfield Bus. Pk. *Hawk B*
　—3F **87**
Hawkfield Clo. *Hawk B*
　—3F **87**
Hawkfield Rd. *Bris* —3F **87**
Hawkfield Way. *Hawk B*
　—3F **87**
Hawkins Clo. *Bris* —1E **85**
Hawkins Cres. *Brad S*
　—1F **27**
Hawkins St. *Bris*
　—3B **70** (2F **5**)
Hawkley Dri. *Brad S* —3F **11**
Hawkridge Dri. *Puck*
　—2E **65**
Hawksmoor Clo. *Bris*
　—2C **88**
Hawksworth Dri. *Bris*
　—5D **73**
Hawksworth Dri. *W Mare*
　—1A **130**
Hawland Gro. *Bath* —3B **98**
Hawthorn Av. *Bris* —5D **57**
Hawthorn Clo. *Pat* —1A **26**
Hawthorn Clo. *P'head*
　—3B **48**
Hawthorn Clo. *Puck* —2E **65**

Hawthorn Coombe. *W Mare*
　—2C **128**
Hawthorn Cres. *T'bry* —2D **7**
Hawthorn Cres. *Yat*
　—2A **142**
Hawthorne Gdns. *Stap H*
　—3B **62**
Hawthornes, The. *Stap H*
　—3B **62**
Hawthorn St. *Bris* —2C **80**
Hawthorn Gdns. *W Mare*
　—3B **128**
Hawthorn Gro. *Bath*
　—3A **110**
Hawthorn Gro. *Trow*
　—5C **118**
Hawthorn Heights. *W Mare*
　—2B **128**
Hawthorn Hill. *W Mare*
　—3C **128**
Hawthorn Pk. *W Mare*
　—2C **128**
Hawthorn Rd. *Rads*
　—2E **153**
Hawthorns. *Key* —3A **92**
Hawthorns La. *Key* —3A **92**
Hawthorns, The. *Clev*
　—3C **120**
Hawthorn Way. *Nail*
　—3E **123**
Hawthorn Way. *Stok G*
　—4A **28**
Haycombe. *Bris* —2B **88**
Haycombe Dri. *Bath*
　—5B **104**
Haycombe La. *Bath*
　—1A **108**
Hayden Clo. *Bath* —4F **105**
Haydock Clo. *Bris* —3B **46**
Haydon Gdns. *Bris* —2D **59**
Haydon Ga. *Rads* —4C **152**
Haydon Hill. *Rads* —4C **152**
Haydon Ind. Est. *Rads*
　—4C **152**
Hayeley Dri. *Brad S* —3A **28**
Hayes Clo. *Bris* —3C **70**
Hayes Clo. *Trow* —4E **117**
Hayes Ct. *Pat* —2D **27**
Hayesfield Pk. *Bath*
　—4A **106**
Hayes Pk. Rd. *Mid N*
　—2C **150**
Hayes Pl. *Bath* —4A **106**
Hayes Rd. *Mid N* —2C **150**
Hayeswood Rd. *Tim*
　—1D **157**
Hay Hill. *Bath*
　—2A **106** (1B **96**)
Hay Leaze. *Yate* —2F **17**
Hayleigh Ho. *Bris* —4E **87**
Haymarket, The. *Bris*
　—3F **69** (1C **4**)
Haymarket Wlk. *Bris* —2F **69**
　(off Cannon St.)
Haynes La. *Bris* —2F **61**
Haythorne Ct. *Stap H*
　—2B **62**
Haytor Pk. *Bris* —5F **39**
Hayward Clo. *Clev* —5C **120**
Hayward Rd. *Bar H* —3E **71**
Hayward Rd. *Stap H* —3F **61**
Haywood Clo. *W Mare*
　—2E **139**
Haywood Gdns. *W Mare*
　—2E **139**
Hazel Av. *Bris* —5D **57**
Hazelbury Clo. *Nail*
　—3D **123**

Hazelbury Dri. *Bris* —5E **75**
Hazelbury Rd. *Bris* —5E **81**
Hazelbury Rd. *Nail* —4C **122**
Hazel Cote Rd. *Bris* —4D **89**
Hazel Cres. *T'bry* —3E **7**
Hazeldene Rd. *Pat* —2C **26**
Hazeldene Rd. *W Mare*
　—5E **127**
Hazel Gdns. *Alv* —3A **8**
Hazel Gro. *Bath* —5E **105**
Hazel Gro. *Bris* —4E **42**
Hazel Gro. *Mid N* —4E **151**
Hazel Gro. *Trow* —5B **118**
Hazelgrove. *Wint* —4F **29**
Hazel La. *Rudg* —4A **8**
Hazell Clo. *Clev* —5E **121**
Hazel Ter. *Mid N* —4E **151**
Hazelton Rd. *Bris* —4F **57**
Hazel Way. *Bath* —4E **109**
Hazelwood Ct. *Bris* —4F **55**
Hazelwood Rd. *Bris* —4F **55**
Hazleton Gdns. *Clav D*
　—1F **111**
Headford Av. *Bris* —3D **73**
Headford Rd. *Bris* —4F **79**
Headington Clo. *Han*
　—1F **83**
Headley Ct. *Bris* —2D **87**
Headley La. *Bris* —2C **86**
Headley Pk. Av. *Bris*
　—2D **87**
Headley Pk. Rd. *Bris*
　—1C **86**
Headley Rd. *Bris* —2C **86**
Headley Wlk. *Bris* —1D **87**
Hearn Dri. *Fram C* —3D **31**
Heart Meers. *Bris* —3D **89**
Heath Clo. *Wint* —3A **30**
Heathcote Dri. *Coal H*
　—2F **31**
Heathcote La. *Coal H*
　(off Boundary Rd.) —2F **31**
Heathcote Rd. *Fish* —5D **61**
Heathcote Rd. *Stap H*
　—2A **62**
Heathcote Wlk. *Bris* —5E **61**
Heath Ct. *Bris* —5F **45**
Heather Av. *Fram C* —3D **31**
Heather Clo. *Bris* —2D **73**
Heatherdene. *Bris* —1B **88**
Heather Dri. *Bath* —4E **109**
Heather Shaw. *Trow*
　—2E **119**
Heathfield Clo. *Bath* —3B **98**
Heathfield Clo. *Key* —3E **91**
Heathfield Cres. *Bris*
　—4C **88**
Heathfield Rd. *Nail* —3D **123**
Heathfield Way. *Nail*
　—2D **123**
Heath Gdns. *Bris* —4F **45**
Heath Gdns. *Coal H* —3E **31**
Heathgate. *Yat* —3B **142**
Heathgates. *Nail* —3E **123**
Heathgates. *W Mare*
　—4B **132**
Heath Ho. La. *Stap H* —4E **61**
Heath Ridge. *L Ash* —3C **76**
Heath Rise. *Bris* —5D **75**
Heath Rd. *Down* —5F **45**
Heath Rd. *Eastv* —4D **59**
Heath Rd. *Han* —1D **83**
Heath Rd. *Nail* —2E **123**
　(in two parts)
Heath St. *Bris* —4E **59**
Heath Wlk. *Bris* —5F **45**
Heber St. *Bris* —3E **71**
Hebron Rd. *Bris* —2E **79**

Heddington Clo. *Trow*
　—5C **118**
Hedgemead Clo. *Bris*
　—2F **59**
Hedgemead Ct. *Bath*
　—1B **106**
　(off Margaret's Hill)
Hedgemead View. *Bris*
　—2A **60**
Hedges Clo. *Clev* —5B **120**
Hedges, The. *St Geo*
　—3A **130**
Hedwick Av. *Bris* —3A **72**
Hedwick St. *Bris* —3A **72**
Heggard Clo. *Bris* —3C **86**
Helens Ct. *Trow* —1C **118**
Hellier Wlk. *Bris* —5E **87**
Helmdon Rd. *Trow*
　—1A **118**
Helston Rd. *Nail* —4F **123**
Hemmings Pde. *Bris*
　—3D **71**
Hemming Way. *Hut*
　—5C **134**
Hemplow Clo. *Bris* —1F **89**
Hempton La. *Alm* —4D **11**
Henacre Rd. *Bris* —4B **38**
Henbury Ct. *Hen* —1A **40**
Henbury Gdns. *Hen* —2A **40**
Henbury Hill. *W Trym*
　—3B **40**
Henbury Rd. *Hen* —5D **73**
Henbury Rd. *Hen & W Trym*
　—2A **40**
Hencliffe Rd. *Bris* —1F **89**
Hencliffe Way. *Han* —2D **83**
Henderson Clo. *Trow*
　—3B **118**
Henderson Rd. *Bris* —5D **73**
Hendre Rd. *Bris* —3C **78**
Hendy Ct. *Yate* —1F **33**
Henfield Cres. *Old C* —1D **85**
Henfield Rd. *Coal H* —5E **32**
Hengaston St. *Bris* —3D **79**
Hengrove Av. *Bris* —5D **81**
Hengrove La. *Bris* —5C **80**
Hengrove Rd. *Bris* —3C **80**
Hengrove Way. *Bris*
　—2D **87**
Henleaze Av. *Bris* —2C **56**
Henleaze Gdns. *Bris* —2C **56**
Henleaze Pk. *Bris* —2E **57**
Henleaze Pk. Dri. *Bris*
　—1D **57**
Henleaze Rd. *Bris* —2C **56**
Henleaze Ter. *Bris* —5D **41**
Henley Gro. *Bris* —2D **57**
Henley La. *Yat* —4D **143**
Henley Lodge. *Yat* —4D **143**
Henley Pk. *Yat* —4C **142**
Hennesy Clo. *Bris* —5B **88**
Henrietta Ct. *Bath* —1B **106**
Henrietta Gdns. *Bath*
　—2B **106** (1D **97**)
Henrietta M. *Bath*
　—2B **106** (2D **97**)
Henrietta Pl. *Bath*
　—2B **106** (2C **96**)
Henrietta Rd. *Bath*
　—2B **106** (1D **97**)
Henrietta St. *Bath*
　—2B **106** (2D **97**)
Henrietta St. *E'tn* —1D **71**
Henrietta St. *K'dwn* —2F **69**
Henrietta Vs. *Bath*
　—2B **106** (1D **97**)
Henry St. *Bath*
　—3B **106** (4C **96**)

Henry St. *Tot* —1B **80**
Henry Williamson Ct. *Bar C*
　　　　—5C **74**
Henshaw Clo. *Bris* —5E **61**
Henshaw Rd. *Bris* —5E **61**
Henshaw Wlk. *Bris* —5E **61**
Hensley Gdns. *Bath*
　　　　—5F **105**
Hensley Rd. *Bath* —5F **105**
Hensman's Hill. *Bris*
　　　　—4C **68**
Hepburn Rd. *Bris* —2A **70**
Herald Clo. *Bris* —2F **55**
Herapath St. *Bris* —4E **71**
Herbert Cres. *Bris* —4F **59**
Herbert Rd. *Bath* —4E **105**
Herbert Rd. *Clev* —2D **121**
Herbert St. *Bris* —1E **79**
(in two parts)
Herbert St. *W'hall* —2E **71**
Hercules Clo. *Lit S* —3F **27**
Hereford Rd. *Bris* —5C **58**
Hereford St. *Bedm* —2F **79**
Heritage Clo. *Pea J*
　　　　—4D **157**
Herkomer Clo. *Bris* —5D **43**
Herluin Way. *W Mare*
　　　　—2E **133**
Hermes Clo. *Salt* —5F **93**
Hermitage Clo. *Bris* —5A **38**
Hermitage Rd. *Bath* —5F **99**
Hermitage Rd. *Bris* —2F **61**
Heron Clo. *W Mare*
　　　　—5C **128**
Heron Gdns. *P'head* —4A **50**
Heron Rd. *Bris* —1D **71**
Heron Way. *Chip S* —2B **34**
Herridge Clo. *Bris* —4D **87**
Herridge Rd. *Bris* —4D **87**
Hersey Gdns. *Bris* —5A **86**
Hesding Clo. *Bris* —2E **83**
Hestercombe Rd. *Bris*
　　　　—2D **87**
Hetling Ct. *Bath*
　　　　—3A **106** (4B **96**)
Heyford Av. *Bris* —3D **59**
Heyron Wlk. *Bris* —4D **87**
Heywood Rd. *Pill* —3E **53**
Heywood Ter. *Pill* —3E **53**
Hicking Ct. *K'wd* —4A **74**
Hicks Av. *E Grn* —4D **47**
Hick's Barton. *Bris* —2B **72**
Hicks Comn. Rd. *Wint*
　　　　—4A **30**
Hicks Ct. *L Grn* —1B **84**
Hicks Ga. Ho. *Key* —5D **83**
High Acre. *Paul* —5C **146**
Higham St. *Bris* —1B **80**
High Bannerdown. *Bathe*
　　　　—2C **102**
Highbury Pde. *W Mare*
　　　　—4A **126**
Highbury Pl. *Bath* —5B **100**
Highbury Rd. *Bedm* —4E **79**
Highbury Rd. *Hor* —5B **42**
Highbury Rd. *W Mare*
　　　　—4A **126**
Highbury Ter. *Bath*
　　　　—5B **100**
Highbury Vs. *Bath* —5B **100**
(off Highbury Pl.)
Highbury Vs. *Bris* —2E **69**
(in three parts)
Highcroft. *Bris* —4E **75**
Highdale Av. *Clev* —3D **121**
Highdale Clo. *Bris* —4D **89**
Highdale Rd. *Clev* —3D **121**
High Elm. *Bris* —4A **74**

Highett Dri. *Bris* —1C **70**
Highfield Av. *Bris* —5F **73**
Highfield Clo. *Bath* —4C **104**
Highfield Clo. *Stok G*
　　　　—1B **44**
Highfield Dri. *P'head*
　　　　—5A **48**
Highfield Gdns. *Bit* —3E **85**
Highfield Gro. *Bris* —2F **57**
Highfield Rd. *Brad A*
　　　　—2E **115**
Highfield Rd. *Chip S*
　　　　—5C **18**
Highfield Rd. *Key* —5B **92**
Highfield Rd. *Pea J*
　　　　—1F **149**
Highfield Rd. *W Mare*
　　　　—2E **139**
Highfields. *Rads* —3A **152**
High Gro. *Bris* —1D **55**
Highgrove St. *Bris* —1C **80**
High Kingsdown. *Bris*
　　　　—2E **69**
Highland Clo. *W Mare*
　　　　—3F **127**
Highland Cres. *Bris* —5C **56**
Highland Pl. *Bris* —5C **56**
Highland Rd. *Bath* —4C **104**
Highland Sq. *Bris* —5C **56**
Highlands Rd. *L Ash*
　　　　—3C **76**
Highlands Rd. *P'head*
　　　　—3D **49**
Highland Ter. *Bath* —3E **105**
High La. *Yate* —1F **29**
Highleaze Rd. *Old C* —1E **85**
Highmead Gdns. *Bris*
　　　　—4A **86**
High Meadows. *Mid N*
　　　　—3C **150**
Highmore Gdns. *Bris*
　　　　—5E **43**
Hignam Clo. *Pat* —5D **11**
High Pk. *Bris* —4D **81**
High Pk. *Paul* —3A **146**
Highridge Cres. *Bris* —3B **86**
Highridge Grn. *Bris* —1A **86**
Highridge Pk. *Bris* —2B **86**
Highridge Rd. *Bedm* —3D **79**
Highridge Rd. *B'wth*
　　　　—4A **86**
Highridge Wlk. *Bris* —1A **86**
High St. Banwell, *Ban*
　　　　—5C **136**
High St. Bath, *Bath*
　　　　—3B **106** (3C **96**)
High St. Bathampton, *B'ptn*
　　　　—5A **102**
High St. Batheaston, *E'tn*
　　　　—3A **102**
High St. Bathford, *Bathf*
　　　　—4D **103**
High St. Bitton, *Bit* —5F **85**
High St. Bristol, *Bris*
　　　　—3F **69** (2C **4**)
High St. Chipping Sodbury,
　　Chip S —5D **19**
High St. Claverham, *Clav*
　　　　—2F **143**
High St. Clifton, *Clif* —5C **56**
High St. Congresbury, *Cong*
　　　　—2D **145**
High St. Easton, *E'tn*
　　　　—1D **71**
High St. Freshford, *F'frd*
　　　　—4C **112**
High St. Hanham, *Han*
　　　　—5E **73**

High St. High Littleton,
　　High L —1A **146**
High St. Iron Acton, *Iron A*
　　　　—2F **15**
High St. Keynsham, *Key*
　　　　—2A **92**
High St. Kingswood, *K'wd*
　　　　—2A **74**
High St. Midsomer Norton,
　　Mid N —3D **151**
High St. Nailsea, *Nail*
　　　　—3D **123**
High St. Oldland, *Old C*
　　　　—2E **85**
High St. Paulton, *Paul*
　　　　—4B **146**
High St. Portbury, *P'bry*
　　　　—4A **52**
High St. Portishead, *P'head*
　　　　—4F **49**
High St. Saltford, *Salt*
　　　　—1A **94**
High St. Shirehampton, *Shire*
　　　　—5F **37**
High St. Staple Hill, *Stap H*
　　　　—3E **61**
High St. Thornbury, *T'bry*
　　　　—4C **6**
High St. Timsbury, *Tim*
　　　　—1E **157**
High St. Twerton on Avon,
　　Twer A —3B **104**
High St. Warmley, *War*
　　　　—2D **75**
High St. Westbury on Trym,
　　W Trym —5C **40**
High St. Weston, *W'ton*
　　　　—4B **98**
High St. Weston-super-Mare,
　　W Mare —5B **126**
(in three parts)
High St. Wick, *Wick*
　　　　—5B **154**
High St. Wickwar, *Wickw*
　　　　—1B **154**
High St. Winterbourne, *Wint*
　　　　—3F **29**
High St. Woolley, *W'ly*
　　　　—1A **100**
High St. Worle, *Wor*
　　　　—4C **128**
High St. Wrington, *Wrin*
　　　　—1B **156**
High St. Yatton, *Yat*
　　　　—2B **142**
High View. *Bath* —4F **105**
High View. *P'head* —4C **48**
Highview Rd. *Bris* —5A **62**
Highwall La. *Q Char* —5C **90**
Highway. *Yate* —4B **18**
Highwood La. *Bren & Pat*
　　　　—3A **26**
Highwood Rd. *Pat* —3A **26**
Highworth Cres. *Yate*
　　　　—1F **33**
Highworth Rd. *Bris* —4F **71**
Hilbury Ct. *Trow* —1E **119**
Hilcot Gro. *W Mare*
　　　　—4F **127**
Hildesheim Clo. *W Mare*
　　　　—1D **133**
Hill Av. *Bath* —3A **110**
Hill Av. *Bris* —2A **80**
Hillbrook Rd. *T'bry* —4E **7**
Hill Burn. *Bris* —1E **57**
Hillburn Rd. *Bris* —3C **72**
Hillcote Est. *W Mare*
　　　　—3F **139**

Hill Ct. *Paul* —3B **146**
Hill Crest. *Bris* —4D **81**
Hill Crest. *Cong* —1E **145**
Hillcrest. *Pea J* —2F **149**
Hillcrest. *T'bry* —3C **6**
Hillcrest Clo. *Nail* —4D **123**
Hillcrest Dri. *Bath* —5C **104**
Hillcrest Flats. *Brad A*
　　　　—2E **115**
Hillcrest Rd. *Nail* —4D **123**
Hillcrest Rd. *P'head* —4A **48**
Hillcroft Clo. *W Mare*
　　　　—3E **127**
Hilldale Rd. *Back* —3D **125**
Hill End. *W Mare* —2C **128**
Hill End Dri. *Bris* —1F **39**
Hillfields Av. *Bris* —5E **61**
Hill Gay Clo. *P'head* —4A **48**
Hill Gro. *Bris* —1E **57**
Hillgrove St. *Bris* —2F **69**
Hillgrove St. N. *Bris* —2F **69**
Hillgrove Ter. *Uph* —1B **138**
Hillhouse. *Bris* —2A **62**
Hill Ho. Rd. *Bris* —1B **62**
Hill Lawn. *Bris* —2F **81**
Hillmer Rise. *Ban* —5D **137**
Hillmoor. *Clev* —4E **121**
Hill Pk. *Cong* —1E **145**
Hill Path. *Ban* —5F **137**
Hill Rd. *Clev* —2C **120**
Hill Rd. *Dun* —5A **86**
Hill Rd. *W Mare* —5D **127**
Hill Rd. *Wor* —3C **128**
Hill Rd. E. *W Mare* —3C **128**
Hills Barton. *Bris* —4C **78**
Hillsborough Flats. *Bris*
　　　　—4C **68**
Hillsborough Ho. *W Mare*
　　　　—4E **133**
Hillsborough Rd. *Bris*
　　　　—1E **81**
Hills Clo. *Key* —3C **92**
Hillsdon Rd. *Bris* —4B **40**
Hillside. *Clif* —4D **69**
Hillside. *Cot* —2E **69**
Hillside. *Mang* —2B **62**
Hillside. *P'bry* —5F **51**
Hillside Av. *Bris* —2E **73**
Hillside Av. *Mid N* —4B **150**
Hillside Clo. *Fram C* —2E **31**
Hillside Clo. *Paul* —3C **146**
Hillside Cres. *Mid N*
　　　　—4B **150**
Hillside Gdns. *W Mare*
　　　　—4F **127**
Hillside La. *Fram C* —2E **31**
Hillside Rd. *Back* —3D **124**
Hillside Rd. *Bath* —5E **105**
Hillside Rd. *B'don* —3F **139**
Hillside Rd. *Bris* —3C **72**
Hillside Rd. *Clev* —3D **121**
Hillside Rd. *L Ash* —3D **77**
Hillside Rd. *Mid N* —4C **150**
Hillside Rd. *P'head* —5A **48**
Hillside St. *Bris* —1C **80**
Hillside View. *Mid N*
　　　　—2D **151**
Hillside View. *Pea J*
　　　　—1F **149**
Hillside W. *Hut* —5D **135**
Hill St. *Bris* —3E **69**
Hill St. *Hil* —3F **117**
Hill St. *K'wd* —2B **74**
Hill St. *St G* —2B **72**
Hill St. *Tot* —1B **80**
Hill St. *Trow* —1C **118**
Hill, The. *Alm* —2D **11**
Hill, The. *F'frd* —4D **113**

Hilltop. *P'head* —4C 48
Hilltop Gdns. *Soun* —5F 61
(in two parts)
Hilltop Gdns. *St G* —3C 72
Hilltop Rd. *Bris* —5F 61
Hilltop View. *Bris* —3C 72
Hill View. *Clif* —4D 69
Hill View. *Fil* —1C 42
Hill View. *Henl* —1E 57
Hillview. *Mid N* —5B 150
Hill View. *Soun* —5F 61
Hillview. *Tim* —2E 157
Hillview Av. *Clev* —4D 121
Hill View Clo. *Old C* —1E 85
Hill View Ct. *W Mare*
—5B 128
Hillview Pk. Homes. *W Mare*
—5B 128
Hill View Rd. *Bath* —4C 100
Hill View Rd. *Bris* —5C 58
Hill View Rd. *Puck* —2E 65
Hill View Rd. *W Mare*
—1E 133
Hillyfield Rd. *Bris* —2C 86
Hillyfields. *Wins* —4C 156
Hillyfields Way. *Wins*
—4B 156
Hilperton Rd. *Trow* —1E 119
Hilton Ct. *Bris* —2D 71
Hinton. *W Mare* —1E 139
Hinton Clo. *Bath* —3A 104
Hinton Clo. *Salt* —1A 94
Hinton Dri. *Bris* —4E 75
Hinton La. *Bris* —4B 68
Hinton Rd. *E'tn* —1E 71
Hinton Rd. *Fish* —3C 60
Hinton Rd. *Puck* —1F 65
Hiscocks Dri. *Bath* —5F 105
Hither Grn. *Clev* —4F 121
Hither Grn. Ind. Est. *Clev*
—4F 121
Hobart Rd. *W Mare*
—5D 133
Hobbiton Rd. *W Mare*
—1E 129
Hobbs Ct. *Nail* —3E 123
(off Link Rd.)
Hobbs La. *Bris*
—4E 69 (3A 4)
Hobbs La. *War* —1D 75
Hobhouse Clo. *Brad A*
—5F 115
Hobhouse Clo. *Bris* —5E 41
Hobwell La. *L Ash* —2E 77
Hockey's La. *Fish* —3C 60
Hockley Ct. *Bath* —5E 99
Hodden La. *Puck* —2E 65
Hods Hill. *S'ske* —5A 110
Hogarth M. *W Mare*
—2E 129
Hogarth Rd. *Bris* —4D 43
Hogarth Wlk. *W Mare*
—2E 129
Hogues Wlk. *Bris* —4D 87
Holbeach Way. *Bris* —5C 88
Holbrook Cres. *Bris* —4F 87
Holbrook La. *Bris* —4A 154
Holbrook La. *Trow* —4C 118
Holcombe. *Bris* —3C 88
Holcombe Clo. *B'ptn*
—5A 102
Holcombe Grn. *Bath*
(in two parts)
Holcombe Gro. *Key* —3F 91
Holcombe La. *B'ptn*
—5A 102
Holcombe Vale. *B'ptn*
—5A 102

Holdenhurst Rd. *Bris*
—1E 73
Holders Wlk. *L Ash* —5B 76
Holford Clo. *Nail* —4D 123
Holford Ct. *Bris* —3D 89
Holland Rd. *Bath* —5C 100
Holland Rd. *Clev* —5B 120
Holland St. *W Mare* —5E 127
Hollidge Gdns. *Bris* —1F 79
Hollies Av. *P'head* —5E 49
Hollies Clo. *L Ash* —4C 76
Hollies Cres. *P'head* —5E 49
Hollis Shopping Cen., The.
Mid N —3D 151
Hollister's Dri. *Bris* —5F 87
Holloway. *Bath* —4A 106
Hollow La. *W Mare*
—2D 129
Hollowmead. *Clav* —3E 143
Hollowmead Clo. *Clav*
—3F 143
Hollow Rd. *Alm* —2C 10
Hollow Rd. *Bris* —2A 74
Hollows, The. *Coal H*
—2E 47
Hollow, The. *Bath* —4C 104
Hollway Clo. *Bris* —3A 90
Hollway Rd. *Bris* —3A 90
Hollybush Clo. *W'ley*
—2F 113
Hollybush La. *Bris* —2A 56
(in two parts)
Holly Clo. *Alv* —3A 8
Holly Clo. *Nail* —2F 123
Holly Clo. *Puck* —2E 65
Holly Clo. *S'wll* —5C 60
Holly Clo. *W Mare* —4E 129
Holly Ct. *Mid N* —3E 151
Holly Cres. *Bris* —1A 74
Holly Dri. *Bath* —4E 109
Holly Grn. *Bris* —1C 74
Holly Gro. *Bris* —4E 61
Hollyguest Rd. *Bris* —4F 73
Holly Hill. *Iron A* —3A 16
Holly Hill Rd. *Bris* —2A 74
Holly La. *Clev* —1F 121
Hollyleigh Av. *Bris* —2C 42
Holly Lodge Rd. *Bris*
—5B 60
Hollyman Wlk. *Clev*
—3F 121
Hollymead La. *Bris* —3A 56
Hollyridge. *Bris* —2E 89
Holly Ridge. *P'head* —3C 48
Holly Wlk. *Key* —5F 91
Holly Wlk. *Rads* —3B 152
Hollywood La. *E Comp*
—1C 24
Hollywood Rd. *Bris* —2F 81
Holmdale Rd. *Bris* —1E 43
Holmesdale Rd. *Bris*
—2A 80
Holmes Gro. *Bris* —2D 57
Holmes Hill Rd. *Bris*
—2B 72
Holmes St. *Bris* —4D 71
Holmlea Pk. E. *Bath*
—2B 104
Holmlea Pk. W. *Bath*
—2B 104
Holm-Mead La. *Bris* —1E 93
Holmoak Rd. *Key* —4E 91
Holm Rd. *Hut* —1C 140
Holms Rd. *W Mare*
—3E 133
Holmwood. *Bris* —5E 73
Holmwood Clo. *Wint* —3F 29

Holmwood Gdns. *Bris*
—4C 40
Holroyd Ho. *Bris* —2F 79
Holsom Clo. *Bris* —2A 90
Holsom Rd. *Bris* —2B 90
Holst Gdns. *Bris* —1F 87
Holton Rd. *Bris* —1C 58
Holt Rd. *Brad A* —1A 116
Holyrood Clo. *Stok G*
—5F 27
Holyrood Clo. *Trow*
—5B 118
Holy Well Clo. *St Ap* —4A 72
Homeavon Ho. *Key* —3B 92
Home Clo. *Bris* —2A 42
Home Clo. *Trow* —3D 119
Home Clo. *Wrin* —1C 156
Home Farm Clo. *Pea J*
—2E 149
Home Farm Rd. *Abb L*
—3D 67
Homefield. *Cong* —3E 145
Homefield. *Lock* —3D 135
Homefield. *T'bry* —4E 7
Homefield. *Tim* —1F 157
Homefield. *Yate* —3A 18
Homefield Clo. *Lock*
—3E 135
Homefield Clo. *Salt* —1A 94
Homefield Clo. *Wins*
—3A 156
Homefield Dri. *Bris* —2C 60
Homefield Rd. *Puck* —2D 65
Homefield Rd. *Salt* —1B 94
Home Gdns. *Bris* —5C 56
Home Ground. *Bris* —5D 41
Homeground. *Clev* —4E 121
Home Ground. *Shire*
—5F 37
Homelands. *Bath* —2A 102
Homelea Pk. E. *Bath*
—2B 104
Homelea Pk. W. *Bath*
—2B 104
Homeleaze Rd. *Bris* —1F 41
Home Mead. *Bris* —1A 88
(Creswicke Rd.)
Home Mead. *Bris* —1C 84
(Earlstone Cres.)
Homemead Dri. *Bris* —4F 81
Home Mill Bldgs. *Trow*
—2D 119
Home Orchard. *Yate* —4F 17
Homestead. *Bris* —5F 89
Homestead. *P'head* —5A 48
Homestead Gdns. *Bris*
—3D 45
Homestead Rd. *Brad S*
—1B 42
Homestead, The. *Clev*
—3C 120
Homestead, The. *Key*
—5A 92
Homestead, The. *Trow*
—4C 118
Homestead Way. *Wins*
—4B 156
Honeyborne Way. *Wickw*
—2C 154
Honey Garston Clo. *Bris*
—4D 87
Honey Garston Rd. *Bris*
—4D 87
Honey Hill Rd. *Bris* —2B 74
Honeylands. *P'head* —5E 49
Honeymans Clo. *Trow*
—2F 119
Honeymead. *Bris* —2E 89

Holmwood Gdns. *Bris*
—4C 40
Honeysuckle Clo. *Brad S*
—4A 12
Honeysuckle Clo. *Trow*
—2E 119
Honeysuckle La. *Bris*
—3A 60
Honey Way. *Bris* —2B 74
Honiton. *W Mare* —3E 129
Honiton Rd. *Bris* —4C 60
Honiton Rd. *Clev* —5E 121
Hooper Rd. *Bris* —3F 89
Hoorwood Rd. *Nail* —4E 123
Hopechapel Hill. *Bris*
—4B 68
Hope Ct. *Bris* —5D 69
Hope Ho. *Pill* —2F 53
(off Underbanks)
Hope Rd. *Bris* —2E 79
Hope Rd. *Yate* —4C 16
Hope Sq. *Bris* —4B 68
Hope Ter. *Mid N* —3E 151
Hopetoun Rd. *Bris* —4B 58
Hopewell Gdns. *Bris* —5B 38
Hopkin Clo. *T'bry* —5E 7
Hopkins St. *W Mare*
—5C 126
Hopland Clo. *L Grn* —2D 85
Hopp's Rd. *Bris* —3F 73
Horesham Gro. *Bris* —3E 87
Horfield Rd. *Bris*
—3F 69 (1B 4)
Horley Rd. *Bris* —5C 58
Hornbeams, The. *Bris*
—3D 45
Hornbeam Wlk. *Key* —5E 91
Hornhill Clo. *Bris* —4D 87
Horsecastle Clo. *Yat*
—2A 142
Horsecastle Farm Rd. *Yat*
—2A 142
Horsecombe Brow. *Bath*
—3B 110
Horsecombe Gro. *Bath*
—3B 110
Horsecombe Vale. *Bath*
—3B 110
Horsecroft Gdns. *Bar C*
—4C 74
Horsefair, The. *Bris*
—3A 70 (1D 5)
Horsepool Rd. *Bris* —4A 86
Horse Rd. *Hil M* —3E 117
Horse Shoe Dri. *Bris*
—3E 55
Horseshoe La. *Chip S*
—5D 19
Horseshoe La. *T'bry* —4C 6
(off Rock St.)
Horseshoe Rd. *Bath*
—4D 107
Horseshoe Wlk. *Bath*
—4C 106 (5F 97)
Horse St. *Chip S* —5D 19
(in two parts)
Hortham La. *G Ear* —1F 11
Horton Clo. *Brad A* —5F 115
Horton Ho. *Bath* —1B 106
Horton Rd. *Chip S* —4E 19
Horton St. *Bris* —3B 70
Horwood Ct. *Bar C* —1C 84
Horwood La. *Wickw*
—3C 154
Horwood Rd. *Nail* —4E 123
Hosey Wlk. *Bris* —3C 86
Hospital Rd. *Pill* —4F 53
Host St. *Bris* —3F 69 (2B 4)
Hot Bath St. *Bath*
—3A 106 (4B 96)

Hottom Gdns. *Bris* —5C **42**
Hot Water La. *Bris* —4B **62**
Hotwell Rd. *Bris* —3A **68**
Houlton St. *Bris* —2B **70**
Hounds Clo. *Chip S* —5D **19**
Hounds Rd. *Chip S* —5D **19**
Howard Av. *Bris* —2A **72**
Howard Clo. *Salt* —5F **93**
Howard Rd. *Stap H* —3F **61**
Howard Rd. *S'vle* —1D **79**
Howard Rd. *T'bry* —2D **7**
Howard Rd. *W'bry P*
　　　　　—3D **57**
Howard St. *Bris* —1A **72**
Howecroft Gdns. *Bris*
　　　　　—3A **56**
Howes Clo. *Bar C* —4C **74**
Howett Rd. *Bris* —3E **71**
How Hill. *Bath* —3B **104**
Howsmoor La. *E Grn*
　　　　　—4D **47**
Hoylake. *Yate* —1A **34**
Hoylake Dri. *War* —4D **75**
Huckford La. *Ken* —5C **30**
Huckford Rd. *Wint* —4A **30**
Huckley Way. *Brad S*
　　　　　—3B **28**
Huddox Hill. *Pea J* —4D **157**
Hudd's Hill Gdns.
　　　　　—1B **72**
Hudd's Hill Rd. *Bris* —2B **72**
Hudd's Vale Rd. *Bris*
　　　　　—2A **72**
Hudson Clo. *Yate* —1B **8**
Hughenden Rd. *Clif* —5C **56**
Hughenden Rd. *Hor* —2A **58**
Hughenden Rd. *W Mare*
　　　　　—5E **127**
Huish Ct. *Rads* —3E **153**
Hulbert Clo. *Bris* —3C **82**
Hulse Rd. *Bris* —4F **81**
Humberstan Wlk. *Bris*
　　　　　—4A **38**
Humber Way. *Bris* —4F **21**
Humphrey Davy Way. *Bris*
　　　　　—5B **68**
Humphrys Barton. *St Ap*
　　　　　—5B **72**
Hungerford Av. *Trow*
　　　　　—3A **118**
Hungerford Clo. *Bris*
　　　　　—5A **82**
Hungerford Cres. *Bris*
　　　　　—4A **82**
Hungerford Gdns. *Bris*
　　　　　—5A **82**
Hungerford Rd. *Bath*
　　　　　—2D **105**
Hungerford Rd. *Bris* —4A **82**
Hungerford Wlk. *Bris*
　　　　　—4A **82**
Hung Rd. *Bris* —1A **54**
Hunters Clo. *Bris* —5E **73**
Hunters Dri. *Bris* —1B **74**
Hunter's Rd. *Bris* —5E **73**
Hunter's Way. *Bris* —1E **43**
Huntingdon Pl. *Brad A*
　　　　　—2D **115**
Huntingdon Rise. *Brad A*
　　　　　—1D **115**
Huntingdon St. *Brad A*
　　　　　—2D **115**
Huntingham Rd. *Bris*
　　　　　—4A **86**
Huntley Gro. *Nail* —4F **123**
Hunts Ground Rd. *Stok G*
　　　　　—5C **28**
Hunts La. *Bris* —1A **58**

Hunt's La. *Clav* —3E **143**
Hurle Cres. *Bris* —1C **68**
Hurle Rd. *Bris* —1D **69**
Hurlingham Rd. *Bris* —5B **58**
Hurn La. *Key* —4B **92**
Hurn Rd. *Clev* —4E **121**
Hurst Ct. *Rads* —3E **153**
Hurston Rd. *Bris* —5F **79**
Hurst Rd. *Bris* —5B **80**
Hurst Rd. *W Mare* —2E **133**
Hurst Wlk. *Bris* —5A **80**
Hurstwood Rd. *Bris* —2F **61**
Hutton Clo. *Bris* —5F **39**
Hutton Clo. *Key* —5A **92**
Hutton Hill. *Hut* —1C **140**
Hutton Moor Cvn. Pk.
　　W Mare —2A **134**
Hutton Moor La. *W Mare*
　　　　　—2A **134**
Hutton Moor Rd. *W Mare*
　　　　　—1A **134**
Huyton Rd. *Bris* —5D **23**
H-Way Cvn. Site. *Bris*
Hyde Av. *T'bry* —1C **6**
Hyde Rd. *Trow* —5C **116**
Hyde, The. *Clev* —5C **120**
Hyland Gro. *Bris* —4B **40**
Hylton Row. *Rads* —2F **153**

Ida Rd. *Bris* —2E **71**
Iddesleigh Rd. *Bris* —4D **57**
Idstone Rd. *Bris* —3D **61**
Idwal Clo. *Mid N* —1F **149**
Iford Clo. *Salt* —1A **94**
Iford La. *F'frd* —5D **113**
Ilchester Cres. *Bris* —4C **78**
Ilchester Rd. *Bris* —4C **78**
Iles Clo. *Han* —1F **83**
Ilex Av. *Clev* —4E **121**
Ilex Clo. *Bris* —2B **86**
Ilminster. *W Mare* —1E **139**
Ilminster Av. *Bris* —4A **80**
Ilminster Clo. *Clev* —4E **121**
Ilminster Clo. *Nail* —5C **122**
Ilsyn Gro. *Bris* —1F **89**
Imber Ct. Clo. *Bris* —5D **81**
Imperial Rd. *Know* —5E **81**
Imperial Rd. *Redl* —1D **69**
Imperial Wlk. *Bris* —4D **81**
Inglesham Clo. *Trow*
　　　　　—5D **119**
Ingleside Rd. *Bris* —1D **73**
Inglestone Rd. *Wickw*
　　　　　—2C **154**
Ingleton Dri. *W Mare*
　　　　　—1E **129**
Ingmire Rd. *Bris* —4D **59**
Inkerman Clo. *Bris* —5A **42**
Inman Ho. *Bath* —5B **100**
Inner Elm Ter. *Rads*
　　　　　—3F **151**
Innox Footpath. *Trow*
　　　　　—1C **118**
Innox Gdns. *Bris* —3C **86**
Innox La. *Up Swa* —1C **100**
Innox Mill Clo. *Trow*
　　　　　—1B **118**
Innox Rd. *Bath* —4C **104**
Innox Rd. *Trow* —1B **118**
Inn's Ct. Av. *Bris* —1F **87**
Inn's Ct. Dri. *Bris* —1F **87**
Inn's Ct. Grn. *Bris* —1F **87**
Instow. *W Mare* —3E **129**
Instow Rd. *Bris* —5A **80**
Instow Wlk. *Bris* —5A **80**

International Trad. Est. *Bris*
　　　　　—2D **37**
Interplex. *Brad S* —3E **11**
Inverness Rd. *Bath*
　　　　　—3D **105**
Ipswich Dri. *Bris* —4A **72**
Irby Rd. *Bris* —2C **78**
Irena Rd. *Bris* —4B **60**
Ireton Rd. *Bris* —2D **79**
Ironchurch Rd. *A'mth*
　　　　　—4D **21**
Ironmould La. *Bris* —3C **82**
Irving Clo. *Bris* —3A **62**
Irving Clo. *Clev* —3F **121**
Isabella Cotts. *Bath* —3C **110**
　(off Rock La.)
Isabella M. *Bath* —3C **110**
Island Gdns. *Bris* —3E **59**
Island, The. *Mid N* —3D **151**
Isleys Ct. *L Grn* —2B **85**
Islington. *Trow* —5D **117**
Islington Gdns. *Trow*
　　　　　—1D **119**
Islington Rd. *Bris* —1D **79**
Ison Hill. *Bris* —1F **39**
Ison Hill Rd. *Bris* —1F **39**
Itchington Rd. *Tyth* —1F **9**
Ivo Peters Rd. *Bath*
　　　　　—3F **105**
Ivor Rd. *Bris* —2E **71**
Ivy Av. *Bath* —5D **105**
Ivy Bank Pk. *Bath* —2A **110**
Ivybridge. *W Mare* —3E **129**
Ivy Clo. *Nail* —4C **122**
Ivy Cotts. *S'ske* —5A **110**
Ivy Ct. *P'head* —3B **48**
Ivy Gro. *Bath* —5D **105**
Ivy La. *Bris* —4C **60**
Ivy Pl. *Bath* —5D **105**
Ivy Ter. *Brad A* —2E **115**
Ivy Ter. *Yate* —5D **33**
Ivy Vs. *Bath* —5D **105**
Ivy Vs. *Trow* —1A **118**
Ivy Wlk. *Ban* —4C **136**
Ivy Wlk. *Mid N* —4E **151**
Ivywell Rd. *Bris* —4A **56**
Iwood La. *Cong* —5F **145**

Jack Knight Ho. *Bris*
　　　　　—2C **58**
Jacobs Ct. *Bris* —4E **69**
　(off Queen's Pde.)
Jacobs Ct. *Bris* —4E **69**
　(off St George's Rd.)
Jacob St. *Bris*
　　　　　—3A **70** (2E **5**)
　(in two parts)
Jacob's Wells Rd. *Bris*
　　　　　—4D **69**
Jamaica St. *Bris* —2A **70**
James Clo. *Bris* —3A **62**
James Rd. *Bris* —4A **62**
James St. *Bris* —2B **70**
James St. *Trow* —5C **58**
James St. *Trow* —5D **117**
James St. W. *Bath* —3F **105**
Jane St. *Bris* —3D **71**
Jarvis St. *Bris* —4D **71**
Jasmine Clo. *W Mare*
　　　　　—4E **129**
Jasmine Gro. *Bris* —2E **39**
Jasmine La. *Clav* —1F **143**
Jasmine Way. *Trow*
　　　　　—2E **119**
Jasper St. *Bris* —2D **79**
Jean Rd. *Bris* —3A **82**
Jeffery Ct. *Bris* —4D **75**

Jeffries Hill Bottom. *Bris*
　　　　　—5D **73**
Jellicoe Ct. *W Mare*
　　　　　—1C **128**
Jena St. *Salt* —5F **93**
Jenkins St. *Trow* —5C **116**
Jenner Clo. *Chip S* —1F **35**
Jersey Av. *Bris* —1B **82**
Jesmond Rd. *Clev* —3C **120**
Jesmond Rd. *St Geo*
　　　　　—1A **130**
Jesse Hughes Ct. *Bath*
　　　　　—4D **101**
Jessop Underpass. *Bris*
　　　　　—1B **78**
Jew's La. *Bath* —3D **105**
Jim O'Neil Ho. *Bris* —5F **37**
Jocelin Dri. *W Mare*
　　　　　—1D **129**
Jocelyn Rd. *Bris* —5B **42**
Jockey La. *Bris* —3C **72**
John Cabot Ct. *Bris* —5C **68**
John Carr's Ter. *Bris*
　　　　　—4D **69**
Johnny Ball La. *Bris*
　　　　　—3F **69** (1B **4**)
John Rennie Clo. *Brad A*
　　　　　—5F **115**
John Slessor Ct. *Bath*
　　　　　—1A **106**
Johnson Dri. *Bar C* —5B **74**
Johnsons La. *Bris* —1F **71**
Johnsons Rd. *Bris* —1E **71**
Johnstone St. *Bath*
　　　　　—3B **106** (3D **97**)
John St. *Bath*
　　　　　—2A **106** (2B **96**)
John St. *Bris* —3F **69** (2C **4**)
John St. *K'wd* —2E **73**
John St. *St W* —5C **58**
John Wesley Rd. *Bris*
　　　　　—4D **73**
Jones Clo. *Yat* —2A **142**
Jones Hill. *Brad A* —5C **114**
Jordan Wlk. *Brad S* —1F **27**
Joy Hill. *Bris* —4B **68**
Jubilee Cotts. *Bris* —5B **78**
Jubilee Cres. *Mang* —5C **46**
Jubilee Dri. *T'bry* —3E **7**
Jubilee Gdns. *Yate* —4C **18**
Jubilee Ho. *Pat* —1E **27**
Jubilee Path. *W Mare*
　　　　　—4A **128**
Jubilee Pl. *Clev* —5D **121**
Jubilee Pl. *Redc*
　　　　　—5F **69** (5C **4**)
Jubilee Rd. *Bap M* —1C **70**
Jubilee Rd. *K'wd* —4A **62**
Jubilee Rd. *Know* —3E **81**
Jubilee Rd. *Rads* —3A **152**
Jubilee Rd. *St G* —3B **72**
Jubilee Rd. *W Mare*
　　　　　—1C **132**
Jubilee St. *Bris* —4B **70**
Jubilee Ter. *Paul* —3B **146**
Jubilee Way. *Bris* —2D **37**
Julian Clo. *Bris* —4A **56**
Julian Cotts. *Bath* —3F **111**
Julian Rd. *Bath* —1A **106**
Julian Rd. *S Park* —4A **56**
Julius Rd. *Bris* —4F **57**
Junction Av. *Bath* —4F **105**
Junction Rd. *Bath* —4F **105**
Junction Rd. *Brad A*
　　　　　—3E **115**
Juniper Ct. *Bris* —5B **60**
Jupiter Rd. *Pat* —2F **25**
Justice Av. *Salt* —1A **94**

Justice Rd. *Bris* —4B **60**
Jutland Rd. *Bris* —3D **37**

Karen Clo. *Back* —3C **124**
Karen Dri. *Back* —3C **124**
Kathdene Gdns. *Bris* —4B **58**
Kaynton Mead. *Bath*
    —3C **104**
Keates Clo. *Trow* —1D **119**
Keats Rd. *Rads* —4F **151**
Keble Av. *Bris* —4B **86**
Keed's La. *L Ash* —4B **76**
Keedwell Hill. *L Ash* —4B **76**
Keel Clo. *St G* —4B **72**
Keel's Hill. *Pea J* —1F **149**
Keene's Way. *Clev* —4B **120**
Keep, The. *Bris* —5F **75**
Keep, The. *W Mare*
    —2E **129**
Keinton Wlk. *Bris* —2C **40**
Kellaway Av. *Bris* —2E **57**
Kellaway Cres. *Bris* —1F **57**
Kellways. *Back* —4B **124**
Kelston Clo. *Yate* —2F **33**
Kelston Gdns. *Bris* —4F **41**
Kelston Gdns. *W Mare*
    —1F **129**
Kelston Gro. *Bris* —4A **74**
Kelston Rd. *Bath* —5A **98**
Kelston Rd. *Bris* —4F **41**
Kelston Rd. *Kel* —3F **95**
Kelston Rd. *Key* —3F **91**
Kelston Rd. *W Mare*
    —1F **129**
Kelston View. *Bath* —4A **104**
Kelston Wlk. *Bris* —3E **61**
Kelting Gro. *Clev* —4F **121**
Kemble Clo. *Bris* —4A **74**
Kemble Clo. *Nail* —3F **123**
Kemble Gdns. *Bris* —2A **54**
Kemperleye Way. *Brad S*
    —2F **27**
Kempes Clo. *L Ash* —3C **76**
Kempton Clo. *Down* —3B **34**
Kempton Clo. *T'bry* —1C **6**
Kencot Wlk. *Bris* —5D **87**
Kendall Gdns. *Bris* —3F **61**
Kendall Rd. *Stap H* —3F **61**
Kendal Rd. *Hor* —5C **42**
Kendon Dri. *Bris* —5F **41**
Kenilworth. *Yate* —1B **34**
Kenilworth Clo. *Key* —4F **91**
Kenilworth Dri. *Will* —3D **85**
Kenilworth Rd. *Bris* —1B **56**
Kenmare Rd. *Bris* —4A **80**
Kenmore Cres. *Bris* —3A **42**
Kenmore Dri. *Bris* —3A **42**
Kenmore Gro. *Bris* —3A **42**
Kennard Clo. *Bris* —3E **73**
Kennard Rise. *Bris* —2E **73**
Kennard Rd. *Bris* —2E **73**
Kennaway Path. *Clev*
    —4E **121**
Kennaway Rd. *Clev*
    —4D **121**
Kenn Clo. *W Mare* —3E **133**
Kennedy Ho. *Yate* —5B **18**
Kennedy Way. *Yate* —5A **18**
Kennel Lodge Rd. *Bris*
    —1A **78**
Kennet Gdns. *Brad A*
    —4E **115**
Kenneth Rd. *Bris* —3F **81**
Kennet Pk. *B'ptn* —5F **101**
Kennet Rd. *Key* —4C **92**
Kennet Way. *T'bry* —4E **7**
Kennet Way. *Trow* —4D **117**

Kennford. *W Mare* —3D **129**
Kennington Av. *Bishop*
    —3A **58**
Kennington Av. *K'wd*
    —1F **73**
Kennington Rd. *Bath*
    —2C **104**
Kennion Rd. *Bris* —3C **72**
Kennmoor Clo. *Bris* —4C **74**
Kenn Moor Dri. *Clev*
    —5E **121**
Kenn Moor Rd. *Yat*
    —2B **142**
Kenn Rd. *Bris* —3C **72**
Kenn Rd. *Clev* —5D **121**
Kensal Av. *Bris* —2A **80**
Kensal Rd. *Bris* —2A **80**
Kensington Clo. *T'bry*
    —2C **6**
Kensington Clo. *Trow*
    —5D **117**
Kensington Ct. *Bath*
    —5C **100**
Kensington Ct. *Bris* —3C **68**
Kensington Gdns. *Bath*
    —5C **100**
Kensington Pk. *Bris* —1C **70**
Kensington Pk. Rd. *Bris*
    —3E **81**
Kensington Pl. *Bath*
    —1C **106**
Kensington Pl. *Bris* —3C **68**
Kensington Rd. *Bris* —3F **61**
Kensington Rd. *Redl*
    —1E **69**
Kensington Rd. *St G*
    —2C **72**
Kensington Rd. *W Mare*
    —3D **133**
Kensit Clo. *Bris* —4B **74**
Kent Av. *Yate* —3B **18**
Kent Clo. *Stok G* —5F **27**
Kent La. *Bath* —1C **100**
Kenton Dri. *Trow* —1F **119**
Kenton M. *Bris* —2E **57**
Kent Rd. *Bris* —4A **58**
Kent Rd. *Cong* —1D **145**
Kents Grn. *Bris* —5A **62**
Kent St. *Bris* —2E **79**
Kent Way. *W Mare* —1F **129**
Kenwood Clo. *Trow*
    —2F **119**
Keppel Clo. *Salt* —5F **93**
Kerry Rd. *Bris* —4A **80**
Kersteman Rd. *Bris* —5E **57**
Kestrel Clo. *Chip S* —2B **34**
Kestrel Clo. *Pat* —1A **26**
Kestrel Clo. *T'bry* —2E **7**
Kestrel Dri. *Puck* —3E **65**
Kestrel Dri. *W Mare*
    —4C **128**
Kestrel Pl. *Mid N* —4E **151**
Keswick Wlk. *Bris* —2E **41**
    (in two parts)
Ketch Rd. *Bris* —2B **80**
Ketton Clo. *Trow* —1A **118**
Kew Dri. *Trow* —3A **118**
Kew Rd. *W Mare* —4C **126**
Kewside. *Kew* —1F **127**
Kewstoke Rd. *Bath* —2B **110**
Kewstoke Rd. *Bris* —3A **56**
Kewstoke Rd. *Kew & Wor*
    —2D **127**
Kewstoke Rd. *W Mare*
    —4A **126**
Kew Wlk. *Bris* —5E **81**
Keyes Path. *W Mare*
    —1D **129**

Keynsham By-Pass. *Key*
    —5E **83**
Keynsham Rd. *Key & Will*
    —2B **92**
Keys Av. *Bris* —5B **42**
Kielder Dri. *W Mare*
    —2D **129**
Kilbirnie Rd. *Bris* —5C **88**
Kilburn St. *Bris* —2D **71**
Kildare Rd. *Bris* —4F **79**
Kilkenny La. *Eng* —5A **108**
Kilkenny St. *Bris* —4B **70**
Kilmersdon Rd. *Bris* —4D **87**
Kilmersdon Rd. *Rads*
    —4B **152**
Kilminster Rd. *Bris* —5F **37**
Kiln Clo. *Bris* —5D **61**
Kilnhurst Clo. *L Grn* —3B **84**
Kilve. *W Mare* —1D **139**
    (in two parts)
Kilvert Clo. *Bris* —5F **71**
Kimberley Av. *Bris* —2E **61**
Kimberley Clo. *Bris* —5B **46**
Kimberley Cres. *Bris*
    —2E **61**
Kimberley Rd. *Bris* —1F **73**
Kimberley Rd. *Clev*
    —4C **120**
Kimberley Rd. *Fish* —2E **61**
    (in two parts)
Kinber Clo. *Bath* —3B **98**
King Alfred Way. *W'ley*
    —2E **113**
King Dick's La. *Bris* —2B **72**
King Edward Clo. *Bris*
    (in two parts) —2C **88**
King Edward Rd. *Bath*
    —4E **105**
Kingfisher Clo. *T'bry* —2E **7**
Kingfisher Dri. *Bris* —1A **60**
Kingfisher Dri. *Mid N*
    —4E **151**
Kingfisher Rd. *Chip S*
    —1C **34**
Kingfisher Rd. *W Mare*
    —4D **129**
King Georges Rd. *Bath*
    —4D **105**
King George's Rd. *Bris*
    —3B **86**
King John's Rd. *Bris*
    —5D **61**
King Rd. *Bris* —4E **81**
King Rd. Av. *A'mth* —2D **37**
Kingrove Cres. *Chip S*
    —1E **35**
Kingrove La. *Chip S* —1E **35**
Kings Av. *Bishop* —3B **57**
Kings Av. *Han* —1D **83**
Kings Bus. Pk. *Bris* —4E **71**
King's Chase Shopping Cen.
    K'wd —2F **73**
Kingscote. *Yate* —3F **33**
Kingscote Pk. *Bris* —4D **73**
Kings Ct. *Lit S* —3E **27**
Kings Ct. Clo. *Bris* —3C **88**
Kingsdown Pde. *Bris*
    —2F **69**
Kingsdown Rd. *Trow*
    —5C **118**
Kingsdown View. *Bath*
    —5B **100**
King's Dri. *Bishop* —2E **57**
Kings Dri. *Han* —1D **83**
Kingsfield. *Bath* —1D **109**
Kingsfield. *Brad A* —2E **115**
Kingsfield Clo. *Brad A*
    —2E **115**

Kingsfield Grange Rd. *Brad A*
    —2F **115**
Kingsfield La. *L Grn* —5A **74**
    (in two parts)
Kings Gdns. *Trow* —2E **117**
Kings Head La. *Bris* —1A **86**
Kingshill. *Nail* —3B **122**
Kingshill Gdns. *Nail*
    —3B **122**
Kingshill Rd. *Bris* —4D **81**
Kingsholme Rd. *K'wd*
    —1F **73**
Kingsholm Rd. *S'mead*
    —4F **41**
Kingsland Bri. *Bris* —4C **70**
Kingsland Clo. *Bris* —4C **70**
Kingsland Rd. *Bris* —4C **70**
Kingsland Trad. Est. *Bris*
    —3B **70**
Kings La. *Puck* —2B **64**
King's La. *W Mare* —5C **126**
Kingsleigh Clo. *Bris* —3B **74**
Kingsleigh Gdns. *Bris*
    —3B **74**
Kingsleigh Pk. *Bris* —3B **74**
Kingsley Pl. *Trow* —1A **118**
Kingsley Rd. *Clev* —4D **121**
Kingsley Rd. *Cot* —5F **57**
Kingsley Rd. *G'bnk* —1E **71**
Kingsley Rd. *Rads* —3F **151**
Kingsley Rd. *W Mare*
    —5D **133**
Kingsmarsh Ho. *Bris*
    —3D **71**
Kingsmead. *Nail* —3B **122**
Kingsmead Ct. *Bath*
    —3A **106**
    (off Kingsmead N.)
Kingsmead E. *Bath*
    —3A **106** (4A **96**)
Kingsmead N. *Bath*
    —3A **106** (4A **96**)
Kingsmead Rd. *Bris* —1C **72**
Kingsmead Sq. *Bath*
    —3A **106** (4B **96**)
Kingsmead St. *Bath*
    —3A **106** (3B **96**)
Kingsmead Ter. *Bath*
    —3A **106**
    (off Kingsmead E.)
Kingsmead Wlk. *Bris*
    —1C **72**
Kingsmead W. *Bath*
    —3A **106** (4A **96**)
Kings M. *Bris* —2F **69**
Kingsmill. *Bris* —2F **55**
Kings Pde. Av. *Bris* —1D **69**
Kings Pde. M. *Bris* —1C **68**
Kings Pk. Av. *Bris* —4E **71**
King Sq. *Bris* —2F **69**
King Sq. Av. *Bris* —2F **69**
King's Rd. *Brisl* —2F **81**
King's Rd. *Clev* —1D **121**
King's Rd. *Clif* —3C **68**
King's Rd. *P'head* —4B **48**
Kings Rd. *Wrin* —2B **156**
Kings Sq. *Bit* —5F **85**
Kingston Av. *Brad A*
    —4F **115**
Kingston Av. *Clev* —3E **121**
Kingston Av. *Salt* —5C **93**
Kingston Bldgs. *Bath*
    (off York St.) —3B **106**
Kingston Clo. *Mang* —5C **46**
Kingston Dri. *Mang* —5C **46**
Kingston Dri. *Nail* —5B **122**
Kingston Pde. *Bath* —3B **106**
    (off York St.)

Kingston Rd. *Bath*
—3B **106** (4C **96**)
Kingston Rd. *Brad A*
—3E **115**
Kingston Rd. *Bris* —1E **79**
Kingston Rd. *Nail* —5B **122**
Kingston Way. *Nail*
—5B **122**
Kingstree St. *Tot* —1C **80**
King St. *A'mth* —3C **36**
King St. *Bris* —4F **69** (4B **4**)
(Bristol)
King St. *Bris* —1E **71**
(Lower Easton)
King St. *K'wd* —2D **73**
King's Wlk. *Bris* —1A **86**
Kingsway. *Bath* —1D **109**
Kingsway. *Lit S* —3E **27**
Kingsway. *P'head* —4B **48**
Kingsway. *St G & K'wd*
—3D **73**
Kingsway Av. *K'wd & St G*
—2D **73**
Kingsway Cvn. Pk. *P'head*
—2F **49**
Kingsway Cres. *Bris* —2E **73**
Kingsway Shopping Precinct.
Bris —4D **73**
Kingsway Trailer Cvn. Pk.
Wint —1B **46**
Kingsway Trailer Pk. *War*
—4D **75**
Kingswear. *W Mare*
—3E **129**
Kingswear Rd. *Bris* —4F **79**
Kings Weston Av. *Bris*
—5F **37**
Kings Weston La. *Bris*
—5E **21**
Kings Weston Rd. *Law W &
Hen* —5C **38**
Kington La. *T'bry* —3A **6**
King William Av. *Bris*
—4F **69** (4C **4**)
King William St. *Bris*
—1D **79**
Kinsale Rd. *Bris* —1E **89**
Kinsale Wlk. *Bris* —4A **80**
Kinvara Rd. *Bris* —5A **80**
Kipling Av. *Bath* —5A **106**
Kipling Rd. *Bris* —3D **43**
Kipling Rd. *Rads* —3B **151**
Kipling Rd. *W Mare*
—5E **133**
Kirkby Rd. *Bris* —3C **38**
Kirkstone Gdns. *Bris* —2E **41**
Kirtlington Rd. *Bris* —4D **59**
Kitcheners Ct. *Trow*
—1C **108**
Kite Hay Clo. *Bris* —2A **60**
Kites Clo. *Brad S* —4E **11**
Kite Wlk. *W Mare* —5C **128**
Kitley Hill. *Rads* —5F **147**
Knapp Rd. *T'bry* —3D **7**
Knapps Clo. *Wins* —4A **156**
Knapps Dri. *Wins* —4A **156**
Knapps La. *Bris* —5A **60**
Knapp, The. *Yate* —1B **18**
Knap, The. *Hil* —4F **117**
Knight Clo. *W Mare*
—1E **129**
Knightcott Gdns. *Ban*
—5D **137**
Knightcott Pk. *Ban* —5E **137**
Knightcott Rd. *Abb L*
—2B **66**
Knightcott Rd. *Ban* —5C **136**
Knighton Rd. *Bris* —3F **41**

Knights Clo. *Henl* —1D **57**
Knightstone Causeway.
W Mare —5A **126**
Knightstone Clo. *Pea J*
—1E **149**
Knightstone Ct. *Clev*
—5D **121**
Knightstone Pl. *Bris*
—2D **83**
Knightstone Pl. *W Mare*
—3D **129**
Knightstone Pl. *W'ton*
—5C **98**
Knightstone Rd. *W Mare*
—4A **126**
Knightstone Sq. *Bris*
—2E **89**
Knightswood. *Nail* —2C **122**
Knightwood Rd. *Stok G*
—4B **28**
Knobsbury Hill. *Mid N*
—5F **153**
Knobsbury La. *Writ*
—3F **153**
Knole Clo. *Alm* —2B **10**
Knole La. *Bris* —1C **40**
Knole Pk. *Alm* —3B **10**
Knoll Ct. *Bris* —4F **55**
Knoll Hill. *Bris* —4F **55**
Knovill Clo. *Bris* —2D **39**
Knowle Rd. *Bris* —2B **80**
Knowles Rd. *Clev* —4C **120**
Knowsley Rd. *Bris* —4A **60**
Kyght Clo. *War* —3E **75**
Kylross Av. *Bris* —3D **89**
Kynges Mill Clo. *Bris*
—5C **44**
Kyrle Gdns. *Bathe* —3A **102**

L abbott, The. *Key* —3A **92**
Laburnam Ter. *Bathe*
—3A **102**
Laburnum Clo. *Mid N*
—4C **150**
Laburnum Ct. *W Mare*
—1F **133**
Laburnum Gro. *Bris* —3D **61**
Laburnum Gro. *Mid N*
—4C **150**
Laburnum Gro. *Trow*
—4B **118**
Laburnum Rd. *Bris* —5E **73**
Laburnum Rd. *W Mare*
—1E **133**
Laburnum Wlk. *Key* —5B **91**
Lacey Rd. *Bris* —2A **90**
Lacock Dri. *Bar C* —5B **74**
Ladd Clo. *Bris* —3B **74**
Ladden Ct. *T'bry* —4D **7**
Ladies Mile. *Bris* —1B **68**
Ladman Gro. *Bris* —2A **90**
Ladman Rd. *Bris* —2A **90**
Ladycroft. *Clev* —5B **120**
Ladydown. *Trow* —4D **117**
Ladye Wake. *W Mare*
—1D **129**
Ladymeade. *Back* —1C **124**
Ladysmith Rd. *Bris* —3D **57**
Ladywell. *Wrin* —1B **156**
Laggan Gdns. *Bath* —5F **99**
Lake Mead Gdns. *Bris*
—4B **86**
Lakemead Gro. *Bris* —2B **86**
Lake Rd. *Bris* —5E **41**
Lake Rd. *P'head* —2E **49**
Lakeside. *Bris* —4A **60**

Lake View. *Bris* —4B **60**
Lake View Rd. *Bris* —2F **71**
Lakewood Cres. *Bris*
—4D **41**
Lakewood Rd. *Bris* —4D **41**
Lamb Ale Grn. *Trow*
—4E **119**
Lambert Pl. *Bris* —2F **87**
Lamb Hill. *Bris* —3B **72**
Lambley Rd. *Bris* —2A **72**
Lambourn Clo. *Bris* —2F **79**
Lambourn Rd. *Key* —4C **92**
Lambridge Bldgs. *Bath*
—4D **101**
Lambridge Grange. *Bath*
—4D **101**
Lambridge M. *Bath* —5D **101**
Lambridge Pl. *Bath*
—5D **101**
Lambridge St. *Bath*
—5D **101**
Lambrok Clo. *Trow*
—4A **118**
Lambrok Rd. *Trow* —4A **118**
Lambrook Rd. *Bris* —3C **60**
Lamb St. *Bris* —3B **70**
Lamord Ga. *Stok G* —4A **28**
Lampard's Bldgs. *Bath*
—1A **106**
Lampeter Rd. *Bris* —5B **40**
Lampton Av. *Bris* —5A **88**
Lampton Gro. *Bris* —5A **88**
Lampton Rd. *L Ash* —4B **76**
Lanaway Rd. *Bris* —1D **61**
Lancashire Rd. *Bris* —4A **58**
Lancaster Clo. *Stok G*
—5F **27**
Lancaster Rd. *Bris* —5C **58**
Lancaster Rd. *Yate* —3A **18**
Lancaster St. *Bris* —3E **71**
Landemann Cir. *W Mare*
—5C **126**
Landemann Path. *W Mare*
—5C **126**
Land La. *Yat* —4C **142**
Landrail Wlk. *Bris* —1B **60**
Landseer Av. *Bris* —1D **59**
Landseer Clo. *W Mare*
—2D **129**
Landseer Rd. *Bath* —3C **104**
Land, The. *Coal H* —2E **31**
Lanercost Rd. *Bris* —2E **41**
Lanesborough Rise. *Bris*
—1F **89**
Lanes Rd. *L Ash* —5A **86**
Laneys Drove. *Lock*
—3C **134**
Langdale Ct. *Pat* —1C **26**
Langdale Rd. *Bris* —3B **60**
Langdon Rd. *Bath* —5C **104**
Langfield Clo. *Bris* —1A **40**
Langford Rd. *Bris* —5B **78**
Langford Rd. *Trow*
—5C **116**
Langford Rd. *W Mare*
—2E **133**
Langford's La. *Paul*
—1A **146**
Langford Way. *Bris* —3A **74**
Langham Rd. *Bris* —3E **81**
Langhill Av. *Bris* —1E **87**
Langley Cres. *Bris* —4A **78**
Langley Rd. *Trow* —5C **118**
Langley's La. *C'tn* —3A **150**
Langport Gdns. *Nail*
—5D **123**
Langport Rd. *W Mare*
—2C **132**

Langthorn Clo. *Fram C*
—2E **31**
Langton Ct. Rd. *Bris*
—5F **71**
Langton Pk. *Bris* —1E **79** .
Langton Rd. *Bris* —5F **71**
Langton Way. *St Ap* —3A **72**
Lansdown. *Yate* —1A **34**
Lansdown Clo. *Bath* —5F **99**
Lansdown Clo. *Bris* —5F **61**
Lansdown Clo. *Trow*
—3B **118**
Lansdown Cres. *Bath*
—5A **100**
Lansdown Cres. *Tim*
—1F **157**
Lansdowne. *Bris* —3E **45**
(off Harford Dri.)
Lansdowne Ind. Est. *Wickw*
—1B **154**
Lansdown Gdns. *W Mare*
—1F **129**
Lansdown Gro. *Bath*
—1A **106**
Lansdown La. *Bath* —4C **98**
Lansdown M. *Bath*
—2A **106** (2B **96**)
Lansdown Pk. *Bath* —3F **99**
Lansdown Pl. *Bris* —3C **68**
Lansdown Pl. *E Grn* —1D **63**
Lansdown Pl. E. *Bath*
—1A **106**
Lansdown Pl. W. *Bath*
—5A **100**
Lansdown Rd. *Bath* —1C **98**
Lansdown Rd. *Clif* —3C **68**
Lansdown Rd. *E'tn* —1D **71**
Lansdown Rd. *K'wd* —5F **61**
Lansdown Rd. *Puck* —1E **65**
Lansdown Rd. *Redl* —5E **57**
Lansdown Rd. *Salt* —1A **94**
Lansdown Ter. *Bris* —2F **57**
Lansdown Ter. *L'dwn*
—1A **106**
(off Lansdown Rd.)
Lansdown Ter. *W'ton*
—5D **99**
Lansdown View. *Bris*
—2A **74**
Lansdown View. *Tim*
—1F **157**
Lansdown View. *Twer A*
—4D **105**
Laphams Ct. *L Grn* —1B **84**
Lapwing Clo. *Brad S*
—4F **11**
Lapwing Gdns. *Bris* —1B **60**
Lapwing Gdns. *W Mare*
—4D **129**
Larch Clo. *Nail* —3F **123**
Larch Ct. *Rads* —4A **152**
Larches, The. *W Mare*
—2E **129**
Larch Gro. *Trow* —4B **118**
Larchgrove Cres. *W Mare*
—4D **129**
Larchgrove Wlk. *W Mare*
—4E **129**
Larch Rd. *Bris* —4A **62**
Larch Way. *Pat* —2A **26**
Lark Clo. *Mid N* —4E **151**
Larkdown. *Trow* —2F **119**
Larkfield. *Coal H* —2F **31**
Larkhall Pl. *Bath* —4D **101**
Larkhall Ter. *Bath* —4D **101**
Larkhill Rd. *Lock* —3F **135**
Lark Pl. *Bath* —2E **105**
(off Up. Bristol Rd.)

Lark Rd. *W Mare* —4D **129**
Larks Field. *Bris* —2A **60**
Larksleaze Rd. *L Grn*
—3A **84**
Larkspur. *Trow* —1E **119**
Larkspur Clo. *T'bry* —3E **7**
Lasbury Gro. *Bris* —3E **87**
Latchmoor Ho. *Bris* —5C **78**
Late Broads. *W'ley* —2E **113**
Latimer Clo. *Bris* —1A **82**
Latteridge Rd. *Iron A*
—1C **14**
Latton Rd. *Bris* —4B **42**
Launceston Av. *Bris* —5D **73**
Launceston Rd. *Bris*
—1D **73**
Laura Pl. *Bath*
—2B **106** (2D **97**)
Laurel Dri. *Nail* —3E **123**
Laurel Dri. *Paul* —4A **146**
Laurel Dri. *Uph* —1C **138**
Laurel Gdns. *Yat* —2B **142**
Laurel Gro. *Trow* —4C **118**
Laurels, The. *Mang* —1C **62**
Laurel St. *Bris* —2F **73**
Laurel Ter. *Yat* —2B **142**
Laurie Cres. *Bris* —1F **57**
Laurie Lee Ct. *Bar C* —5B **74**
Lavender Clo. *T'bry* —3E **7**
Lavender Clo. *Trow*
—3E **119**
Lavender Ct. *Bris* —1B **72**
Lavenham Rd. *Yate* —4D **17**
Lavers Clo. *Bris* —4A **74**
Lavington Clo. *Clev*
—5A **120**
Lavington Rd. *Bris* —4D **73**
Lawford Av. *Lit S* —3E **27**
Lawfords Ga. *Bris* —3B **70**
Lawford St. *Bris* —3B **70**
Lawn Av. *Bris* —2D **61**
Lawn Rd. *Bris* —2D **61**
Lawnside. *Back* —3D **125**
Lawns Rd. *Yat* —4A **18**
Lawns, The. *Bris* —5A **38**
Lawns, The. *W Mare*
—2F **129**
Lawns, The. *Yat* —2A **142**
Lawnwood Rd. *Bris* —2D **71**
Lawrence Av. *Bris* —1D **71**
Lawrence Clo. *W Mare*
—3C **128**
Lawrence Dri. *Yate* —4D **17**
Lawrence Gro. *Bris* —2D **57**
Lawrence Hill. *Bris* —3D **71**
Lawrence Hill Ind. Pk. *Bris*
—2D **71**
Lawrence M. *W Mare*
—3C **128**
Lawrence Rd. *W Mare*
—3C **128**
Lawrence Rd. *Wrin*
—1C **156**
Lawrence Weston Rd. *Bris*
(in two parts) —5B **22**
Lawson Clo. *Salt* —5E **93**
Laxey Rd. *Bris* —5B **42**
Laxton Way. *Pea J*
—5D **157**
Lays Dri. *Key* —4E **91**
Leach Clo. *Clev* —5C **120**
Lea Croft. *Bris* —3C **86**
Leafield Pl. *Trow* —1A **118**
Leafy Way. *Lock* —4F **135**
Lea Gro. Rd. *Clev* —2C **120**
Leaholme Gdns. *Bris*
—5C **88**
Leaman Clo. *Chip S* —5C **18**

Leap Vale. *Bris* —4C **46**
Leap Valley Cres. *Bris*
—4B **46**
Lear Ct. *Bris* —5D **75**
Leaze, The. *Rads* —4A **152**
Leaze, The. *Yate* —4F **17**
Leda Av. *Bris* —1C **88**
Ledbury Rd. *Bris* —3E **61**
Leechpool Way. *Yate*
—1A **18**
Lee Clo. *Pat* —1B **26**
Leedham Rd. *Lock* —3F **135**
Leeming Way. *Bris* —4E **37**
Lees Hill. *Bris* —5A **62**
Leeside. *P'head* —3E **49**
Lees La. *Bris* —5F **75**
Leewood Rd. *W Mare*
—4D **127**
Leicester Sq. *Bris* —4F **61**
Leicester St. *Bris* —1F **79**
Leicester Wlk. *Bris* —5B **72**
Leigh Clo. *Bath* —4B **100**
Leigh Pk. Rd. *Brad A*
—1E **115**
Leigh Rd. *Brad A* —1E **115**
Leigh Rd. *Bris* —2D **69**
Leigh Rd. *Holt* —1D **155**
Leigh St. *Bris* —1C **78**
Leighton Cres. *W Mare*
—3E **139**
Leighton Rd. *Bath* —3B **98**
Leighton Rd. *Know* —3D **81**
Leighton Rd. *S'vle* —1D **79**
Leigh View Rd. *P'head*
—1F **49**
Leighwood Dri. *Nail*
—4A **122**
Leinster Av. *Know* —1F **87**
Lemon La. *Bris* —2B **70**
Lena Av. *Bris* —1E **71**
Lena St. *Bris* —1D **71**
Lenover Gdns. *Bris* —4D **87**
Leonard La. *Bris*
—3F **69** (2B **4**)
Leonard Rd. *Bris* —3E **71**
Leonard's Av. *Bris* —1E **71**
Leopold Rd. *Bris* —5A **58**
Lescren Way. *Bris* —3F **37**
Leslie Rise. *L W'wd*
—5A **114**
Lester Dri. *W Mare* —2E **129**
Lewington Rd. *Bris* —3E **61**
Lewins Mead. *Bris*
—3F **69** (1B **4**)
Lewin St. *Bris* —3F **71**
Lewis Clo. *Bris* —5F **75**
Lewisham Gro. *W Mare*
—5E **127**
Lewis Rd. *Bris* —5C **78**
Lewis St. *Bris* —5D **71**
Lewton La. *Wint* —2A **30**
Leyland Wlk. *Bris* —4B **86**
Leyton Vs. *Bris* —5D **57**
Liberty Ind. Pk. *Bris* —4C **78**
Lichfield Rd. *Bris* —4A **72**
Liddington Way. *Trow*
—5D **119**
Like Kiln Clo. *Brad S*
—2F **43**
Lilac Clo. *Bris* —3E **41**
Lilac Ct. *Key* —5E **91**
Lilac Gro. *Trow* —5B **118**
Lilac Ter. *Mid N* —2F **151**
Lilian Ter. *Paul* —4B **146**
Lillian St. *Bris* —2E **71**
Lillington Clo. *Rads*
—2E **153**

Lillington Rd. *Rads*
—2E **153**
Lilliput Av. *Chip S* —1C **34**
Lilliput Ct. *Chip S* —1C **34**
Lilstock Av. *Bris* —3B **58**
Lilton Wlk. *Bris* —4C **78**
Lilymead Av. *Bris* —2B **80**
Limebreach Wood. *Nail*
—2C **122**
Lime Clo. *Bren* —1D **41**
Lime Clo. *Lock* —4F **135**
Lime Clo. *W Mare* —4E **129**
Lime Ct. *Key* —4E **91**
Lime Croft. *Yate* —2B **18**
Lime Gro. *Alv* —2A **8**
Lime Gro. *Bath*
—3C **106** (4E **97**)
Lime Gro. Gdns. *Bath*
—3C **106** (4E **97**)
Lime Kiln Gdns. *Brad S*
—3F **11**
Lime Kiln La. *Clev* —3D **121**
Limerick Rd. *Bris* —5E **57**
Lime Rd. *Bedm* —1D **79**
Lime Rd. *Han* —5C **72**
Limes, The. *Bris* —3D **45**
(off Wellington Pl.)
Lime Ter. *Rads* —3A **152**
Lime Tree Gro. *Pill* —4F **53**
Lime Trees Rd. *Bris* —2D **57**
Limpley Stoke Rd. *W'ley*
—2D **113**
Lincoln Clo. *Key* —4E **91**
Lincoln St. *Bris* —3D **71**
Lincombe Av. *Bris* —1F **61**
Lincombe Rd. *Bris* —1E **61**
Lincombe Rd. *Rads*
—4A **152**
Lincott View. *Pea J*
—1F **149**
Linden Av. *W Mare*
—5F **127**
Linden Clo. *Fish* —5C **60**
Linden Clo. *Rads* —4B **152**
Linden Clo. *Stoc* —2A **90**
Linden Clo. *Wint* —3A **30**
Linden Dri. *Brad S* —2A **28**
Linden Gdns. *Bath* —1E **105**
Linden Ho. *Bris* —2E **59**
Linden Pl. *Trow* —1B **118**
Linden Rd. *Clev* —2D **121**
Linden Rd. *W'bry P* —3D **57**
Lindens, The. *W Mare*
—1C **128**
Lindisfarne Clo. *W'ley*
—2F **113**
Lindon Ho. *Bris* —2A **82**
Lindrea St. *Bris* —2D **79**
Lindsay Rd. *Bris* —3C **58**
Linemere Clo. *Back*
—2F **125**
Lines Way. *Bris* —5E **89**
Lingfield Pk. *Down* —2B **46**
Link Rd. *Brad S* —1B **42**
Link Rd. *Nail* —3E **123**
Link Rd. *P'head* —3E **49**
Link Rd. *Yate* —5B **18**
Link Rd. W. *Pat* —3D **25**
Links Rd. *Uph* —1A **138**
Linley Clo. *Bath* —4B **104**
Linley Ho. *Bath* —4B **106**
(off Henry St.)
Linleys, The. *Bath* —2D **105**
Linne Ho. *Bath* —4B **104**
Linnell Clo. *Bris* —1D **59**
Linnet Clo. *Pat* —1A **26**
Linnet Clo. *W Mare*
—4C **128**

Linnet Way. *Bris* —1F **89**
Linnet Way. *Mid N* —4E **151**
Linsey Clo. *P'head* —4B **48**
Lintern Cres. *Bris* —4D **75**
Lintham Dri. *Bris* —4B **74**
Lion Clo. *Nail* —3C **122**
Lipgate Pl. *P'head* —5F **49**
Lippiatt La. *Tim* —1E **157**
Lisburn Rd. *Bris* —4A **80**
Lisle Rd. *W Mare* —1E **129**
Lister Gro. *L W'wd*
—5A **114**
Litfield Pl. *Bris* —3B **68**
Litfield Rd. *Bris* —3B **68**
Lit. Ann St. *Bris* —2B **70**
Lit. Birch Croft. *Bris* —5C **88**
Lit. Bishop St. *Bris* —2A **70**
Littlebrook. *Paul* —3B **146**
Lit. Caroline Pl. *Bris* —5B **68**
Lit. Common. *N Brad*
—4E **155**
Littlecross Ho. *Bris* —1D **79**
Littledean. *Yate* —2A **34**
Lit. Dowles. *Bris* —1C **84**
Littlefields Av. *Ban* —5E **137**
Littlefields Rise. *Ban*
—5F **137**
Littlefields Rd. *Ban* —5F **137**
Lit. George St. *Bris* —2B **70**
Lit. George St. *W Mare*
—1C **132**
Lit. Green La. *Sev B* —3B **20**
Lit. Halt. *P'head* —4A **48**
Lit. Ham. *Clev* —5C **120**
Lit. Hayes. *Bris* —2D **61**
Lit. Headley Clo. *Bris*
—1D **87**
Lit. Hill. *Bath* —3B **104**
Lit. King St. *Bris*
—4F **69** (4C **4**)
Lit. Mead. *Bris* —3D **39**
Lit. Mead Clo. *Hut* —5C **134**
Lit. Meadow. *Brad S*
—3C **28**
Lit. Meadow End. *Nail*
—4D **123**
Lit. Orchard. *Uph* —2B **138**
Lit. Paradise. *Bris* —1F **79**
Little Parks. *Holt* —1F **155**
Lit. Parr Clo. *Stap* —2E **59**
Lit. Paul St. *Bris* —2E **69**
Lit. Solsbury La. *Bathe*
—2F **101**
Lit. Stanhope St. *Bath*
—3F **105**
Lit. Stoke La. *Lit S* —3F **27**
Lit. Stoke Rd. *Bris* —3A **56**
Lit. Thomas St. *Bris*
—4A **70** (3D **5**)
Littleton Ct. *Pat* —5B **10**
Littleton Rd. *Bris* —3F **79**
Littleton St. *Bris* —1E **71**
Lit. Wall Drove. *Cong*
—2A **144**
Lit. Withey Mead. *Bris*
—1A **56**
Littlewood Clo. *Bris* —5D **89**
Litton. *W Mare* —1E **139**
Livingstone Rd. *Bath*
—4E **105**
Llewellyn Ct. *Bris* —4C **40**
Llewellyn Way. *W Mare*
—2F **129**
Lmbardy Clo. *W Mare*
—5C **128**
Lockemor Rd. *Bris* —4B **88**
Lockeridge Clo. *Trow*
—5D **119**

Lock Gdns. *Bris* —1A **86**
Locking Head Drove. *W Mare*
  (in two parts) —5E **129**
Locking Moor Rd. *W Mare*
  (in two parts) —5A **128**
Locking Rd. *W Mare*
  —1C **132**
Lockingwell Rd. *Key* —3E **91**
Lockleaze Rd. *Bris* —1C **58**
Locksacre. *Alv* —1C **8**
Locksbrook Ct. *Bath*
  —2D **105**
Locksbrook Rd. *Bath*
  —3C **104**
Locksbrook Rd. *W Mare*
  —1F **129**
Lock's La. *Iron A* —2A **14**
Locks Yd. Cvn. Site. *Bris*
  —4D **79**
Loddon Way. *Brad A*
  —4F **115**
Lodge Causeway. *Bris*
  —4B **60**
Lodge Clo. *Yat* —3B **142**
Lodge Ct. *Bris* —3A **56**
Lodge Dri. *L Ash* —3D **77**
Lodge Dri. *Old C* —3B **85**
Lodge Dri. *W Mare*
  —4E **127**
Lodge Gdns. *Bath* —3E **109**
Lodge Hill. *Bris* —5E **61**
Lodge La. *Nail* —2F **123**
Lodge Pl. *Bris*
  —3F **69** (2A **4**)
Lodge Rd. *Bris* —5E **61**
Lodge Rd. *Puck* —5D **65**
Lodge Rd. *Yate* —3C **16**
  (in two parts)
Lodgeside Av. *Bris* —1E **73**
Lodgeside Gdns. *Bris*
  —1E **73**
Lodge St. *Bris*
  —3E **69** (2A **4**)
Lodge Wlk. *Bris* —1F **61**
Lodore Rd. *Bris* —3B **60**
Lodway. *E'ton G* —3D **53**
Lodway Clo. *Pill* —2E **53**
Lodway Gdns. *Pill* —3E **53**
Lodway Rd. *Bris* —3E **81**
Logan Rd. *Bris* —4F **57**
Logus Ct. *L Grn* —1B **84**
Lombard St. *Bris* —1F **79**
Lomond Rd. *Bris* —3B **42**
London Rd. *Bath* —1B **106**
London Rd. *St Pa* —1B **70**
London Rd. *War* —3E **75**
London Rd. E. *Bathe*
  —3A **102**
London Rd. W. *Bath*
  —4D **101**
London St. *Bath* —1B **106**
London St. *Bris* —2F **73**
Longacre. *Bath* —1B **106**
Long Acre. *Clev* —5B **120**
Longacre Ho. *Bath* —1B **106**
Longacre Rd. *Bris* —5C **88**
Long Acres Clo. *Bris*
  —5F **39**
Long Ashton By-Pass. *L Ash*
  —5C **76**
Long Ashton Rd. *L Ash*
  —4C **76**
Long Av. *Clev* —4B **120**
Long Barnaby. *Mid N*
  —2D **151**
Long Beach Rd. *L Grn*
  —2C **84**
Long Clo. *Brad S* —3A **28**

Long Clo. *Bris* —1E **61**
Long Croft. *Bris* —1F **17**
Long Croft. *Yate* —2F **17**
Long Cross. *Bris* —4A **38**
Longden Rd. *Bris* —1B **62**
Longdown Ct. *Bris* —3A **90**
Longdown Dri. *W Mare*
  —1F **129**
Long Eaton Dri. *Bris*
  —5D **81**
Longfellow Av. *Bath*
  —5A **106**
Longfellow Rd. *Rads*
  —4F **151**
Longfield Rd. *Bris* —4A **58**
Longfield Rd. *Trow*
  —3D **119**
Longford. *Yate* —1E **33**
Longford Av. *Bris* —4F **41**
Long Handstones. *Bris*
  —1C **84**
Long Hay Clo. *Bath*
  —4C **104**
Longhills Hostel. *Bris*
  —5C **60**
Long La. *Back* —5D **125**
Long La. *Wrin* —1C **156**
Longleat Clo. *Bris* —2E **57**
Longleaze Gdns. *Hut*
  —5D **135**
Longman Clo. *Bris* —2A **74**
Long Mead. *Yate* —1A **18**
Longmead Av. *Bris* —2F **57**
Longmead Croft. *Bris*
  —4B **86**
Long Meadow. *Bris* —2F **59**
Longmeadow Rd. *Key*
  —4E **91**
Longmoor Rd. *Bris* —3C **78**
Longney Pl. *Pat* —5B **10**
Long Path. *Bris* —1F **73**
Longreach Gro. *Bris* —1F **89**
Long Rd. *Mang* —2C **62**
Long Row. *Bris*
  —4A **70** (3D **5**)
Longs Dri. *Yate* —4E **17**
Longthorne Pl. *Bath*
  —2A **110**
Longton Gro. Rd. *W Mare*
  —5C **126**
Long Valley Rd. *Bath*
  —4A **104**
Longvernal. *Mid N* —3C **150**
Longway Av. *Bris* —4B **88**
Longwell Ho. *Bris* —2B **84**
Longwood. *Bris* —3C **82**
Longwood La. *Fail* —1B **76**
Lonsdale Av. *W Mare*
  —3D **133**
Loop Rd. *Bath*
  —2B **106** (2C **96**)
Lorain Wlk. *Bris* —2B **40**
Lorne Rd. *Bath* —3E **105**
Lorton Rd. *Bris* —3D **41**
Lotts Av. *Back* —3D **125**
Loughman Clo. *Bris* —2A **74**
Louisa St. *Bris* —4B **70**
Louise Av. *Mang* —2C **62**
Love La. *Chip S* —1C **34**
Love La. *Yate* —2C **18**
Lovelinch Gdns. *L Ash*
  —4B **76**
Lovell Av. *Old C* —1F **85**
Lovells Hill. *Bris* —5D **73**
Lovells, The. *E'ton G*
  —3D **53**
Loveringe Clo. *Bris* —5B **24**
Lovers La. *Paul* —5D **147**

Lover's Wlk. *Bris* —5E **57**
Lovers Wlk. *Clev* —1C **120**
Lovers Wlk. *W Mare*
  —5B **126**
Love's Hill. *Tim* —2D **157**
Lowbourne. *Bris* —2B **88**
Lwr. Alma St. *Trow*
  —2E **119**
Lwr. Ashley Rd. *E'tn*
  —1C **70**
Lwr. Ashley Rd. *St Ag*
  —1B **70**
Lwr. Borough Walls. *Bath*
  —3A **106** (4B **96**)
Lwr. Bristol Rd. *Bath*
  —1A **104**
Lwr. Camden Pl. *Bath*
  —1B **106**
Lwr. Castle St. *Bris*
  —3A **70** (1E **5**)
Lwr. Chapel La. *Fram C*
  —3E **31**
Lwr. Chapel Rd. *Bris*
  —5E **73**
Lwr. Cheltenham Pl. *Bris*
  —1B **70**
Lwr. Church La. *Bris*
  —3E **69** (2A **4**)
Lwr. Church Rd. *W Mare*
  —5B **126**
Lwr. Claverham. *Clav*
  —1E **143**
Lwr. Clifton Hill. *Bris*
  —4C **68**
Lwr. Cock Rd. *Bris* —3B **74**
Lwr. College St. *Bris*
  —4E **69**
Lower Ct. *Trow* —5D **117**
Lwr. Court Rd. *Alm* —1C **10**
Lwr. Down Rd. *P'head*
  —3E **49**
Lwr. E. Hayes. *Bath*
  —1C **106**
Lwr. Fallow Clo. *Bris*
  —5B **88**
Lwr. Gay St. *Bris* —2F **69**
Lwr. Grove Rd. *Bris* —3A **60**
Lwr. Guinea St. *Bris* —5F **69**
Lwr. Hanham Rd. *Bris*
  —5E **73**
Lwr. Hedgemead Rd. *Bath*
  —1B **106**
Lwr. High St. *Bris* —4F **37**
Lwr. House Cres. *Bris*
  —5D **27**
Lwr. Kingsdown Rd. *Kngdn*
  —4F **103**
Lwr. Knole La. *Bris* —1C **40**
Lwr. Knowles Rd. *Clev*
  —4C **120**
Lwr. Lamb St. *Bris* —4E **69**
Lwr. Linden Rd. *Clev*
  —3D **121**
Lwr. Maudlin St. *Bris*
  —3F **69** (1C **4**)
Lwr. Moor Rd. *Yate* —2A **18**
Lwr. Mount Pleasant. *F'frd*
  —5B **112**
Lwr. Northend. *Bathe*
  —1A **102**
Lwr. Norton La. *Kew*
  —1F **127**
Lwr. Oldfield Pk. *Bath*
  —4E **105**
Lwr. Parade Ground Rd.
  Lock —3F **135**
Lwr. Park Row. *Bris*
  —3F **69** (2B **4**)

Lwr. Queen's Rd. *Clev*
  —3D **121**
Lwr. Redland Rd. *Bris*
  —5D **57**
Lwr. Sidney St. *Bris* —1C **78**
Lwr. Station App. Rd. *Tem M*
  —5B **70** (5F **5**)
Lwr. Station Rd. *Fish*
  —3C **60**
Lwr. Station Rd. *Stap H*
  —3E **61**
Lwr. Stoke. *Lim S* —1B **112**
Lwr. Stone Clo. *Fram C*
  —1E **31**
Lwr. Thirlmere Rd. *Pat*
  —1C **26**
Lwr. Whitelands. *Rads*
  —1E **153**
Lowlis Clo. *Bris* —1B **40**
Lowmead. *Trow* —1E **119**
Lowther Rd. *Bris* —2E **41**
Loxley Gdns. *Bath* —5D **105**
Loxton Dri. *Bath* —3C **104**
Loxton Rd. *W Mare*
  —5D **133**
Loxton Sq. *Bris* —2C **88**
Lucas Clo. *Bris* —4F **81**
Luccombe Hill. *Bris* —5D **57**
Luckington Rd. *Bris* —3A **42**
Lucklands Rd. *Bath* —5D **99**
Luckley Av. *Bris* —3E **87**
Luckwell Rd. *Bris* —2D **79**
Lucky La. *Bris* —1F **79**
Ludlow Clo. *Bris* —1B **70**
Ludlow Clo. *Key* —3F **91**
Ludlow Clo. *Will* —3D **85**
Ludlow Clo. *Will* —4D **85**
Ludlow Rd. *Bris* —5C **42**
Ludwell Clo. *Wint* —4F **29**
Ludwells Orchard. *Paul*
  —4B **146**
Lullington Rd. *Bris* —2D **81**
Lulsgate Rd. *Bris* —5C **78**
Lulworth Cres. *Bris* —4B **46**
Lulworth Rd. *Key* —4A **92**
Lurgan Wlk. *Bris* —4F **79**
Lux Furlong. *Bris* —5D **39**
Luxton St. *Bris* —2D **71**
Lychgate Pk. *Lock* —4E **136**
Lydbrook Clo. *Yate* —1F **33**
Lyddieth Ct. *Brad A*
  —2F **113**
Lyddington Rd. *Bris* —4B **42**
Lyddon Rd. *W Mare*
  —2F **129**
Lydford Wlk. *Bris* —3F **79**
Lydiard Croft. *Bris* —1E **83**
Lydiard Way. *Trow*
  —5D **119**
Lydney Rd. *S'mead* —4F **41**
Lydney Rd. *Stap H* —3A **62**
Lydstep Ter. *Bris* —1E **79**
Lyefield Rd. *Wor* —1C **128**
Lyes, The. *Cong* —3D **145**
Lyme Gdns. *Bath* —2C **104**
Lyme Rd. *Bath* —2C **104**
Lymore Av. *Bath* —4D **105**
Lymore Gdns. *Bath*
  —4D **105**
Lymore Ter. *Bath* —5D **105**
Lympsham Grn. *Bath*
  —3E **109**
Lynbrook. *L Ash* —4B **76**
Lynbrook La. *Bath* —1A **110**
Lynch Clo. *W Mare*
  —2D **129**
Lynch Ct. *L Grn* —1B **84**
Lynch Cres. *Wins* —5A **156**

Lynchmead. *Wins* —5A **156**
Lynch, The. *Wins* —5A **156**
Lyncombe Hill. *Bath*
　　—4B **106**
Lyncombe Vale. *Bath*
　　—5B **106**
Lyncombe Vale Rd. *Bath*
　　—1B **110**
Lyncombe Wlk. *Bris*
　　—5D **61**
Lyndale Av. *Bris* —2F **55**
Lyndale Rd. *Bris* —2F **71**
Lyndale Rd. *Yate* —5F **17**
Lynde Clo. *Bris* —4D **87**
Lyndhurst Bungalows.
　　Brad A —3E **115**
Lyndhurst Pl. *Bath* —1B **106**
Lyndhurst Rd. *Bath*
　　—3D **105**
Lyndhurst Rd. *Bris* —5B **40**
Lyndhurst Rd. *Key* —5B **92**
Lyndhurst Rd. *Mid N*
　　—4E **151**
Lyndhurst Rd. *W Mare*
　　—4C **132**
Lyndhurst Ter. *Bath*
　　—1B **106**
Lyneham Way. *Trow*
　　—2F **119**
Lynfield Pk. *Bath* —4D **99**
Lynmouth Clo. *W Mare*
　　—3E **129**
Lynmouth Rd. *Bris* —5B **58**
Lynn Rd. *Bris* —2F **59**
Lynton. *Bris* —2C **74**
Lynton Clo. *P'head* —4A **50**
Lynton Pl. *Bris* —2E **71**
Lynton Rd. *Bris* —4E **79**
Lynton Rd. *Mid N* —4E **151**
Lynton Way. *Bris* —3D **45**
Lynwood Clo. *Mid N*
　　—4D **151**
Lynwood Dri. *Trow*
　　—1A **118**
Lynwood Rd. *Bris* —3D **79**
Lynx Cres. *W Mare*
　　—1F **139**
Lyons Ct. *W Mare* —1D **133**
Lyons Ct. Rd. *Bris* —1F **89**
Lyppiatt Rd. *Bris* —2F **71**
Lyppincourt Rd. *Bris*
　　—1C **40**
Lysander Rd. *W Trym & Pat*
　　—3D **25**
Lysander Wlk. *Stok G*
　　—4A **28**
Lytchet Dri. *Bris* —4B **46**
Lytes Cary Rd. *Key* —5A **92**
Lytham Ho. *Bris* —4F **81**
Lytton Gdns. *Bath* —5C **104**
Lytton Gro. *Bris* —4C **42**
Lytton Gro. *Key* —3C **92**
Lyveden Gdns. *Bris* —3D **87**
Lyvedon Way. *L Ash*
　　—4D **77**

McAdam Way. *Bris*
　　—5B **68**
Macaulay Bldgs. *Wid*
　　—5D **107**
Macaulay Rd. *Bris* —4C **42**
McCrae Rd. *Lock* —3F **135**
McDonogh Ct. *Trow*
　　—2E **119**
Macey's Rd. *Bris* —5F **87**
Machin Clo. *Bris* —1B **40**
Machin Gdns. *Bris* —1C **40**

Machin Rd. *Bris* —1B **40**
Macies, The. *Bath* —3C **98**
Mackie Av. *Bris* —2D **43**
Mackie Gro. *Bris* —2D **43**
Mackie Rd. *Bris* —2D **43**
McLaren Rd. *Bris* —3D **37**
Macleod Clo. *Clev* —4A **120**
Macqurie Clo. *Yat* —2A **142**
Macrae Ct. *Bris* —2A **74**
Madam La. *W Mare*
　　(in two parts) —3D **129**
Madeira Ct. *W Mare*
　　—4A **126**
Madeira Rd. *Clev* —3D **121**
Madeira Rd. *W Mare*
　　—4A **126**
Madeline Rd. *Bris* —4B **60**
Madison Clo. *Yate* —4F **17**
Maesbury. *Bris* —4A **74**
Maesbury Rd. *Key* —5A **92**
Maesknoll Rd. *Bris* —2C **80**
Magdalen Av. *Bath* —4A **106**
Magdalene Pl. *Bris* —1B **70**
Magdalene Rd. *Rads*
　　—2F **153**
Magdalen Rd. *Bath* —4A **106**
Magdalen Way. *W Mare*
　　—2E **129**
Magellan Clo. *W Mare*
　　—1D **129**
Maggs Clo. *Bris* —1F **41**
Maggs Hill. *Tim* —1E **157**
Maggs La. *C'chu* —4D **89**
Maggs La. *Chip H* —5A **60**
Magnolia Av. *W Mare*
　　—4E **129**
Magnolia Rise *Trow*
　　—3E **119**
Magnolia Rd. *Rads*
　　—3B **152**
Magnon Rd. *Brad A*
　　—2C **114**
Magpie Bottom La. *K'wd*
　　—4E **73**
Magpie Bottom La. *St G &*
　　K'wd —4D **73**
Magpie Clo. *W Mare*
　　—5C **128**
Maidenhead Rd. *Bris*
　　—5F **87**
Maiden Way. *Bris* —4E **37**
Maidstone Gro. *W Mare*
　　—2E **139**
Maidstone St. *Bris* —2B **80**
Main Rd. *B'ley* —5A **124**
Main Rd. *E Comp* —1C **24**
Main Rd. *Hew* —1F **131**
Main Rd. *Hut* —1B **140**
Main Rd. *Yate* —2E **63**
Main View. *Coal H* —2F **31**
Maisemore. *Yate* —3F **33**
Maisemore Av. *Pat* —5D **11**
Makin Clo. *Bris* —5E **75**
Malago Rd. *Bris* —2E **79**
Malago Vale Est. *Bris*
　　—2E **79**
Malago Wlk. *Bris* —4A **86**
Maldowers La. *Bris* —1C **72**
Mallard Clo. *Brad S* —4F **11**
Mallard Clo. *Bris* —1B **72**
Mallard Clo. *Chip S* —1C **34**
Mallard Wlk. *W Mare*
　　—5C **128**
Mallow Clo. *Clev* —3E **121**
Mallow Clo. *T'bry* —2E **7**
Mallow Clo. *Trow* —4D **119**
Mall, The. *Bath*
　　—4B **106** (4C **96**)

Mall, The. *Bris* —3B **68**
Malmains Dri. *Bris* —3D **45**
Malmesbury Clo. *Bris*
　　—3E **57**
Malmesbury Clo. *L Grn*
　　—5B **74**
Malthouse, The. *Bris*
　　—5B **58**
Maltings Ind. Est., The. *Bath*
　　—3C **104**
Maltings, Ind. Pk., The. *Trow*
　　—1B **118**
Maltings, The. *Brad A*
　　—4E **115**
Maltings, The. *W Mare*
　　—3D **129**
Maltlands. *W Mare*
　　—1B **134**
Malvern Bldgs. *Bath*
　　—4B **100**
Malvern Ct. *Bris* —3B **72**
Malvern Dri. *Bris* —5E **75**
Malvern Dri. *T'bry* —4E **7**
Malvern Rd. *Brisl* —2F **81**
Malvern Rd. *St G* —3B **72**
Malvern Rd. *W Mare*
　　—3C **132**
Malvern Ter. *Bath* —5B **100**
Malvern Vs. *Bath* —5B **100**
　　(off Belgrave Cres.)
Mancroft Av. *Bris* —5A **38**
Mandy Meadows. *Mid N*
　　—3C **150**
Mangotsfield Rd. *Bris &*
　　Mang —3B **62**
Manilla Cres. *W Mare*
　　—4B **126**
Manilla Pl. *W Mare*
　　—4A **126**
Manilla Rd. *Bris* —3C **68**
Manmoor La. *Clev* —5F **121**
Manor Clo. *Coal H* —3E **31**
Manor Clo. *E'ton G* —3C **52**
Manor Clo. *Trow* —4A **118**
Manor Clo., The. *Abb L*
　　—2C **66**
Manor Copse Rd. *Writ*
　　—2F **153**
Manor Ct. *Back* —3C **124**
Manor Ct. *Bris* —3A **60**
Manor Ct. *Lock* —4E **135**
Manor Ct. *Trow* —4A **118**
Manor Court Dri. *Bris*
　　—5A **42**
Manor Dri. *Bathf* —4D **103**
Manor Farm Cvn. Pk. *W Mare*
　　—2C **138**
Manor Farm Clo. *W Mare*
　　—1F **139**
Manor Farm Cotts. *Brad S*
　　—5E **11**
Manor Farm Cres. *W Mare*
　　—1F **139**
Manor Gdns. *Kew* —1F **129**
Manor Gdns. *Lock* —4E **135**
Manor Gdns. Ho. *Bris*
　　—2B **60**
Manor Grange. *B'don*
　　—4F **139**
Manor Gro. *Mang* —3C **62**
Manor Gro. *Pat* —4D **11**
Manor La. *Abb L* —2B **66**
Manor La. *Wint* —2B **30**
Manor Pk. *Bath* —1C **104**
Manor Pk. *Bris* —4D **57**
Manor Pk. *Rads* —2F **153**
Manor Pl. *Bris* —3E **45**
Manor Rd. *Abb L* —4B **66**

Manor Rd. *Bath* —5D **99**
Manor Rd. *Bishop* —3A **58**
Manor Rd. *B'wth* —2B **86**
Manor Rd. *Fish* —2B **60**
Manor Rd. *Key* —5B **92**
Manor Rd. *Trow* —4A **118**
Manor Rd. *Wick* —5B **154**
Manor Rd. *W Mare*
　　—4D **127**
Manor Rd. *Writ* —2F **153**
Manor Rd. *Yate* —3C **62**
Manor Ter. *Rads* —2F **153**
Manor Valley. *W Mare*
　　—4E **127**
Manor Vs. *Bath* —5D **99**
Manor Wlk. *T'bry* —1C **6**
Manor Way. *Chip S* —5E **19**
Mansbrook Ho. *Mid N*
　　—3D **151**
Mansell Clo. *Salt* —5E **93**
Mansfield Av. *W Mare*
　　—5F **127**
Mansfield St. *Bris* —3D **79**
Manston Clo. *Bris* —5E **81**
Manton Clo. *Trow* —5C **118**
Manvers St. *Bath*
　　—3B **106** (4C **96**)
Manvers St. *Trow* —1D **119**
Manworthy Rd. *Bris* —2F **81**
Manx Rd. *Bris* —5B **42**
Maple Av. *Bris* —4E **61**
Maple Av. *T'bry* —3D **7**
Maple Clo. *Bris* —3F **89**
Maple Clo. *Lit S* —2E **27**
Maple Clo. *Old C* —1D **85**
Maple Clo. *W Mare*
　　—5E **127**
Maple Ct. *Bris* —1F **73**
Maple Dri. *Rads* —3B **152**
Maple Gdns. *Bath* —5F **105**
Maple Gro. *Bath* —5F **105**
Maple Gro. *Trow* —4C **118**
Maple Leaf Ct. *Bris* —3C **68**
Mapleleaze. *Bris* —2F **81**
Maplemeade. *Bris* —3E **57**
Maple Rd. *Bris* —2F **57**
Maple Rd. *St Ap* —5F **71**
Maples, The. *Nail* —4B **122**
Maplestone Rd. *Bris* —5C **88**
Maple Wlk. *Key* —4F **91**
Maple Wlk. *Puck* —2E **65**
Mapstone Clo. *Ham* —1D **45**
Marchants Pas. *Bath*
　　—4B **106** (5C **96**)
Marchants Quay. *Bris*
　　—5F **69**
Marchfields Way. *W Mare*
　　—2D **133**
Marconi Rd. *P'head* —3B **48**
Mardale Clo. *Bris* —2E **41**
Marden Rd. *Key* —4C **92**
Marden Wlk. *Trow* —4D **119**
Mardon Rd. *Bris* —4F **71**
Mardyke Ferry Rd. *Bris*
　　—5D **69**
Margaret Rd. *Bris* —4B **86**
Margaret's Bldgs. *Bath*
　　—2A **106** (1A **96**)
Margaret's Hill. *Bath*
　　—1B **106**
Margate St. *Bris* —2B **80**
Marguerite Rd. *Bris* —5B **78**
Marigold Wlk. *Bris* —3C **78**
Marina Dri. *Stav* —3D **117**
Marina Gdns. *Bris* —4A **60**
Marindin Dri. *W Mare*
　　—1F **129**

Marine Hill. *Clev* —1C **120**
Marine Pde. *Clev* —2C **120**
Marine Pde. *Pill* —2E **53**
(in two parts)
Marine Pde. *W Mare*
(Beach Rd.) —3B **132**
Marine Pde. *W Mare*
(Claremont Cres.) —4A **126**
Mariners Clo. *Back*
—2C **124**
Mariner's Clo. *W Mare*
—4B **128**
Mariners Dri. *Back* —2C **124**
Mariners Dri. *Bris* —3F **55**
Mariner's Path. *Bris* —3F **55**
Mariners Path. *P'head*
—3A **48**
Mariners Way. *Pill* —2E **53**
Marion Rd. *Bris* —2D **83**
Marion Wlk. *Bris* —3C **72**
Marissal Clo. *Bris* —1A **40**
Marissal Rd. *Bris* —1F **39**
Mariston Way. *Bris* —3C **104**
Marjorie Whimster Ho. *Bath*
—3C **104**
Market Ind. Est. *Yat*
—2B **142**
Market La. *W Mare*
—5B **126**
Market Pl. *Rads* —1C **152**
Market Sq. *Bris* —4E **61**
Market St. *Brad A* —2E **115**
Market St. *Trow* —2D **119**
Markham Clo. *Bris* —5E **37**
Mark La. *Bris*
—4E **69** (3A **4**)
Marksbury Rd. *Bris* —3E **79**
Marlborough Av. *Bris*
—4A **60**
Marlborough Bldgs. *Bath*
—2F **105**
Marlborough Dri. *Bris*
—3D **45**
Marlborough Dri. *W Mare*
—3E **129**
Marlborough Hill. *Bris*
—2F **69**
Marlborough Hill Pl. *Bris*
—2F **69**
Marlborough La. *Bath*
—2F **105**
Marlborough St. *Bath*
—1F **105**
Marlborough St. *Bris*
—2F **69**
Marlborough St. *Eastv*
—4A **60**
Marlepit Gro. *Bris* —2A **86**
Marley Pl. *Bris* —2B **68**
Marlfield Wlk. *Bris* —1A **86**
Marling Rd. *Bris* —2B **72**
Marlwood Dri. *Bris* —1C **40**
Marmaduke St. *Bris* —2B **80**
Marmion Cres. *Bris* —1A **40**
Marne Clo. *Bris* —3F **89**
Marsden Rd. *Bath* —1C **108**
Marshall Ho. *Bris* —3B **60**
Marsham Way. *Bris* —1B **84**
Marsh Clo. *Wint* —4A **30**
Marshfield Pk. *Bris* —4E **45**
Marshfield Rd. *Bris* —3D **61**
Marshfield Way. *Bath*
—5B **100**
Marsh La. *Asht* —3C **88**
Marsh La. *E'ton G* —5A **36**
Marsh La. *Redf* —3E **71**
Marshmead. *Hil* —3F **117**
Marsh Pde. *Bris* —2B **78**

Marsh Rd. *Hil M* —2E **117**
Marsh Rd. *Yat* —3B **142**
Marsh St. *A'mth* —4E **37**
Marsh St. *Bris*
—4F **69** (3B **4**)
Marshwall La. *Alm* —1A **10**
Marson Rd. *Clev* —3D **121**
Marston Rd. *Bris* —3D **81**
Marston Rd. *Trow* —3D **155**
Martcombe Rd. *E'ton G*
(in three parts) —4C **52**
Martin Clo. *Pat* —1A **26**
Martindale Rd. *W Mare*
—5B **128**
Martingale Rd. *Bris* —1F **81**
Martin's Clo. *Bris* —5E **73**
Martins Gro. *W Mare*
—5C **128**
Martin's Rd. *Han* —5E **73**
Martin St. *Bris* —2D **79**
Martock. *W Mare* —1D **139**
Martock Cres. *Bris* —4E **79**
Martock Rd. *Bris* —4E **79**
Martock Rd. *Key* —5C **92**
Marwood Rd. *Bris* —5A **80**
Marybush La. *Bris*
—3A **70** (2E **5**)
Mary Carpenter Pl. *Bris*
—1B **70**
Mary Ct. Bris —2F **71**
(off Alfred St.)
Marygold Leaze. *Bris*
—1C **84**
Mary St. *Redf* —2F **71**
Mascot Rd. *Bris* —2F **79**
Masefield Way. *Bris* —1C **58**
Maskelyne Av. *Bris* —5F **41**
Masonpit Pool La. *Yate*
—1E **29**
Masons La. *Brad A*
—2E **115**
Masons View. *Wint* —3B **30**
Matchells Clo. *St Ap*
—4A **72**
Materman Rd. *Stoc* —3A **90**
Matford Clo. *Bris* —5F **25**
Matford Clo. *Wint* —4A **30**
Matthews Clo. *Bris* —2B **90**
Matthews Rd. *Bris* —3E **71**
Maules La. *Ham* —2B **44**
Maulton Clo. *Holt* —2D **155**
Maunsell Rd. *Bris* —2D **39**
Maurice Rd. *Bris* —5A **58**
Mautravers Clo. *Brad S*
—2F **27**
Maxcroft La. *Hil M* —2E **117**
Maxse Rd. *Bris* —2D **81**
Maybank Rd. *Yate* —5F **17**
Maybec Gdns. *Bris* —4C **72**
Maybourne. *Bris* —3C **82**
Maybrick Rd. *Bath* —4E **105**
Maycliffe Pk. *Bris* —5B **58**
Mayfair Av. *Nail* —4D **123**
Mayfield Av. *Bris* —5C **60**
Mayfield Av. *W Mare*
—4C **128**
Mayfield Clo. *P'head*
—5F **49**
Mayfield Pk. *Bris* —5C **60**
Mayfield Pk. N. *Bris* —5C **60**
Mayfield Pk. S. *Bris* —5C **60**
Mayfield Rd. *Bath* —4E **105**
Mayfields. *Key* —3A **92**
Mayflower Gdns. *Nail*
—3F **123**
Maynard Clo. *Bris* —3E **87**
Maynard Clo. *Clev* —3F **121**
Maynard Rd. *Bris* —3E **87**

Mayors Bldgs. *Bris* —2D **61**
Mays Hill. *Fram C* —5A **16**
May's La. *W Mare* —2F **131**
May St. *Bris* —1E **73**
Maytree Av. *Bris* —1D **87**
Maytree Clo. *Bris* —1D **87**
May Tree Clo. *Nail* —4B **122**
May Tree Rd. *Rads*
—3B **152**
May Tree Wlk. *Key* —5E **91**
Mayville Av. *Bris* —1D **43**
Maywood Av. *Bris* —3D **61**
Maywood Cres. *Bris*
—3D **61**
Maywood Rd. *Bris* —3E **61**
Maze St. *Bris* —4D **71**
Mead Clo. *Bath* —1F **109**
Mead Clo. *Bris* —1A **54**
Mead Ct. *N Brad* —4E **155**
Mead Ct. *Wint* —3A **30**
Mead Ct. Bus. Pk. *T'bry*
—5D **7**
Meade Ho. *Bath* —4B **104**
Meadgate. *E Grn* —5D **47**
Meadlands. *Cor* —5D **95**
Mead La. *Brad S* —3A **28**
Mead La. *Salt* —1B **94**
Meadowbank. *W Mare*
—1D **129**
Meadow Clo. *Back* —2D **125**
Meadow Clo. *Bris* —5B **46**
Meadow Clo. *Nail* —2D **123**
Meadow Ct. *Bath* —2B **104**
Meadow Ct. Dri. *Old C*
—2E **85**
Meadow Croft. *W Mare*
—1F **139**
Meadow Dri. *Bath* —4E **109**
Meadow Dri. *Lock* —4F **135**
Meadowfield. *Brad A*
—3C **114**
Meadow Gdns. *Bath*
—5B **98**
Meadow Gro. *Bris* —5F **37**
Meadowland. *Yat* —2A **142**
Meadowland Rd. *Bris*
—5A **24**
Meadowlands. *St Geo*
—2A **130**
Meadow La. *B'ptn* —5E **101**
Meadow Mead. *Fram C*
—1D **31**
Meadow Mead. *Yate*
—1A **18**
Meadow Pk. *Bathf* —3C **102**
Meadow Pk. *Chip S* —5C **18**
Meadow Rd. *Clev* —3E **121**
Meadow Rd. *Paul* —5C **146**
Meadows Clo. *P'head*
—3B **48**
Meadow Side. *Iron A*
—2F **15**
Meadowside. *T'bry* —4E **7**
Meadowside Dri. *Bris*
—5C **88**
Meadows, The. *Bris* —1F **83**
Meadow St. *A'mth* —3C **36**
Meadow St. *St Pa*
—3A **70** (1E **5**)
Meadow St. *W Mare*
—1C **132**
Meadowsweet Av. *Bris*
—1D **43**
Meadowsweet Ct. *Stap*
—2A **60**
Meadow Vale. *Bris* —1C **72**
Meadow View. *Fram C*
—2E **31**

Meadow View. *Rads*
—3D **153**
Meadow View Clo. *Bath*
—1B **104**
Meadow Way. *Brad S*
—3A **28**
Mead Rise. *Bris* —5B **70**
Mead Rd. *Chip S* —1E **35**
Mead Rd. *P'head* —5E **49**
Mead Rd. *Stok G* —3A **28**
Meads, The. *Bris* —5B **46**
(in two parts)
Mead St. *Bris* —1B **80**
Mead, The. *Alv* —2B **8**
Mead, The. *Fil* —5D **27**
Mead. The. *Mid N* —1F **157**
Mead, The. *W'ley* —2F **113**
Mead Vale. *W Mare*
—4C **128**
Medway. *Bris* —1E **55**
Mead Way. *T'bry* —5C **6**
Meadway. *Trow* —2A **118**
Meadway Av. *Nail* —3C **122**
Mearcombe La. *B'don*
—5D **141**
Meardon Rd. *Bris* —2A **90**
Meare. *W Mare* —1D **139**
Meare Rd. *Bath* —2B **110**
Mede Clo. *Bris* —5A **70**
Medical Av. *Bris*
—3E **69** (2A **4**)
Medina Clo. *T'bry* —5D **7**
Medway Clo. *Key* —5C **92**
Medway Ct. *T'bry* —4E **7**
Medway Dri. *Fram C*
—3D **31**
Medway Dri. *Key* —5C **92**
Meere Bank. *Bris* —3D **39**
Meer Wall. *W Mare*
—5A **144**
Meg Thatchers Gdns. *Bris*
—3D **73**
Meg Thatcher's Grn. *Bris*
—3D **73**
Melbourne Dri. *Chip S*
—5D **19**
Melbourne Rd. *Bris* —3F **57**
Melbourne Ter. *Clev*
—3D **121**
Melbury Rd. *Bris* —3B **80**
Melcombe Ct. *Bath*
—5E **105**
Melcombe Rd. *Bath*
—4E **105**
Melita Rd. *Bris* —4A **58**
Melksham Rd. *Holt*
—1F **155**
Mellent Av. *Bris* —5E **87**
Mells Clo. *Key* —5A **92**
Mells La. *Rads* —2E **153**
Melrose Av. *Bris* —2D **69**
Melrose Av. *Yate* —4B **18**
Melrose Clo. *Yate* —4C **18**
Melrose Gro. *Bath* —1C **108**
Melrose Pl. *Bris* —2D **69**
Melrose Ter. *Bath* —4B **100**
Melton Cres. *Bris* —4C **42**
Melton Rd. *Trow* —5C **116**
Melville Rd. *Bris* —1D **69**
Melville Ter. *Bris* —2E **79**
Melvin Sq. *Bris* —4A **80**
Memorial Clo. *Bris* —1D **83**
Memorial Cotts. *Bath*
—5D **99**
Memorial Rd. *Bris* —5D **73**
Memorial Rd. *Wrin* —1C **156**
Mendip Av. *W Mare*
—3C **128**

Mendip Clo. *Key* —3F **91**
Mendip Clo. *Nail* —4D **123**
Mendip Clo. *Paul* —5B **146**
Mendip Cres. *Bris* —4C **46**
Mendip Edge. *W Mare*
—3D **139**
Mendip Gdns. *Bath* —4E **109**
Mendip Gdns. *Yat* —4B **142**
Mendip Rise. *Lock* —4F **135**
Mendip Rd. *Bris* —2F **79**
Mendip Rd. *Lock* —4A **136**
Mendip Rd. *P'head* —3C **48**
Mendip Rd. *W Mare*
—1E **133**
Mendip Rd. *Yat* —3A **142**
(in two parts)
Mendip Ter. *Bath* —3F **107**
Mendip View. *Wick*
—4B **154**
Mendip View Av. *Bris*
—4C **60**
Mendip Way. *Rads*
—1C **152**
Mercer Ct. *Bris* —5D **81**
Merchants Ct. *Bris* —5C **68**
Merchants Quay. *Bris*
—5F **69** (5B **4**)
Merchants Rd. *Clif* —3C **68**
Merchant's Rd. *Hot* —5C **68**
Merchant St. *Bris*
—3A **70** (1D **5**)
Mercia Dri. *Bris* —5C **58**
Mercier Clo. *Yate* —4B **18**
Meredith Ct. *Bris* —5C **68**
Merfield Rd. *Bris* —3D **81**
Meridian Pl. *Bris* —3D **69**
Meridian Rd. *Bris* —1E **69**
Meridian Ter. *Bris* —4A **58**
Meridian Vale. *Bris* —3D **69**
Meridian Wlk. *Trow*
—2A **118**
Meriet Av. *Bris* —4D **87**
Merioneth St. *Bris* —2B **80**
Meriton St. *Bris* —5D **71**
Merlin Clo. *Bris* —4B **40**
Merlin Clo. *W Mare*
—5C **128**
Merlin Ct. *Bris* —5D **41**
Merlin Pk. *P'head* —4B **48**
Merlin Ridge. *Puck* —3E **65**
Merlin Way. *Chip S* —1B **34**
Merrett Ct. *Bris* —1D **59**
Merrick Ct. *Bris*
—5F **69** (5B **4**)
Merrimans Rd. *Bris* —4F **37**
Merryfield Rd. *Lock*
—2F **135**
Merryweather Clo. *Brad S*
—1F **27**
Merryweathers. *Bris* —3A **82**
Merrywood Clo. *Bris*
—1E **79**
Merrywood Rd. *Bris* —1E **79**
Merstham Rd. *Bris* —5C **120**
Merton Rd. *Bris* —2A **58**
Mervyn Rd. *Bris* —3A **58**
Metford Gro. *Bris* —4D **57**
Metford Pl. *Bris* —4E **57**
Metford Rd. *Bris* —4D **57**
Methuen Clo. *Brad A*
—5F **115**
Methwyn Clo. *W Mare*
—1A **134**
Mews, The. *Bath* —1B **104**
Mezellion Pl. *Bath* —5C **100**
(off Camden Rd.)

Michaels Mead. *Bath*
—4C **98**
Middle Av. *Bris*
—4F **69** (4B **4**)
Middleford Ho. *Bris* —4E **87**
Middle La. *Bath* —5C **100**
Middle La. *Trow* —5F **117**
Middle Rank. *Brad A*
—2D **115**
Middle Rd. *Bris* —4A **62**
Middle Stoke. *Lim S*
—3B **112**
Middleton Rd. *Bris* —4B **38**
Middle Yeo Grn. *Nail*
—2C **122**
Midford. *W Mare* —1D **139**
Midford La. *Mid & Lim S*
—5D **111**
Midford Rd. *Bath* —3F **109**
Midhaven Rise. *W Mare*
—1C **128**
Midland Bri. Rd. *Bath*
—3F **105**
Midland Rd. *Bath* —3E **105**
Midland Rd. *Stap H* —3F **61**
Midland Rd. *St Ph* —3B **70**
Midlands, The. *Holt*
—2E **155**
Midland St. *Bris* —4B **70**
Midland Ter. *Bris* —4B **60**
Midland Way. *T'bry* —4C **6**
Midsomer Enterprise Pk.
Mid N —2A **152**
Midsummer Bldgs. *Bath*
—4B **100**
Milburn Rd. *W Mare*
—1D **133**
Milbury Gdns. *Worl* —3F **127**
Mildred St. *Bris* —3E **70**
Miles Ct. *Bar C* —1B **84**
Miles Rd. *Bris* —1C **68**
Miles's Bldgs. *Bath*
—2A **106** (2B **96**)
Miles St. *Bath*
—4B **106** (5D **97**)
Mile Wlk. *Bris* —1B **88**
Milford Av. *Wick* —4A **154**
Milford St. *Bris* —1E **79**
Milk St. *Bath*
—3A **106** (4B **96**)
Millard Clo. *Bris* —2E **41**
Millards Ct. *Mid N* —1E **151**
Millard's Hill. *Mid N*
—1E **151**
Mill Av. *Bris* —4F **69** (4C **4**)
Millbank Clo. *Bris* —2A **82**
Millbourn Clo. *W'ley*
—2E **113**
Millbrook Av. *Bris* —2B **82**
Millbrook Pl. *Bath* —4B **106**
Millbrook Rd. *Yate* —4D **17**
Mill Clo. *Fram C* —2E **31**
Mill Cres. *W'lgh* —5D **33**
Millcross. *Clev* —5C **120**
Millers Clo. *Pill* —3E **53**
Millers Dri. *Bris* —5E **75**
Miller's Rise. *W Mare*
—1E **129**
Miller Wlk. *B'ptn* —5F **101**
Millfield. *Mid N* —4C **150**
Millfield. *T'bry* —2D **7**
Millfield Dri. *Bris* —4E **75**
Millground Rd. *Bris* —4A **86**
Millhand Vs. *Trow* —3E **119**
Mill Ho., The. *Brad A*
—3F **115**

Milliman Clo. *Bris* —3F **87**
Millington Dri. *Trow*
—3A **118**
Mill La. *B'ptn* —4A **102**
Mill La. *Bedm* —1F **79**
Mill La. *Bit* —5F **85**
Mill La. *Brad A* —3E **115**
Mill La. *Chip S* —5C **18**
Mill La. *Cong* —2D **145**
Mill La. *Fram C* —5D **15**
Mill La. *Mon C* —4F **111**
Mill La. *Old S* —3F **35**
Mill La. *P'bry* —4A **52**
Mill La. *Rads* —1E **153**
Mill La. *Tim* —2E **157**
Mill La. *Trow* —1C **118**
Mill La. *Twer A* —3C **104**
Mill La. *War* —5D **75**
Mill Leg. *Cong* —2D **145**
Millmead Ho. *Bris* —4E **87**
Millmead Rd. *Bath*
—4D **105**
Millpond St. *Bris* —1C **70**
Mill Pool. *Bris* —3D **41**
Mill Rd. *Rads* —2D **153**
Mill Rd. *Wint D* —5F **29**
Mill Rd. Ind. Est. *Rads*
—1D **153**
Mill Steps. *Wint D* —1A **46**
Mill St. *Trow* —2D **119**
Millward Gro. *Bris* —3E **61**
Millward Ter. *Paul* —3B **146**
Milner Grn. *Bris* —5C **74**
Milner Rd. *Bris* —2B **58**
Milsom St. *Bath*
—2A **106** (2B **96**)
Milsom St. *Bris* —2C **70**
Milton Av. *Bath* —5A **106**
Milton Av. *W Mare* —5E **127**
Milton Brow. *W Mare*
—4F **127**
Milton Clo. *Nail* —2D **123**
Milton Clo. *Yate* —4F **17**
Milton Grn. *W Mare*
—4A **128**
Milton Hill. *W Mare*
—3F **127**
Milton Pk. *Bris* —3E **71**
Milton Pk. Rd. *W Mare*
—4A **128**
Milton Rise. *W Mare*
—4A **128**
Milton Rd. *Bris* —1A **58**
Milton Rd. *Rads* —3F **151**
Milton Rd. *W Mare*
—5D **127**
Milton Rd. *Yate* —4F **17**
Miltons Clo. *Bris* —4F **87**
Milverton. *W Mare* —1D **139**
Milverton Gdns. *Bris*
—5B **58**
Milward Rd. *Key* —2A **92**
Mina Rd. *Bris* —4B **58**
Minehead Rd. *Bris* —4B **80**
Minerva Gdns. *Bath*
—4D **105**
Minor's La. *H'ley* —1C **22**
Minsmere Rd. *Key* —5C **92**
Minster Way. *Bath* —1D **107**
Minton Clo. *Bris* —3D **89**
Minto Rd. *Bris* —5B **58**
Minto Rd. Ind. Cen. *Bris*
—5B **58**
Mission Rd. *Iron A* —2C **16**
Mitchell Ct. *Bris*
—4A **70** (4D **5**)
Mitchell La. *Bris*
—4A **70** (4D **5**)

Mivart St. *Bris* —5D **59**
Mizzymead Clo. *Nail*
—4C **122**
Mizzymead Rise. *Nail*
—4C **122**
Mizzymead Rd. *Nail*
—4D **123**
Modecombe Gro. *Bris*
—1B **40**
Mogg St. *Bris* —5C **58**
Molesworth Clo. *Bris*
—4C **86**
Molesworth Dri. *Bris*
—4C **86**
Monger Cotts. *Paul*
—1D **151**
Monger La. *Paul & Mid N*
—1C **150**
Monk Rd. *Bris* —3F **57**
Monks Av. *Bris* —2D **73**
Monksdale Rd. *Bath*
—5E **105**
Monks Hill. *W Mare*
—2F **127**
Monks Ho. *Yate* —2F **33**
Monk's Pk. Av. *Bris* —3A **42**
Monkton Av. *W Mare*
—1E **139**
Monkton Rd. *Bris* —1D **83**
Monmouth Clo. *P'head*
—4B **48**
Monmouth Ct. *Bath* —3F **105**
(off Monmouth Pl.)
Monmouth Ct. *Pill* —2E **53**
Monmouth Hill. *Alm*
—2A **10**
Monmouth Pl. *Bath*
—3A **106** (3A **96**)
Monmouth Rd. *Bris* —3F **57**
Monmouth Rd. *Key* —3F **91**
Monmouth Rd. *Pill* —2E **53**
Monmouth St. *Bath*
—3A **106** (3A **96**)
Monsdale Clo. *Bris* —1C **40**
Monsdale Dri. *Bris* —1C **40**
Montague Clo. *Stok G*
—4A **28**
Montague Hill. *Bris* —2F **69**
Montague Hill S. *Bris*
—2F **69**
Montague Pl. *Bris* —2F **69**
Montague Rd. *Salt* —5E **93**
Montague St. *Bris* —2F **69**
Montgomery St. *Bris*
—1B **80**
Montpelier. *Bath*
—2A **106** (1B **96**)
Montpelier. *W Mare*
—4D **127**
Montpelier E. *W Mare*
—4D **127**
Montpelier Path. *W Mare*
—5C **126**
Montreal Av. *Bris* —4B **42**
Montrose Av. *Bris* —1E **69**
Montrose Cotts. *Bath*
—5D **99**
Montrose Dri. *War* —4D **75**
Montrose Pk. *Bris* —3F **81**
Montroy Clo. *Bris* —1E **57**
Moon St. *Bris* —2A **70**
Moor Croft Dri. *L Grn*
—2B **84**
Moor Croft Rd. *Hut*
—5C **134**
Moordell Clo. *Yate* —5F **17**
Moor Drove. *Cong* —5C **144**

Moorend Gdns. *Bris* —5B **38**
Moorend Rd. *Ham* —1F **45**
Moor End Spout. *Nail*
—2C **122**
Moorfield Rd. *Back*
—2C **124**
Moorfields Clo. *Bath*
—1E **109**
Moorfields Ct. *Nail* —3C **122**
Moorfields Ho. *Bris* —3E **71**
Moorfields Ho. *Nail*
—3B **122**
Moorfields Rd. *Bath*
—5E **105**
Moorfields Rd. *Nail*
—3C **122**
Moor Gro. *Bris* —4B **38**
Moorgrove Ho. *Bris* —4E **39**
Moorham Rd. *Wins*
—3B **156**
Moorhill St. *Bris* —1D **71**
Moorhouse Cvn. Pk. *Bris*
—5D **23**
Moorhouse La. *H'len*
—4B **22**
Moorings, The. *Pill* —3E **53**
Moorland Rd. *Bath* —4E **105**
Moorland Rd. *W Mare*
—4B **132**
Moorland Rd. *Yate* —5F **17**
Moorlands Clo. *Nail*
—3C **122**
Moorlands Rd. *Bris* —4B **60**
(in two parts)
Moor La. *Back* —2B **124**
Moor La. *Clev* —4D **121**
(in two parts)
Moor La. *Lock & W Mare*
—1C **134**
Moor La. *W Mare* —4B **134**
Moor Pk. *Clev* —4E **121**
Moorpark Av. *Yate* —5E **17**
Moor Rd. *Ban* —1E **137**
Moor Rd. *Yat* —2B **142**
Moorside. *Yat* —2B **142**
Moravian Rd. *Bris* —2F **73**
Morden Wlk. *Bris* —1F **89**
Moreton Clo. *Bris* —4C **88**
Moreton St. *Bris* —2B **70**
Morford St. *Bath*
—1A **106** (1B **96**)
Morgan Clo. *Salt* —5F **93**
Morgans Hill Clo. *Bris*
—5C **122**
Morgan St. *Bris* —1B **70**
Morley Av. *Mang* —3C **62**
Morley Clo. *Bris* —3F **61**
Morley Clo. *Lit S* —2D **27**
Morley Rd. *Stap H* —3F **61**
Morley Rd. *S'vle* —1E **79**
Morley Sq. *Bris* —3A **58**
Morley St. *Bar H* —3D **71**
Morley St. *Bris* —1B **70**
Morley Ter. *Bath* —3E **105**
Morley Ter. *K'wd* —1F **73**
Morley Ter. *Rads* —1D **153**
Mornington Rd. *Bris*
—5C **56**
Morpeth Rd. *Bris* —5F **79**
Morris La. *Bathf* —3C **102**
Morris Rd. *Bris* —2C **58**
Morse Rd. *Bris* —3E **71**
Mortimer Clo. *Bath* —4C **98**
Mortimer Rd. *Clif* —3C **68**
Mortimer Rd. *Fil* —3D **43**
Mortimer St. *Trow* —3C **117**
Morton St. *Bris* —3D **71**
Morton St. *T'bry* —1D **7**

Morton Way. *T'bry* —1E **7**
Moseley Gro. *Uph* —1C **138**
Moulton Dri. *Brad A*
—5E **115**
Mountain Ash. *Bath* —5E **99**
Mountain Wood. *Bathf*
—4D **103**
Mountbatten Clo. *Kew*
—1C **128**
Mountbatten Clo. *Yate*
—3F **17**
Mt. Beacon. *Bath* —5B **100**
Mount Beacon Pl. *Bath*
—5A **100**
Mt. Beacon Row. *Bath*
—5B **100**
Mount Clo. *Fram C* —1B **30**
Mount Cres. *Wint* —4A **30**
Mount Gdns. *Bris* —4F **73**
Mount Gro. *Bath* —1C **108**
Mount Hill Rd. *Bris* —4E **73**
Mt. Pleasant. *Brad A*
—2E **115**
Mt. Pleasant. *H'len* —5E **23**
Mt. Pleasant. *Pill* —3F **53**
Mt. Pleasant. *Rads* —2E **153**
Mt. Pleasant Ter. *Bris*
—1E **79**
Mount Rd. *L'dwn* —1A **106**
Mount Rd. *S'dwn* —5B **104**
Mount, The. *Trow* —5E **117**
Mount View. L'dwn
(off Beacon Rd.) —5B **100**
Mount View. *S'dwn*
—1C **108**
Mow Barton. *Bris* —2B **86**
Mow Barton. *Yate* —4F **17**
Mowbray Rd. *Bris* —1E **89**
Mowcroft Rd. *Bris* —4E **87**
Moxham Dri. *Bris* —4D **87**
Mud La. *Clav* —1D **143**
Muirfield. *War* —4C **74**
Muirfields. *Yate* —1A **34**
Mulberry Clo. *Back*
—2C **124**
Mulberry Clo. *Bris* —2A **74**
Mulberry Clo. *W Mare*
—4D **129**
Mulberry Dri. *Bris* —1B **74**
Mulberry La. *B'don*
—5A **140**
Mulberry Rd. *Cong*
—3E **145**
Mulberry Wlk. *Bris* —4E **39**
Muller Av. *Bris* —3B **58**
Muller Rd. *Hor & Eastv*
—1B **58**
Mulready Clo. *Bris* —1E **59**
Murford Av. *Bris* —3D **87**
Murford Wlk. *Bris* —4D **87**
Murray Rd. *Trow* —5D **117**
Murray St. *Bris* —1E **79**
Musgrove Clo. *Bris* —2E **39**
Myrtle Dri. *Bris* —2A **54**
Myrtle Gdns. *Yat* —3B **142**
Myrtle Rd. *Bris* —2E **69**
Myrtle St. *Bris* —1D **79**
Mythern Meadow. *Brad A*
—4F **115**

Nags Head Hill. *Bris*
—3C **72**
Nailsea Clo. *Bris* —1C **86**
Nailsea Pk. *Nail* —3B **123**
Nailsea Pk. Clo. *Nail*
—3E **123**
Nailsworth Av. *Yate* —5A **18**

Naishcombe Hill. *Wick*
—5B **154**
Naishes Av. *Pea J* —4D **157**
Naish Ho. *Bath* —3B **104**
Napier Ct. *Bris* —5D **69**
Napier Miles Rd. *Bris*
—4C **38**
Napier Rd. *A'mth* —3D **37**
Napier Rd. *Bath* —3B **98**
Napier Rd. *Eastv* —5D **59**
Napier Rd. *Redl* —5D **57**
Napier Sq. *Bris* —3C **36**
Napier St. *Bris* —4D **71**
Narroways Rd. *Bris* —4C **58**
Narrow La. *Bris* —4A **62**
Narrow Lewins Mead. *Bris*
—3F **69** (2B **4**)
Narrow Plain. *Bris*
—4A **70** (3E **5**)
Narrow Quay. *Bris*
—5F **69** (5B **4**)
Narrow Wine S. Trow
(off Fore St.) —2D **119**
Naseby Wlk. *Bris* —1B **72**
Nash Clo. *Key* —3C **92**
Nash Dri. *Bris* —5E **43**
Nasmilco. *Stav* —1D **117**
Naunton Way. *W Mare*
—3F **127**
Navigator Clo. *Trow*
—3E **117**
Neads Dri. *War* —5E **75**
Neate Ct. *Pat* —1E **27**
Neath Rd. *Bris* —2F **71**
Nelson Bldgs. *Bath*
—1B **106**
Nelson Ct. *W Mare*
—1C **128**
Nelson Ho. *Bath* —2F **105**
Nelson Ho. *Bris* —2F **61**
Nelson Pde. *Bris* —1F **79**
Nelson Pl. *Bath* —1B **106**
Nelson Pl. E. Bath —1B **106**
(off Nelson Ter.)
Nelson Pl. W. *Bath*
—3F **105**
Nelson Rd. *Bris* —2F **61**
(in two parts)
Nelson St. *Bedm* —3C **78**
Nelson St. *Bris*
—3F **69** (2C **4**)
Nelson Ter. *Bath* —1B **106**
Nelson Vs. *Bath* —3F **105**
Neston Wlk. *Bris* —5B **80**
Netham Pk. Ind. Est. *Bris*
—4F **71**
Netham Rd. *Bris* —3F **71**
Netherways. *Clev* —5B **120**
Nettlestone Clo. *Bris*
—5A **24**
Nevalan Dri. *Bris* —4C **72**
Neva Rd. *W Mare* —2C **132**
Neville Rd. *Bris* —5A **62**
Nevil Rd. *Bris* —3A **58**
Newark St. *Bath*
—4B **106** (5C **96**)
Newbolt Clo. *W Mare*
—4E **133**
New Bond St. *Bath*
—3A **106** (3B **96**)
New Bond St. Pl. Bath
—1B **106** (3C **96**)
(off New Bond St.)
Newbourne Rd. *W Mare*
—1A **134**
Newbrick Rd. *Stok G*
—4C **28**
Newbridge Clo. *Bris* —4F **71**

Newbridge Ct. *Bath* —2C **104**
Newbridge Gdns. *Bath*
—1B **104**
Newbridge Hill. *Bath*
—1B **104**
Newbridge Rd. *Bath*
—1A **104**
Newbridge Rd. *Bris* —4F **71**
Newbridge Trad. Est. *Bris*
—5F **71**
New Bristol Rd. *W Mare*
—4C **128**
New Brunswick Av. *Bris*
—3D **73**
New Buildings. *Bris* —3B **60**
Newbury Rd. *Bris* —5C **42**
New Charlotte St. *Bris*
—1F **79**
New Cheltenham Rd. *Bris*
—1F **73**
New Church Rd. *Uph*
—1B **138**
Newcombe Dri. *Bris* —3E **55**
Newcombe Rd. *Bris* —5B **40**
New Ear La. *W Mare*
—1C **130**
New Engine Rank. *Coal H*
—1F **47**
Newent Av. *Bris* —3D **73**
New Fosseway Rd. *Bris*
—2D **89**
Newfoundland Rd. *Bris*
—2B **70**
Newfoundland St. *Bris*
—2A **70**
Newfoundland Way. *Bris*
—2B **70**
Newgate. *Bris*
—3A **70** (2D **5**)
Newhaven Pl. *P'head*
—4A **48**
Newhaven Rd. *P'head*
—5A **48**
New John St. *Bris* —2E **79**
New Kingsley Rd. *Bris*
—4B **70** (3F **5**)
New King St. *Bath* —3A **106**
Newland Dri. *Bris* —4C **86**
Newland Rd. *Bris* —4C **86**
Newland Rd. *W Mare*
—2D **133**
Newlands Av. *Coal H*
—2E **31**
Newlands Clo. *P'head*
—3E **49**
Newlands Grn. *Clev*
—5E **121**
Newlands Hill. *P'head*
—4E **49**
Newlands Rd. *Key* —4F **91**
Newlands, The. *Bris* —5D **45**
Newland Wlk. *Bris* —5C **86**
New La. *Alv* —2D **9**
New Leaze. *Alm* —3E **11**
Newleaze. *Hil* —3F **117**
Newleaze Ho. *Brad S*
—2D **43**
Newlyn Av. *Bris* —2F **55**
Newlyn Wlk. *Bris* —4D **81**
Newlyn Way. *Yate* —4B **18**
Newman Clo. *W'lgh* —5D **33**
Newmans La. *Tim* —1E **157**
Newmarket Av. *Bris*
—3F **69** (2C **4**)
Newmarket Av. *Whit B*
—3F **155**
Newmarket Row. Bath
(off Grand Pde.) —3B **106**

Newnham Clo.—Oakenhill Wlk.

Newnham Clo. *Bris* —1F **89**
Newnham Pl. *Pat* —5B **10**
New Orchard St. *Bath*
　　　　　—3D **106** (4C **96**)
Newport Clo. *Clev* —4C **120**
Newport Clo. *P'head* —4B **48**
Newport Rd. *Pill* —2E **53**
Newport St. *Bris* —2A **80**
Newquay Rd. *Bris* —4B **80**
New Queen St. *Bris* —1D **73**
New Queen St. *K'wd*
　　　　　—1A **80**
New Rd. *Ban* —4C **136**
New Rd. *Bathf* —4E **103**
New Rd. *Brad A* —2E **115**
New Rd. *Brad S* —1B **42**
New Rd. *Bris* —2E **43**
New Rd. *F'frd* —4C **112**
New Rd. *Mid N* —3D **151**
New Rd. *Pill* —3E **53**
New Rd. *Trow* —3C **118**
Newry Wlk. *Bris* —4A **80**
Newsome Av. *Pill* —3E **53**
New Stadium Rd. *Bris*
　　　　　—5D **59**
New Station Rd. *Bris*
　　　　　—3C **60**
New Station Way. *Fish*
　　　　　—3C **60**
New St. *Bath*
　　　　　—3A **106** (4B **96**)
New St. *Bris* —3B **70** (1F **5**)
New St. Flats. *Bris*
　　　　　—3B **70** (1F **5**)
New Ter. *Stav* —1D **117**
New Thomas St. *Bris*
　　　　　—3B **70** (2F **5**)
Newton Clo. *Bris* —1C **74**
Newton Dri. *Bris* —5C **74**
Newton Grn. *Nail* —5B **122**
Newton Rd. *Bris* —5C **74**
Newton Rd. *W Mare*
　　　　　—2C **132**
Newtons Rd. *Kew* —1C **128**
　　(in two parts)
Newton St. *Bris* —2C **70**
Newtown. *Brad A* —3D **115**
Newtown. *Trow* —2C **118**
New Tyning Ter. Bath
　　(off Fairfield Rd.) —5C **100**
New Vs. *Bath* —5C **106**
New Wlk. *Bris* —5D **73**
New Walls. *Tot* —1B **80**
Niblett Clo. *Bris* —4B **74**
Nibletts Hill. *Bris* —4B **72**
Nibley La. *Iron A* —3A **16**
Nibley La. *Yate* —3C **16**
Nibley Rd. *Bris* —2F **53**
Nicholas La. *Bris* —4C **72**
Nicholas Rd. *Bris* —1D **71**
Nicholas St. *Bris* —1A **80**
Nicholettes. *Bris* —5F **75**
Nicholls La. *Wint* —3A **30**
Nicholl's Pl. Bath —1A **106**
　　(off Lansdown Rd.)
Nichol's Rd. *P'head* —2B **48**
Nigel Pk. *Bris* —5A **38**
Nightingale Clo. *Fram C*
　　　　　—3C **30**
Nightingale Clo. *T'bry*
　　　　　—2E **7**
Nightingale Clo. *W Mare*
　　　　　—4C **128**
Nightingale Ct. *W Mare*
　　　　　—4C **128**
Nightingale Gdns. *Nail*
　　　　　—3B **122**

Nightingale La. *Wint*
　　　　　—2C **30**
Nightingale Rise. *P'head*
　　　　　—5B **48**
Nightingale Rd. *Trow*
　　　　　—2A **118**
Nightingale Valley. *Bris*
　　　　　—5A **72**
Nightingale Way. *Mid N*
　　　　　—4E **151**
Nile St. *Bath* —3F **105**
Nine Tree Hill. *Bris* —1A **70**
Ninth Av. *Bris* —3D **43**
Nippors Way. *Wins*
　　　　　—4A **156**
Nithsdale Rd. *W Mare*
　　　　　—4C **132**
Noble Av. *Bris* —1E **85**
Nomis Pk. *Cong* —4E **145**
Nore Gdns. *P'head* —2E **49**
Nore Pk. Dri. *P'head*
　　　　　—2B **48**
Nore Rd. *P'head* —4A **48**
Norfolk Av. *Bris* —2A **70**
Norfolk Av. *St And* —5A **58**
Norfolk Bldgs. *Bath*
　　　　　—3F **105**
Norfolk Cres. *Bath* —3F **105**
Norfolk Gro. *Key* —4E **91**
Norfolk Pl. *Bris* —2E **79**
Norfolk Rd. *P'head* —4A **50**
Norland Rd. *Bris* —2B **68**
Norley Rd. *Bris* —5B **42**
Normanby Rd. *Bris* —1D **71**
Norman Gro. *Bris* —5F **61**
Norman Rd. *Salt* —5F **93**
Norman Rd. *War* —5C **58**
Norman Rd. *War* —2D **75**
Normans, The. *B'ptn*
　　　　　—5A **102**
Normanton Rd. *Bris* —5C **56**
Norrisville Rd. *Bris* —1A **70**
Northampton Bldgs. *Bath*
　　　　　—1A **106**
Northampton St. *Bath*
　　　　　—1A **106**
Northanger Ct. Bath
　　(off Grove St.) —2B **106**
Northavon Bus. Cen. *Yate*
　　　　　—3E **17**
Northcote Rd. *Clif* —1B **68**
Northcote Rd. *Down & Mang*
　　　　　—1B **62**
Northcote Rd. *St G* —2A **72**
Northcote St. *Bris* —1D **71**
North Croft *Old C* —1F **85**
N. Devon Rd. *Bris* —2C **60**
Northdown Rd. *Rads*
　　　　　—4B **148**
N. Drove. *Nail* —3A **122**
N. East Rd. *T'bry* —2D **7**
North End. *Yat* —1A **142**
Northend Av. *Bris* —5F **61**
Northend Cotts. *Bath*
　　　　　—1A **102**
Northend Gdns. *Bris*
　　　　　—5F **61**
Northend Rd. *Bris* —1A **74**
N. End Rd. *Yat* —1A **142**
Northern Path. *Clev*
　　　　　—3F **121**
Northern Way. *Clev*
　　　　　—4E **121**
Northfield. *Rads* —1D **153**
Northfield. *W'ley* —2F **113**
Northfield. *Yate* —1F **33**
Northfield Av. *Bris* —5F **73**
Northfield Ho. *Bris* —1E **79**

Northfield Rd. *Bris* —3D **73**
Northfield Rd. *P'head*
　　　　　—5A **48**
Northfields. *Bath* —5A **100**
Northfields Clo. *Bath*
　　　　　—5A **100**
Northgate St. *Bath*
　　　　　—3B **106** (3C **96**)
North Grn. St. *Bris* —4B **68**
North Gro. *Pill* —3E **53**
N. Hills Clo. *W Mare*
　　　　　—1F **139**
North La. *Bath* —4E **107**
North La. *Nail* —1A **122**
Northleach Wlk. *Bris*
　　　　　—2B **54**
N. Leaze. *L Ash* —3D **77**
Northleigh. *Brad A* —1F **115**
Northleigh Av. *W Mare*
　　　　　—4A **128**
Northmead Av. *Mid N*
　　　　　—2C **150**
Northmead Clo. *Mid N*
　　　　　—2C **150**
Northmead La. *Iron A*
　　　　　—1F **15**
N. Meadows. *Pea J*
　　　　　—4E **157**
Northmead Rd. *Mid N*
　　　　　—2C **150**
Northover Clo. *Bris* —3B **40**
Northover Rd. *Bris* —3B **40**
North Pde. *Bath*
　　　　　—3B **106** (4D **97**)
North Pde. *Yate* —4A **18**
North Pde. Bldgs. Bath
　　(off Orchard St.) —3B **106**
North Pde. Pas. *Bath*
　　　　　—3B **106** (4C **96**)
North Pde. Rd. *Bath*
　　　　　—3B **106** (4D **97**)
North Pk. *Bris* —1A **74**
North Quay. *Bath*
　　　　　—4A **70** (3E **5**)
North Rd. *Ash G* —1C **78**
North Rd. *Ban* —5E **137**
North Rd. *Bath*
　　　　　—2D **107** (1F **97**)
North Rd. *C Down* —3C **110**
North Rd. *Iron A* —1D **17**
North Rd. *L Wds* —3F **67**
North Rd. *Mid N* —3C **150**
North Rd. *St And* —5F **57**
North Rd. *Stok G* —5A **28**
North Rd. *T'bry* —2D **7**
North Rd. *Tim* —1E **85**
North Rd. *Wint* —2B **30**
North St. *Bedm* —1C **78**
North St. *Bris* —2A **70**
North St. *Down* —2F **61**
North St. *Nail* —5A **122**
North St. *Old C* —1E **85**
North St. *Wickw* —1B **154**
North St. *W Mare* —5C **126**
Northumberland Bldgs. Bath
　　(off Barton St.) —3A **106**
Northumberland Pl. *Bath*
　　　　　—3B **106** (3C **96**)
Northumberland Rd. *Bris*
　　　　　—5E **57**
Northumbria Dri. *Bris*
　　　　　—2D **57**
North View. *Rads* —2E **153**
North View. *Soun* —3F **61**
North View. *Stap H* —2A **62**
North View. *W'bry P*
　　　　　—3C **56**
N. View Clo. *Bath* —4C **104**

N. View Dri. *Ban* —5D **137**
Northville Rd. *Bris* —3B **42**
North Wlk. *Yate* —4A **18**
North Way. *Bath* —4B **104**
Northway. *Bris* —5D **27**
North Way. *Mid N* —3D **151**
North Way. *Trow* —3A **118**
Northwick Rd. *Bris* —4B **42**
Northwoods Wlk. *Bris*
　　　　　—1F **41**
N. Worle Shopping Cen.
　　W Mare —3F **129**
Norton Clo. *Bris* —3B **74**
Norton La. *Kew* —1A **128**
Norton La. *W'chu* —5F **89**
Norton Rd. *Bris* —3C **80**
Nortons Wood La. *Clev*
　　　　　—1F **121**
Norwich Dri. *Bris* —4A **72**
Norwood Av. *Bath* —5F **107**
Norwood Gro. *P'head*
　　　　　—3B **48**
Norwood Rd. *Nail* —4E **123**
Notgrove Clo. *W Mare*
　　　　　—3F **127**
Nottingham Rd. *Bris*
　　　　　—4A **58**
Nottingham St. *Bris* —2A **80**
Nova Scotia Pl. *Bris* —5C **68**
Nover's Cres. *Bris* —5E **79**
Nover's Hill. *Bedm & Know*
　　　　　—4E **79**
Novers Hill Trad. Est. *Bedm*
　　　　　—4E **79**
Nover's La. *Bris* —5E **79**
Nover's Pk. Clo. *Bris*
　　　　　—2D **87**
Nover's Pk. Dri. *Bris*
　　　　　—5E **79**
Nover's Pk. Rd. *Bris* —5F **79**
Nover's Rd. *Bris* —5E **79**
Nowhere La. *Nail* —4F **123**
Nugent Hill. *Bris* —1F **69**
Nunney Clo. *Key* —5A **92**
Nursery Clo. *Hil* —4F **117**
Nursery Gdns. *Bris* —1C **40**
Nursery, The. *Bris* —2D **79**
Nutfield Gro. *Bris* —2D **43**
Nutgrove Av. *Bris* —2A **80**
Nuthatch Dri. *Bris* —1C **60**
Nuthatch Gdns. *Bris*
　　　　　—1C **60**
Nutwell Rd. *W Mare*
　　　　　—3C **128**
Nutwell Sq. *W Mare*
　　　　　—3C **128**
Nye Drove. *W Mare*
　　　　　—2F **137**
Nympsfield. *Bris* —5A **62**

Oak Av. *Bath* —1D **109**
Oak Clo. *Lit S* —2F **27**
Oak Clo. *Yate* —2F **17**
Oak Ct. *Bris* —3C **88**
Oakdale Av. *Bris* —4F **45**
Oakdale Clo. *Bris* —4A **46**
Oakdale Ct. *Bris* —4F **45**
Oakdale Gdns. *W Mare*
　　　　　—3D **129**
Oakdale Rd. *Bris* —5C **80**
Oakdale Rd. *Down* —4A **46**
Oakdene Av. *Bris* —4F **59**
Oak Dri. *N Brad* —4D **155**
Oak Dri. *P'head* —4D **49**
Oakenhill Rd. *Bris* —3A **82**
Oakenhill Wlk. *Bris* —3A **82**

Oakfield Clo. *Bath* —1E **105**
Oakfield Gro. *Bris* —2D **69**
Oakfield Pl. *Bris* —2D **69**
Oakfield Rd. *Clif* —2C **68**
Oakfield Rd. *Key* —5B **92**
Oakfield Rd. *K'wd* —3F **73**
Oakford Av. *W Mare*
—5D **127**
Oakford La. *Bath* —1B **102**
Oak Gro. *E'ton G* —3E **53**
Oakhanger Dri. *Bris* —3C **38**
Oakhill. *W Mare* —1E **139**
Oakhill Av. *Bit* —3E **85**
Oakhill Clo. *Nail* —4F **123**
Oakhill La. *H'len* —5E **23**
Oakhill Rd. *Bath* —2A **110**
Oakhurst Rd. *Bris* —2B **56**
Oakland Dri. *Hut* —5C **134**
Oakland Rd. *Redl* —1D **69**
Oakland Rd. *St G* —2A **72**
Oaklands. *Clev* —2C **120**
Oaklands. *Paul* —5B **146**
Oaklands Clo. *Mang* —2D **63**
Oaklands Dri. *Alm* —2C **10**
Oaklands Dri. *Bris* —4C **44**
Oaklands Dri. *Old C* —3E **85**
Oaklands Rd. *Mang* —2C **62**
Oak La. *Bris* —5B **60**
Oakleaze. *Coal H* —2F **31**
Oakleaze Rd. *T'bry* —3D **7**
Oakleigh Av. *Bris* —1F **71**
Oakleigh Clo. *Back* —3D **125**
Oakleigh Gdns. *Old C*
—3E **85**
Oakley. *Bath* —4F **107**
Oakley. *Clev* —5B **120**
Oakley Rd. *Bris* —5B **42**
Oakmeade Pk. *Bris* —3D **81**
Oakridge Clo. *Bris* —3C **74**
Oakridge Clo. *Wins* —5C **156**
Oakridge La. *Wins* —5C **156**
Oak Rd. *Bris* —2A **58**
Oak Rd. *Wins* —3B **156**
Oaksey Gro. *Nail* —3F **123**
Oak St. *Bath*
—4A **106** (5A **96**)
Oak Ter. *Rads* —3A **152**
Oak Tree Av. *Puck* —2D **65**
Oaktree Clo. *Bris* —2E **83**
Oak Tree Clo. *Trow*
—1B **118**
Oaktree Ct. *Shire* —5A **38**
Oaktree Cres. *Brad S*
—4D **11**
Oaktree Gdns. *Bris* —3A **86**
Oaktree Pk. *Lock* —3C **134**
Oak Tree Wlk. *Key* —5F **91**
Oakwood Av. *Bris* —1D **57**
Oakwood Rd. *Bris* —1D **57**
Oatlands Av. *Bris* —2C **88**
Oatvale Rd. *Bris* —3C **88**
Oberon Av. *Bris* —5A **60**
Odeon Bldgs. W Mare
(off Station Rd.) —1C **132**
Odins Rd. *Bath* —3E **109**
Okebourne Clo. *Bris*
—5D **25**
Okebourne Rd. *Bris* —1D **41**
Oldacre Rd. *Bris* —5C **88**
Old Ashley Hill. *Bris* —5B **58**
Old Aust Rd. *Alm* —1E **11**
Old Banwell Rd. *Lock*
—4F **135**
Old Barrow Hill. *Bris*
—5F **37**
Old Batch, The. *Brad A*
—1C **114**

Old Bond St. *Bath*
—3A **106** (3B **96**)
Old Bread St. *Bris*
—4B **70** (3F **5**)
Oldbridge Rd. *Bris* —5E **89**
Old Bristol Rd. *Key* —1E **91**
Old Bristol Rd. *W Mare*
—3E **129**
Oldbury Chase. *Bris* —3C **84**
Oldbury Ct. Dri. *Bris* —1D **61**
Oldbury Ct. Rd. *Bris* —2C **60**
Oldbury La. *T'bry* —1D **7**
Oldbury La. *Wick* —5C **154**
Old Church Rd. *Clev*
—4A **120**
Old Church Rd. *Nail*
—5C **122**
Old Church Rd. *Rudg*
—5A **8**
Old Church Rd. *Uph*
—1B **138**
Old Cider Mills Est. *Wickw*
—1C **154**
Old England Way. *Pea J*
Old Farm La. *Bris* —4D **73**
Old Ferry Rd. *Bath* —3D **105**
Oldfield. *Clev* —5E **121**
Oldfield La. *Bath* —5E **105**
Oldfield Pl. *Bath* —4F **105**
Oldfield Pl. *Bris* —5B **68**
Oldfield Rd. *Bath* —4F **105**
Oldfield Rd. *Bris* —5C **68**
Oldfields La. *Alm* —1D **13**
Old Fire Sta. Ct. *Nail*
—3B **122**
Old Forge Way. *Bath*
—4E **157**
Old Fosse Rd. *Bath*
—2D **109**
Old Fosse Rd. *Mid N*
—5B **148**
Old Frome Rd. *Bath*
—4F **109**
Old Gloucester Rd. *Alv*
—2C **8**
Old Gloucester Rd. *Fren &*
(in two parts) *Ham* —4D **29**
Old Gloucester Rd. *Wint*
—5D **13**
Old Junction Rd. *W Mare*
—3F **133**
Old King St. *Bath*
—2A **106** (2B **96**)
Oldlands Av. *Coal H* —3E **31**
Old La. *Tic* —1B **122**
Old Mkt. St. *Bris*
—3A **70** (2E **5**)
Oldmead Wlk. *Bris* —1A **86**
Old Midford Rd. *S'ske*
—5B **110**
Old Mill Clo. *W'lgh* —5D **33**
Old Mill Rd. *P'head* —2F **49**
Old Mills Ind. Est. *Mid N*
—2B **150**
Old Mills La. *Paul* —1A **150**
Oldmixon Cres. *W Mare*
—2E **139**
Oldmixon Rd. *W Mare*
Old Newbridge Hill. *Bath*
—1B **104**
Old Orchard. *Bath*
—2B **106** (1C **96**)
Old Orchard St. *Bath*
—3B **106** (4C **96**)

Old Park. *Bris*
—3E **69** (1A **4**)
Old Pk. Hill. *Bris*
—3E **69** (2A **4**)
Old Park Rd. *Bris* —5F **37**
Old Park Rd. *Clev* —1D **121**
Old Pit Rd. *Mid N* —4E **151**
Old Pit Ter. *Clan* —5B **148**
Old Post Office La. *W Mare*
—5B **126**
Old Priory Rd. *E'ton G*
—3D **53**
Old Quarry. *Bath* —2E **109**
Old Quarry Rise. *Bris*
—5A **38**
Old Quarry Rd. *Bris* —5F **37**
Old Rd. *Writ* —3F **153**
Old School La. *B'don*
—5A **140**
Old Sneed Av. *Bris* —3F **55**
Old Sneed Cotts. *Bris*
—3F **55**
Old Sneed Pk. *Bris* —3F **55**
Old Sneed Rd. *Bris* —3F **55**
Old Sta. Clo. *Wrin* —2B **156**
Old St. *Clev* —3D **121**
Old Track. *Lim S* —2A **112**
Old Vicarage Ct. *Bris*
—4E **89**
Old Vicarage Grn. *Key*
—2A **92**
Old Vicarage Pl. *Bris* —5C **56**
Old Vicarage, The. *Bris*
—1A **70**
Oldville Av. *Clev* —4D **121**
Old Wells Rd. *Bath*
—1A **110**
Old Weston Rd. *Cong*
—1A **144**
Olive Gdns. *Alv* —3A **8**
Olveston Rd. *Bris* —2A **58**
Olympus Clo. *Lit S* —3F **27**
Olympus Rd. *Pat* —1F **25**
Onega Ter. *Bath* —2F **105**
Oolite Gro. *Bath* —3E **109**
Oolite Rd. *Bath* —3E **109**
Oram Ct. *Bar C* —1B **84**
Orange Gro. *Bath*
—3B **106** (3C **96**)
Orange St. *Bris* —2B **70**
Orchard Av. *Bris*
—4E **69** (3A **4**)
Orchard Av. *Mid N* —3C **150**
Orchard Av. *T'bry* —3D **7**
Orchard Boulevd. *Old C*
—1D **85**
Orchard Cvn. Site, The. *Bris*
—4F **89**
Orchard Clo. *Ban* —5F **137**
Orchard Clo. *Cong* —2D **145**
Orchard Clo. *Key* —2E **91**
Orchard Clo. *K'wd* —2A **74**
Orchard Clo. *P'head* —3F **49**
Orchard Clo. *Wrin* —1C **156**
Orchard Clo. *W Trym*
—2B **56**
Orchard Clo. *Yate* —4B **18**
Orchard Clo., The. *Lock*
—4D **135**
Orchard Ct. *Bris*
—4F **69** (3B **4**)
Orchard Ct. Fil —2C **42**
(off Gloucester Rd. N.)
Orchard Ct. *Redf* —3F **71**
Orchard Ct. *S Park* —4E **55**
Orchard Ct. Trow —3D **119**
(off Orchard Rd.)

Orchard Cres. *Bris* —5F **37**
Orchard Dri. *Bris* —3C **86**
Orchard Gdns. *Bris* —2B **74**
Orchard Gdns. *Paul*
—3B **146**
Orchard Grange. *T'bry*
—2C **6**
Orchard La. *Bris*
—4E **69** (3A **4**)
Orchard La. *S Park* —3F **55**
Orchard Lea. *Alv* —2C **8**
Orchard Lea. *Pill* —3F **53**
Orchard Pl. *W Mare*
—1C **132**
Orchard Rd. *Back* —2C **124**
Orchard Rd. *Bishop* —3A **58**
Orchard Rd. *Clev* —4D **121**
Orchard Rd. *Coal H* —2F **31**
Orchard Rd. *Hut* —1B **140**
Orchard Rd. *K'wd* —2A **74**
Orchard Rd. *L Ash* —4B **76**
Orchard Rd. *Nail* —4B **122**
Orchard Rd. *Paul* —3B **146**
Orchard Rd. *St G* —2B **72**
Orchard Rd. *Trow* —3D **119**
Orchard Rd. *Yate* —2D **65**
Orchard Sq. *Bris* —3F **71**
Orchards, The. *Bris* —3B **74**
Orchards, The. *Pill* —3E **53**
Orchard St. *Bris*
—4E **69** (3A **4**)
Orchard St. *W Mare*
—1C **132**
Orchard Ter. *Bath* —3C **104**
Orchard, The. *Ban* —5E **137**
Orchard, The. *Fram C*
—1E **31**
Orchard, The. *F'frd*
—4D **113**
Orchard, The. *Lock* —3E **135**
Orchard, The. *Stok G*
—4B **28**
Orchard, The. *W Trym*
—5C **40**
Orchard Vale. *Bris* —2B **74**
Orchard Vale. *Mid N*
—3B **150**
Orchard Way. *Bath*
—5D **157**
Orchard Way. *N Brad*
—4D **155**
Oriel Clo. *Hil* —4F **117**
Oriel Gdns. *Bath* —4D **101**
Oriel Gro. *Bath* —5C **104**
Orion Dri. *Lit S* —3F **27**
Orland Way. *L Grn* —2C **84**
Orlebar Gdns. *Bris* —2D **39**
Orme Dri. *Clev* —1D **121**
Ormerod Rd. *Bris* —3A **56**
Ormonds Clo. *Brad S*
—4A **12**
Ormsley Clo. *Lit S* —1E **27**
Ormstone Ho. *Bris* —4C **86**
Orpen Gdns. *Bris* —2D **59**
Orpen Pk. *Alm* —3D **11**
Orpheus Av. *Lit S* —3F **27**
Orwell Dri. *Key* —4B **92**
Orwell St. *Bris* —2A **80**
Osborne Av. *Bris* —4B **58**
Osborne Av. *W Mare*
—1D **133**
Osborne Clo. *Stok G*
—4F **27**
Osborne Rd. *Bath* —3C **104**
Osborne Rd. *Clif* —1C **68**
Osborne Rd. *Sev B* —3A **20**
Osborne Rd. *S'vle* —1E **79**
Osborne Rd. *Trow* —4E **117**

Osborne Rd. *W Mare*
—1D **133**
Osborne Ter. *Bris* —3D **79**
Osborne Vs. *Bris* —2E **69**
Osprey Ct. *Bris* —3F **87**
Osprey Gdns. *W Mare*
—4D **129**
Osprey Pk. *T'bry* —1E **7**
Osprey Rd. *Bris* —3E **71**
Ostlings La. *Bathf* —4C **102**
Otago Ter. *Bath* —4D **101**
Ottawa Rd. *W Mare*
—5D **133**
Otterford Clo. *Bris* —3D **89**
Otter Rd. *Clev* —5D **121**
Ottery Clo. *Bris* —3C **38**
Ottrells Mead. *Brad S*
—3E **11**
Oval, The. *Bath* —5D **105**
Overdale. *Clan* —4B **148**
Overhill. *Pill* —3F **53**
Over La. *E Comp* —1D **25**
Overndale Rd. *Bris* —2E **61**
Overnhill Ct. *Bris* —2F **61**
Overnhill Rd. *Bris* —2E **61**
Overnhurst Ct. *Bris* —2F **61**
Overton Rd. *Bris* —5A **58**
Owen Gro. *Bris* —2D **57**
Owen Sq. *Bris* —2E **71**
Owen St. *Bris* —2E **71**
Owls Head Rd. *Bris* —4A **74**
Ox Barton. *Stok G* —3B **28**
Oxen Leaze. *Brad S* —4A **12**
Oxford Pl. *Bris* —4B **68**
Oxford Pl. *C Down* —2D **111**
Oxford Pl. *E'tn* —1D **71**
Oxford Pl. *W Mare* —1B **132**
Oxford Row. *Bath*
—2A **106** (1B **96**)
Oxford Sq. *Lock* —2F **135**
Oxford St. *Bar H* —3E **71**
Oxford St. *Bris* —1B **70**
Oxford St. *K'dwn* —2E **69**
Oxford St. *St Ph* —4B **70**
Oxford St. *Tot* —2B **80**
Oxford St. *W Mare* —1B **132**
Oxford Ter. *C Down*
—2D **111**
Oxleaze. *Bris* —4F **87**
Oxleaze La. *Dun* —5A **86**
Ozleworth. *Bris* —2C **74**

Pack Horse La. *S'ske*
—5A **110**
Pacquet Houses. Pill —2F **53**
(off Underbanks)
Paddock Clo. *Brad S*
—4F **11**
Paddock Garden. *Bris*
—4B **88**
Paddock Gdns. *Alv* —2B **8**
Paddocks, The. *Cor*
—3C **110**
Paddocks, The. *T'bry* —3E **7**
Paddocks, The. *Uph*
—1B **138**
Paddock, The. *Ban* —5E **137**
Paddock, The. *Bath* —5D **95**
Paddock, The. *Clev*
—4D **121**
Paddock, The. *P'head*
—4F **49**
Paddock Woods. *C Down*
—2E **111**
Padfield Clo. *Bath* —4C **104**
Padleigh Hill. *Bath* —2B **108**
Padmore Ct. *Bris* —3F **71**

Padstow Rd. *Bris* —5B **80**
Page Clo. *Bris* —3B **62**
Page Ct. *Bris* —3B **62**
Page Rd. *Bris* —3F **61**
Pages Ct. *Yat* —3C **142**
Pages Mead. *Bris* —4E **37**
Painswick Av. *Pat* —1D **27**
Painswick Dri. *Yate* —5A **18**
Palace Yd. M. *Bath*
—3A **106** (3A **96**)
Palairet Clo. *Brad A*
—5E **115**
Palmdale Clo. *L Grn* —2C **84**
Palmer Dri. *Brad A* —1E **115**
Palmer Rd. *Trow* —5D **117**
Palmer Row. *W Mare*
—5C **126**
Palmers Clo. *Bar C* —4B **74**
Palmers Leaze. *Brad S*
—2C **28**
Palmerston Rd. *Bris*
—3D **57**
Palmerston St. *Bris* —2E **79**
Palmer St. *W Mare*
—5C **126**
Palmers Way. *Hut* —1B **140**
Palmyra Rd. *Bris* —3D **79**
Panorama Wlk. *Bris* —1C **82**
Parade, The. *Bath* —3F **107**
Parade, The. *Bris* —5C **80**
Parade, The. *Chip S* —5C **18**
Parade, The. *Pat* —5B **10**
Parade, The. *Shire* —1A **54**
Paragon. *Bath*
—2B **106** (1C **96**)
Paragon Rd. *W Mare*
—4A **126**
Paragon, The. *Bris* —4B **68**
Parbrook Ct. *Bris* —4B **72**
Parfitts Hill. *Bris* —4B **72**
Parish Brook Rd. *Nail*
—3A **122**
Parish Wharf Trad. Est.
P'head —2F **49**
Park Av. *Azt W* —4B **10**
Park Av. *Bath* —4A **106**
Park Av. *Bedm* —2A **80**
Park Av. *Eastv* —4F **59**
Park Av. *Fram C* —3D **31**
Park Av. *St G* —2A **72**
Park Av. *Wint* —3A **30**
Park Av. *Yat* —2B **142**
Park Clo. *Cong* —3D **145**
Park Clo. *Key* —3F **91**
Park Clo. *K'wd* —3A **74**
Park Clo. *N Brad* —4E **155**
Park Clo. *Paul* —4A **146**
Park Clo. *War* —5D **75**
Park Cres. *Fren* —3E **45**
Park Cres. *War* —5D **75**
Park Cres. *W'hall* —2F **71**
Park End. *Ban* —4E **137**
Parkers Av. *Wick* —4B **154**
Parkers Clo. *Bris* —5F **25**
Parker St. *Bris* —2D **79**
Parkes Rd. *Lock* —3A **136**
Park Farm Ct. *L Grn* —1B **84**
Parkfield Av. *Bris* —3F **71**
Parkfield Rd. *Puck* —1C **64**
Park Gdns. *Bath* —1E **105**
Park Gro. *W'bry P* —2E **57**
Park Hill. *Bris* —1A **54**
Parkhouse La. *Key* —5E **91**
Parkhurst Av. *Bris* —3D **61**
Parkhurst Rd. *W Mare*
—1E **133**
Parklands. *Bris* —2A **74**
Parklands. *Trow* —5D **117**

Parklands Av. *W Mare*
—1D **129**
Parklands Rd. *Bris* —1A **78**
Parkland Way. *T'bry* —1C **6**
Park La. *Bath* —1E **105**
Park La. *Bris* —3E **69** (1A **4**)
Park La. *Yate* —5C **30**
Park Mans. *Bath* —1F **105**
Park Pl. *Bath* —1F **105**
Park Pl. *Bris* —3E **69** (1A **4**)
Park Pl. *Clif* —3D **69**
Park Pl. *C Down* —3C **110**
Park Pl. *Eastv* —4A **60**
Park Pl. *W Mare* —5B **126**
Park Rd. *Bath* —2C **104**
Park Rd. *Clev* —2D **121**
Park Rd. *Cong* —3E **145**
Park Rd. *Key* —3A **92**
Park Rd. *K'wd* —1F **73**
Park Rd. *N'vle* —3B **42**
Park Rd. *Paul* —4A **146**
Park Rd. *Shire* —1A **54**
Park Rd. *Stap* —2F **59**
Park Rd. *Stap H* —2A **62**
Park Rd. *S'vle* —5D **69**
Park Rd. *T'bry* —2B **6**
Park Rd. *Trow* —2D **119**
Park Rd. *War* —5D **75**
Park Row. *Bris* —3E **69**
Park Row. *Fram C* —1C **30**
Parkside Av. *Wint* —3F **29**
Parkside Gdns. *Bris* —3D **59**
Parkstone Av. *Bris* —1B **58**
Park St. *Bath* —1F **105**
Park St. *Bris* —3E **69**
Park St. *Iron A* —2F **15**
Park St. *St G* —2B **72**
Park St. *Tot* —1C **80**
(in two parts)
Park St. *Trow* —3C **118**
Park St. Av. *Bris* —3E **69**
Park St. M. *Bath* —1F **105**
Park, The. *Brad S* —3E **11**
Park, The. *Fren* —3D **45**
Park, The. *Key* —3B **92**
Park, The. *K'wd* —1A **74**
Park, The. *Will* —4D **85**
Park, The. *Yat* —2B **142**
Park View. *Bath* —3E **105**
Park View. *Bris* —3A **74**
Park View Av. *T'bry* —2D **7**
Park View Ter. *Bris* —2A **72**
Park Vs. *W Mare* —5B **126**
Parkwall Cres. *Bar C* —1B **84**
Parkwall Rd. *Bris* —1C **84**
Park Way. *Bris* —5D **75**
(Coronation Rd.)
Parkway. *Bris* —1C **70**
(New Foundland Way)
Parkway. *Fren* —4C **44**
Park Way. *Mid N* —4D **151**
Park Way. *Wor* —4F **129**
Parkway Trad. Est. *Bris*
—5C **58**
Parkwood Clo. *Bris* —4B **88**
Parliament St. *Bris* —1C **80**
Parnall Cres. *Yate* —3E **17**
Parnall Rd. *Bris* —4C **60**
Parnell Rd. *Clev* —3D **121**
Parrish Clo. *Bris* —1E **39**
Parry Clo. *Bath* —5C **104**
Parry's Clo. *Bris* —2A **62**
Parrys Gro. *Stok B* —2A **56**
Parrys La. *Bris* —2A **56**
Parslows Barton. *Bris*
—3C **72**
Parsonage La. *Bath*
—3A **106** (3B **96**)

Parsonage Rd. *L Ash*
—3E **77**
Parsons Av. *Stok G* —4B **28**
Parsons Grn. *Clev* —5C **120**
Parsons Grn. *W Mare*
—2E **129**
Parsons Paddock. *Bris*
—5C **80**
Parson St. *Bris* —3D **79**
Partis Way. *Bath* —1B **104**
Partition St. *Bris* —4E **69**
Partridge Clo. *W Mare*
—4D **129**
Partridge Clo. *Yate* —2B **18**
Partridge Rd. *Puck* —3E **65**
Passage Leaze. *Bris* —1F **53**
Passage Rd. *Bris* —4C **24**
(in three parts)
Passage St. *Bris*
—4A **70** (3E **5**)
Pastures, The. *L W'wd*
—5F **113**
Patch Croft. *Clev* —5C **120**
Patchway Trad. Est. *Pat*
—2A **26**
Paulman Gdns. *L Ash*
—5B **76**
Paul's Causeway. *Cong*
—2D **145**
Paul St. *Bedm* —1F **79**
Paul St. *Bris* —2E **69**
Paulto Hill. *Paul* —3C **146**
Paulton Dri. *Bris* —3E **57**
Paulton La. *C'ton* —3E **147**
Paulton Rd. *Hall* —4A **146**
Paulton Rd. *Mid N* —3C **150**
Paultow Av. *Bris* —2A **80**
Paultow Rd. *Bris* —2A **80**
Pavey Clo. *Bris* —4E **87**
Pavey Rd. *Bris* —4E **87**
Pawlett. *W Mare* —1E **139**
Pawlett Rd. *Bris* —5D **87**
Pawlett Wlk. *Bris* —5E **87**
Paxcroft Way. *Trow*
—2F **119**
Paybridge Rd. *Bris* —4B **86**
Payne Dri. *Bris* —2D **71**
Payne Rd. *Hut* —1B **140**
Paynes Orchard Cvn. Pk. *Bris*
—4F **25**
Peache Ct. *Bris* —1A **62**
Peache Rd. *Bris* —1A **62**
Peacock Rd. *W Mare*
—5A **128**
Peacocks La. *Bris* —2E **73**
Pearces Hill. *Bris* —5D **45**
Pearl St. *Bris* —2D **79**
Pearsall Rd. *L Grn* —3A **84**
Peart Clo. *Bris* —3A **86**
Peart Dri. *Bris* —4A **86**
Peartree Gdns. *B'don*
—4F **139**
Pear Tree Hey. *Yate* —1A **18**
Peartree La. *K'wd* —5B **62**
Pear Tree La. *St G* —4D **73**
Pear Tree Rd. *Brad S*
—4E **11**
Peasedown St John By-Pass.
Bath —3E **149**
Pedder Rd. *Clev* —5D **121**
Peel St. *Bris* —2B **70**
Pegasus Rd. *Pat* —2F **25**
Peg La. *Yate* —1C **64**
Pelican Clo. *W Mare*
—5D **129**
Pemberton Ct. *Bris* —2D **61**
Pembery Rd. *Bris* —2D **79**
Pembroke Av. *Bris* —1A **54**

Pembroke Clo. *Trow*
—4D **119**
Pembroke Ct. *Bath* —5D **99**
Pembroke Ct. *Clev* —2C **120**
Pembroke Gro. *Bris* —3C **68**
Pembroke Pl. *Bris* —5C **68**
Pembroke Rd. *Clif* —1C **68**
Pembroke Rd. *K'wd* —4A **62**
Pembroke Rd. *P'head*
—5A **48**
Pembroke Rd. *Shire* —1A **54**
Pembroke Rd. *S'vle* —1E **79**
Pembroke Rd. *W Mare*
—3D **133**
Pembroke St. *Bris* —2A **70**
Pembroke Vale. *Bris*
—2C **68**
Penard Way. *Bris* —3B **74**
Penarth Dri. *W Mare*
—2E **139**
Pendennis Av. *Bris* —2F **61**
Pendennis Ho. *Bris* —2F **61**
Pendennis Pk. *Bris* —3F **81**
Pendennis Rd. *Bris* —2F **61**
Pendlesham Gdns. *W Mare*
—4E **127**
Pendock Clo. *Bit* —4E **85**
Pendock Ct. *E Grn* —5D **47**
Pendock Rd. *Bris* —1D **61**
Pendock Rd. *Wint* —4A **84**
Penfield Rd. *Bris* —5C **58**
Penlea Ct. *Bris* —5F **37**
Pennard. *W Mare* —1E **139**
Pennard Ct. *Bris* —3D **89**
Pennard Grn. *Bath* —3B **104**
Penn Dri. *Bris* —3E **45**
Penn Gdns. *Bath* —1B **104**
Penngrove. *L Grn* —2C **84**
Penn Hill Rd. *Bath* —1B **104**
Pennine Gdns. *W Mare*
—4E **127**
Pennine Rd. *Old C* —1E **85**
Pennlea. *Bris* —1E **87**
Penn Lea Ct. *Bath* —1C **104**
Penn Lea Rd. *Bath* —5B **98**
Penns, The. *Clev* —4E **121**
Penn St. *Bris* —3A **70** (1E **5**)
Pennycress. *W Mare*
—1B **134**
Pennyquick. *Bath* —5E **95**
(in two parts)
Pennyquick View. *Bath*
—3A **104**
Pennyroyal Gro. *Bris*
—2A **60**
Pennywell Rd. *Bris* —2B **70**
Pen Pk. Rd. *Bris* —1E **41**
Penpole Av. *Bris* —1A **54**
Penpole Clo. *Bris* —5F **37**
Penpole La. *Bris* —5F **37**
Penpole Pk. *Shire* —5A **38**
Penpole Pl. *Bris* —1A **54**
Penrice Clo. *W Mare*
—3A **128**
Penrith Gdns. *Bris* —3F **41**
Penrose. *Bris* —1B **88**
Penrose Dri. *Brad S* —2F **27**
Pensfield Pk. *Bris* —5F **25**
Pensford Ct. *Bris* —3F **89**
Pentagon, The. *Bris* —1D **55**
Penthouse Hill. *Bathe*
—3A **102**
Pentire Av. *Bris* —2C **86**
Pentland Av. *T'bry* —4F **7**
Pepperacre La. *Trow*
—1F **129**
Pepys Clo. *Salt* —2A **94**
Pera Pl. *Bath* —1B **106**

Pera Rd. *Bath* —1B **106**
Percival Rd. *Bris* —2B **68**
Percy Pl. *Bath* —5C **100**
Percy Walker Ct. *Bris*
—1E **61**
Peregrine Clo. *W Mare*
—4D **129**
Perfect View. *Bath* —5B **100**
Perrings, The. *Nail* —4D **123**
Perrinpit Rd. *Fram C*
—2F **13**
Perrott Rd. *Bris* —1C **74**
Perry Clo. *Wint* —4F **29**
Perrycroft Av. *Bris* —2C **86**
Perrycroft Rd. *Bris* —2C **86**
Perrymans Clo. *Bris* —1C **60**
Perrymead. *Bath* —5C **106**
Perrymead. *W Mare*
—1F **129**
Perry Rd. *Bris*
—3E **69** (2A **4**)
Perrys Lea. *Brad S* —4F **11**
Perry St. *Bris* —2C **70**
Pesley Clo. *Bris* —4C **86**
Petercole Dri. *Bris* —2C **86**
Peterson Sq. *Bris* —5E **87**
Peter's Ter. *Bris* —3D **71**
Petersway Gdns. *Bris*
—4C **72**
Petherton Clo. *Bris* —3A **74**
Petherton Gdns. *Bris*
—1D **89**
Petherton Rd. *Bris* —5D **81**
Petticoat La. *Bris*
—4A **70** (3E **5**)
Pettigrove Gdns. *Bris*
—3A **74**
Pettigrove Rd. *Bris* —4A **74**
Pevensey Wlk. *Bris* —1F **87**
Peverell Clo. *Bris* —1B **40**
Peverell Dri. *Bris* —1B **40**
Philadelphia Ct. *Bris*
—3A **70** (1E **5**)
Philippa Clo. *Bris* —1C **88**
Philip St. *Bath*
—3B **106** (4C **96**)
Philip St. *Bedm* —1F **79**
Philip St. *St Pm* —5D **71**
Phillips Rd. *W Mare*
—2E **133**
Phillis Ct. *Trow* —2E **155**
Phillis Hill. *Paul & Mid N*
—5C **146**
Phippen St. *Bris*
—5A **70** (5D **5**)
Phipps St. *Bris* —1D **79**
Phipp St. *Clev* —3C **120**
Phoenix Bus. Pk. *Bris*
—3C **78**
Phoenix Gro. *Bris* —2E **57**
Phoenix Ho. *Bris* —4D **71**
Phoenix St. *Bris* —4D **71**
Piccadilly Pl. *Bath* —5C **100**
Pickwick Rd. *Bath* —4B **100**
Picton La. *Bris* —1A **70**
Picton St. *Bris* —1A **70**
Pierrepont Pl. *Bath*
—3B **106** (4C **96**)
Pierrepont St. *Bath*
—3B **106** (4C **96**)
Pier Rd. *P'head* —1F **49**
Pigeon Ho. Dri. *Bris* —4F **87**
Pigott Av. *Bris* —4C **86**
Pile Marsh. *Bris* —3F **71**
Pilgrims Way. *Down* —4F **45**
Pilgrims Way. *Shire* —5E **37**
Pilgrims Way. *W Mare*
—3C **128**

Pilgrims Wharf. *St Ap*
—3A **72**
Pilkington Clo. *Bris* —2E **43**
Pillingers Rd. *Bris* —3E **73**
Pill Rd. *Abb L* —1B **66**
Pill Rd. *Pill & Abb L* —4F **53**
Pill St. *Pill* —3F **53**
Pill Way. *Clev* —4B **120**
Pimm's La. *W Mare*
—3F **127**
Pine Clo. *T'bry* —3D **7**
Pine Clo. *W Mare* —3B **128**
Pine Ct. *Key* —4E **91**
Pine Ct. *Rads* —2D **153**
Pinecroft. *Bris* —1B **88**
Pinecroft. *P'head* —2B **48**
Pine Gro. *Bris* —3C **42**
Pine Gro. Pl. *Bris* —4F **57**
Pine Hill. *W Mare* —3B **128**
Pine Lea. *B'don* —4F **139**
Pine Ridge Clo. *Bris* —3E **55**
Pine Rd. *Bren* —1D **41**
Pines Rd. *Bit* —4E **85**
Pines, The. *Bris* —4F **55**
Pines Way. *Bath* —3F **105**
Pines Way. *Rads* —2D **153**
Pines Way Ind. Est. *Bath*
—3F **105**
Pinetree Rd. *Lock* —4B **136**
Pine Wlk. *N Brad* —4D **155**
Pine Wlk. *Rads* —3B **152**
Pinewood. *Bris* —1B **74**
Pinewood Av. *Mid N*
—3C **150**
Pinewood Clo. *Bris* —5D **41**
Pinewood Gro. *Mid N*
—3C **150**
Pinewood Rd. *Mid N*
—3C **150**
Pinhay Rd. *Bris* —2D **87**
Pinkhams Twist. *Bris*
—3C **88**
Pinknash Ct. *Yate* —2F **33**
Pioneer Av. *Bath* —3A **110**
Pipe Ct. *Bris* —4E **69** (3A **4**)
Pipehouse La. *F'frd*
—5A **112**
Pipe La. *Bris* —4E **69** (3A **4**)
Pipe La. *St Aug*
—5A **70** (5F **5**)
Piper Rd. *Yate* —3A **18**
Piplar Ground. *Brad A*
—5E **115**
Pippin Clo. *Pea J* —5D **157**
Pippin Ct. *Bar C* —1B **84**
Pitchcombe. *Yate* —2E **33**
Pitchcombe Gdns. *Bris*
—5F **39**
Pitch La. *Bris* —1F **69**
Pitch & Pay La. *Bris* —4A **56**
Pitch & Pay Pk. *Bris*
—4A **56**
Pithay Ct. *Bris*
—3F **69** (2C **4**)
Pithay, The. *Bris*
—3F **69** (2C **4**)
Pithay, The. *Paul* —3B **146**
Pit La. *Back* —4C **128**
Pitman Av. *Trow* —3B **118**
Pitman Ct. *Bath* —4D **101**
Pitman Ct. *Trow* —3B **118**
Pitman Ho. *Bath* —5E **105**
Pitman Rd. *W Mare*
—2C **132**
Pit Rd. *Mid N* —3E **151**
Pitt Rd. *Bris* —2A **58**
Pittville Clo. *T'bry* —1D **7**
Pitville Pl. *Bris* —1D **69**

Pixash Bus. Cen. *Key*
—3D **93**
Pixash La. *Key* —3D **93**
Pizey Av. *Clev* —4B **120**
Pizey Clo. *Clev* —4B **120**
Plain, The. *T'bry* —3C **6**
Players Clo. *Ham* —5D **29**
Playford Gdns. *Bris* —4A **38**
Pleasant Ho. *Bris* —2F **61**
Pleasant Rd. *Bris* —2F **61**
Pleshey Clo. *W Mare*
—3B **128**
Plimsoll Ho. *Bris* —5A **70**
(off Burton Clo.)
Ploughed Paddock. *Nail*
—4C **122**
Plover Clo. *W Mare*
—4D **129**
Plover Clo. *Yate* —4E **17**
Plovers Rise. *Rads*
—1D **153**
Plowright Ho. *Bris* —5D **73**
Plumers Clo. *Clev* —5E **121**
Plumley Cres. *Lock*
—4E **135**
Plumpton Ct. *Bris* —3B **46**
Plumptre Clo. *Paul* —4B **146**
Plumptre Rd. *Paul* —4A **146**
Plum Tree Clo. *Wins*
—3B **156**
Plum Tree Rd. *W Mare*
—1C **134**
Podgers Dri. *Bath* —4C **98**
Podium, The. *Bath* —2B **106**
(off Northgate St.)
Poet's Clo. *Bris* —2F **71**
Poets Corner. *Rads*
—4F **151**
Poet's Wlk. *Clev* —4A **120**
Polden Clo. *Nail* —4D **123**
Polden Ho. *Bris* —2F **79**
Polden Rd. *P'head* —3D **49**
Polden Rd. *W Mare*
—5D **127**
Polebarn Cir. *Trow* —2D **119**
Polebarn Gdns. *Trow*
—1D **119**
Polebarn Rd. *Trow* —2D **119**
Polly Barnes Clo. *Han*
—5D **73**
Polly Barnes Hill. *Bris*
—5D **73**
Polygon Rd. *Bris* —4B **68**
Polygon, The. *Bris* —4B **68**
Pomfrett Gdns. *Bris* —3A **90**
Pomphrey Hill. *Mang*
—2D **63**
Ponsford Rd. *Bris* —5D **81**
Ponting Clo. *Bris* —1C **72**
Poolbarton. *Key* —2A **92**
Poole Ct. *Yate* —4A **18**
Poole Ct. Dri. *Yate* —4A **18**
Poole Ho. *Bath* —4A **104**
Poolemead Rd. *Bath*
—4A **104**
Poole St. *Bris* —4D **37**
Pool Ho. *Pat* —1C **26**
Pool Rd. *Bris* —4A **62**
Popes Wlk. *Bath* —2C **110**
Poplar Av. *Bris* —1F **55**
Poplar Clo. *Bath* —5E **105**
Poplar Clo. *Bris* —4E **75**
Poplar Dri. *Puck* —2D **65**
Poplar La. *Wickw* —3C **154**
Poplar Pl. *Bris* —4C **60**
Poplar Pl. *W Mare* —5C **126**
Poplar Rd. *Bris* —4E **109**

Poplar Rd. Bed D —1B 86
Poplar Rd. Han —5C 72
Poplar Rd. S'wll —3B 72
Poplar Rd. War —5E 75
Poplars, The. E'ton G
—3D 53
Poplars, The. W Mare
—4E 129
Poplar Ter. Bris —2B 74
Poplar Wlk. Lock —3C 134
Porlock Clo. Clev —5E 121
Porlock Clo. W Mare
—1D 139
Porlock Gdns. Nail —4D 123
Porlock Rd. Bath —3B 110
Porlock Rd. Bris —2F 79
Portbury Comn. P'head
—4A 50
Portbury Gro. Bris —1F 53
Portbury Hundred, The. P'bry
—3A 52
Portbury Hundred, The.
P'head —4B 50
Portbury La. P'bry —5A 52
Portbury Sawmills Est. P'bry
—1B 52
Portbury Wlk. Bris —1F 53
Portbury Way. P'bry —3F 51
Portishead Rd. W Mare
—1F 129
Portishead Way. Bris
—2A 78
Portland Clo. Nail —4D 123
Portland Ct. Bris —5D 69
Portland Dri. P'head
—4A 50
Portland Pl. Bath —1A 106
Portland Pl. Stap H —3F 61
Portland Sq. Bris —2A 70
Portland St. Clif —3B 68
Portland St. K'dwn —2E 69
Portland St. Stap H —4F 61
Portland Ter. Bath —1A 106
(off Harley St.)
Portmeirion Clo. Bris
—3D 89
Port Side Clo. St G —4B 72
Port View. Pill —2E 53
Portview Rd. Bris —3D 37
Portwall La. Bris
—5A 70 (5D 5)
Portwall La. E. Bris
—5A 70 (5E 5)
Portway. A'mth —4E 37
Portway. Bris —5F 55
Portway La. Chip S —4E 19
Post Office La. Bris —2A 72
Post Office Rd. Lock
—3F 135
Post Office Rd. W Mare
—5B 126
Poston Way. W'ley —2F 113
Pottery Clo. W Mare
—2E 133
Potts Clo. Bathe —2A 102
Poulton. Brad A —4E 115
Poulton La. Brad A —5F 115
Pound Dri. Bris —2B 60
Pound Farm Clo. Hil M
—3E 117
Pound La. Brad A —3D 115
Pound La. Bris —3B 60
Pound La. Nail —3B 122
Pound Rd. Bris —5B 62
Pound, The. Alm —1C 10
Pountney Dri. Bris —2D 71
Powis Clo. W Mare
—3A 128

Powlett Ct. Bath
—2C 106 (1E 97)
Powlett Rd. Bath —1C 106
Pow's Hill. Rads —5A 148
Pow's Orchard. Mid N
—3D 151
Pow's Rd. Bris —3F 73
Poxon Clo. Trow —1B 118
Poyntz Ct. L Grn —2B 84
Poyntz Rd. Bris —5B 80
Prattens La. Bris —3F 61
Preacher Clo. Bris —4D 73
Preanes Grn. W Mare
—3E 129
Precinct, The. P'head
—3F 49
Preddy's La. Bris —4C 72
Prescot Clo. W Mare
—3F 127
Prescott. Yate —1F 33
Press Moor Dri. Bar C
—1B 84
Prestbury. Yate —1F 33
Preston Wlk. Bris —4C 80
Prestwick Clo. Bris —4F 81
Pretoria Rd. Pat —1B 26
Prewett St. Bris —5A 70
Priddy Clo. Bath —4C 104
(in two parts)
Priddy Ct. Bris —3D 89
Priddy Dri. Bris —3D 89
Priests Way. W Mare
—3B 128
Priestwood Clo. Bris
—1C 40
Primrose Clo. Brad S
—4F 11
Primrose Clo. Bris —1E 73
Primrose Dri. T'bry —2E 7
Primrose Hill. Bath —5E 99
Primrose La. Mid N —3E 151
Primrose La. Bris —1E 73
Primrose Ter. Bris —1E 73
Primrose Ter. Mid N
—3E 151
Princes Bldgs. Bath
—4C 106 (5E 97)
(Pulteney Rd.)
Princes Bldgs. Bath
—2A 106 (2B 96)
(off George St.)
Princes' Bldgs. Bris —4B 68
Princes Ct. L Grn —1B 84
Princes' La. Bris —4B 68
Prince's Pl. Bris —4A 58
Prince's Rd. Clev —3D 121
Princess Clo. Key —4A 92
Princess Gdns. Bris —1F 59
Princess Gdns. Trow
—3E 117
Princess Row. Bris —2F 69
Princess Royal Gdns. Bris
—2E 71
Princess St. Bedm —1A 80
Princess St. Bris —3C 70
Princes St. Bath
—3A 106 (3B 96)
Prince's St. Bris —2B 70
Prince's Rd. Rads —4B 148
Princess Victoria St. Bris
—4B 68
Prince St. Bris
—5F 69 (5B 4)
Prior Pk. Bldgs. Bath
—4C 106
(off Prior Pk. Rd.)
Prior Pk. Cotts. Bath
—4C 106

Prior Pk. Gdns. Bath
—4C 106
Prior Pk. Rd. Bath —4C 106
Priors Hill. Tim —1D 157
Prior's Hill Flats. Bris
—1F 69
Priors Lea. Yate —5F 17
Priory Acre. W Mare
—3B 128
Priory Av. Bris —5C 40
Priory Clo. Bath —2C 110
Priory Clo. Brad A —2D 115
Priory Clo. Mid N —3D 151
Priory Ct. Bris —2E 83
Priory Ct. Rd. Bris —5C 40
Priory Dene. Bris —5C 40
Priory Farm Est. P'bry
—5F 51
Priory Gdns. Bris —5F 37
Priory Gdns. E'ton G —3D 53
Priory Gdns. Hor —4B 42
Priory M. W Mare —1F 133
Priory Pk. Brad A —2E 115
Priory Rd. Clif —2D 69
Priory Rd. E'ton G —3D 53
Priory Rd. Key —1A 92
Priory Rd. Know —3D 81
Priory Rd. P'bry —5F 51
Priory Rd. Shire —1F 53
Priory Rd. W Mare —1E 133
Priory Wlk. P'bry —5F 51
Priston Clo. W Mare
—1F 129
Pritchard St. Bris —2A 70
Probyn Clo. Bris —5C 44
Pro-Cathedral La. Bris
—3D 69
Proctor Clo. Bris —4F 81
Proctor Ho. Bris —5A 70
Promenade, The. Bishop
—5F 57
Promenade, The.
—2B 68
Prospect Av. K'dwn —2F 69
Prospect Av. K'wd —1D 73
Prospect Bldgs. Bath
—1A 102
Prospect Clo. Fram C
—1B 30
Prospect Clo. Wint —5A 30
Prospect Cres. Bris —5B 62
Prospect Gdns. Bathe
—1A 102
Prospect La. Fram C
—1B 30
Prospect Pl. Bath —4A 106
(Beechen Cliff Rd.)
Prospect Pl. Bath —5B 100
(Camden Rd.)
Prospect Pl. Bathf —4E 103
Prospect Pl. Bedm —2F 79
Prospect Pl. Bris —5B 42
Prospect Pl. C Down
—3C 110
Prospect Pl. Cot —5F 57
Prospect Pl. Trow —1D 119
Prospect Pl. W'hall —2E 71
Prospect Pl. W Mare
—5C 126
Prospect Rd. W'ton —4D 99
Prospect Rd. Bath —5D 107
Prospect Rd. Sev B —5B 20
Providence La. L Ash
—2B 76
Providence Pl. Bedm —2F 79
Providence Pl. Bris
—4B 70 (3F 5)
Providence Pl. Redf —3E 71

Providence View. L Ash
—4C 76
Prudham St. Bris —1E 71
Pucklechurch Trad. Est. Puck
—3D 65
Puffin Clo. W Mare —5D 129
Pullen's Grn. T'bry —3C 6
Pullin Ct. Bris —1F 85
Pulteney Av. Bris
—3C 106 (4E 97)
Pulteney Bri. Bath
—3B 106 (3C 96)
Pulteney Gdns. Bath
—3C 106 (4E 97)
Pulteney Gro. Bath
—4C 106 (5E 97)
Pulteney M. Bath
—2B 106 (2D 97)
Pulteney Rd. Bath
—4C 106 (5E 97)
Pulteney Ter. Bath —3C 106
(off Pulteney Av.)
Pump La. Bathf —5C 102
Pump La. Bris
—5A 70 (5D 5)
Pump Sq. Pill —2F 53
Purcell Wlk. Bris —1F 87
Purdey Rd. Bris —3B 60
Purdown Rd. Bris —2B 58
Purdue Clo. W Mare
—2F 129
Purlewent Dri. Bath —4D 99
Purn International Holiday
Pk. B'don —5E 139
Purn La. W Mare —3E 139
Purn Rd. W Mare —3D 139
Purn Way. B'don —4E 139
Pursey Dri. Brad S —3B 28
Purton Clo. Bris —4A 74
Purton Rd. Bris —5F 57
Puttingthorpe Dri. W Mare
—1A 134
Puxley Clo. Bris —2A 90
Puxton Rd. Hew —5F 131
Pye Croft. Brad S —3A 12
Pyecroft Av. Bris —5D 41
Pylle Hill Cres. Bris —1B 80
Pyne Point. Clev —3C 120
Pynne Clo. Bris —2B 90
Pynne Rd. Bris —3B 90
Pyracantha Wlk. Bris
—2C 88

Quadrangle, The. W'lgh
—5E 33
Quadrant. Alm —3D 11
Quadrant E. Bris —4E 61
Quadrant, The. Bris —4D 57
Quadrant W. Bris —4E 61
Quaker La. T'bry —4F 45
Quakers Clo. Bris —4F 45
Quakers' Friars. Bris
—3A 70 (1D 5)
Quaker's Rd. Bris —3F 45
Quantock Clo. Bris —5E 75
Quantock Rd. Bris —2F 79
Quantock Rd. P'head
—3D 49
Quantock Rd. W Mare
—4B 132
Quantocks. Bath —3B 110
Quantock Ter. Bath —3F 107
Quarries, The. Alm —1D 11
Quarrington Rd. Bris
—2A 58
Quarry Barton. Ham —5E 29
Quarry Clo. Bath —3A 110

Quarry Clo. *Lim S* —3E **113**
Quarry La. *Bris* —3E **39**
Quarry La. *Wint D* —5A **30**
Quarrymans Ct. *Bath*
　　　　—3C **110**
Quarry Mead. *Alv* —2A **8**
Quarry Rd. *Alv* —2A **8**
Quarry Rd. *Bath* —4E **107**
Quarry Rd. *Chip S* —5C **18**
Quarry Rd. *Clif* —5C **56**
Quarry Rd. *Fren* —5D **45**
Quarry Rd. *K'wd* —4F **73**
Quarry Rd. *P'head* —4E **49**
Quarry Rock Gdns. Cvn. Pk.
　　Bath —5E **107**
Quarry Steps. *Bris* —5C **56**
Quarry Way. *Nail* —3C **122**
Quarry Way. *Stap* —2A **60**
Quaterway La. *Trow*
　　　　—1E **119**
Quayside. *Bris*
　　　　—4A **70** (3E 5)
Quayside. *St G* —4B **72**
Quayside Ho. *Bris* —4D **69**
Quay St. *Bris* —3F **69** (2B 4)
Quebec. *Bath* —3B **104**
Quedgeley. *Yate* —1E **33**
Queen Ann Rd. *Bris* —4D **71**
Queen Charlotte St. *Bris*
　　　　—4F **69** (3C 4)
Queen Charlton La. *Bris*
　　　　—5F **89**
Queen Quay. *Bris*
　　　　—4F **69** (4C 4)
Queens Av. *Bris* —3D **69**
Queens Av. *P'head* —3D **49**
Queens Club Gdns. *Trow*
　　　　—2A **118**
Queen's Ct. Bris —3D **69**
　(off Queen's Rd.)
Queensdale Cres. *Bris*
　　　　—4C **80**
Queensdown Gdns. *Bris*
　　　　—2E **81**
Queen's Dri. *Bath* —2B **110**
Queen's Dri. *Bishop* —3E **57**
Queens Dri. *Han* —1D **83**
Queens Gdns. *Trow*
　　　　—3E **117**
Queenshill Rd. *Bris* —3C **80**
Queensholm Av. *Bris*
　　　　—3A **46**
Queensholm Cres. *Bris*
　　　　—3F **45**
Queensholm Dri. *Bris*
　　　　—3A **46**
Queensholme Clo. *Bris*
　　　　—3A **46**
Queens Pde. *Bath*
　　　　—2A **106** (2A 96)
Queen's Pde. *Bris* —4D **69**
Queens Pde. Pl. *Bath*
　　　　—2A **106** (2B 96)
Queens Pl. *Bath*
　　　　—4C **106** (5E 96)
Queen Sq. *Bath*
　　　　—2A **106** (2B 96)
Queen Sq. *Bris*
　　　　—4F **69** (4B 4)
Queen Sq. *Salt* —1B **94**
Queen Sq. Av. *Bris*
　　　　—4F **69** (4C 4)
Queen Sq. Pl. *Bath*
　　　　—2A **106** (2A 96)
Queens Rd. *Ash D* —3B **58**
Queens Rd. *Ban* —5E **137**
Queen's Rd. *B'wth* —5B **86**
Queen's Rd. *Clev* —3D **121**

Queen's Rd. *Clif* —3C **68**
Queens Rd. *Key* —4F **91**
Queens Rd. *Know* —3E **81**
Queen's Rd. *Nail* —4B **122**
Queen's Rd. *P'head* —4A **48**
Queen's Rd. *Puck* —2D **65**
Queen's Rd. *Rads* —2E **153**
Queen's Rd. *St G* —2B **72**
Queens Rd. *Trow* —5C **116**
Queen's Rd. *War* —1C **84**
Queen's Rd. *W Mare*
　　　　—4B **126**
Queen St. *A'mth* —3C **36**
Queen St. *Bath*
　　　　—3A **106** (3B 96)
Queens St. *Eastv* —4F **59**
Queen St. *K'wd* —3D **73**
Queen St. *St Ph*
　　　　—3A **70** (2E 5)
Queens Wlk. *T'bry* —1C **6**
Queensway. *Lit S* —3E **27**
Queen's Way. *P'head*
　　　　—4A **48**
Queen's Way. *W Mare*
　　　　—1C **128**
Queen Victoria Rd. *Bris*
　　　　—3C **56**
Queen Victoria Rd. *Bris*
　　　　—4C **70**
Queenwood Av. *Bath*
　　　　—5B **100**
Quickthorn Clo. *Bris*
　　　　—2C **88**
Quiet St. *Bath*
　　　　—3A **106** (3B 96)
Quilling Clo. *Trow* —3E **119**
Quilter Gro. *Bris* —1F **87**

Raby M. *Bathw*
　　　　—2C **106** (2E 97)
Raby Pl. *Bathw*
　　　　—2C **106** (2E 97)
Raby Vs. *Bath*
　　　　—2C **106** (2F 97)
Rackfield Pl. *Bath* —3C **104**
Rackham Clo. *Bris* —1D **59**
Rackhay. *Bris*
　　　　—4F **69** (3C 4)
Rackvernal Rd. *Mid N*
　　　　—3E **151**
Radford Hill. *Tim* —1E **157**
Radley Rd. *Bris* —3D **61**
Radnor Rd. *Hor* —2F **57**
Radnor Rd. *W Trym* —2D **57**
Radstock Rd. *Mid N*
　　　　—2E **151**
Raeburn Rd. *Bris* —3D **73**
Raglan Clo. *Bath* —4B **100**
　(off Raglan La.)
Rag La. *Wickw* —2A **154**
Raglan La. *Bath* —4B **100**
Raglan La. *Bris* —3C **72**
Raglan Pl. *Bris* —4F **57**
Raglan Pl. *T'bry* —4C **6**
Raglan Pl. *W Mare* —5A **126**
Raglan Rd. *Bris* —4F **57**
Raglan St. *Bath* —4B **100**
Raglan Ter. *Bath* —4B **100**
Raglan Vs. *Bath* —4B **100**
Raglan Wlk. *Key* —4F **91**
Ragleth Gro. *Trow* —5E **117**
Railton Jones Clo. *Stok G*
　　　　—1A **44**
Railway Bldgs. *Bath*
　　　　—3D **105**
Railway Pl. *Bath*
　　　　—4B **106** (5D 97)

Railway Rd. *Bath*
　　　　—4B **106** (5C 96)
Railway St. *Bath*
　　　　—4B **106** (5C 96)
Railway Ter. *Bris* —3E **61**
Railway View. *Ham* —1F **45**
Railway View Pl. *Mid N*
　　　　—2E **151**
Railway Wlk. *Wins* —3A **156**
Raleigh Clo. *Salt* —5F **93**
Raleigh Ct. *Trow* —2D **119**
Raleigh Rise. *P'head*
　　　　—2D **49**
Raleigh Rd. *Bedm* —2C **78**
Ralph Allen Dri. *Bath*
　　　　—5C **106**
Ralph Rd. *Bris* —3B **58**
Rambler Clo. *Trow* —1A **118**
Ram Hill. *Coal H* —4E **31**
Ramsbury Wlk. *Trow*
　　　　—4D **119**
Ramsey Clo. *W Mare*
　　　　—1C **128**
Ramsey Rd. *Bris* —5B **42**
Ranchway. *P'head* —4B **48**
Randall Clo. *Bris* —5B **62**
Randall Rd. *Bris* —4C **68**
Randolph Av. *Bris* —3D **87**
Randolph Av. *Yate* —2F **17**
Randolph Clo. *Bris* —3D **87**
Rangers Wlk. *Bris* —1E **83**
Rank, The. *N Brad* —4D **155**
Rannoch Rd. *Bris* —2B **42**
Ranscombe Av. *W Mare*
　　　　—3B **128**
Ransford. *Clev* —5B **120**
Raphael Ct. *Redc* —5A **70**
Ratcliffe Dri. *Stok G* —4A **28**
Rathbone Clo. *Coal H*
　　　　—4E **31**
Raven Clo. *W Mare*
　　　　—4C **128**
Ravendale Dri. *L Grn*
　　　　—3C **84**
Ravenglass Cres. *Bris*
　　　　—2E **41**
Ravenhead Dri. *Bris* —5D **81**
Ravenhill Av. *Bris* —3B **80**
Ravenhill Rd. *Bris* —2B **80**
Ravenscourt Rd. *Pat*
　　　　—2D **27**
Ravenscroft Gdns. *Trow*
　　　　—1F **119**
Ravenswood. *L Grn* —2C **84**
Ravenswood Rd. *Bris*
　　　　—1E **69**
Rawlins Av. *W Mare*
　　　　—1E **129**
Rayens Clo. *L Ash* —4B **76**
Rayens Cross Rd. *L Ash*
　　　　—4B **76**
Rayleigh Rd. *Bris* —5F **39**
Raymend Rd. *Bris* —2A **80**
Raymend Wlk. *Bris* —3A **80**
Raymill. *Bris* —3C **82**
Raymore Rise. *L Ash*
　　　　—5B **76**
Raynes Rd. *Bris* —2C **78**
Rectors Way. *W Mare*
　　　　—2D **133**
Rectory Clo. *Yate* —3B **18**
Rectory Dri. *Yat* —4C **142**
Rectory Gdns. *Bris* —2A **40**
Rectory La. *B'don* —5A **140**
Rectory La. *Brad S* —1C **42**
Rectory La. *Tim* —1E **157**
Rectory Rd. *E'ton G* —4D **53**
Rectory Rd. *Fram C* —1C **30**

Rectory Way. *Yat* —4C **142**
Redcar Ct. *Down* —3C **46**
Redcatch Rd. *Bris & Know*
　　　　—2B **80**
Redcliff Backs. *Bris*
　　　　—4A **70** (4D 5)
Redcliffe Clo. *P'head*
　　　　—5A **48**
Redcliffe Pde. E. *Bris*
　　　　—5F **69** (5C 4)
Redcliffe Pde. W. *Bris*
　　　　—5F **69** (5C 4)
Redcliffe Way. *Bris*
　　　　—4F **69** (4B 4)
　(in two parts)
Redcliff Hill. *Bris* —5A **70**
Redcliff Mead La. *Bris*
　　　　—5A **70** (5E 5)
Redcliff Pde. *Bris* —5F **69**
Redcliff St. *Bris*
　　　　—4A **70** (3D 5)
Redcross La. *Bris*
　　　　—3B **70** (1F 5)
Redcross St. *Bris*
　　　　—3B **70** (2F 5)
Redding Rd. *Bris* —5D **59**
Reddings, The. *Bris* —5B **12**
Redfield Gro. *Mid N*
　　　　—3D **151**
Redfield Hill. *Old C* —1F **85**
Redfield Rd. *Mid N*
　　　　—4C **150**
Redford Cres. *Bris* —5A **86**
Redford La. *Yate* —3E **65**
Redford Wlk. *Bris* —5B **86**
Red Hill. *C'ton* —1B **148**
Redhill Clo. *Bris* —4A **60**
Redhill Dri. *Bris* —4A **60**
Red Ho. La. *Alm* —2D **11**
Red Ho. La. *Bris* —1A **56**
Redland Ct. Rd. *Bris*
　　　　—4E **57**
Redland Grn. Rd. *Bris*
　　　　—4D **57**
Redland Gro. *Bris* —5E **57**
Redland Hill. *Redl* —5C **56**
Redland Pk. *Bath* —3A **104**
Redland Pk. *Bris* —5D **57**
Redland Rd. *Bris* —4C **56**
Redland Rd. *P'bry* —1B **52**
Redlands Ter. *Mid N*
　　　　—4C **150**
Redland Ter. *Bris* —5D **57**
Red Post Ct. *Bath* —2E **149**
Redshelf Wlk. *Bris* —1E **41**
Redwick Clo. *Bris* —2E **39**
Redwick Rd. *Piln* —1B **20**
Redwing Dri. *W Mare*
　　　　—4D **129**
Redwing Gdns. *Bris* —1A **60**
Redwood Clo. *L Grn*
　　　　—2C **84**
Redwood Clo. *Nail* —3F **123**
Redwood Clo. *Rads*
　　　　—4B **152**
Redwood Ho. *Bris* —5F **87**
Redwoods, The. *Key*
　　　　—2F **91**
Reed Ct. *L Grn* —1B **84**
Reedley Rd. *Bris* —2A **56**
Reedling Clo. *Bris* —1A **60**
Regency Dri. *Bris* —3C **82**
Regent Rd. *Bris* —1F **79**
Regents Clo. *T'bry* —1C **6**
Regents Field. *Bath*
　　　　—1E **107**

Regent's Pl. *Brad A*
—3E **115**
Regent St. *Clif* —4C **68**
Regent St. *K'wd* —2F **73**
Regent St. *W Mare*
—1B **132**
Regina, The. *Bath*
—2A **106** (1B **96**)
(off Bennett St.)
Remenham Dri. *Bris*
—2D **57**
Rendcomb Clo. *W Mare*
—3F **127**
Rene Rd. *Bris* —1D **71**
Repton Rd. *Bris* —2E **81**
Retreat, The. *W Mare*
—4A **126**
Reynold's Clo. *Key* —3C **92**
Reynolds Wlk. *Bris* —5C **43**
Rhode Clo. *Key* —5C **92**
Rhododendron Wlk. *Bris*
—3A **40**
Rhodyate Hill. *Clav* —5E **143**
Rhodyate La. *C've* —4F **143**
Rhyne Ter. *Uph* —1B **138**
Rhyne View. *Nail* —4A **122**
Ribblesdale. *T'bry* —4D **7**
Richards Clo. *W Mare*
—1F **129**
Richardson Pl. *C Down*
—3D **111**
Richeson Clo. *Bris* —2B **40**
Richeson Wlk. *Bris* —2B **40**
Richmond Av. *Bris* —5B **58**
Richmond Av. *Stok G*
—4A **28**
Richmond Clo. *Bath*
—5A **100**
Richmond Clo. *Key* —4F **91**
Richmond Clo. *P'head*
—3A **50**
Richmond Clo. *Trow*
—3A **118**
Richmond Ct. *Pat* —5B **10**
Richmond Dale. *Bris*
—5C **56**
Richmond Grn. *Nail*
—4E **123**
Richmond Heights. *Bath*
—4A **100**
Richmond Hill. *Bath*
—5A **100**
Richmond Hill. *Bris* —3D **69**
Richmond Hill Av. *Bris*
—3D **69**
Richmond La. *Bath*
—5A **100**
Richmond La. *Bris* —3C **68**
Richmond M. *Bris* —3C **68**
Richmond Pk. Rd. *Bris*
—3C **68**
Richmond Pl. *Bath* —5A **100**
Richmond Rd. *Bath*
—4A **100**
Richmond Rd. *Bris* —1A **70**
Richmond Rd. *Mang*
—2C **62**
Richmond Rd. *Mont*
—5B **58**
Richmond Rd. *St G* —2A **72**
Richmond St. *Bris* —1B **80**
Richmond St. *W Mare*
—1B **132**
Richmond Ter. *A'mth*
—3C **36**
Richmond Ter. *Bath*
(off Rivers Rd.) —5B **100**
Richmond Ter. *Clif* —3C **68**

Richmond Vs. *Bris* —3C **36**
Ricketts La. *W Mare*
—3E **129**
Rickfield. *Brad A* —3C **114**
Rickford Rd. *Nail* —4E **123**
Rickyard Rd. *Wrin* —1C **156**
Ride, The. *Bris* —1C **74**
Ridge Clo. *P'head* —4C **48**
Ridge Green Clo. *Bath*
—4E **109**
Ridgehill. *Bris* —1E **57**
Ridgemeade. *Bris* —4D **89**
Ridge, The. *Bris* —5A **38**
Ridge, The. *Coal H* —2E **31**
Ridge, The. *Yat* —3B **142**
Ridge View. *L Ash* —3D **77**
Ridgeway. *Fram C* —2F **31**
Ridgeway. *Nail* —4B **122**
Ridgeway. *Yate* —4B **18**
Ridgeway Av. *W Mare*
—2C **132**
Ridgeway Ct. *Bris* —3C **40**
Ridgeway Gdns. *Bris*
—3E **89**
Ridgeway La. *Bris* —4D **89**
Ridgeway Pde. *Bris* —4A **60**
Ridgeway Rd. *Bris* —4A **60**
Ridgeway Rd. *L Ash*
—4C **76**
Ridge Way, The. *W Mare*
—3F **127**
Ridgeway, The. *W Trym*
—3C **40**
Ridgewood. *Bris* —4F **55**
Ridgewood. *Chip S* —5B **18**
Riding Barn Hill. *Wick*
—5A **154**
Riding Cotts. *Chip S*
—4D **19**
Ridingleaze. *Bris* —3C **38**
Ridings Clo. *Chip S* —5E **19**
Ridings Rd. *Coal H* —3E **31**
Ridings, The. *Bris* —4A **86**
Ridings, The. *Coal H*
—3E **31**
Ringswell Gdns. *Bath*
—5C **100**
Ringwood Cres. *Bris*
—3E **41**
Ringwood Gro. *W Mare*
—4E **127**
Ringwood Rd. *Bath*
—3D **105**
Ripley Rd. *Bris* —1C **72**
Ripon Ct. *Down* —2B **46**
Ripon Rd. *Bris* —4A **72**
Rippleside. *P'head* —3E **49**
Rippleside Rd. *Clev*
—2E **121**
Ripple, The. *Tic* —1C **122**
Risdale Rd. *Bris* —4A **78**
Risedale Rd. *Wins* —4B **156**
Rivendell. *W Mare* —1E **129**
Riverland Dri. *Bris* —4B **86**
Riverleaze. *Bris* —2D **55**
Riverleaze. *P'head* —2B **48**
River Mead. *Clev* —5D **121**
River Path. *Clev* —5B **120**
River Pl. *Bath* —3C **104**
River Rd. *Chip S* —5C **18**
River Rd. *P'bry* —3A **36**
Riverside. *Ban* —2F **137**
Riverside Bus. Pk. *St Ap*
—4F **71**
Riverside Clo. *Bris* —2B **54**
Riverside Clo. *Clev* —4B **120**
Riverside Clo. *Mid N*
—5C **150**

Riverside Cotts. *Rads*
—2D **153**
Riverside Ct. *Bath*
—3A **106** (4A **96**)
Riverside Ct. *St Ap* —4B **72**
Riverside Dri. *Bris* —5E **45**
Riverside Gdns. *Bath*
—3A **106**
Riverside Gdns. *Mid N*
—5B **150**
Riverside M. *St Ap* —4B **72**
Riverside Pk. *Sev B* —4A **20**
Riverside Rd. *Bath* —3F **105**
Riverside Rd. *Mid N*
—5C **150**
Riverside Steps *St Ap*
—3A **72**
Riverside Wlk. *Mid N*
—5C **150**
Riverside Wlk. *St G* —4B **72**
Riverside Way. *Bris* —2E **83**
Rivers Rd. *Bath* —1B **106**
Rivers St. *Bath*
—2A **106** (1A **96**)
Rivers St. M. *Bath*
—2A **106** (1A **96**)
Rivers St. Pl. *Bath* —2A **106**
(off Rivers St.)
River St. *Bris* —3B **70** (1F **5**)
River Ter. *Key* —3B **92**
River View. *Bris* —2A **60**
Riverway. *Nail* —2E **123**
River Way. *Trow* —1C **118**
Riverway Ind. Pk. *Trow*
—1C **118**
Riverwood Rd. *Bris* —3E **45**
Riviera Cres. *Bris* —3A **62**
Roath Rd. *P'head* —3F **49**
Robbins Clo. *Brad S*
—3B **28**
Robel Av. *Fram C* —1B **30**
Robert Ct. *Bris* —4A **68**
Robert Ct. *E Grn* —5D **47**
Robertson Dri. *St Ap*
—4B **72**
Robertson Rd. *Bris* —5D **59**
Robert St. *Bar H* —3D **71**
Robert St. *Eastv* —5D **59**
Robin Clo. *Bris* —2F **89**
Robin Clo. *Mid N* —4E **151**
Robin Clo. *W Mare*
—5C **128**
Robin Clo. *W Trym* —2D **41**
Robin Dri. *Hut* —1C **140**
Robin Hood La. *Bris*
—3E **69** (1A **4**)
Robinia Wlk. *Bris* —1B **88**
Robin La. *Clev* —1D **121**
Robinson Clo. *Back*
—3C **124**
Robinson Dri. *Bris* —1C **70**
Robinson Way. *Back*
—3C **124**
Robin Way. *Chip S* —2B **34**
Roblyn Ct. *Wins* —4A **156**
Rochester Clo. *W Mare*
—2E **139**
Rochester Rd. *Bris* —5A **72**
Rochfort Ct. *Bath* —1B **106**
Rochfort Pl. *Bath* —1B **106**
Rock Av. *Nail* —3B **34**
Rock Clo. *Bris* —3A **82**
Rock Cotts. *Bath* —3C **110**
Rockfield. *W Mare* —4F **127**
Rock Hall Cotts. *Bath*
—3C **110**
Rock Hall La. *Bath* —3C **110**

Rock Ho. *Bris* —1E **41**
Rockingham Gro. *W Mare*
—4E **127**
Rockingham Ho. *Bris*
—4C **38**
Rockland Gro. *Bris* —1F **59**
Rockland Rd. *Bris* —5E **45**
Rockleaze. *Bris* —5A **56**
Rockleaze Av. *Bris* —4A **56**
Rockleaze Ct. *Bris* —4A **56**
Rockleaze Rd. *Bris* —4A **56**
Rockliffe Av. *Bath* —1C **106**
Rockliffe Rd. *Bath* —1C **106**
Rock Rd. *Key* —3A **92**
Rock Rd. *Mid N* —2E **151**
Rock Rd. *Trow* —3B **118**
Rock Rd. *Wick* —4B **154**
Rock Rd. *Yat* —4C **142**
Rockside Av. *Bris* —4B **46**
Rockside Dri. *Bris* —1D **57**
Rockside Gdns. *Bris* —4B **46**
Rockside Gdns. *Fram C*
—1E **31**
Rockstowes Way. *Bris*
—1F **41**
Rock St. *T'bry* —4C **6**
Rock, The. *Bris* —2A **82**
Rockwell Av. *Bris* —3D **39**
Rockwood Ho. *Yate* —2C **18**
Rocky La. *Ban* —5F **137**
Rodborough. *Yate* —2E **33**
Rodborough Way. *Bris*
—3C **74**
Rodbourne Rd. *Bris* —5F **41**
Rodfords Mead. *Bris*
—1C **88**
Rodford Way. *Yate* —2E **33**
Rodmead Wlk. *Bris* —4C **86**
Rodmoor Rd. *P'head*
—2F **49**
Rodney. *W Mare* —1E **139**
Rodney Av. *Bris* —2C **72**
Rodney Cres. *Bris* —5D **27**
Rodney Ho. *Bath* —3B **104**
Rodney Pl. *Bris* —3C **68**
Rodney Rd. *Back* —2C **124**
Rodney Rd. *Bris* —1C **72**
Rodney Rd. *Salt* —2A **94**
Rodney Wlk. *Bris* —1C **72**
Rodsleigh. *Trow* —4A **118**
Rodway Hill. *Mang* —3C **62**
Rodway Hill Rd. *Mang*
—2C **62**
Rodway Rd. *Mang* —2C **62**
Rodway Rd. *Pat* —1B **26**
Rodway View. *Bris* —4B **62**
Rodwell Pk. *Trow* —5E **117**
Roebuck Clo. *W Mare*
—1E **129**
Roegate Dri. *St Ap* —4A **72**
Rogers Clo. *Bris* —5D **75**
Rokeby Av. *Bris* —1E **69**
Roman Farm Ct. *Bris*
—2E **39**
Roman Rd. *B'don* —3E **139**
Roman Rd. *Bris* —1D **71**
Roman Rd. *Eng* —4D **109**
Roman Wlk. *Brisl* —2E **81**
Roman Wlk. *Stok G* —4A **28**
Roman Way. *Bris* —3E **55**
Roman Way. *Paul* —3A **146**
Romney Av. *Bris* —2C **58**
Ronald Rd. *Bris* —1B **60**
Ronayne Wlk. *Bris* —1E **61**
Rookery Clo. *W Mare*
—2C **128**

Rookery Rd. *Bris* —2B **80**
Rookery Way. *Bris* —4B **88**
Rooksbridge Wlk. *Bath*
—3D **105**
Roper's La. *Wrin* —1B **156**
Rope Wlk., The. *Brad A*
—3D **115**
Rose Acre. *Bris* —1C **40**
Rosebay Mead. *Bris* —2A **60**
Roseberry Pk. *Bris* —2F **71**
Roseberry Pl. *Bath* —3E **105**
Roseberry Rd. *Bath*
—3D **105**
Roseberry Rd. *Bris* —3E **71**
Rosebery Av. *Bris* —1C **70**
Rosebery Ter. *Bris* —4D **69**
Rose Clo. *Wint D* —5A **30**
Rose Cotts. *C Hay* —4D **109**
Rose Cotts. *S'ske* —5A **110**
Rosedale Av. *W Mare*
—1E **133**
Rosedale Gdns. *Trow*
—1A **118**
Rosedale Rd. *Bris* —4D **61**
Rose Gdns. *W Mare*
—1F **129**
Rose Grn. *Bris* —5F **59**
Rose Grn. Clo. *Bris* —5A **60**
Rose Grn. Rd. *Bris* —5F **59**
Rose Hill. *Bath* —4C **100**
(in two parts)
Rose La. *Coal H* —2F **31**
Roselarge Gdns. *Bris*
—2C **40**
Rosemary Clo. *Brad S*
—2B **28**
Rosemary La. *Bris* —5E **59**
Rosemary La. *F'frd* —5B **112**
Rosemary Steps. *Brad A*
—3D **115**
Rose Mead. *Bris* —5C **42**
Rosemeare Gdns. *Bris*
—1A **86**
Rosemont Ter. *Bris* —4C **68**
Rosemount Ct. *Bris* —2D **73**
Rosemount La. *Bath*
—5C **106**
Rosenberg Houses. Bath
—3A **106**
(off Westgate Bldgs.)
Rose Oak La. *Coal H* —2F **31**
Rose Rd. *Bris* —3A **72**
Rosery Clo. *Bris* —4C **40**
Rosery, The. *Bris* —4E **61**
Rose St. *Bris*
—4A **70** (4F **5**)
Roseville Av. *L Grn* —3C **84**
Rose Wlk. *Bris* —4E **61**
Rosewarn Clo. *Bath*
—5B **104**
Rosewell Ct. *Bath*
—3A **106** (3A **96**)
Rosewood Av. *Alv* —2A **8**
Rosling Rd. *Bris* —1A **58**
Roslyn Av. *W Mare*
—4A **128**
Roslyn Rd. *Bris* —5E **57**
Rossall Av. *Lit S* —3E **27**
Rossall Rd. *Bris* —2F **81**
Rossendale Clo. *W Mare*
—2D **129**
Rossett Gdns. *Trow*
—2A **118**
Rossiter Rd. *Bath*
—4B **106** (5D **97**)
Rossiter's La. *Bris* —4C **72**
Rossiter Wood Ct. *Bris*
—2D **39**

Rosslyn Rd. *Bath* —2C **104**
Rosslyn Way. *T'bry* —1D **7**
Rounceval St. *Chip S*
—5C **18**
Roundhill Gro. *Bath*
—1C **108**
Roundhill Pk. *Bath* —5B **104**
Roundmoor Clo. *Salt*
—5F **93**
Roundmoor Gdns. *Bris*
—2F **89**
Roundstone St. *Trow*
—1D **119**
Roundways. *Coal H* —3E **31**
Rousham Rd. *Bris* —4C **58**
Rowacres. *Bath* —1C **108**
Rowacres. *Bris* —2B **88**
Rowan Clo. *Bris* —5C **60**
Rowan Clo. *Nail* —3F **123**
Rowan Ct. *Bris* —3D **71**
Rowan Ct. *Rads* —3A **152**
Rowan Ho. *Bris* —4F **87**
Rowans, The. *Bris* —3D **45**
Rowans, The. *P'head*
—4D **49**
Rowan Wlk. *Key* —4E **91**
Rowan Way. *Bris* —2E **83**
Rowberrow. *Bris* —1B **88**
Rowberrow Way. *Nail*
—4D **123**
Rowden La. *Brad A*
—5E **115**
Rowland Av. *Bris* —3F **59**
Rowlands Clo. *Bathf*
—4D **103**
Rowlandson Gdns. *Bris*
—1D **59**
Rowley St. *Bris* —2E **79**
Rownham Clo. *Bris* —1A **78**
Rownham Ct. *Bris* —5C **68**
Rownham Hill. *Bris* —4A **68**
Rownham Mead. *Bris*
—5C **68**
Rows, The. *W Mare*
—3C **128**
Royal Albert Rd. *Bris*
—3C **56**
Royal Av. *Bath* —2F **105**
Royal Clo. *Bris* —1E **39**
Royal Cres. *Bath* —2F **105**
Royal Cres. *W Mare*
—5B **126**
Royal Fort Rd. *Bris*
—3E **69** (1A **4**)
Royal Oak Av. *Bris*
—4F **69** (5B **4**)
Royal Pde. *W Mare*
—5B **128**
Royal Pk. *Bris* —3C **68**
Royal Portbury Dock Rd.
P'bry —3B **52**
Royal Rd. *Mang* —1C **62**
Royal York Cres. *Bris*
—4B **68**
Royal York M. *Bris* —4C **68**
Royal York Vs. *Bris* —4C **68**
Royate Hill. *Bris* —5F **59**
Roycroft Rd. *Bris* —2D **43**
Roy King Gdns. *Bris*
—4E **75**
Royston Wlk. *Bris* —2F **41**
Rozel Rd. *Bris* —2A **58**
Rubens Clo. *Key* —3C **92**
Rubens Ct. *W Mare*
—2D **129**
Ruby St. *Bris* —2D **79**
Ruddymead. *Clev* —4D **121**
Rudford Clo. *Pat* —5D **11**

Rudge Clo. *K'wd* —5B **62**
Rudgeway Pk. *Rudg* —5A **8**
Rudgeway Rd. *Paul*
—4B **146**
Rudgewood Clo. *Bris*
—4F **87**
Rudgleigh Av. *Pill* —3E **53**
Rudgleigh Rd. *Pill* —3E **53**
Rudhall Grn. *W Mare*
—2F **129**
Rudhall Gro. *Bris* —5A **42**
Rudmore Pk. *Bath* —2B **104**
Rudthorpe Rd. *Bris* —2A **58**
Ruett La. *Far G* —5A **146**
Ruffet Rd. *Wint* —1C **46**
Rugby Rd. *Bris* —2F **81**
Runnymead Av. *Bris*
—4F **81**
Runnymeade. *Bris* —1A **74**
Runswick Rd. *Bris* —2E **81**
Rupert St. *Bris*
—3F **69** (2B **4**)
Rupert St. *Redf* —3E **71**
Rush Clo. *Brad S* —4F **11**
Rush Hill. *Bath* —2C **108**
Rushmoor. *Clev* —5A **120**
Rushmoor Gro. *Back*
—3C **124**
Rushmoor La. *Back*
—3C **124**
Rushton Dri. *Coal H* —2F **31**
Rushy. *Bris* —1C **84**
Rushy Gro. *Bris* —4C **42**
Ruskin Rd. *Rads* —3F **151**
Russell Av. *Bris* —3A **74**
Russell Gro. *Bris* —2E **57**
Russell Rd. *Clev* —3C **120**
Russell Rd. *Fish* —5D **61**
Russell Rd. *Lock* —2F **135**
Russell Rd. *W'bry P*
—3D **57**
Russell St. *Bath*
—2A **106** (1B **96**)
Russell Town Av. *Bris*
—2D **71**
Russet Ct. *Trow* —3D **119**
Russett Clo. *Back* —2D **125**
Russett Gro. *Nail* —5B **122**
Russet Way. *Pea J*
—5D **157**
Russ St. *Bris* —4B **70**
Rustic Pk. Cvn. Site. *Sev B*
Rutherford Clo. *L Grn*
—2C **84**
Ruthven Rd. *Bris* —5A **80**
Rutland. *Bris* —5A **38**
Rutland Av. *Will* —5A **84**
Rutland Clo. *W Mare*
—5A **128**
Rutland Ct. *Trow* —4C **118**
Rutland Cres. *Trow*
—4C **118**
Rutland Rd. *Bris* —4A **58**
Rydal Av. *Lock* —4D **135**
Rydal Rd. *W Mare*
—4D **133**
Ryde Rd. *Bris* —3D **81**
Rye Clo. *Bris* —2A **86**
Ryecroft Av. *W Mare*
—3C **128**
Ryecroft Rise. *L Ash*
—4D **77**
Ryecroft Rd. *Fram C* —1E **31**
Ryedown La. *Bit* —3E **85**
Ryland Pl. *Bris* —5C **58**
Rylestone Gro. *Fram C*
—1B **30**

Rylestone Gro. *Bris* —2B **56**
Rysdale Rd. *Bris* —1B **56**

Sabrina Way. *Bris* —3E **55**
Sadbury Clo. *W Mare*
—1F **129**
Sadlier Clo. *Bris* —4B **38**
Saffron Clo. *W'hall* —2E **71**
Saffron Ct. *Bath* —1B **106**
Saffrons, The. *W Mare*
—1F **129**
Saffron St. *Bris* —2E **71**
Sage Clo. *P'head* —4A **48**
Sages Mead. *Brad S*
—1A **28**
St Agnes Av. *Bris* —3B **80**
St Agnes Clo. *Nail* —4F **123**
St Agnes Gdns. *Bris*
—3B **80**
St Agnes Wlk. *Bris* —3B **80**
St Aidans Clo. *Bris* —4D **73**
St Aidans Rd. *Bris* —4C **72**
St Albans Rd. *Bris* —3D **57**
St Aldams Dri. *Puck*
—2D **65**
St Aldhelm Rd. *Brad A*
—4F **115**
St Aldwyn's Clo. *Bris*
—4B **42**
St Andrews. *War* —4D **75**
St Andrews. *Yate* —5B **18**
St Andrews Clo. *Cong*
—2C **144**
St Andrew's Clo. *Nail*
—4F **123**
St Andrews Clo. *W Mare*
—2D **129**
St Andrews Dri. *Clev*
—4A **120**
St Andrews Ind. Est. *Bris*
—2D **37**
St Anthony's Pde. *W Mare*
—4D **133**
St Andrew's Rd. *A'mth*
—3D **37**
St Andrew's Rd. *Back*
—3D **125**
St Andrew's Rd. *Bris*
—1A **70**
St Andrews Rd. *Mont*
—1A **70**
St Andrews Ter. *Bath*
—2A **106** (2B **96**)
St Andrews Wlk. *Bris*
—4C **68**
St Annes Av. *Key* —2F **91**
St Annes Clo. *Bris* —1D **85**
St Annes Clo. *St G* —4B **72**
St Anne's Ct. *Bris* —5F **71**
St Anne's Ct. *Key* —2F **91**
St Anne's Dri. *Coal H* —4E **31**
St Annes Dri. *Old C* —3E **85**
St Anne's Dri. *Wick*
—4A **154**
St Annes Pk. Rd. *Bris*
—5A **72**
St Anne's Rd. *St Ap &
Avon V* —4F **71**
St Anne's Rd. *St G* —4D **73**
St Anne's Ter. *Bris* —5A **72**
St Ann's Pl. Bath
—3A **106** (3A **96**)
(off New King St.)
St Ann's Way. *Bath*
—3C **106** (3F **97**)
St Anthony's Clo. *Mid N*
—2D **151**

St Anthony's Dri.—St Michael's Rd.

St Anthony's Dri. *Wick*
   —4A **154**
St Aubin's Av. *Bris* —2B **82**
St Aubyn's Av. *Uph*
   —1B **138**
St Augustine's Clo. *P'head*
   —4A **48**
St Augustine's Pde. *Bris*
   —4F **69** (3B **4**)
St Augustines Pl. *Bris*
   (off Colston St.) —4F **69**
St Augustines Rd. *Key*
   (off Station Rd.) —2B **92**
St Augustines Rd. *Trow*
   —2B **118**
St Augustines Yd. *Bris*
   (off Gaunts La.) —4E **69**
St Augustines Yd. *Bris*
   (off Orchard La.) —4E **69**
St Austell Clo. *Nail* —5F **123**
St Austell Rd. *W Mare*
   —5F **127**
St Barnabas Clo. *Bris*
   —4B **80**
St Barnabas Clo. *Mid N*
   —1E **151**
St Barnabas Clo. *War*
   —3E **75**
St Bartholomew's Rd. *Bris*
   —4B **58**
St Bede's Rd. *Bris* —5E **61**
St Bernards Rd. *Bris*
   —1A **54**
St Brelades Gro. *Bris*
   —5B **72**
St Brendans Way. *Bris*
   —3D **37**
St Briavels Dri. *Yate* —1F **33**
St Cadoc Ho. *Key* —3B **92**
St Catherine Pl. *Bris* —1F **79**
   (off East St.)
St Catherine's Clo. *Bath*
   —3D **107**
St Catherines Ct. *Bedm*
   —3D **81**
St Catherine's Mead. *Pill*
   —4F **53**
St Chad's Av. *Mid N*
   —3D **151**
St Chad's Grn. *Mid N*
   —3D **151**
St Charles Clo. *Mid N*
   —2D **151**
St Christopher's Clo. *Bath*
   —2D **107**
St Clements Ct. *Clev*
   —2C **120**
St Clement's Ct. *Key*
   —4A **92**
St Clements Ct. *W Mare*
   —3E **129**
St Clement's Rd. *Key*
   (in two parts) —4A **92**
St David's Av. *Bris* —5C **74**
St David's Clo. *W Mare*
   —3F **127**
St David's Cres. *Bris*
   —4B **72**
St David's Rd. *T'bry* —3D **7**
St Dunstan's Rd. *Bris*
   —3E **79**
St Edward's Rd. *Bris*
   —4D **69**
St Edyths Rd. *Bris* —1D **55**
St Fagans Ct. *Will* —3D **85**
St Francis Dri. *Wick*
   —4A **154**
St Francis Dri. *Wint* —3B **30**

St Francis Rd. *Bris* —1C **78**
St Francis Rd. *Key* —2E **91**
St Gabriel's Rd. *Bris* —2D **71**
St Georges Av. *St G* —4B **72**
St Georges Bldgs. *Bath*
   —2F **105**
   (off Up. Bristol Rd.)
St George's Hill. *B'ptn*
   —1E **167**
St Georges Hill. *E'ton G*
   —4C **52**
St George's Ho. *Bris*
   —4D **69**
   (off St George's Rd.)
St Georges Pl. *Bath*
   —2F **105**
   (off Up. Bristol Rd.)
St George's Rd. *Bris*
   —4D **69**
St Georges Rd. *Key* —2F **91**
St George's Rd. *P'bry*
   —5A **36**
St Georges Ter. *Trow*
   —2C **118**
St Gregory's Rd. *Bris*
   —4B **42**
St Gregory's Wlk. *Bris*
   —4B **42**
St Helena Rd. *Bris* —3D **57**
St Helens Dri. *Old C* —3E **85**
St Helens Dri. *Wick*
   —4B **154**
St Helen's Wlk. *Bris* —1C **72**
St Helier Av. *Bris* —1B **82**
St Hilary Clo. *Bris* —2F **55**
St Ivel Way. *Bris* —4E **75**
St Ives Clo. *Nail* —4F **123**
St Ives Rd. *W Mare*
   —4E **133**
St James Barton. *Bris*
   —2A **70**
St James Clo. *T'bry* —1D **7**
St James Pde. *Bris*
   —3F **69** (1C **4**)
St James Pl. *Mang* —2C **62**
St James's Pde. *Bath*
   —3A **106** (4B **96**)
St James's Pk. *Bath*
   —1A **106**
St James's Pl. *Bath*
   —1A **106**
St James's Sq. *Bath*
   —1F **105**
St James's St. *Bath*
   —1A **106**
St James St. *Mang* —2C **62**
St James St. *W Mare*
   —1B **132**
St John's Av. *Clev* —3D **121**
St John's Bldgs. *Bedm*
   —1F **79**
St John's Clo. *Pea U*
   —2E **149**
St John's Clo. *W Mare*
   —4B **126**
St John's Ct. *Key* —2A **92**
St John's Cres. *Bris* —3A **80**
St John's Cres. *Mid N*
   —2D **151**
St John's Cres. *Trow*
   —4A **118**
St John's La. *Bris* —2E **79**
St John's Pl. *Bath*
   —3A **106** (3B **96**)
St John's Rd. *Back*
   —3D **125**
St John's Rd. *Bathw*
   —2B **106** (2C **96**)

St John's Rd. *Bedm* —2E **79**
St John's Rd. *Clev* —3D **121**
St John's Rd. *Clif* —1C **68**
St John's Rd. *Lwr W*
   —2D **105**
St John's Rd. *S'vle* —1F **79**
St Johns Rd. *Tim* —2E **157**
St John's St. *Bris* —2E **79**
St John St. *T'bry* —3C **6**
St John's Way. *Chip S*
   —4D **19**
St Joseph's Rd. *Bris*
   —1D **41**
St Joseph's Rd. *W Mare*
   —4C **126**
St Judes Ter. *W Mare*
   —4A **128**
St Katherine's Quay. *Brad A*
   —4E **115**
St Kenya Ct. *Key* —3B **92**
St Keyna Rd. *Key* —3A **92**
St Kilda's Rd. *Bath* —4E **105**
St Ladoc Rd. *Key* —2F **91**
St Laud Clo. *Bris* —2F **55**
St Laurence Rd. *Brad A*
   —4F **115**
St Leonard's Rd. *G'bnk*
   —5E **59**
St Leonard's Rd. *Hor*
   —1A **58**
St Loe Clo. *Bris* —5B **88**
St Lucia Clo. *Bris* —4A **42**
St Lucia Cres. *Bris* —5A **42**
St Lukes Ct. *Bris* —1A **80**
St Luke's Cres. *Bris* —1B **80**
St Luke's Gdns. *Bris*
   —3A **82**
St Luke's Rd. *Bath* —1A **110**
St Luke's Rd. *Bris* —1A **80**
St Lukes Rd. *Mid N*
   —2C **150**
St Luke's Steps. *Bris*
   —1B **80**
St Luke St. *Bris* —3D **71**
St Margaret's Clo. *Back*
   —3C **124**
St Margaret's Clo. *Key*
   —2F **91**
St Margarets Clo. *Trow*
   —4A **118**
St Margaret's Ct. *Brad A*
   —3E **115**
St Margaret's Dri. *Bris*
   —2E **57**
St Margaret's Hill. *Brad A*
   —3E **115**
St Margarets La. *Back*
   —3C **124**
St Margaret's Pl. *Brad A*
   —3E **115**
St Margaret's St. *Brad A*
   —3E **115**
St Margaret's Ter. *W Mare*
   —5B **126**
St Margaret's Vs. *Brad A*
   —3E **115**
St Mark's Av. *Bris* —5E **59**
St Marks Clo. *Key* —2A **92**
St Marks Gdns. *Bath*
   —4B **106**
St Mark's Grn. *Tim*
   —1E **157**
St Mark's Gro. *Bris* —1D **71**
St Mark's Rd. *Bath*
   —4B **106**
St Mark's Rd. *Bris* —1D **71**
St Mark's Rd. *Mid N*
   —2D **151**

St Mark's Rd. *W Mare*
   —1D **129**
St Mark's Ter. *Bris* —1D **71**
St Martins. *L Ash* —4C **76**
St Martin's Clo. *Bris*
   —3D **81**
St Martin's Ct. *Bath*
   —3F **109**
St Martins Ct. *W Mare*
   —2C **128**
St Martin's Gdns. *Bris*
   —4D **81**
St Martin's Rd. *Bris* —3D **81**
St Martin's Wlk. *Bris*
   —4D **81**
St Mary's Bldgs. *Bath*
   —4A **106** (5A **96**)
St Mary's Clo. *Bath*
   —3C **106** (3F **97**)
St Mary's Clo. *Hil M*
   —3F **117**
St Mary's Clo. *Hut* —1B **140**
St Mary's Clo. *Tim* —1E **157**
St Mary's Ct. *W Mare*
   —2E **139**
St Mary's Gdns. *Hil M*
   —3E **117**
St Mary's Gro. *Nail*
   —5B **122**
St Mary's Pk. *Nail* —5B **122**
St Mary's Pk. Rd. *P'head*
   —4E **49**
St Marys Rise. *Writ*
   —2F **153**
St Mary's Rd. *Hut* —1B **140**
St Mary's Rd. *L Wds*
   —4F **67**
St Mary's Rd. *P'head*
   —4E **49**
St Mary's Rd. *Shire* —5E **37**
St Mary St. *T'bry* —4C **6**
St Mary's Wlk. *Bris* —1F **53**
St Marys Way. *T'bry* —3C **6**
St Mary's Way. *Yate*
   —4B **18**
St Matthew's Av. *Bris*
   —1F **69**
St Matthew's Clo. *W Mare*
   —4B **126**
St Matthew's Pl. *Bath*
   —4C **106**
St Matthew's Rd. *Bris*
   —2F **69**
St Matthias Pk. *Bris*
   —3B **70** (1F **5**)
St Michael's Av. *Clev*
   —5D **121**
St Michael's Av. *W Mare*
   —2E **129**
St Michaels Clo. *Bris*
   —3A **58**
St Michael's Clo. *Hil*
   —4F **117**
St Michael's Clo. *Wint*
   —2A **30**
St Michael's Ct. *Bris*
   —2D **73**
St Michaels Ct. *Mon C*
   —4F **111**
St Michael's Hill. *Bris*
   —2E **69**
St Michael's Pk. *Bris* —2E **69**
St Michael's Pl. *Bath*
   —3A **106** (4B **96**)
St Michael's Rd. *Lwr W*
   —2E **105**
St Michael's Rd. *W'way*
   —4B **104**

St Nicholas Clo. *N Brad*
—4E **155**
St Nicholas Clo. *W'ley*
—2E **113**
St Nicholas Ct. *B'ptn*
—5A **102**
St Nicholas Mkt. *Bris*
—4F **69** (3C 4)
St Nicholas Pk. *Bris* —1D **71**
St Nicholas Rd. *St Pa*
—1B **70**
St Nicholas Rd. *Uph*
—1B **138**
St Nicholas Rd. *W'chu*
—4E **89**
St Nicholas St. *Bris*
—4F **69** (3C 4)
St Oswald's Ct. *Bris* —4D **57**
St Oswald's Rd. *Bris*
—4D **57**
St Patrick's Ct. *Bath*
—3C **106** (3F **97**)
St Patrick's Ct. *Key* —3A **92**
St Pauls Pl. *Bath*
—3A **106** (3A **96**)
St Paul's Pl. *Mid N*
—2D **151**
St Paul's Rd. *Bris* —1F **79**
St Paul's Rd. *Clif* —3D **69**
St Paul's Rd. *W Mare*
—3C **132**
St Paul St. *Bris* —2A **70**
St Peter's Av. *W Mare*
—4B **126**
St Peter's Cres. *Fram C*
—1D **31**
St Peter's Rise. *Bris* —1C **86**
St Peter's Rd. *Mid N*
—4F **151**
St Peter's Rd. *P'head*
—4F **49**
St Peter's Ter. *Bath*
—3E **105**
St Peter's Wlk. *Bris* —1D **57**
St Philips Causeway. *Bris*
—4D **71**
St Philips Central Ind. Est.
Bris —5C **70**
St Philips Rd. *St Ph*
—3B **70**
St Pierre Dri. *War* —4D **75**
St Ronan's Av. *Bris* —1E **69**
St Saviours Rd. *Lark*
—5D **101**
St Saviour's Ter. *Bath*
—5C **100**
St Saviours Way. *Bath*
—5D **101**
St Silas St. *Bris* —5C **70**
St Stephen's Av. *Bris*
—4F **69** (3B 4)
St Stephens Bus. Cen. War
*(off Poplar Rd.) —5E **75***
St Stephen's Clo. *Bath*
—5A **100**
St Stephen's Clo. *Bris*
—2E **41**
St Stephen's Clo. *Soun*
—4A **62**
St Stephen's Ct. *Bath*
—1A **106**
St Stephen's Pl. Bath
*—1A **106***
(off St Stephen's Rd.)
St Stephen's Pl. *Trow*
—2D **119**
St Stephen's Rd. *Bath*
—1A **106**

St Stephen's Rd. *Bris*
—5F **61**
St Stephen's St. *Bris*
—3F **69** (2B 4)
St Swithin's Pl. *Bath*
—1B **106**
St Thomas' Pas. *Trow*
—1D **119**
St Thomas Rd. *Mid N*
—2E **151**
St Thomas Rd. *Trow*
—1E **119**
St Thomas St. *Bris*
—4A **70** (3D 5)
St Thomas St. E. *Bris*
—4A **70** (4D 5)
St Vincents Hill. *Bris*
—5C **56**
St Vincents Rd. *Bris*
—4C **68**
St Vincents Trad. Est. *Bris*
—4F **71**
St Werburgh's Pk. *Bris*
—5C **58**
St Werburgh's Rd. *Bris*
—5B **58**
St Whytes Rd. *Bris* —5F **79**
St Winifred's Dri. *C Down*
—2E **111**
Salcombe Gdns. *W Mare*
—2E **129**
Salcombe Rd. *Bris* —4B **80**
Salem Rd. *Wint* —2B **30**
Salisbury Av. *Bris* —2D **73**
Salisbury Gdns. *Bris*
—2A **62**
Salisbury Pk. *Bris* —1A **62**
Salisbury Rd. *Bath* —4C **100**
Salisbury Rd. *Down* —1A **62**
Salisbury Rd. *Paul* —5C **146**
Salisbury Rd. *Redl* —5F **57**
Salisbury Rd. *St Ap* —5F **71**
Salisbury Rd. *W Mare*
—4A **128**
Salisbury St. *Bar H* —4D **71**
Salisbury St. *St G* —3A **72**
Salisbury Ter. *W Mare*
—5B **126**
Salisbury View. *B'ptn*
—5A **102**
Sally Barn Clo. *L Grn*
—3A **84**
Sally Lunns Ho. Bath
*—3B **106***
(off N. Parade Pas.)
Sallysmead Clo. *Bris*
—4D **87**
Sallys Way. *Wint* —2B **30**
Saltford Ct. *Salt* —1A **94**
Salthouse Farm Cvn. Pk.
Sev B —2B **20**
Salthouse Rd. *Clev*
—4B **120**
Salthrop Rd. *Bris* —3A **58**
Saltings Clo. *Clev* —4B **120**
Saltmarsh Dri. *Bris* —3C **38**
Saltwell Av. *Bris* —3E **89**
Sambourne La. *Pill* —2E **53**
Samian Way. *Stok G*
—4A **28**
Sampson Ho. Bus. Pk. *H'ley*
—2F **23**
Sampsons Rd. *Bris* —4F **87**
Samuel St. *Bris* —2E **71**
Samuel White Rd. *Bris*
—2D **83**
Samuel Wright Clo. *Bris*
—5F **75**

Sanctuary Gdns. *Bris*
—4F **55**
Sandbach Rd. *Bris* —1F **81**
Sandbed Rd. *Bris* —5C **58**
Sandburrows Rd. *Bris*
—2A **86**
Sandburrows Wlk. *Bris*
—2B **86**
Sandcroft. *Bris* —2B **88**
Sandcroft Av. *Uph* —1B **138**
Sanders Rd. *Trow* —5C **116**
Sandford Clo. *Clev* —5B **120**
Sandford Rd. *Bris* —5C **68**
Sandford Rd. *Wins* —3A **156**
Sandford Rd. *W Mare*
—1D **133**
Sandgate Rd. *Bris* —1F **81**
Sand Hill. *Bris* —1E **81**
Sandholme Clo. *Bris* —4A **46**
Sandholme Rd. *Bris* —1E **81**
Sandhurst. *Yate* —1F **33**
Sandhurst Clo. *Pat* —5D **11**
Sandhurst Rd. *Bris* —1F **81**
Sandling Av. *Bris* —5B **42**
Sandown Cen. *Whit B*
—3F **155**
Sandown Clo. *Down* —3B **46**
Sandown Rd. *Brisl* —1F **81**
Sandown Rd. *Fil* —1E **43**
Sandpiper Dri. *W Mare*
—4D **129**
Sandringham Av. *Bris*
—4A **46**
Sandringham Pk. *Bris*
—5A **46**
Sandringham Rd. *Bris*
—2F **81**
Sandringham Rd. *L Grn*
—3B **84**
Sandringham Rd. *Stok G*
—4F **27**
Sandringham Rd. *Trow*
—5B **118**
Sandringham Rd. *W Mare*
—3D **133**
Sand Rd. *Kew* —1F **127**
Sands La. *Fram C* —5B **14**
Sandstone Rise *Wint*
—5A **30**
Sandwich Rd. *Bris* —1F **81**
Sandy Clo. *Brad S* —3A **28**
Sandy La. *Abb L* —3A **66**
Sandy La. *Bris* —4E **59**
Sandy Leaze. *Brad A*
—3D **115**
Sandyleaze. *Bris* —5A **40**
Sandy Lodge. *Yate* —1A **34**
Sandy Pk. Rd. *Bris* —1E **81**
Saracen St. *Bath*
—2B **106** (2C **96**)
Sarah St. *Law H* —3D **71**
Sargent St. *Bris* —1A **80**
Sarum Cres. *Bris* —3E **41**
Sassoon Ct. *Bar C* —5B **74**
Satchfield Clo. *Bris* —2B **40**
Satchfield Cres. *Bris*
—2B **40**
Satellite Bus. Pk. *Bris*
—3F **71**
Sates Way. *Bris* —1E **57**
Saunders Rd. *Bris* —3A **62**
Saunton Wlk. *Bris* —5A **88**
Savages Wood Rd. *Brad S*
—1F **27**
Savernake Rd. *W Mare*
—2D **129**
Saville Cres. *W Mare*
—5A **128**

Saville Ga. Clo. *Bris* —3B **56**
Saville Pl. *Bris* —4C **68**
Saville Rd. *Bris* —4B **56**
Saville Rd. *W Mare*
—5A **128**
Saville Row. *Bath*
—2A **106** (1B **96**)
Savoy Rd. *Bris* —1F **81**
Saw Clo. *Bath*
—3A **106** (3B **96**)
Saw Mill La. *T'bry* —3C 6
Sawyers Ct. *Clev* —3E **121**
Saxby Clo. *Clev* —5B **120**
Saxby Clo. *W Mare*
—1F **129**
Saxon Dri. *Trow* —3E **117**
Saxon Rd. *Bris* —5C **58**
Saxon Rd. *W Mare*
—5A **128**
Saxon Way. *Bris* —5E **11**
Saxon Way. *Pea J* —4E **157**
Saxon Way. *W'ley* —2A **114**
Scafell Clo. *W Mare*
—4E **127**
Scandrett Clo. *Bris* —2A **40**
Scantleberry Clo. *Down*
—4F **45**
Scaurs, The. *W Mare*
—3D **129**
School Clo. *Bris* —4B **88**
School Clo. *Pat* —1E **27**
School La. *Ban* —5F **137**
School La. *Fren* —2A **60**
School La. *Nthnd* —2A **102**
School La. *Stav* —2D **117**
School La. Clo. *Stav*
—2D **117**
School Rd. *Brisl* —3A **82**
School Rd. *Fram C* —1B **30**
School Rd. *K'wd* —2E **73**
School Rd. *Old C* —1C **84**
School Rd. *Tot* —2C **80**
School Rd. *War* —2D **85**
School Rd. *Wrin* —1C **156**
School Wlk. *W'hall* —1F **71**
School Wlk. *Yate* —4B **20**
School Way. *Sev B* —4B **20**
Scop, The. *Alm* —1D **11**
Scotch Horn Clo. *Nail*
—3E **123**
Scotch Horn Way. *Nail*
—3E **123**
Scots Pine Av. *Nail* —3F **123**
Scott Ct. *Bar C* —5B **74**
Scott Lawrence Clo. *Bris*
—5C **44**
Scott Rd. *W Mare* —4E **133**
Scott Way. *Chip S* —2B **34**
Sea Bank Rd. *P'bry* —4A **36**
Seabrook Rd. *W Mare*
—4B **128**
Seagry Clo. *Bris* —3A **42**
Sea Mills La. *Bris* —5B **55**
Searle Ct. *Clev* —3E **121**
Searle Ct. Av. *Bris* —1A **82**
Searle Cres. *W Mare*
—2E **133**
Seaton Rd. *Bris* —1E **71**
Seavale Rd. *Clev* —2C **120**
Seaview Rd. *P'head* —2B **48**
(Portishead)
Seaview Rd. *P'head* —4B **48**
(Redcliff Bay)
Seawalls. *Bris* —5F **55**
Seawalls Rd. *Bris* —5F **55**
Second Av. *Bath* —5E **105**
Second Av. *W'fld I* —5F **151**
Second Way. *Bris* —3F **37**

Seddon Rd. *Bris* —5C **58**
Sedgefield Gdns. *Bris*
—3B **46**
Sedgemoor Clo. *Nail*
—5D **123**
Sedgemoor Rd. *Bath*
—3A **110**
Sedgemoor Rd. *W Mare*
—4D **127**
Sedgewick. *Bris* —5A **38**
Sefton Pk. Rd. *Bris* —4A **58**
Selborne Rd. *Bris* —2B **58**
Selbourne Clo. *Bath*
—1B **104**
Selbourne Rd. *W Mare*
—4C **132**
Selbrooke Cres. *Bris* —1D **61**
Selby Rd. *Bris* —1B **72**
Selden Rd. *Bris* —3A **90**
Selkirk Rd. *Bris* —5E **61**
Selley Wlk. *Bris* —3C **86**
Selwood Clo. *W Mare*
—1A **134**
Selworthy. *Bris* —3A **74**
Selworthy Clo. *Key* —3F **91**
Selworthy Gdns. *Nail*
—4D **123**
(off Mizzymead Rd.)
Selworthy Ho. *Bath*
—2A **110**
Selworthy Rd. *Bris* —3D **81**
Selworthy Rd. *W Mare*
—4D **133**
Seneca Pl. *Bris* —3F **71**
Seneca St. *Bris* —2F **71**
Sercombe Pk. *Clev* —5E **121**
Serlo Ct. *W Mare* —1E **129**
Serridge La. *Coal H* —5E **31**
Servier St. *Bris* —5B **58**
Seven Acres La. *Bathe*
—1A **102**
Seven Dials. *Bath*
—3A **106** (3B **96**)
Seventh Av. *Bris* —3D **43**
Severn Av. *W Mare*
—3C **132**
Severn Dri. *T'bry* —2C **6**
Severn Grange. *Bris* —1F **39**
Severn Ho. *Bris* —1F **39**
Severnmead. *P'head*
—3B **48**
Severn Rd. *Chit & H'len*
—1A **22**
Severn Rd. *Pill* —2E **53**
Severn Rd. *P'head* —3E **49**
Severn Rd. *Shire* —1F **53**
Severn Rd. *W Mare*
—3B **132**
Severnside Trad. Est. *Bris*
—2D **7**
Severn View Rd. *T'bry*
Severn Way. *Key* —4B **92**
Severn Way. *Pat* —5B **10**
Severnwood Gdns. *Sev B*
—5B **20**
Sevier St. *Bris* —5B **58**
Seville Rd. *P'head* —1A **50**
Seward Ter. *Rads* —2F **153**
Sewell Ho. *Wins* —4B **156**
Seymour Av. *Bris* —3A **58**
Seymour Clo. *Clev* —3E **121**
Seymour Clo. *W Mare*
—1D **129**
Seymour Ct. *Trow* —1C **118**
Seymour Rd. *Bath* —1B **106**
Seymour Rd. *Bishop*
—3A **58**

Seymour Rd. *E'tn* —1C **70**
Seymour Rd. *K'wd* —1F **73**
Seymour Rd. *Stap H* —3F **61**
Seymour Rd. *Trow*
—1C **118**
Seyton Wlk. *Stok G* —4A **28**
Shackleton Av. *Yate* —1B **34**
Shadwell Rd. *Bris* —4F **57**
Shaftesbury Av. *Bath*
—2D **105**
Shaftesbury Av. *Bris* —1A **70**
Shaftesbury Clo. *Nail*
—5C **122**
Shaftesbury Ct. *Trow*
—4A **118**
Shaftesbury Rd. *Bath*
—4E **105**
Shaftesbury Rd. *W Mare*
—5F **127**
Shaftesbury Ter. *Bris*
—3F **71**
Shaftesbury Ter. *Rads*
—1D **153**
Shaft Rd. *C Down & Mon C*
—2E **111**
Shaft Rd. *Sev B* —2B **20**
Shails La. *Trow* —1C **118**
Shails La. Ind. Est. *Trow*
—1C **118**
Shakespeare Av. *Bath*
—5A **106**
Shakespeare Av. *Bris*
—4C **42**
Shakespeare Rd. *Rads*
—3F **151**
Shaldon Rd. *Bris* —3C **58**
Shallows, The. *Salt* —1B **94**
Shambles, The. *Brad A*
—2E **115**
Sham Castle La. *Bath*
—2C **106** (2F **97**)
Shamrock Rd. *Bris* —4F **59**
Shanklin Dri. *Bris* —1D **43**
Shannon Ct. *T'bry* —4E **7**
Shapcott Clo. *Bris* —4D **81**
Shaplands. *Stok B* —3B **56**
Sharland Clo. *Bris* —4A **56**
Shaw Clo. *Bris* —2D **71**
Shaws Way. *Bath* —3A **104**
Shearman St. *Trow*
—3D **119**
Shearwater Ct. *Bris* —1B **60**
Sheene Rd. *Bedm* —2E **79**
Sheepcote Barton. *Trow*
—3E **119**
Sheephouse Cvn. Pk. *E'ton G*
—5A **36**
Sheepscroft. *Bris* —4C **86**
Sheepway. *P'bry* —3D **51**
Sheepway La. *P'bry* —2E **51**
Sheepwood Clo. *Bris*
—2C **40**
Sheepwood Rd. *Bris*
—2C **40**
Sheldare Barton. *Bris*
—3D **73**
Sheldon Clo. *Clev* —4F **121**
Sheldrake Dri. *Bris* —1A **60**
Shellard Rd. *Bris* —1D **43**
Shellards La. *Alv* —3D **9**
Shellards Rd. *L Grn* —2B **84**
Shelley Av. *Clev* —4D **121**
Shelley Clo. *Bris* —2B **72**
Shelley Rd. *Bath* —4A **106**
Shelley Rd. *Rads* —3F **151**
Shelley Rd. *W Mare*
—4E **133**
Shelley Way. *Bris* —4C **42**

Shellmor Av. *Pat* —5D **11**
Shellmor Clo. *Pat* —5E **11**
Shepherds Clo. *Bris* —2A **62**
Shepherds Wlk. *Bath*
—3A **110**
Shepherd's Way. *W Mare*
—3A **130**
Sheppard Rd. *Bris* —1E **61**
Sheppards Gdns. *Bath*
—5C **98**
Sheppy's Mill. *Cong*
—1D **145**
Shepton. *W Mare* —1E **139**
Shepton Wlk. *Bris* —3E **79**
Sherborne Rd. *Trow*
—1A **118**
Sherbourne Av. *Brad S*
—3A **28**
Sherbourne Clo. *Bris*
—5B **62**
Sherbourne St. *Bris* —2A **72**
Sherston Clo. *Bris* —2D **61**
Sherston Clo. *Nail* —4F **123**
Sherston Rd. *Bris* —4A **42**
Sherwell Rd. *Bris* —2A **82**
Sherwood Clo. *Key* —3A **92**
Sherwood Cres. *W Mare*
—2D **129**
Sherwood Rd. *Bris* —1D **73**
Sherwood Rd. *Key* —3A **92**
Shetland Rd. *Bris* —3F **41**
Shetland Way. *Nail* —4F **123**
Shickle Gro. *Bath* —4B **110**
Shields Av. *Bris* —2C **42**
Shiels Dri. *Lit S* —2F **27**
Shilton Clo. *Bris* —3B **74**
Shimsey Clo. *Bris* —1E **61**
Shiners Elms. *Yat* —3B **142**
Shipham Clo. *Bris* —3D **89**
Shipham Clo. *Nail* —5E **123**
Shipham La. *Wins* —3B **156**
Ship Hill. *Bris* —5D **73**
Ship La. *Bris* —5A **70**
Shiplate Rd. *B'don* —5A **140**
Shipley Rd. *Bris* —4C **40**
Shire Gdns. *Bris* —4F **37**
Shirehampton Rd. *Bris*
—1B **54**
Shires Yd. *Bath*
—2A **106** (2B **96**)
Shire Way. *Yate* —2E **33**
Shockerwick La. *Bann*
—2C **102**
Shophouse Rd. *Bath*
—3C **104**
Shore Pl. *Trow* —1A **118**
Shorthill Rd. *W'lgh* —5E **33**
Shortlands Rd. *Bris* —3C **38**
Short La. *L Ash* —3C **76**
Short St. *Bris* —5C **70**
Short Way. *T'bry* —5C **6**
Shortwood Hill. *Mang*
—2F **63**
Shortwood Northern Link.
Yate —1F **63**
Shortwood Rd. *Bris* —5A **88**
Shortwood Rd. *Puck*
—3B **64**
Shortwood View. *Bris*
—2B **74**
Shortwood Wlk. *Bris*
—5A **88**

Showering Clo. *Bris* —3F **89**
Showering Rd. *Bris* —3F **89**
Shrewton Clo. *Trow*
—4D **119**
Shrophouse Rd. *Bath*
—3C **104**
Shrubbery Av. *W Mare*
—4A **126**
Shrubbery Cotts. *Bris*
—5D **57**
Shrubbery Ct. *Stap H*
—2F **61**
Shrubbery Rd. *Bris* —2F **61**
Shrubbery Rd. *W Mare*
—4B **126**
Shrubbery Ter. *W Mare*
—4A **126**
Shrubbery, The. *Bath*
—1A **106**
Shrubbery Wlk. *W Mare*
—4B **126**
Shrubbery Wlk. W. *W Mare*
—4B **126**
Shuter Rd. *Bris* —3B **86**
Sibland. *T'bry* —4E **7**
Sibland Clo. *T'bry* —4E **7**
Sibland Rd. *T'bry* —3E **7**
Sibland Way. *T'bry* —4D **7**
Sidcot. *Bris* —3C **82**
Sidcot La. *Wins* —5B **156**
Sideland Clo. *Bris* —2A **90**
Sidelands Rd. *Bris* —1E **61**
Sidmouth Gdns. *Bris*
—3F **79**
Sidmouth Rd. *Bris* —3F **79**
Signal Rd. *Bris* —3A **62**
Silbury Rise. *Key* —5A **92**
Silbury Rd. *Bris* —3A **78**
Silcox Rd. *Bris* —4E **87**
Silklands Gro. *Bris* —1E **55**
Silverberry Rd. *W Mare*
—4D **129**
Silverbirch Clo. *Lit S*
—2F **27**
Silver Birch Gro. *Trow*
—5B **118**
Silver Ct. *Nail* —3C **122**
Silverhill Rd. *Bris* —1A **40**
Silverlow Rd. *Nail* —3C **122**
Silver Mead. *Cong* —4D **145**
Silver Meadows. *Trow*
—5A **118**
Silver Moor La. *Ban*
—2C **136**
Silverstone Way. *Cong*
—3D **145**
Silver St. *Brad A* —3E **115**
Silver St. *Bris*
—3F **69** (1C **4**)
Silver St. *Cong* —4D **145**
Silver St. *Mid N* —5D **151**
Silver St. *Nail* —3B **122**
Silver St. *T'bry* —3C **6**
Silver St. *Trow* —2D **119**
Silver St. *Wrin* —1C **156**
Silver St. La. *Trow* —5A **118**
Silverthorne La. *Bris*
—4C **70**
Silverton Ct. *Bris* —4B **80**
Simons Clo. *Paul* —4C **145**
Simons Clo. *W Mare*
—3E **129**
Simplex Ind. Est. *Trow*
—1F **85**
Sinclair Ho. *Bris* —3D **69**
Singapore Rd. *W Mare*
—5C **132**
Sion Hill. *Bath* —5F **99**

Sion Hill. *Bris* —3B **68**
Sion Hill Pl. *Bath* —5F **99**
Sion La. *Bris* —3B **68**
Sion Pl. *Bath*
　　　　—3C **106** (3F **97**)
Sion Pl. *Clif* —3B **68**
Sion Rd. *Bath* —5F **99**
Sion Rd. *Bris* —2E **79**
Sir John's La. *Bris* —3D **59**
Sir Johns Wood. *Nail*
　　　　—2C **122**
Siskin Wlk. *W Mare*
　　　　—5D **129**
Siston Clo. *Bris* —5C **62**
Siston Comn. *Bris* —5C **62**
Siston Hill. *Bris* —1D **75**
Siston La. *Bris* —2F **75**
Siston La. *Yate & B'yte*
　　　　—3B **64**
Siston Pk. *Bris* —5C **62**
Sixth Av. *Bris* —3D **43**
Six Ways. *Clev* —2C **120**
Skinner's Hill. *C'ton*
　　　　—2C **148**
Skippon Ct. *Bris* —5A **74**
Sladebrook Av. *Bath*
　　　　—1D **109**
Sladebrook Ct. *Bath*
　　　　—1D **109**
Sladebrook Rd. *Bath*
　　　　—5C **104**
Slade Cotts. *Bath* —3F **111**
Slade Rd. *P'head* —3F **49**
Sladesbrook. *Brad A*
　　　　—2E **115**
Sladesbrook Clo. *Brad A*
　　　　—1E **115**
Sleep La. *Bris* —5F **89**
Slimbridge Clo. *Yate*
　　　　—2B **34**
Slipway, The. *Stav* —3D **117**
Sloan St. *Bris* —2F **71**
Slowgrove Clo. *Trow*
　　　　—2F **119**
Slymbridge Av. *Bris* —5C **24**
Smallbrook Gdns. *Stav*
　　　　—2D **117**
Smallcombe Clo. *Clan*
　　　　—4B **148**
Smallcombe Rd. *Clan*
　　　　—4B **148**
Small La. *Bris* —2A **60**
　(in two parts)
Small St. *Bris*
　　　　—3F **69** (2B **4**)
Small St. *St Ph* —5C **70**
Smallway. *Cong* —5D **143**
Smarts Grn. *Chip S* —1E **35**
Smeaton Rd. *Bris* —5B **68**
Smithcourt Dri. *Lit S*
　　　　—3E **27**
Smithmead. *Bris* —3D **87**
Smithywell Clo. *Trow*
　　　　—2F **119**
Smoke La. *Bris* —4E **21**
Smythe Croft. *Bris* —5C **88**
Smyth Rd. *Bris* —2C **78**
Smyth's Clo. *Bris* —3D **37**
Snarland Rd. *Bris* —4E **87**
Snowberry Clo. *W Mare*
　　　　—4E **129**
Snowberry Wlk. *Bris*
　　　　—2A **72**
Snowdon Clo. *Bris* —3B **60**
Snowdon Rd. *Bris* —2B **60**
Snowdon Vale. *W Mare*
　　　　—4E **127**
Snow Hill. *Bath* —1B **106**

Snow Hill Ho. *Bath*
　　　　—1B **106**
Soapers La. *T'bry* —4C **6**
Sodbury La. *W'lgh* —4A **34**
Sodbury Rd. *Wickw*
　　　　—2B **154**
Solent Way. *T'bry* —5E **7**
Solsbury Ct. *Bath* —2A **102**
Solsbury View. *Bath*
　(off Fairfield Pk.) —4B **100**
Solsbury Way. *Bath*
　(in three parts) —4B **100**
Somer Av. *Mid N* —2B **150**
Somerby Clo. *Brad S*
　　　　—2F **27**
Somerdale Av. *Bath*
　　　　—2D **109**
Somerdale Av. *Bris* —5B **80**
Somerdale Av. *W Mare*
　　　　—5A **128**
Somerdale Clo. *W Mare*
　　　　—5A **128**
Somerdale Rd. N. *Key*
　　　　—5B **84**
Somerdale View. *Bath*
　　　　—2D **109**
Somermead. *Bris* —4E **79**
Somer Rd. *Mid N* —2C **150**
Somerset Av. *Lock*
　　　　—1C **134**
Somerset Av. *Yate* —3B **18**
Somerset Cres. *Stok G*
　　　　—4B **28**
Somerset Folly. *Tim*
　　　　—1E **157**
Somerset Ho. *Bath*
　　　　—1E **109**
Somerset La. *Bath* —5F **99**
Somerset M. *W Mare*
　　　　—2D **133**
Somerset Pl. *Bath* —5F **99**
Somerset Rd. *Bris* —2C **80**
Somerset Rd. *Clev* —3E **121**
Somerset Rd. *P'head*
　　　　—3B **48**
Somerset Sq. *Bris* —5A **70**
Somerset Sq. *Nail* —3D **123**
Somerset St. *Bath*
　　　　—4B **106** (5C **96**)
Somerset St. *K'dwn* —2F **69**
Somerset St. *Redc*
　　　　—5A **70** (5E **5**)
Somerset Ter. *Bris* —2F **79**
Somerset Way. *Paul*
　　　　—3B **146**
Somerton Clo. *Bris* —3A **74**
Somerton Rd. *Bris* —1A **58**
Somerton Rd. *Clev* —5E **121**
Somervale Rd. *Rads*
　　　　—2A **152**
Somerville Clo. *Salt* —2A **94**
Sommerville Rd. *Bris*
　　　　—4A **58**
Sommerville Rd. S. *Bris*
　　　　—5B **58**
Sophia Gdns. *W Mare*
　　　　—1F **129**
Sorrel Clo. *T'bry* —2E **7**
Sorrel Clo. *Trow* —5D **119**
Soundwell Rd. *Bris* —1E **73**
South Av. *Bath* —4E **105**
South Av. *P'head* —2F **49**
South Av. *Yate* —5D **17**
Southblow Ho. *Bris* —2C **78**
Southbourne Gdns. *Bath*
　　　　—5C **100**
S. Combe. *B'don* —5F **139**

Southcot Pl. *Bath* —4B **106**
S. Croft. *Bris* —5E **41**
South Dene. *Bris* —1A **56**
Southdown. *W Mare*
　　　　—1D **129**
Southdown Av. *Bath*
　　　　—1C **108**
Southdown Rd. *Bath*
　　　　—5C **104**
Southdown Rd. *Bris* —4B **40**
Southdowns. *Bris* —1C **68**
Southend Gdns. *Wickw*
　　　　—2B **154**
Southend Ho. *Wickw*
　　　　—2C **154**
Southend Rd. *W Mare*
　　　　—4C **132**
Southernhay. *Clif W*
　　　　—4D **69**
Southernhay. *Stap H*
　　　　—3E **61**
Southernhay Av. *Bris*
　　　　—4D **69**
Southernhay Cres. *Bris*
　　　　—4D **69**
Southern Ring Path. *Clev*
　(in two parts) —5C **120**
Southern Way. *Clev*
　　　　—4B **120**
Southey Av. *Bris* —1F **73**
Southey Ct. *Bris* —1F **73**
Southey Rd. *Clev* —4D **121**
Southey St. *Bris* —5B **58**
Southfield. *Rads* —2D **153**
Southfield Av. *Bris* —1A **74**
Southfield Clo. *Nail*
　　　　—2D **123**
Southfield Clo. *Uph*
　　　　—1B **138**
Southfield Ct. *Bris* —5C **40**
Southfield Rd. *Cot* —1F **69**
Southfield Rd. *Nail* —2D **123**
　(in two parts)
Southfield Rd. *W Trym*
　　　　—5C **40**
Southfields. *Rads* —2D **153**
Southfield Trad. Est. *Nail*
　　　　—2E **123**
Southgate. *Bath*
　　　　—3B **106** (4C **96**)
South Grn. St. *Bris* —4B **68**
South Gro. *Bris* —2E **57**
South Gro. *Pill* —3E **53**
S. Hayes. *Bris* —3D **59**
Southlands. *Bath* —4B **98**
　(in two parts)
Southlands Dri. *Tim*
　　　　—2E **157**
Southlands Way. *Cong*
　　　　—1D **145**
South Lawn. *Lock* —4E **135**
S. Lawn Clo. *Lock* —4D **135**
S. Lea Rd. *Bath* —1B **104**
Southleaze. *Wins* —5B **156**
Southleigh. *Brad A*
　　　　—4D **115**
Southleigh Rd. *Bris* —2D **69**
S. Liberty La. *Bris* —4A **78**
S. Lodge. *Bris* —1F **55**
Southmead. *Wins* —4B **156**
S. Meadows. *Wrin* —1C **156**
Southmead Rd. *W Mare*
　　　　—1F **133**
Southmead Rd. *W Trym & Fil*
　　　　—5E **41**
Southover Clo. *Bris* —4C **40**
South Pde. *Bath*
　　　　—3B **106** (4D **97**)

South Pde. *Bris* —2D **69**
South Pde. *W Mare*
　　　　—5B **126**
South Pde. *Yate* —5A **18**
South Pde. Cotts. *Bath*
　(off Tyning Rd.) —3D **111**
South Quay. *Bris*
　　　　—4A **70** (3E **5**)
Southridge Heights. *W Mare*
　　　　—3E **139**
South Rd. *Bedm* —2E **79**
South Rd. *K'wd* —2F **73**
South Rd. *Mid N* —3D **151**
South Rd. *P'head* —2F **49**
South Rd. *Redl* —5E **57**
South Rd. *Tim* —2E **157**
South Rd. *W Mare* —4A **126**
Southsea Rd. *Pat* —2C **26**
South Side. *Cong* —1E **145**
Southside. *W Mare*
　　　　—5C **126**
Southside Clo. *Bris* —4D **39**
Southside Cres. *Kew*
　　　　—1E **127**
Southstoke La. *S'ske*
　　　　—5A **110**
Southstoke Rd. *Bath*
　　　　—3A **110**
South St. *Bris* —2D **79**
South Ter. *Bris* —5D **57**
South Ter. *W Mare*
　　　　—5B **126**
South View. *Bath* —5B **100**
　(off Camden Rd.)
South View. *Bris* —2A **62**
South View. *Fram C*
　　　　—2D **31**
South View. *Mon N* —4B **148**
South View. *Mon C*
　　　　—3F **111**
South View. *Paul* —3B **146**
South View. *P'head* —1F **49**
South View. *Tim* —1E **157**
Southview Clo. *Hut*
　　　　—1C **140**
S. View Cres. *Coal H*
　　　　—3F **31**
S. View Pl. *Bath* —4D **109**
S. View Pl. *Mid N* —2E **151**
S. View Rise. *Coal H*
　　　　—3E **31**
S. View Rd. *Bath* —3E **105**
Southview Rd. *Trow*
　　　　—4D **119**
Southview Ter. *Yat*
　　　　—2B **142**
Southville Clo. *Brad A*
　　　　—4F **115**
Southville Pl. *Bris* —1F **79**
Southville Rd. *Brad A*
　　　　—4F **115**
Southville Rd. *Bris* —1E **79**
Southville Rd. *W Mare*
　　　　—4C **132**
Southville Ter. *Bath*
　　　　—5C **106**
South Wlk. *Yate* —5A **18**
South Way. *Trow* —3D **119**
Southway Dri. *Bris* —5F **75**
Southway Rd. *Brad A*
　　　　—5E **115**
Southwell St. *Bris* —2E **69**
Southwick Rd. *N Brad*
　　　　—5D **155**
Southwood Av. *Bris* —4E **39**
Southwood Dri. *Bris* —5D **39**
Southwood Dri. E. *Bris*
　　　　—4E **39**

Southwood Rd. *Trow*
—2F **119**
Sovereign Shopping Cen.
W Mare —1B **132**
Spa La. *Bath* —4D **101**
Spalding Clo. *Bris* —4C **58**
Spar Rd. *Yate* —4F **17**
Spartley Dri. *Bris* —2B **86**
Spartley Wlk. *Bris* —2B **86**
Specklemead. *Paul*
—4A **146**
Speedwell Av. *Bris* —3F **71**
Speedwell Clo. *T'bry* —2E **7**
Speedwell Clo. *Trow*
—4D **119**
Speedwell Rd. *Bris* —1B **72**
Spencer Dri. *W Mare*
—2F **129**
Spencer Ho. *Bris* —5A **70**
Spencers Belle Vue. *Bath*
—1A **106**
Spencers Orchard *Brad A*
—5E **115**
Sperring Ct. *Mid N* —4C **150**
Spey Clo. *T'bry* —4D **7**
Spindleberry Gro. *Nail*
—3F **123**
Spinners Croft. *Trow*
—3D **119**
Spinners End. *W Mare*
—1F **129**
Spinney Croft. *Bris* —3B **86**
Spinney, The. *Brad S*
—2A **28**
Spinney, The. *Fram C*
—2D **31**
Spinney, The. *Trow*
—2F **119**
Spinney, The. *W Mare*
—2D **139**
Spinnings Drove. *Clev*
—5F **125**
Spires View. *Bris* —2A **60**
Spitfire Retail Pk. *Trow*
—5D **119**
Spring Cres. *Bath*
—3B **106** (4D **97**)
Springfield. *Brad A* —3F **115**
(in three parts)
Springfield. *Pea J* —2F **149**
Springfield. *T'bry* —4E **7**
Springfield Av. *Hor* —2B **58**
Springfield Av. *Mang*
—1C **62**
Springfield Av. *Shire*
—1F **53**
Springfield Av. *W Mare*
—4B **128**
Springfield Bldgs. *Rads*
—1D **153**
Springfield Bungalows.
Mid N —2A **150**
Springfield Clo. *Bath*
—4C **104**
Springfield Clo. *Mang*
—5C **46**
Springfield Clo. *Trow*
—5E **117**
Springfield Crest. *Rads*
—1D **153**
Springfield Gdns. *Ban*
—5E **137**
Springfield Gro. *Bris*
—2D **57**
Springfield Heights. *Rads*
—5B **148**
Springfield Lawns. *Bris*
—1F **53**

Springfield Pk. *Trow*
—1E **119**
Springfield Pl. *Bath* —5A **100**
Springfield Pl. *Rads*
—5B **148**
Springfield Rd. *Bris* —1F **69**
Springfield Rd. *Mang*
—5C **46**
Springfield Rd. *Pill* —3E **53**
Springfield Rd. *P'head*
—3D **49**
Springfields. *Fil* —2C **42**
Spring Gdns. Bath —3B **106**
(off Spring Gdns. Rd.)
Spring Gdns. *Bris* —4C **80**
Spring Gdns. *Bath* —3C **60**
—3B **106** (3D **97**)
(in two parts)
Spring Ground Rd. *Paul*
—4B **144**
Spring Hill. *K'dwn* —2F **69**
(in two parts)
Spring Hill. *K'wd* —5A **62**
Spring Hill. *W Mare*
—3A **128**
Springhill Clo. *Paul*
—3A **146**
Spring Hill Dri. *W Mare*
—4B **128**
Spring La. *Bath* —4C **100**
Springleaze. *Bris* —4C **80**
Springleaze. *Mang* —5C **46**
Spring Rise. *P'head* —5E **49**
Spring St. *Bedm* —1A **80**
Spring St. Pl. *Bedm* —1A **80**
Spring Ter. *W Mare*
—3A **128**
Spring Vale. *Bath* —4C **100**
Spring Valley. *W Mare*
—3A **128**
Springville Clo. *L Grn*
—2C **84**
Springwood Dri. *Bris*
—1F **39**
Springwood Gdns. *Hut*
—5C **134**
Spruce Way. *Bath* —4F **109**
Spruce Way. *Pat* —2A **26**
Spryngham Ho. *Bris*
—4C **86**
Square, The. *Alv* —3B **8**
Square, The. *Ban* —5F **137**
Square, The. *Brisl* —3F **81**
Square, The. *Know* —4C **80**
Square, The. *Staph H* —3A **62**
Square, The. *Stav* —1D **117**
Square, The. *Tim* —1E **157**
Square, The. *Wins* —5A **156**
Squires Ct. *L Grn* —1B **84**
Squires Leaze. *T'bry* —2D **7**
Stable Yd. *Bath* —3E **105**
Stackpool Rd. *Bris* —1D **79**
Staddlestones. *Mid N*
—5C **150**
Stadium Rd. *Bris* —2E **57**
Stafford Cres. *T'bry* —3C **6**
Stafford Pl. *W Mare*
—5C **126**
Stafford Rd. *Bris* —5C **58**
Stafford Rd. *P'head* —4A **50**
Stafford Rd. *W Mare*
—5D **127**
Staffords Ct. *Bris* —4C **74**
Stafford St. *Bris* —1F **79**
Stainer Clo. *Bris* —2F **87**
Stallard St. *Trow* —2C **118**
Stall St. *Bath*
—3B **106** (4C **96**)

Stambrook Pk. *Bathe*
—1B **102**
Stanbridge Clo. *Bris* —1B **62**
Stanbridge Rd. *Bris* —1B **62**
Stanbury Av. *Bris* —2E **61**
Stanbury Rd. *Bris* —2A **80**
Stancomb Av. *Trow*
—1E **119**
Standfast Rd. *Bris* —1B **40**
Standish Av. *Pat* —5D **11**
Standish Clo. *Bris* —3B **40**
Standon Way. *Bris* —2E **41**
Stane Way. *Bris* —5E **37**
Stanfast Rd. *Bris* —1B **40**
Stanfield Clo. *Bris* —1D **59**
Stanford Clo. *Fram C*
—1B **30**
Stanford Pl. *Bris* —1F **87**
Stanhope Pl. *Bath* —3F **105**
Stanhope Rd. *L Grn* —3B **84**
Stanhope Rd. *W Mare*
—5C **132**
Stanhope St. *Bris* —5C **70**
Stanier Rd. *Bath* —3F **105**
Stanley Av. *Bishop* —4A **58**
Stanley Av. *Fil* —2D **43**
Stanley Chase. *Bris* —5F **59**
Stanley Ct. *Mid N* —2E **151**
Stanley Cres. *Bris* —2D **43**
Stanley Gdns. *Old C*
—1D **85**
Stanley Gro. *W Mare*
—1D **133**
Stanley Hill. *Bris* —1C **80**
Stanley Mead. *Brad S*
—4A **12**
Stanley Pk. *Bris* —1E **71**
Stanley Pk. Rd. *Bris* —4A **62**
Stanley Rd. *Cot* —5E **57**
Stanley Rd. *War* —2D **75**
Stanley Rd. *W Mare*
—1D **133**
Stanley Rd. W. *Bath*
—4E **105**
Stanley St. *Bris* —2E **79**
Stanley St. N. *Bris* —2E **79**
Stanley St. S. *Bris* —2E **79**
Stanley Ter. *Bris* —3E **79**
Stanley Ter. *Rads* —1D **153**
Stanley Vs. Bath —5B **100**
(off Camden Rd.)
Stanshaw Clo. *Bris* —5C **44**
Stanshawe Cres. *Yate*
—5A **18**
Stanshawes Ct. *Yate* —1A **34**
Stanshawes Ct. Dri. *Yate*
—1A **34**
Stanshawes Dri. *Yate*
—5F **17**
Stanshaw Rd. *Bris* —5C **44**
Stanshaws Clo. *Brad S*
—4E **11**
Stanton Clo. *Bris* —1B **74**
Stanton Clo. *Trow* —5D **119**
Stanton Rd. *Bris* —3F **41**
Stanway. *Bit* —4E **85**
Stanway Clo. *Bath* —3E **109**
Staple Gro. *Key* —3F **91**
Staplegrove Cres. *Bris*
—3C **72**
Staplehill Rd. *Bris* —2D **61**
Staples Clo. *Clev* —5E **121**
Staples Grn. *W Mare*
—2F **129**
Staples Hill. *F'frd* —5D **113**
Staples Rd. *Yate* —4F **17**
Stapleton Clo. *Bris* —2F **59**
Stapleton Rd. *Bris* —2C **70**

Star Barn Rd. *Wint* —2A **30**
Starcross Rd. *W Mare*
—2E **129**
Star La. *Bris* —4B **60**
Star La. *Pill* —3E **53**
Starling Clo. *W Mare*
—5C **128**
Star, The. *Holt* —2E **155**
States Way. *Bris* —1E **57**
Station App. *Brad A*
—3D **115**
Station App. *W Mare*
—1D **133**
Station App. Rd. *Bris*
—5B **70** (5F **5**)
Station Av. *Bris* —3C **60**
Station Clo. *Back* —1B **124**
Station Clo. *Chip S* —1F **35**
Station Clo. *Cong* —2C **144**
Station Clo. *War* —2E **75**
Station Ct. *Bath* —2D **105**
Station La. *Bris* —3C **58**
Station Rd. *Ash D* —3B **58**
Station Rd. *B'ptn* —4A **102**
Station Rd. *Bris* —3F **81**
Station Rd. *Clev* —3D **121**
Station Rd. *Coal H* —4E **31**
Station Rd. *Cong* —2C **144**
Station Rd. *Fil* —1D **43**
Station Rd. *Fish* —3C **60**
Station Rd. *F'frd* —4D **113**
Station Rd. *Hen* —2A **40**
Station Rd. *Holt* —2E **155**
Station Rd. *Iron A* —3F **15**
Station Rd. *Key* —2A **92**
Station Rd. *K'wd* —3A **62**
Station Rd. *Lit S* —3E **27**
Station Rd. *Lwr W* —2D **105**
Station Rd. *Mid N* —2E **151**
Station Rd. *Mont* —5F **57**
Station Rd. *Nail* —3D **123**
(in two parts)
Station Rd. *Pill* —3E **53**
Station Rd. *P'bry* —5F **51**
Station Rd. *P'head* —2F **49**
Station Rd. *Sev B* —4A **20**
Station Rd. *Shire* —2F **53**
Station Rd. *St Ap* —5A **72**
Station Rd. *St Geo* —3A **130**
Station Rd. *War* —3E **75**
Station Rd. *Wickw* —1B **154**
Station Rd. *Wint* —5A **30**
Station Rd. *W Mare*
—1C **132**
Station Rd. *Wor* —3D **129**
Station Rd. *Wrin* —1B **156**
Station Rd. *Yat* —2A **142**
Station Rd. *Yate* —4E **17**
Station Way. *Trow* —2C **118**
Statnton Clo. *Bris* —1B **74**
Staunton Fields. *Bris*
—5E **89**
Staunton La. *Bris* —4E **89**
Staunton Way. *Bris* —5F **89**
Staveley Cres. *Bris* —2E **41**
Staverton Clo. *Pat* —5D **11**
Staverton Way. *Bris* —3C **74**
Stavordale Gro. *Bris*
—2D **89**
Staynes Cres. *K'wd* —2A **74**
Steam Mills. *Mid N*
—4C **150**
Stean Bri. Rd. *Lit S* —3F **27**
Steel Ct. *L Grn* —2B **84**
Steel Mills. *Key* —4B **92**
Stella Gro. *Bris* —3C **78**
Stephen's Dri. *Bar C*
—5B **74**

Stephen St. *Redf* —2E **71**
Stepney Rd. *Bris* —1E **71**
Stepney Wlk. *Bris* —1E **71**
Stepping Stones, The. *St Ap*
—1A **60**
Sterncourt Rd. *Bris* —5C **44**
Steven's Cres. *Bris* —1B **80**
Steway La. *Bathe* —1B **102**
Stibbs Ct. *L Grn* —1B **84**
Stibbs Hill. *Bris* —3C **72**
Stickland. *Clev* —5C **120**
Stidham La. *Key* —2D **93**
Stile Acres. *Bris* —3C **38**
Stillhouse La. *Bris* —1F **79**
Stillingfleet Rd. *Bris* —3E **87**
Stillman Clo. *Bris* —4A **86**
Stillman Clo. *Holt* —2E **155**
Stinchcombe. *Yate* —5A **18**
Stirling Clo. *Yate* —2F **17**
Stirling Rd. *Bris* —1E **81**
Stirling Way. *Key* —4A **92**
Stirtingale Av. *Bath* —1D **109**
Stirtingale Rd. *Bath*
—1D **109**
Stock La. *Cong* —5E **145**
Stockton Clo. *Bris* —4B **88**
Stockton Clo. *L Grn* —2D **85**
Stock Way N. *Nail* —3D **123**
Stock Way S. *Nail* —3D **123**
Stockwell Av. *Mang* —1C **62**
Stockwell Clo. *Bris* —5B **46**
Stockwell Dri. *Mang*
—1C **62**
Stockwell Glen. *Bris* —5B **46**
Stockwood Cres. *Bris*
—3B **80**
Stockwood Hill. *Key* —1E **91**
Stockwood La. *Bris & Key*
—4F **89**
Stockwood M. *St Ap*
—5B **72**
Stockwood Rd. *Brisl*
—5B **82**
Stockwood Rd. *Bris* —3F **89**
Stockwood Vale. *Key*
—3C **90**
Stodelegh Clo. *W Mare*
—2F **129**
Stoke Bri. Av. *Lit S* —3F **27**
Stoke Cotts. *Bris* —3A **56**
Stokefield Clo. *T'bry* —3C **6**
Stoke Gro. *Bris* —1A **56**
Stoke Hamlet. *Bris* —5B **40**
Stoke Hill. *Bris* —3A **56**
Stoke La. *Pat* —1D **27**
Stoke La. *Stap* —5A **44**
Stoke La. *W Trym* —2A **56**
Stokeleigh Wlk. *Bris* —2E **55**
Stoke Mead. *Lim S*
—2A **112**
Stokemead. *Pat* —1E **27**
Stoke Paddock Rd. *Bris*
—1F **55**
Stoke Pk. Rd. *Bris* —3A **56**
Stoke Pk. Rd. S. *Bris*
—4A **56**
Stoke Rd. *Bris* —4B **56**
Stoke Rd. *P'head* —3F **49**
Stokes Ct. *Bar C* —1C **84**
Stokes Croft. *Bris* —2A **70**
Stoke View. *Bris* —1C **42**
Stoke View Rd. *Bris* —4B **60**
Stoneable Rd. *Rads*
—1D **153**
Stoneberry Rd. *Bris* —5D **89**
Stonebridge. *Clev* —5D **121**
Stonebridge Pk. *Bris*
—5F **59**

Stonebridge Rd. *W Mare*
—4D **133**
Stonechat Gdns. *Bris*
—1A **60**
Stonefield Clo. *Brad A*
—4F **115**
Stonehenge La. *Tic*
—1D **123**
Stonehill. *L Grn* —1F **83**
Stonehouse Clo. *Bath*
—2C **110**
Stonehouse La. *Bath*
—2C **110**
Stone La. *Wint D* —5A **30**
Stoneleigh Ct. *Bath* —3F **99**
Stoneleigh Cres. *Bris*
—3C **80**
Stoneleigh Dri. *Bris* —5B **74**
Stoneleigh Rd. *Bris* —3C **80**
Stoneleigh Wlk. *Bris*
—3C **80**
Stones Cotts. *Bris* —5E **23**
Stonewell Dri. *Cong*
—3D **145**
Stonewell Gro. *Cong*
—3D **145**
Stonewell La. *Cong*
—3D **145**
Stonewell Pk. Rd. *Cong*
—3D **145**
Stoneyfields. *E'ton G*
—3D **53**
Stoneyfields Clo. *E'ton G*
—2D **53**
Stoney Hill. *Bris*
—3E **69** (2A **4**)
Stoney La. *Bris* —4B **58**
Stoney Steep. *Nail* —1F **123**
Stoney Steep. *P'head*
—2E **49**
Stoney Stile Rd. *Alv* —2B **8**
Stony La. *Bath* —5F **95**
(in two parts)
Stormont Clo. *W Mare*
—5D **133**
Stothard Rd. *Bris* —5D **43**
Stottbury Rd. *Bris* —4C **58**
Stoulton Gro. *Bris* —1C **40**
Stourden Clo. *Bris* —5C **44**
Stourton Dri. *Bar C* —1B **84**
Stover Rd. *Yate* —3C **16**
Stover Trad. Est. *Yate*
—4D **17**
Stowey La. *Yat* —4D **143**
Stowey Pk. *Yat* —3D **143**
Stowey Rd. *Yat* —2B **142**
Stow Ho. *Bris* —2A **54**
Stowick Cres. *Bris* —3E **39**
Stradbrook Av. *Bris* —3D **73**
Stradling Av. *W Mare*
—3D **133**
Stradling Rd. *Bris* —2E **39**
Straits Pde. *Bris* —2D **61**
Stratford Clo. *Bris* —5B **88**
Strathmore Rd. *Bris* —1A **58**
Stratton Clo. *Lit S* —1E **27**
Stratton St. *Bris* —2A **70**
Strawberry Clo. *Nail*
—4C **122**
Strawberry Cres. *St G*
—3A **72**
Strawberry Gdns. *Nail*
—4C **122**
Strawberry Hill. *Clev*
—2E **121**
Strawberry La. *B'wth*
—5A **86**
Strawberry La. *Bris* —3A **72**

Strawbridge Rd. *Bris*
—3D **71**
Stream Clo. *Bris* —5F **25**
Streamcross. *Clav* —2D **143**
Streamleaze. *T'bry* —4C **6**
Streamside. *Clev* —3F **121**
Streamside. *Yate* —1B **62**
Streamside Rd. *Chip S*
—5C **18**
Streamside Wlk. *Bris*
—2A **82**
Streamside Wlk. *T'bry*
—1D **7**
Stream, The. *Ham* —2D **45**
Street, The. *Alv* —2D **9**
Street, The. *Holt* —2D **155**
Street, The. *Rads* —2C **152**
Stretford Av. *Bris* —2F **71**
Stretford Rd. *Bris* —1F **71**
Stride Clo. *Sev B* —4B **20**
Strode Comn. *Alv* —2A **8**
Strode Gdns. *Alv* —2A **8**
Strode Rd. *Clev* —5B **120**
Strode Way. *Clev* —5B **120**
Stroud Rd. *Bris* —2A **54**
Stroud Rd. *Pat* —1A **26**
Stuart Clo. *Trow* —3E **117**
Stuart Pl. *Bath* —3E **105**
Stuart Rd. *W Mare* —3E **133**
Stuart St. *Redf* —3E **71**
Studland Ct. *Bris* —1D **57**
Studley Rise. *Trow*
—4D **119**
Sturden La. *Ham* —1E **45**
Sturdon Rd. *Bris* —2C **78**
Sturmer Clo. *Yate* —2A **18**
Sturminster Clo. *Bris*
—2F **89**
Sturminster Rd. *Bris* —5E **81**
Sulis Manor Rd. *Bath*
—4D **109**
Sullivan Clo. *Bris* —2F **87**
Sumerlin Dri. *Clev* —3F **121**
Summer Down Wlk. *Trow*
—3D **155**
Summerfield. *W Mare*
—2F **129**
Summerfield Cotts. *Bath*
(off Tyning La.) —5C **100**
Summerfield Rd. *Bath*
—5B **100**
Summerfield Ter. *Bath*
—5B **100**
Summerhayes. *Bris* —5F **75**
Summer Hill. *Bris* —1C **80**
Summerhill Rd. *Bath*
—5E **99**
Summerhill Rd. *Bris* —2A **72**
Summerhill Ter. *Bris*
—3B **72**
Summerhouse. *Tic*
—1C **122**
Summerlands. *Back*
—3D **125**
Summerlands Rd. *W Mare*
—5E **127**
Summer La. *Ban & W Mare*
—4F **129**
Summer La. *C Down*
—3C **110**
Summer La. Cvn. Pk. *Ban*
—4C **136**
Summer La. N. *W Mare*
—3E **129**
Summerlays Ct. *Bath*
—3C **106** (4E **97**)
Summerleaze. *Bris* —4E **61**
Summerleaze. *Key* —1A **92**

Summerleaze. *Trow*
—4A **118**
Summers Mead. *Yate*
—2A **18**
Summers Rd. *Bris* —1C **70**
Summers Ter. *Bris* —1C **70**
Summer St. *Bris* —1E **79**
Sundays Hill. *Alm* —2C **10**
Sunderland Pl. *Bris* —2D **69**
Sunderland St. *Bath*
—2B **106** (2D **97**)
Sundridge Pk. *Yate* —2A **34**
Sunfield Rd. *Hut* —5C **134**
Sunningdale. *Bris* —2D **69**
Sunningdale. *Yate* —1A **34**
Sunningdale Clo. *Nail*
—4F **123**
Sunningdale Dri. *War*
—4D **75**
Sunningdale Rd. *W Mare*
—2D **129**
Sunnybank. *Bath* —5C **106**
Sunny Bank. *Bris* —1D **73**
Sunnybank. *Mang* —1A **62**
Sunnydene. *Bris* —1F **81**
Sunny Hill. *Bris* —5D **39**
Sunnyhill Dri. *Bris* —1A **54**
Sunnyhill Ho. E. *Bris*
(off Sunnyhill Dri.) —1A **54**
Sunnyhill Ho. W. *Bris*
(off Sunnyhill Dri.) —1A **54**
Sunnymead. *Key* —5B **92**
Sunnymead. *Mid N*
—2C **150**
Sunnymede Rd. *Nail*
—2C **122**
Sunnymount. *Mid N*
—2E **151**
Sunnyside. *Bris* —2A **56**
Sunnyside. *Fram C* —2D **31**
Sunnyside Cres. *Clev*
—3D **121**
Sunnyside La. *Ham* —2E **45**
Sunnyside La. *Yate* —5E **17**
Sunnyside Rd. *Clev*
—3C **120**
Sunnyside Rd. *W Mare*
—3C **132**
Sunnyside Rd. N. *W Mare*
—2C **132**
Sunnyside View. *Pea J*
—2F **149**
Sunnyvale. *C'ton* —1B **148**
Sunnyvale. *Clev* —5A **120**
Sunnyvale Dri. *L Grn*
—2D **85**
Sunny Wlk. *Bris* —1D **73**
Sunridge. *Bris* —1F **61**
Sunridge Clo. *Mid N*
—4C **150**
Sunridge Pk. *Mid N*
—4C **150**
Sunrise Gro. *Bris* —1F **81**
Sunset Clo. *Pea J* —2F **149**
Surrey Pl. *Trow* —3C **118**
Surrey Rd. *Bris* —4A **58**
Surrey St. *Bris* —2A **70**
Suspension Bri. Rd. *Bris*
—3B **68**
Sussex Pl. *Bath*
—4B **106** (5D **97**)
Sussex Pl. *Bris* —1B **70**
Sussex St. *Bris* —4C **70**
Sutherland Av. *Bris* —5A **46**
Sutherland Av. *Yate* —2F **17**
Sutherland Dri. *Hut*
—1B **140**
Sutherland Pl. *Bris* —5C **56**

Sutton Av. *Bris* —1F **81**
(in two parts)
Sutton St. *Bath*
—2C **106** (1E **97**)
Swainswick. *Bris* —2B **88**
Swainswick Gdns. *Bath*
—4D **101**
Swainswick La. *Bath*
—1D **101**
Swaish Dri. *Bar C* —1B **84**
Swallow Clo. *Mid N*
—4E **153**
Swallow Dri. *Pat* —1A **26**
Swallow Dri. *Trow* —2B **118**
Swallow Gdns. *W Mare*
—5B **128**
Swallow Pk. *T'bry* —1E **7**
Swallows Ct. *Stok G*
—5A **28**
Swallows, The. *W Mare*
—1B **134**
Swallow St. *Bath*
—3B **106** (4C **96**)
Swan Clo. *W Mare* —5C **128**
Swan Dri. *Stav* —2D **117**
Swane Rd. *Bris* —2B **90**
Swan La. *Wint* —5D **13**
Swanmoor Cres. *Bris*
—5C **24**
Sweets Clo. *Bris* —5A **62**
Sweets Rd. *Bris* —5A **62**
Swift Clo. *W Mare*
—4D **129**
Swiss Dri. *Bris* —3B **78**
Swiss Rd. *Bris* —3B **78**
Swiss Rd. *W Mare* —1D **133**
Sycamore Clo. *Han* —2D **83**
Sycamore Clo. *Nail*
—3D **123**
Sycamore Clo. *W'hall*
—1A **72**
Sycamore Clo. *W Mare*
—5E **127**
Sycamore Ct. *Bris* —4A **58**
Sycamore Dri. *Pat* —2A **26**
Sycamore Dri. *T'bry* —3D **7**
Sycamore Gro. *Trow*
—4B **118**
Sycamore Rd. *Rads*
—2E **153**
Sydenham Bldgs. *Bath*
—4F **105**
Sydenham Hill. *Bris* —1F **69**
Sydenham La. *Bris* —1F **69**
Sydenham Rd. *Bath*
—3F **105**
Sydenham Rd. *Cot* —1F **69**
Sydenham Rd. *Know*
—2C **80**
Sydenham Ter. *C Down*
—3D **111**
Sydenham Way. *Bris*
—2E **83**
Sydney Bldgs. *Bath*
—3C **106** (3F **97**)
Sydney M. *Bath*
—2C **106** (2E **97**)
Sydney Pl. *Bath*
—2C **106** (1E **97**)
Sydney Rd. *Bath*
—2C **106** (2F **97**)
Sydney Row. *Bris* —2F **79**
Sydney Wharf. *Bathw*
—3C **106** (3F **97**)
Sylvan Way. *Bris* —1D **55**
Sylvia Av. *Bris* —2B **80**
Symes Av. *Bris* —4E **87**
Symes Pk. *W'ton* —4B **98**

Symington Rd. *Bris* —2D **61**
Syston Way. *Bris* —1F **73**

Tabernacle Rd. *Bris* —4E **73**
Tackley Rd. *Bris* —4D **59**
Tadwick La. *Bath* —1B **100**
Tailor's Ct. *Bris*
—3F **69** (2C **4**)
Talbot Av. *Bris* —1D **73**
Talbot Rd. *Bris* —3D **81**
Talbot Rd. *Trow* —3A **118**
Talgarth Rd. *Bris* —3B **58**
Tallis Gro. *Bris* —2F **87**
Tamar Clo. *T'bry* —5E **7**
Tamar Dri. *Key* —4C **92**
Tamar Rd. *Bris* —4E **71**
Tamar Rd. *W Mare*
—3D **129**
Tamblyn Clo. *Rads*
—1D **153**
Tamsin Ct. *Key* —3A **92**
Tamworth Rd. *Key* —4A **92**
Tankards Clo. *Bris*
—3E **69** (1A **4**)
Tanner Clo. *Bar C* —5B **74**
Tanners Ct. *Bris* —3D **45**
Tanners Ct. *T'bry* —4C **6**
Tanners Wlk. *Bath* —4A **104**
Tanorth Clo. *Bris* —5C **88**
Tanorth Rd. *Bris* —5B **88**
Tanyard, The. *Will* —3D **85**
Tapsters. *Bris* —1C **84**
Tarn Ho. *Pat* —1C **26**
Tarnock Av. *Bris* —4A **88**
Tarragon Pl. *Brad S* —2B **28**
Taunton Rd. *W Mare*
—1F **129**
Taunton Wlk. *Bris* —5C **42**
Taverner Clo. *Bris* —1F **87**
Tavistock Rd. *Bris* —4B **80**
Tavistock Rd. *W Mare*
—3E **129**
Tavistock Wlk. *Bris* —4B **80**
Tawny Way. *W Mare*
—5D **129**
Taylor Clo. *K'wd* —2B **74**
Taylor Ct. *W Mare* —1F **129**
Taylor Gdns. *Bris* —4B **86**
Tayman Clo. *Bris* —1A **58**
Tayman Ridge. *Bit* —5F **85**
Taynton Clo. *Bit* —3E **85**
Teal Clo. *Brad S* —4F **11**
Teal Clo. *W Mare* —4D **129**
Teasel Wlk. *W Mare*
—1B **134**
Teddington Clo. *Bath*
—5D **105**
Teesdale Clo. *W Mare*
—5B **128**
Teewell Av. *Bris* —3A **62**
Teewell Clo. *Bris* —3A **62**
Teewell Ct. *Bris* —3A **62**
Teewell Hill. *Bris* —3A **62**
Teignmouth Rd. *Bris*
—4B **80**
Teignmouth Rd. *Clev*
—3E **121**
Telephone Av. *Bris*
—4F **69** (3B **4**)
Telford Ho. *Bath* —1E **109**
Telford Wlk. *Bris* —1C **72**
Templar Rd. *Yate* —3A **18**
Temple Back. *Bris*
—4A **70** (3E **5**)
Temple Boulevd. *Bris*
—4B **70** (4F **5**)
Temple Ct. *Key* —3A **92**

Temple Ga. *Bris*
—5B **70** (5F **5**)
Temple Ga. Ho. *Bris*
—5A **70** (5F **5**)
Templeland Rd. *Bris*
—3B **86**
Temple St. *Bedm* —3D **79**
Temple St. *Bris*
—4A **70** (3D **5**)
(in two parts)
Temple St. *Key* —3A **92**
Temple Trad. Est. *Bris*
—5D **71**
Temple Way. *Bris*
—4A **70** (4E **5**)
Templeway Ho. *Bris*
—4B **70** (3F **5**)
Ten Acre Cotts. *Eng*
—5A **108**
Tenby Rd. *Key* —4F **91**
Tenby St. *Bris* —3D **71**
Tennessee Gro. *Bris* —2E **57**
Tennis Ct. Av. *Paul*
—4A **146**
Tenniscourt Cotts. *Paul*
—4A **146**
Tenniscourt Rd. *Bris*
—1C **74**
Tennis Ct. Rd. *Paul*
—4A **146**
Tennis Rd. *Bris* —3C **80**
Tennyson Av. *Clev* —4B **120**
Tennyson Clo. *Key* —2B **92**
Tennyson Rd. *Bath*
—2E **105**
Tennyson Rd. *Bris* —2A **58**
Tennyson Rd. *W Mare*
—5E **133**
Tenterk Clo. *B'don* —5F **139**
Tenth Av. *Bris* —3D **43**
Tereslake Grn. *Bris* —5F **25**
Terrace Wlk. *Bath*
—3B **106** (4C **96**)
Terrell Gdns. *Bris* —3F **71**
Terrell St. *Bris* —2F **69**
Tetbury Clo. *Lit S* —1E **27**
Tetbury Gdns. *Nail*
—4F **123**
Tetbury Rd. *Bris* —2D **73**
Teviot Rd. *Key* —4C **92**
Tewkesbury Rd. *Bris*
—5C **58**
Tewther Rd. *Bris* —5E **87**
Teyfant Rd. *Bris* —4A **88**
Teyfant Wlk. *Bris* —4A **88**
Thackeray Av. *Clev*
—2D **121**
Thackeray Rd. *Clev*
—2E **121**
Thackeray Wlk. *Bris*
—4C **42**
Thanet Rd. *Bris* —3D **79**
Thatcher Clo. *P'head*
—4F **49**
Thatchers Clo. *Bris* —3D **73**
There & Back Again La. *Bris*
—3E **69**
Theresa Av. *Bris* —3A **58**
Thestfield Dri. *Trow*
—3D **117**
Theynes Croft. *L Ash*
—4D **77**
Thicket Av. *Bris* —5D **61**
Thicket Rd. *Bris* —3E **61**
Thicket Wlk. *T'bry* —3D **7**
Thiery Rd. *Bris* —3E **81**
Thingwall Pk. *Bris* —4A **60**
Third Av. *Bath* —4E **105**

Third Av. *Bris* —3C **42**
Third Av. *W'fld I* —5A **152**
Third Way. *A'mth* —2D **37**
Thirlmere Ct. *Bris* —4F **75**
Thirlmere Rd. *Pat* —1C **26**
Thirlmere Rd. *W Mare*
—4E **133**
Thistle St. *Bris* —2D **79**
Thomas Av. *E Grn* —4D **47**
Thomas Clo. *Ban* —5E **137**
Thomas La. *Bris*
—4A **70** (4D **5**)
Thomas Pring Wlk. *Bris*
—1C **72**
Thomson Rd. *Bris* —2D **71**
Thornbank Pl. *Bath* —4F **105**
Thornbury Dri. *Uph*
—1A **138**
Thornbury Hill. *Alv* —1A **8**
Thornbury Ind. Pk. *T'bry*
—4D **7**
Thornbury Rd. *Alv* —2B **8**
(in two parts)
Thornbury Rd. *Uph*
—1A **138**
Thorn Clo. *W Mare* —3F **129**
Thorn Clo. *Yate* —5F **17**
Thorndale. *Bris* —2C **68**
Thorndale Clo. *W Mare*
—5B **128**
Thorndale Ct. *Bris* —1C **68**
Thorndale M. *Bris* —2C **68**
Thornhayes Clo. *Fram C*
—1C **30**
Thornhills, The. *Fish*
—1D **61**
Thornleigh Rd. *Bris* —2A **58**
Thornmead Gro. *Bris*
—1C **40**
Thorns Farm. *Yate* —5A **18**
Thornycroft Clo. *Bris*
—5D **43**
Three Queen's La. *Bris*
—4A **70** (4D **5**)
Three Wells Rd. *Bris*
—4B **86**
Thrissell St. *Bris* —2C **70**
Throgmorton Rd. *Bris*
—5B **80**
Thrush Clo. *W Mare*
—5C **128**
Thunderbolt Steps. *Bris*
—1C **80**
Thurlestone. *Bris* —2B **88**
Thurlow Rd. *Bris* —5E **59**
Thurstons Barton. *Bris*
—1A **72**
Tibberton. *Bris* —2C **74**
Tibbott Rd. *Bris* —3F **89**
Tibbott Wlk. *Bris* —3F **89**
Tichborne Rd. *Bris* —3E **71**
Tichborne Rd. *W Mare*
—4C **126**
Tickenham Hill. *Tic*
—1C **122**
Tickenham Rd. *Clev*
—3F **121**
Tide Gro. *Bris* —4C **38**
Tidenham Way. *Pat* —5B **10**
Tiffany Ct. *Bris*
—5A **70** (5E **5**)
Tilley Clo. *Key* —5A **92**

Tilling Rd. *Bris* —5A **42**
Tilling Wlk. *Bris* —5A **42**
Tilting Rd. *T'bry* —2C **6**
Timber Dene. *Bris* —3F **59**
Timberscombe Wlk. *Bris*
　—3D **89**
Timbers, The. *Mid N*
　—5E **151**
Timbrell St. *Trow* —1D **119**
Timsbury Rd. *Bris* —3A **80**
Timsbury Rd. *High L*
　—1A **146**
Timsbury Wlk. *Bris* —3A **80**
Tindell Ct. *L Grn* —1B **84**
Tintagel Clo. *Key* —4F **91**
Tintern Av. *Bris* —2F **71**
Tintern Clo. *Bar C* —4B **74**
Tippetts Rd. *Bris* —4F **73**
Tirley Way. *W Mare*
　—3F **127**
Titan Barrow. *Bathf*
　—4D **103**
Tiverton Gdns. *W Mare*
　—3E **129**
Tiverton Rd. *Clev* —5E **121**
Tiverton Wlk. *Bris* —5C **60**
Tivoli Houses. *W Mare*
　—5C **126**
Tockington La. *Alm* —1C **10**
Toddington Clo. *Yate*
　—1F **33**
Tolland. *W Mare* —1E **139**
Toll Bri. Rd. *Bath* —3F **101**
Toll Ho. Ct. *Bedm* —1C **78**
Toll Rd. *B'don* —3D **139**
Tone Rd. *Clev* —5D **121**
Tonge Rd. *Mid N* —4C **150**
Tor Clo. *W Mare* —3E **129**
Tormarton Cres. *Bris*
　—5B **24**
Tormynton Rd. *W Mare*
　—3C **128**
Toronto Rd. *Bris* —4B **42**
Torpoint Rd. *Bris* —4F **79**
Torrance Clo. *Bris* —4F **75**
Torridge Rd. *Key* —4C **92**
Torrington Av. *Bris* —5B **80**
Torrington Cres. *W Mare*
　—2E **129**
Tortworth Rd. *Bris* —2A **58**
Tory. *Brad A* —3D **115**
Tory Pl. *Brad A* —2D **115**
Totnes Clo. *W Mare*
　—3E **129**
Totshill Dri. *Bris* —5A **88**
Totshill Gro. *Bris* —4A **88**
Tottenham Pl. *Bris* —3D **69**
Totterdown Bri. Trad. Est.
　Bris —1C **80**
Totterdown La. *W Mare*
　—3E **139**
Totterdown Rd. *W Mare*
　—4C **132**
Touchstone Av. *Stok G*
　—4B **28**
Tovey Clo. *Kew* —1C **128**
Tower Clo. *Trow* —3A **118**
Tower Hill. *Bris*
　—3A **70** (2E **5**)
Tower Hill. *Lock* —4B **136**
Tower Ho. La. *Wrax*
　—1E **123**
Tower La. *Bris*
　—3F **69** (2C **4**)
(in two parts)
Tower La. *War* —4C **74**
Towerleaze. *Bris* —4F **55**
Tower Rd. *Bris* —1E **73**

Tower Rd. *P'head* —4C **48**
Tower Rd. N. *Bris* —3D **75**
Tower Rd. S. *Bris* —4D **75**
Tower St. *Bris*
　—4A **70** (4E **5**)
Tower Wlk. *W Mare*
　—4B **126**
Townsend. *Alm* —2B **10**
Townsend Clo. *Bris* —3B **90**
Townsend La. *Alm* —2B **10**
Townsend Rd. *Bris* —3B **90**
Townshend Rd. *W Mare*
　—1F **129**
Towpath Rd. *Trow* —3E **117**
Tozer's Hill. *Bris* —3E **81**
Tracy Clo. *Bris* —1B **88**
(in two parts)
Trafalgar Rd. *Bath* —5C **98**
Trafalgar Ter. *Bris* —3D **79**
Trafalgar Wlk. *Bris*
　—3F **69** (1C **4**)
Tralee Wlk. *Bris* —4F **79**
Tramway Rd. *Brisl* —2E **81**
Tranmere Av. *Bris* —5C **24**
Tranmere Gro. *Bris* —1C **40**
Tratman Wlk. *Bris* —1B **40**
Travers Clo. *Bris* —2F **87**
Travers Wlk. *Stok G* —4A **28**
Trawden Clo. *W Mare*
　—4E **127**
Tredegar Rd. *Bris* —4D **61**
Treefield Pl. *Bris* —5C **58**
Treefield Rd. *Clev* —4D **121**
Tree Leaze. *Yate* —4B **18**
Treenwood Ind. Est. *Brad A*
　—5E **115**
Tregarth Rd. *Bris* —4B **78**
Trelawn Clo. *St Geo*
　—3B **130**
Trelawney Av. *Bris* —2F **71**
Trelawney Pk. *Bris* —2F **81**
Trelawney Rd. *Bris* —1E **69**
Tremlett M. *W Mare*
　—1F **129**
Trenchard Rd. *Lock*
　—4B **136**
Trenchard Rd. *Salt* —5F **93**
Trenchard St. *Bris*
　—3E **69** (2A **4**)
Trench La. *Alm & Wint*
　—4A **12**
Trendlewood Pk. *Bris*
　—3A **60**
Trendlewood Way. *Nail*
　—5E **123**
Trenleigh Dri. *W Mare*
　—2D **129**
Trent Dri. *T'bry* —5E **7**
Trent Gro. *Key* —4C **92**
Trentham Clo. *Bris* —5C **58**
Tresham Clo. *Brad S*
　—4F **11**
Trevelyan Rd. *W Mare*
　—1D **133**
Trevelyan Wlk. *Bris* —1B **40**
Trevelyan Wlk. *Stok G*
　—4C **28**
Trevenna Rd. *Bris* —4B **78**
Treverdowe Wlk. *Bris*
　—1F **39**
Trevisa Gro. *Bris* —5E **25**
Trevithin Clo. *Bris* —3E **73**
Trewartha Clo. *W Mare*
　—5D **127**
Trewartha Pk. *W Mare*
　—5D **127**
Trewint Gdns. *Bris* —5B **80**
Triangle E. *Bath* —4E **105**

Triangle N. *Bath* —3E **105**
Triangle Shopping Cen. *Clev*
　—4D **121**
Triangle S. *Clif* —3D **69**
Triangle, The. *Clev* —3D **121**
Triangle, The. *W Hill* —4F **49**
Triangle, The. *Wrin*
　—1B **156**
Triangle Vs. *Bath* —4E **105**
Triangle W. *Bath* —4E **105**
Triangle W. *Bris* —3D **69**
Trident Clo. *Bris* —3C **46**
Trigg Ct. *Bath* —5A **106**
Trim Bri. *Bath*
　—3A **106** (3B **96**)
Trim St. *Bath*
　—3A **106** (3B **96**)
Trinder Rd. *E'ton G* —3D **53**
Trinity Clo. *Bath*
　—3A **106** (4A **96**)
Trinity Ct. *Nail* —4B **122**
Trinity M. Bris —*3B 70*
(off Old Mkt. St.)
Trinity Pl. *Bath*
　—3A **106** (3A **96**)
Trinity Pl. *W Mare* —4A **126**
(in two parts)
Trinity Quay. *Bris*
　—4B **70** (3F **5**)
Trinity Rd. *Bath* —2C **110**
Trinity Rd. *Bris* —3C **70**
Trinity Rd. *Nail* —4B **122**
Trinity Rd. *W Mare*
　—4A **126**
Trinity St. *Bath*
　—3A **106** (4B **96**)
Trinity St. *Bris* —3C **70**
(Clarenge Rd.)
Trinity St. *Bris*
　—4E **69** (4A **4**)
(College Grn.)
Trinity Wlk. *Bris* —3B **70**
Trin Mills. *Bris*
　—5F **69** (5C **4**)
Tripps Corner. *Yat* —4D **143**
Troon. *Yate* —1A **34**
Troon Dri. *War* —4D **75**
Trooper's Hill Rd. *Bris*
　—4B **72**
Trossachs Dri. *Bath*
　—1E **107**
Trowbridge Ind. Est. *Trow*
　—4D **117**
Trowbridge Lodge
　Residential Pk. *Trow*
　—2F **119**
Trowbridge Retail Pk. *Trow*
　—3E **155**
Trowbridge Rd. *Brad A*
　(in two parts) —3E **115**
Trowbridge Rd. *Bris* —3E **41**
Trowbridge Rd. *Hil* —5F **117**
Trowbridge Wlk. *Bris*
　—3E **41**
Trowle. *Trow* —4A **116**
Truro Rd. *Bris* —2D **79**
Truro Rd. *Nail* —5F **123**
Trym Cross Rd. *Bris*
　—2E **55**
Trym Leaze. *Bris* —2E **55**
Trym Rd. *Bris* —5C **40**
Trym Side. *Bris* —2E **55**
Trymwood Clo. *Bris* —2B **40**
Trymwood Pde. *Bris*
　—1F **55**
Tucker St. *Bris*
　—3B **70** (1F **5**)
Tuckett Ho. *Bris* —5E **45**

Tuckett La. *Bris* —5E **45**
Tuckmill. *Clev* —5B **120**
Tudor Clo. *Old C* —2E **85**
Tudor Dri. *Trow* —3E **117**
Tudor Rd. *E'tn* —1E **71**
Tudor Rd. *Han* —5E **73**
Tudor Rd. *P'head* —4A **50**
Tudor Rd. *St Pa* —1B **70**
Tudor Rd. *W Mare* —1E **129**
Tuffley Rd. *Bris* —4E **41**
Tugela Rd. *Bris* —1B **86**
Tunstall Clo. *Bris* —3A **56**
Turley Rd. *Bris* —5F **59**
Turnberry. *War* —4C **74**
Turnberry. *Yate* —1A **34**
Turnberry Wlk. *Bris* —4F **81**
Turnbridge Rd. *Bris* —5E **25**
Turnbury Av. *Nail* —4F **123**
Turnbury Clo. *W Mare*
　—2D **129**
Turner Clo. *Key* —3C **92**
Turner Ct. *W Mare* —2D **129**
Turner Gdns. *Bris* —1D **59**
Turners Ct. *L Grn* —1B **84**
Turner Way. *Clev* —5B **120**
Turnpike Clo. *Yate* —4A **18**
Turnpike Ga. *Wickw*
　—1B **154**
Turtlegate Av. *Bris* —4A **86**
Turtlegate Wlk. *Bris* —4A **86**
Turville Dri. *Bris* —1C **58**
Tuscany Ho. *Bris* —4C **56**
Tutton Way. *Clev* —5D **121**
Tweed Clo. *T'bry* —4D **7**
Tweed Rd. *Clev* —5C **120**
Tweed Rd. Ind. Est. *Clev*
　—5C **120**
Tweeny La. *Bris* —4F **75**
Twenty Acres Rd. *Bris*
　—2D **41**
Twerton Farm Clo. *Bath*
　—3C **104**
Twickenham Rd. *Bris*
　—2E **57**
Twickenham Rd. *Clev*
　—3F **121**
Two Acres Rd. *Bris* —5C **80**
Two Mile Hill Rd. *Bris*
　—2C **72**
Two Stones La. *Chip S*
　—1E **35**
Twynings, The. *Bris* —5A **62**
Tybalt Way. *Stok G* —4A **28**
Tyler Clo. *Bris* —5A **74**
Tyler Grn. *W Mare* —1F **129**
Tylers La. *Bris* —2F **61**
Tyler St. *Bris* —4C **70**
Tylers Way. *Yate* —2B **18**
Tyndale Av. *Bris* —3D **61**
Tyndale Av. *Yate* —3F **17**
Tyndale Rd. *Bris* —5A **62**
Tyndale View. *T'bry* —4C **6**
Tyndall Av. *Bris* —2E **69**
Tyndall Rd. *Bris* —2D **71**
Tyndalls Pk. M. *Bris* —2E **69**
Tyndalls Pk. Rd. *Bris*
　—2D **69**
Tyne Path. *Bris* —5F **57**
Tyne Rd. *Bris* —4F **57**
Tyne St. *Bris* —5C **58**
Tyning Clo. *Bris* —1C **88**
Tyning Clo. *Trow* —3A **118**
Tyning Clo. *Yate* —4A **18**
Tyning End. *Bath*
　—4C **106** (5F **97**)
Tyning Hill. *Rads* —1D **153**
Tyning La. *Bath* —5C **100**
Tyning Pl. *C Down* —2D **111**

Tyning Rd. *B'ptn* —4A **102**
Tyning Rd. *Bris* —2B **80**
Tyning Rd. *C Down*
　—2D **111**
Tyning Rd. *Pea J* —2F **149**
Tyning Rd. *Salt* —2A **94**
Tyning Rd. *W'ley* —2F **113**
Tyning's La. *Yate* —4E **13**
Tynings, The. *Clev*
　—5A **120**
Tynings Way. *L W'wd*
　—5A **114**
Tyning Ter. Bath —5C **100**
　(off Fairfield Rd.)
Tyning, The. *Bath* —4C **106**
Tyning, The. *Mid N* —5C **112**
Tynte Av. *Bris* —5A **88**
Tyntesfield Rd. *Bris* —1C **86**
Tyrone Wlk. *Bris* —5A **80**
Tyrrel Way. *Stok G* —3A **28**
Tytherington Rd. *Grov*
　—5F **7**

Ullswater Clo. *Bris* —4F **75**
Ullswater Clo. *W Mare*
　—4E **133**
Ullswater Clo. *Yate* —3A **18**
Ullswater Dri. *Bath*
　—4B **100**
Ullswater Rd. *Bris* —3D **41**
Uncombe Clo. *Back*
　—1F **125**
Underbanks. *Pill* —3F **53**
Underhill Av. *Mid N*
　—2C **150**
Underhill Dri. *Uph* —1B **138**
Underhill La. *Mid N*
　—3A **150**
Underleaf Way. *Pea J*
　—5D **157**
Underwood Av. *W Mare*
　—4F **127**
Underwood Clo. *Alv* —3B **8**
Underwood Rd. *P'head*
　—5E **49**
Unicorn Bus. Pk. *Brisl*
　—4F **71**
Unicorn Pk. Av. *Brisl*
　—5F **71**
Union Pas. *Bath*
　—3B **106** (3C **96**)
Union Pl. *W Mare* —1B **132**
Union Rd. *Bedm* —1F **79**
Union Rd. *Bris* —4C **70**
　(in two parts)
Union St. *Bath*
　—3B **106** (3C **96**)
Union St. *Bris* —3F **69** (1C **4**)
Union St. *Nail* —3B **122**
Union St. *Trow* —1D **119**
Union St. *W Mare* —1B **132**
Unity Ct. *Key* —2C **92**
Unity Rd. *Key* —3C **92**
　(in two parts)
Unity St. *Bris* —4E **69** (3A **4**)
Unity St. *K'wd* —2E **73**
Unity St. *St Ph*
　—3B **70** (2F **5**)
University Clo. *Bris* —3B **56**
University Rd. *Bris* —3E **69**
University Wlk. *Bris* —3E **69**
Uphill Cvn. Pk. *Uph*
　—2C **138**
Uphill Dri. *Bath* —4C **100**
Uphill Rd. *Bris* —2B **58**
Uphill Rd. N. *W Mare*
　—4B **132**

Uphill Rd. S. *W Mare*
　—5B **132**
Uphill Way. *Uph* —1A **138**
Upjohn Cres. *Bris* —5F **87**
Uplands Clo. *Lim S* —3A **112**
Uplands Dri. *Salt* —2B **94**
Uplands Rd. *Bris* —4E **61**
Uplands Rd. *Salt* —2A **94**
Uplands, The. *Nail* —5B **122**
Up. Bath Rd. *T'bry* —4C **6**
Up. Belgrave Rd. *Bris*
　—5C **56**
Up. Belmont Rd. *Bris*
　—4A **58**
Up. Berkeley Pl. *Bris*
　—3D **69**
Up. Bloomfield Rd. *Bath*
　—4D **109**
Up. Borough Walls. *Bath*
　—3A **106** (3B **96**)
Up. Bristol Rd. *Bath*
　—2D **105**
Up. Bristol Rd. *W Mare*
　—4E **127**
Up. Broad St. *Trow*
　—1C **118**
Up. Broad St. Ct. *Trow*
　—1C **118**
Up. Buildings. *Bath*
　—5A **110**
Up. Byron Pl. *Bris* —3D **69**
Up. Camden Pl. *Bath*
　—1B **106**
Up. Chapel La. *Fram C*
　—2E **31**
Up. Cheltenham Pl. *Bris*
　—1A **70**
Up. Church La. *Bris*
　—3E **69** (2A **4**)
Up. Church La. *Hut*
　—1B **140**
Up. Church Rd. *W Mare*
　—4A **126**
Up. Church St. *Bath*
　—2A **106** (1A **96**)
Up. Cranbrook Rd. *Bris*
　—3D **57**
Up. E. Hayes. *Bath* —5C **100**
Up. Hedgemead Rd. *Bath*
　—1A **106**
Up. Kingsdown Rd. *Kngdn*
　—4F **103**
Up. Lambridge St. *Bath*
　—4D **101**
Up. Lansdown M. *Bath*
　—5A **100**
Up. Maudlin St. *Bris*
　—3F **69** (1B **4**)
Up. Mill. *Brad A* —3F **115**
Up. Mount Pleasant. *F'frd*
　—5B **112**
Up. Myrtle Hill. *Pill* —3E **53**
Up. Oldfield Pk. *Bath*
　—4F **105**
Up. Perry Hill. *Bris* —1E **79**
Up. Regents Pk. *Brad A*
　—3E **115**
Up. Sandhurst Rd. *Bris*
　—1F **81**
Up. Station Rd. *Bris* —3E **61**
Up. Stone Clo. *Fram C*
　—2E **31**
Upper St. *Bris* —1C **80**
Up. Sydney St. *Bris* —2D **79**
Up. Wells St. *Bris*
　—3E **69** (2A **4**)
Up. Westwood. *Brad A*
　—5E **113**

Up. York St. *Bris* —2A **70**
Upton. *W Mare* —1E **139**
Upton Rd. *Bris* —1D **79**
　(in two parts)
Urchinwood La. *Cong*
　—3F **145**
Urfords Dri. *Bris* —1E **61**
Usk Ct. *T'bry* —4D **7**

Valda Rd. *W Mare* —3A **128**
Vale Cres. *St Geo* —3A **130**
Vale End. *Nail* —4C **122**
Vale La. *Bris* —5E **79**
Valentine Clo. *Bris* —3D **89**
Valerian Clo. *Bris* —1B **54**
Vale St. *Bris* —1C **80**
Valetta Clo. *W Mare*
　—5D **133**
Vale View. *Rads* —2D **153**
Vale View Pl. *Bath* —5C **100**
Vale View Ter. *Bathe*
　—3A **102**
Valley Clo. *Nail* —3D **123**
Valley Gdns. *Bris* —4B **46**
Valley Gdns. *Nail* —3D **123**
Valley Rd. *Bris* —5C **78**
Valley Rd. *Clev* —1F **121**
Valley Rd. *L Wds* —3E **67**
Valley Rd. *Mang* —2C **62**
Valley Rd. *P'head* —5A **48**
Valley Rd. *War* —4F **75**
Valley View Clo. *Bath*
　—3C **100**
Valley View Rd. *Bath*
　—3C **100**
Valley View Rd. *Paul*
　—3B **146**
Valley Wlk. *Mid N* —2E **151**
Valley Way Rd. *Nail*
　—2D **123**
Valls, The. *Brad S* —3B **28**
Valma Rocks. *Bris* —4C **72**
Van Diemen's La. *Bath*
　—4F **99**
Vandyck Av. *Key* —2B **92**
Vane St. *Bath*
　—2C **106** (2E **97**)
Varsity Way. *Lock* —2F **135**
Vassall Ct. *Bris* —2D **61**
Vassall Rd. *Bris* —2D **61**
Vattingstone La. *Alv* —2A **8**
Vaughan Clo. *Bris* —1B **40**
Vauxhall Av. *Bris* —1C **78**
Vauxhall Ter. *Bris* —1C **78**
Vayre Clo. *Chip S* —5E **19**
Veale, The. *B'don* —5A **140**
Veitch Clo. *Salt* —5E **93**
Vellore La. *Bath*
　—2C **106** (2F **97**)
Ventnor Av. *Bris* —2B **72**
Ventnor Rd. *Fil* —1E **43**
Ventnor Rd. *S'will & St G*
　—1B **72**
Venton Ct. *Bris* —5D **73**
　(off Henbury Rd.)
Venus St. *Cong* —4E **145**
Vera Rd. *Bris* —5B **60**
Verbena Way. *W Mare*
　—4E **129**
Vereland Rd. *Hut* —5C **134**
Verlands. *Cong* —1E **145**
Vernham Gro. *Bath*
　—3D **109**
Vernon Clo. *Salt* —5F **93**
Vernon Pk. *Bath* —3D **105**
Vernon St. *Bris* —1B **80**
Vernon Ter. *Bath* —3D **105**

Vernslade. *Bath* —4B **98**
Verrier Rd. *Bris* —3E **71**
Verwood Dri. *Bit* —4E **85**
Vian End. *W Mare* —1C **128**
Vicarage Clo. *W Mare*
　—2E **129**
Vicarage Ct. *Han* —5D **73**
Vicarage Gdns. *Pea J*
　—1E **149**
Vicarage Rd. *B'wth* —2B **86**
Vicarage Rd. *Coal H* —3E **31**
Vicarage Rd. *Han* —5D **73**
Vicarage Rd. *L Wds* —3F **67**
Vicarage Rd. *Redf* —2E **71**
Vicarage Rd. *S'vle* —1D **79**
Vicars Clo. *Bris* —3D **61**
Victor Ho. *Lit S* —2E **27**
Victoria Av. *Bris* —3E **71**
Victoria Bri. Rd. *Bath*
　—3F **105**
Victoria Bldgs. *Bath*
　—3E **105**
Victoria Clo. *Bath* —4D **105**
Victoria Clo. *P'head* —3F **49**
Victoria Clo. *T'bry* —1C **6**
Victoria Ct. *P'head* —3F **49**
Victoria Cres. *Sev B* —4B **20**
Victoria Gdns. *Bathe*
　—3A **102**
Victoria Gdns. *Bris* —1F **69**
Victoria Gdns. *Trow*
　—5E **117**
Victoria Gro. *Bris* —1A **80**
Victoria Ho. *Bath* —1E **105**
Victoria Pde. *Bris* —2E **71**
Victoria Pk. *Fish* —2C **60**
Victoria Pk. *K'wd* —1F **73**
Victoria Pk. *W Mare*
　—4B **126**
Victoria Pk. Bus. Cen. *Bath*
　—2E **105**
Victoria Pl. *Bris* —1E **79**
Victoria Pl. *C Down*
　(Combe Down) —3D **111**
Victoria Pl. *C Down*
　(South Stoke) —5A **110**
Victoria Pl. Lark —5D **101**
　(off St Saviours Rd.)
Victoria Pl. *W Mare*
　—5B **126**
Victoria Quad. *W Mare*
　—5C **126**
Victoria Rd. *A'mth* —5D **37**
Victoria Rd. *Bath* —3E **105**
Victoria Rd. *Clev* —2C **120**
Victoria Rd. *Han* —5E **73**
Victoria Rd. *Salt* —5F **93**
Victoria Rd. *St Ph* —5C **70**
　(in two parts)
Victoria Rd. *Trow* —4E **117**
Victoria Rd. *War* —5E **75**
Victoria Sq. *Bris* —3C **68**
Victoria Sq. *P'head* —3F **49**
Victoria Sq. *W Mare*
　—1B **132**
Victoria St. *Bris*
　—4A **70** (3D **5**)
Victoria St. *Stap H* —3F **61**
Victoria Ter. *Bath* —3E **105**
Victoria Ter. *Clif* —4B **68**
Victoria Ter. *Paul* —3B **146**
Victoria Ter. *St Ph* —5D **71**
Victoria Wlk. *Bris* —1F **69**
Victor Rd. *Bris* —2E **79**
Victor St. *Bar H* —4D **71**
Victor St. *Bris* —1C **80**
Victory Gdns. *Bath* —2B **102**

Vigar Gdns. *Bris* —4A **86**
Vigor Rd. *Bris* —3D **87**
Village Clo. *Yate* —5F **17**
Villa Rosa. W Mare
　　　　　—4A **126**
(off Shrubbery Rd.)
Villiers Clo. *Bris* —1D **71**
Vilner La. *T'bry* —5C **6**
Vimpany Clo. *Bris* —1B **40**
Vimpennys La. *E Comp*
　　　　　—1A **24**
Vincent Clo. *Bris* —2E **39**
Vine Acres. *Bris* —2C **58**
Vine Cottage. *Salt* —1B **94**
Vine Cotts. *Brad A* —3D **115**
Vine Cotts. *Bris* —3C **60**
Vine Gdns. *W Mare*
　　　　　—3E **129**
Vinery, The. *Wins* —5B **156**
Vineyards. *Bath*
　　　—2B **106** (1C **96**)
Vining Wlk. *Bris* —2D **71**
Vinny Av. *Bris* —5C **46**
Vintery Leys. *Bris* —5D **41**
Virginia Clo. *Chip S* —5C **18**
Vivian St. *Bris* —2F **79**
Vivien Av. *Mid N* —2D **151**
Vowell Clo. *Bris* —4D **87**
Vynes Clo. *Nail* —4F **123**
Vynes Way. *Nail* —4F **123**
Vyvyan Rd. *Bris* —3C **68**
Vyvyan Ter. *Bris* —3C **68**

Wadehurst Ind. Pk. *Bris*
　　　　　—3C **70**
Wade Rd. *Yate* —3C **16**
Wades Rd. *Bris* —1D **43**
Wade St. *Bris* —2B **70**
Wadham Dri. *Bris* —3D **45**
Wadham St. *W Mare*
　　　　　—5B **126**
Wagtail Gdns. *W Mare*
　　　　　—5C **128**
Wainbrook Dri. *Bris* —5F **59**
Wains Clo. *Clev* —4C **120**
Wainwright Clo. *W Mare*
　　　　　—1F **129**
Waits Clo. *Ban* —5D **137**
Wakedean Gdns. *Yat*
　　　　　—2A **142**
Wakeford Rd. *Bris* —5C **46**
Walcot Bldgs. *Bath*
　　　　　—1B **106**
Walcot Ct. *Bath* —1B **106**
Walcot Ga. *Bath*
　　—1B **106** (1C **96**)
Walcot Ho. *Bath* —1B **106**
Walcot Pde. Bath —1B 106
(off London Rd.)
Walcot St. *Bath*
　　—2B **106** (2C **96**)
Walcot Ter. *Bath* —1B **106**
Waldegrave Rd. *Bath*
　　　　　—5F **99**
Waldegrave Ter. *Rads*
　　　　　—1D **153**
Walden Rd. *Key* —4C **92**
Walford Av. *W Mare*
　　　　　—1F **129**
Walker Clo. *Down* —5C **46**
Walker Clo. *E'tn* —2D **71**
Walker St. *K'dwn* —2E **69**
Walker Way. *T'bry* —5C **6**
Walk, The. *Holt* —2D **155**
Wallace Rd. *Bath* —5C **100**
Wallcroft Ho. *Bris* —4C **56**
Wallenge Clo. *Paul* —3C **146**

Wallenge Dri. *Paul* —3B **146**
Waller Ct. *Bris* —2D **73**
Wallingford Rd. *Bris* —1F **87**
Walliscote Av. *Bris* —1E **57**
Walliscote Gro. Rd. *W Mare*
　　　　　—1C **132**
Walliscote Rd. *Bris* —1E **57**
Walliscote Rd. *W Mare*
　　　　　—3B **132**
Walliscote Rd. S. *W Mare*
　　　　　—4B **132**
Wallscourt Rd. *Bris* —2D **43**
Wallscourt Rd. S. *Bris*
　　　　　—3D **43**
Walmsley Ter. Bath
　　(off Snow Hill) —5C **100**
Walnut Av. *Yate* —4C **18**
Walnut Bldgs. *Rads*
　　　　　—1D **153**
Walnut Clo. *Bris* —1B **74**
Walnut Clo. *E'ton G* —4C **52**
Walnut Clo. *Key* —4E **91**
Walnut Clo. *Nail* —5D **123**
Walnut Clo. *T'bry* —3E **7**
Walnut Clo. *W Mare*
　　　　　—1F **139**
Walnut Cres. *Bris* —2B **74**
Walnut Dri. *Bath* —5F **105**
Walnut Gro. *Trow* —4B **118**
Walnut La. *Bris* —2C **74**
Walnut Tree Clo. *Alm*
　　　　　—1C **10**
Walnut Tree Ct. *Cong*
　　　　　—2D **145**
Walnut Wlk. *Bris* —2C **86**
Walnut Wlk. *Key* —4E **91**
Walsh Av. *Bris* —1C **88**
Walsh Clo. *W Mare*
　　　　　—1F **139**
Walshe Av. *Chip S* —5E **19**
Walsingham Rd. *Bris*
　　　　　—5A **58**
Walter St. *Bris* —1C **78**
Waltining La. *Bath* —5F **95**
(in two parts)
Walton. *W Mare* —1E **139**
Walton Av. *Bris* —5F **71**
Walton Clo. *Bit* —4E **85**
Walton Clo. *Key* —4F **91**
Walton Heath. *Yate* —5B **18**
Walton Rise. *Bris* —4C **40**
Walton Rd. *Bris* —1F **53**
Walton Rd. *Clev* —2F **121**
Walton St. *E'tn* —1D **71**
Walwyn Clo. *Bath* —3B **104**
Walwyn Gdns. *Bris* —5F **87**
Wansbeck Rd. *Key* —4C **92**
Wansbrough Rd. *W Mare*
　　　　　—2F **129**
Wanscow Wlk. *Bris* —1D **57**
Wansdyke Bus. Cen. *Bath*
　　　　　—5E **105**
Wansdyke Ct. *Bris* —3D **89**
Wansdyke Rd. *Bath*
　　　　　—3D **109**
Wansdyke Workshops. *Key*
　　　　　—3C **92**
Wapley Hill. *W'lgh* —4A **34**
Wapley Rank. *W'lgh* —4F **33**
Wapley Rd. *Cod* —5A **34**
Wapping Rd. *Bris*
　　　—5F **69** (5B **4**)
Warbler Clo. *Trow* —2B **118**
Warburton Clo. *Trow*
　　　　　—4A **118**
Warden Rd. *Bris* —1E **79**
Wardour Rd. *Bris* —5F **79**
Ware Ct. *Wint* —4F **29**

Wareham Clo. *Nail* —4C **122**
Warleigh Dri. *Bathe*
　　　　　—3B **102**
Warleigh La. *Bath* —5C **102**
Warman Clo. *Bris* —2B **90**
Warman Rd. *Bris* —2B **90**
Warmington Rd. *Bris*
　　　　　—5E **81**
Warminster Rd. *Bath*
　　　—1D **107** (1F **97**)
Warminster Rd. *Bris*
　　　　　—5C **58**
Warminster Rd. *Lim S &*
　　　Mon C —5A **112**
Warner Clo. *Bris* —4B **74**
Warne Rd. *W Mare* —2E **133**
Warns, The. *Bris* —1C **84**
Warren Clo. *Brad S* —3F **11**
Warren Clo. *Hut* —1B **140**
Warren Gdns. *Bris* —3B **90**
Warren La. *L Ash* —4A **76**
Warren Rd. *Bris* —1D **43**
Warren Way. *Yate* —3A **18**
Warrington Rd. *Bris* —3F **81**
Warwick Av. *Bris* —1D **71**
Warwick Clo. *Will* —3D **85**
Warwick Clo. *W Mare*
　　　　　—5A **128**
Warwick Pl. *T'bry* —3B **6**
Warwick Rd. *Bath* —2C **104**
Warwick Rd. *E'tn* —1D **71**
Warwick Rd. *Key* —4F **91**
Warwick Rd. *Redl* —1D **69**
Warwick Vs. *Bath* —4D **105**
Wasborough. *Bris* —5A **38**
Washingpool La. *Chit*
　　　　　—2A **22**
Washing Pound La. *Bris*
　　　　　—4D **89**
Washing Pound La. *Tic*
　　　　　—2A **122**
Washington Av. *Bris*
　　　　　—1E **71**
Washpool La. *Bath* —2A **108**
Watch Elm Clo. *Brad S*
　　　　　—3A **28**
Watch Ho. Rd. *Pill* —3F **53**
Watchill Av. *Bris* —2B **86**
Watchill Clo. *Bris* —2B **86**
Waterbridge Rd. *Bris*
　　　　　—3B **86**
Watercress Rd. *Bris* —4B **58**
Waterdale Clo. *Bris* —5E **41**
Waterdale Gdns. *Bris*
　　　　　—5E **41**
Waterford Clo. *T'bry* —4E **7**
Waterford Pk. *Rads*
　　　　　—4A **152**
Waterford Rd. *Bris* —1D **57**
Waterhouse La. *Mon C*
　　　　　—5F **111**
Water La. *Bedm* —2B **80**
Water La. *Brisl* —4F **81**
(in two parts)
Water La. *Bris*
　　　—4A **70** (3E **5**)
Water La. *Mid N* —5D **147**
Water La. *Pill* —3E **53**
Waterloo Bldgs. *Twer A*
　　(in two parts) —3C **104**
Waterloo Houses. Pill
　　(off banks) —2F **53**
Waterloo Pl. *Bris* —3C **70**
Waterloo Rd. *Bris* —3B **70**
Waterloo Rd. *Rads*
　　　　　—2C **152**
Waterloo St. *Clif* —3B **68**
Waterloo St. *St Ph* —3B **70**

Waterloo St. *W Mare*
　　　　　—5B **126**
Watermead Clo. Bath
　　　　　—3A **106**
(off Kingsmead West.)
Watermore Clo. *Fram C*
　　　　　—2E **31**
Waterside Cres. *Rads*
　　　　　—3A **152**
Waterside Dri. *Azt W*
　　　　　—5C **10**
Waterside La. *Mid N*
　　　　　—5C **152**
Waterside Pk. *P'head*
　　　　　—4A **48**
Waterside Rd. *Rads*
　　　　　—3A **152**
Waterside Way. *Rads*
　　　　　—3A **152**
Water's La. *Bris* —5C **40**
Waters Rd. *Bris* —2E **73**
Waterworks Rd. *Trow*
　　　　　—3B **118**
Watery La. *Bath* —3B **104**
Watery La. *Nail* —3A **122**
Watery La. *Yate* —1E **17**
Wathen Rd. *Bris* —4B **58**
Wathen St. *Bris* —2F **61**
Watkins Yd. *Bris* —4C **40**
Watleys End Rd. *Wint*
　　　　　—2A **30**
Watling Way. *Bris* —5E **37**
Watson Av. *Bris* —1F **81**
(in two parts)
Watson's Rd. *L Grn* —2B **84**
Watters Clo. *Coal H* —3F **31**
Wavell Clo. *Yate* —2F **17**
Waveney Rd. *Key* —5C **92**
Waverley Rd. *Back* —1C **124**
Waverley Rd. *Bris* —1E **69**
Waverley Rd. *Shire* —1A **54**
Waverley Rd. *W Mare*
　　　　　—4D **133**
Waverley St. *Bris* —1C **70**
Wayacre Drove. *W Mare*
　　　　　—5B **138**
Wayfarer Rd. *Bris* —3D **25**
Wayfield Gdns. *Bath*
　　　　　—2A **102**
Wayford Clo. *Key* —5C **92**
Wayland Rd. *W Mare*
　　　　　—2C **128**
Wayleaze. *Coal H* —2F **31**
Wayside. *W Mare* —3B **128**
Wayside Clo. *Fram C*
　　　　　—2D **31**
Wayside Dri. *Clev* —1E **121**
Weal, The. *Bath* —4D **99**
Weare Ct. *Bris* —5C **68**
Weatherly Av. *Bath*
　　　　　—2E **109**
Weatherly Dri. *P'head*
　　　　　—4B **48**
Weavers Dri. *Trow* —3D **119**
Webb Clo. *Bris* —4B **74**
Webbers Ct. *Trow* —4A **118**
Webbs Heath. *Bris* —1F **75**
Webb St. *Bris* —2C **70**
Webbs Wood Rd. *Brad S*
　　　　　—3B **28**
Wedgwood Clo. *Bris*
　　　　　—3D **89**
Wedgwood Rd. *Bath*
　　　　　—4A **104**
Wedgwood Rd. *Bris* —3F **45**
Wedmore Clo. *Bris* —3B **74**
Wedmore Clo. *W Mare*
　　　　　—1D **139**

Wedmore Pk. *Bath* —1B **108**
Wedmore Rd. *Clev* —5B **120**
Wedmore Rd. *Nail* —5D **123**
Wedmore Rd. *Salt* —4F **93**
Wedmore Vale. *Bris* —3A **80**
Weedon Clo. *Bris* —5C **58**
Weekesley La. *Tim* —1F **147**
Weetwood Rd. *Cong*
—1E **145**
Weight Rd. *Bris* —3E **71**
Weind, The. *W Mare*
—3B **128**
Weir La. *Bris* —4A **66**
Weir Rd. *Cong* —3E **145**
Weirside Mill. *Brad A*
—3F **115**
Welland Rd. *Key* —4B **92**
Wellard Clo. *W Mare*
—1F **129**
Well Clo. *L Ash* —4D **77**
Well Clo. *Wins* —4B **156**
Well Clo. *W Mare* —1F **139**
Wellgarth Ct. *Bris* —3C **80**
Wellgarth Rd. *Bris* —3C **80**
Wellgarth Wlk. *Bris* —3C **80**
Well Ho. *Clo. Bris* —5A **56**
Wellington Av. *Bris* —1A **70**
Wellington Bldgs. *Bath*
—4C **98**
Wellington Cres. *Bris*
—1A **58**
Wellington Dri. *Bris* —1F **57**
Wellington Dri. *Yate* —4D **17**
Wellington Hill. *Bris* —1A **58**
Wellington Hill W. *Bris*
—5E **41**
Wellington La. *Bris* —1A **70**
Wellington M. *Bris* —2F **53**
Wellington Pk. *Bris* —1C **68**
Wellington Pl. *Bris* —3D **45**
Wellington Pl. *W Mare*
—1B **132**
Wellington Rd. *K'wd*
—5F **61**
Wellington Rd. *St Pa*
—3B **70** (1E **5**)
Wellington Rd. *Yate* —2A **18**
Wellington Ter. *Bris* —4B **68**
Wellington Ter. *Clev*
—1C **120**
Wellington Wlk. *Bris*
—5E **41**
Well La. *Yat* —3C **142**
Wellow Brook Meadow.
Mid N —2E **151**
Wellow La. *Pea J* —2E **149**
Wellow Mead. *Pea J*
—2E **149**
Wellow Rd. *Bath* —5F **157**
Wellow Tyning. *Pea J*
—5D **157**
Well Pk. *Cong* —1D **145**
Well Path. *Brad A* —3D **115**
Wells Clo. *Bris* —3E **89**
Wells Clo. *Nail* —4F **123**
Wellsea Gro. *W Mare*
—1F **133**
Wells Hill *Rads* —2C **152**
Wells Rd. *Bath*
—4F **105** (5B **96**)
Wells Rd. *Bris & H'gro*
—1B **80**
Wells Rd. *Clev* —5D **121**
Wells Rd. *Cor* —5A **94**
Wells Rd. *Rads* —4F **151**
Wells Sq. *Rads* —2A **152**
Wells St. *Bris* —1C **78**
Wellstead Av. *Yate* —5F **17**

Wellsway. *Bath* —4E **109**
Wellsway. *Key* —3B **92**
Wellsway Pk. *Bath* —4E **109**
Welsford Av. *Bris* —3F **59**
Welsford Rd. *Bris* —3E **59**
Welsh Back. *Bris*
—4F **69** (4C **4**)
Welton Gro. *Mid N* —1D **151**
Welton Rd. *Rads* —2B **152**
Welton Vale. *Mid N* —2E **151**
Wemberham Cres. *Yat*
—2A **142**
Wemberham La. *Yat*
—3A **142**
Wenmore Clo. *Bris* —3F **45**
Wentforth Dri. *Bris* —5E **61**
Wentwood Dri. *W Mare*
—2E **129**
Wentworth. *War* —4C **74**
Wentworth. *Yate* —5A **18**
Wentworth Clo. *W Mare*
—2E **129**
Wentworth Rd. *Bris* —4F **57**
Wesley Av. *Bris* —5F **73**
Wesley Av. *Rads* —3F **151**
Wesley Clo. *Bris* —4F **61**
Wesley Clo. *W'hall* —1F **71**
Wesley Dri. *W Mare*
—2E **129**
Wesley Hill. *Bris* —1F **73**
Wesley La. *Bris* —5D **75**
Wesley Pl. *Bris* —5C **56**
Wesley Rd. *Bris* —3A **58**
Wesley Rd. *Trow* —3C **118**
Wesley St. *Bris* —2E **79**
Wessex Av. *Bris* —5B **42**
Wessex Ho. *Bris*
—4A **70** (3E **5**)
Wessex Rd. *W Mare*
—1F **139**
Westacre Clo. *Bris* —2C **40**
W. Ashton Rd. *Yarn*
—3F **119**
West Av. *Bath* —4D **105**
Westaway Clo. *Yat* —4C **142**
Westaway Pk. *Yat* —4D **143**
Westbourne Av. *Clev*
—4B **120**
Westbourne Av. *Key*
—3A **92**
Westbourne Cotts. *Bris*
—5D **45**
Westbourne Cres. *Clev*
—4B **120**
Westbourne Gdns. *Trow*
—2B **118**
Westbourne Gro. *Bris*
—2E **79**
Westbourne Pl. *Bris*
—3D **69**
Westbourne Rd. *Down*
—4B **46**
Westbourne Rd. *E'tn*
—2D **71**
Westbourne Rd. *Trow*
—2B **118**
Westbourne Ter. *Bris*
—5D **45**
West B'way. *Bris* —1F **57**
Westbrooke Ct. *Bris* —5C **68**
Westbrook Pk. *W'ton*
—4B **98**
Westbrook Rd. *Bris* —5F **81**
Westbrook Rd. *W Mare*
—4A **128**
Westbury Ct. Rd. *Bris*
—5B **40**

Westbury Cres. *W Mare*
—1D **139**
Westbury Hill. *Bris* —5C **40**
Westbury La. *Bris* —5D **39**
Westbury Pk. *Bris* —3C **56**
Westbury Rd. *N Brad*
—4E **155**
Westbury Rd. *W Trym &
Redl* —1C **56**
West Clo. *Bath* —4B **104**
W. Coombe. *Bris* —1F **55**
West Cotts. *Bath* —3D **111**
Westcourt Dri. *Old C*
—1D **85**
W. Croft. *Bris* —5E **41**
West Croft. *Clev* —4B **120**
Westcroft St. *Trow* —1C **118**
West Dene. *Bris* —1A **56**
W. Dock Rd. *P'bry* —1A **52**
West End. *Bedm* —5E **69**
West End. *Bris* —2F **69**
W. End Farm Cvn. Pk. *Lock*
—3D **135**
Westend Rd. *Wickw*
—3A **154**
W. End Trad. Est. *Nail*
—4A **122**
Westering Clo. *Mang*
—2C **62**
Westerleigh Clo. *Bris*
—5B **46**
Westerleigh Rd. *Bath*
—3C **110**
Westerleigh Rd. *Clev*
—4B **120**
Westerleigh Rd. *Down &
E Grn* —1A **62**
Westerleigh Rd. *Puck*
—1D **65**
Westerleigh Rd. *Yate &
W'lgh* —3D **33**
Western Av. *Fram C* —5C **14**
Western Ct. *Clev* —3D **121**
Western Dri. *Bris* —1A **88**
Western Rd. *Bris* —1A **58**
Westfield. *Brad A* —2C **114**
Westfield. *Clev* —5D **121**
Westfield Clo. *Back*
—2C **124**
Westfield Clo. *Bath* —1F **109**
Westfield Clo. *Bris* —5F **73**
Westfield Clo. *Key* —3E **91**
Westfield Clo. *Trow*
—4A **118**
Westfield Clo. *Uph* —1B **138**
Westfield Dri. *Back*
—2C **124**
Westfield Ind. & Trad. Est.
Rads —5F **151**
Westfield La. *Stok G*
—1A **44**
Westfield Pk. *Bath* —2B **104**
Westfield Pk. *Bris* —1D **69**
Westfield Pk. S. *Bath*
—2B **104**
Westfield Pl. *Bris* —3B **68**
Westfield Rd. *Back*
—2C **124**
Westfield Rd. *Ban* —5E **137**
Westfield Rd. *Bris* —4C **40**
Westfield Rd. *Trow*
—3A **118**
Westfield Rd. *W Mare*
—1B **138**
Westfield Ter. *Rads*
—3A **152**
Westfield Way. *Brad S*
—4F **11**

W. Garston. *Ban* —5E **137**
Westgate Bldgs. *Bath*
—3A **106** (3B **96**)
Westgate St. *Bath*
—3A **106** (3B **96**)
West Gro. *Bris* —1B **70**
Westhall Rd. *Bath* —2E **105**
W. Haven Clo. *Back*
—2C **124**
W. Hay Rd. *Udl* —1B **156**
West Hill. *P'head* —3A **49**
West Hill. *Wrax* —1E **123**
W. Hill Gdns. *P'head*
—3E **49**
West Hill Gdns. *Rads*
—3A **152**
W. Hill Rd. *Rads* —3A **152**
Westland Av. *Old C* —1E **85**
W. Lea Rd. *Bath* —1B **104**
W. Leaze Pl. *Brad S* —3A **28**
Westleigh Clo. *S'mead*
—3F **41**
Westleigh Clo. *Yate* —5E **17**
Westleigh Pk. *Bris* —5C **80**
Westleigh Rd. *Bris* —3E **41**
W. Links Clo. *W Mare*
—2F **127**
West Mall. *Bris* —3B **68**
Westmarch Way. *W Mare*
—1E **129**
Westmead Cres. *Trow*
—5B **118**
Westmead Gdns. *W'ton*
—4B **98**
Westmead Rd. *Bris* —3D **73**
Westminstere Ct. *W Trym*
—5C **40**
Westminster Rd. *Bris*
—2F **71**
Westmoreland Dri. *Bath*
—3F **105**
Westmoreland Pl. E. *Bath*
—3F **105**
Westmoreland Rd. *Bath*
—4F **105**
Westmoreland Rd. *Bris*
—4D **57**
Westmoreland Sta. Rd. *Bath*
—4F **105**
Westmoreland St. *Bath*
—4F **105**
Westmorland Ho. *Bris*
—4C **56**
Weston Av. *Bris* —3F **71**
Weston Clo. *Bris* —5E **39**
Weston Cres. *Bris* —1A **58**
Weston Farm La. *Bath*
—4D **99**
Weston Gateway Cvn. Pk.
W Mare —4A **130**
Westonian Ct. *Bris* —3E **55**
Weston La. *Bath* —5D **99**
Weston Links. *W Mare*
—3F **133**
Weston Pk. *Bath* —5D **99**
Weston Pk. Ct. *Bath* —5E **99**
Weston Pk. E. *Bath*
—1D **105**
Weston Pk. W. *Bath*
—5D **99**
Weston Rd. *Bath* —1E **105**
Weston Rd. *Cong* —1A **144**
Weston Rd. *Fail* —5A **76**
Weston Rd. *L Ash* —5A **76**
Westons Way. *Bris* —4B **74**
Weston Way. *Hut* —1D **141**
Weston Wood Rd. *P'head*
—5E **49**

Westover Clo. *Bris* —3B **40**
Westover Dri. *Bris* —4C **40**
Westover Gdns. *Bris*
—3B **40**
Westover Rise. *Bris* —3C **40**
Westover Rd. *Bris* —3B **40**
West Pde. *Bris* —5E **39**
West Pk. *Bris* —2D **69**
West Pk. Rd. *Bris* —2A **62**
W. Point Row. *Brad S*
—3E **11**
W. Priory Clo. *Bris* —5C **40**
W. Ridge. *Fram C* —2E **31**
West Rd. *Mid N* —1C **150**
West St. *Yat* —4B **142**
W. Rocke Av. *Bris* —5F **39**
W. Rolstone Rd. *Hew*
—3D **131**
W. Shrubbery. *Bris* —5D **57**
West St. *Ban* —5F **137**
West St. *Bedm* —3D **79**
West St. *K'wd* —2F **73**
West St. *Old C* —1E **85**
West St. *St Ph* —3B **70**
West St. *Trow* —2C **118**
West St. *W Mare* —5B **126**
W. Town Av. *Bris* —4F **81**
W. Town Ct. *Bris* —3A **82**
W. Town Dri. *Bris* —4F **81**
W. Town Gro. *Bris* —5F **81**
W. Town La. *Bris* —5D **81**
W. Town Pk. *Bris* —4F **81**
W. Town Rd. *Back* —3C **124**
W. Town Rd. *Bris* —5E **37**
(in two parts)
West View. *Alv* —3A **8**
West View. *Mang* —1C **62**
Westview. *Paul* —4A **146**
Westview Orchard *Mid N*
—4C **112**
W. View Rd. *Bathe* —3D **102**
W. View Rd. *Bris* —2D **79**
W. View Rd. *Key* —3A **92**
West Wlk. Yate —5A **18**
(off Station Rd.)
Westward Clo. *Wrin*
—1B **156**
Westward Dri. *Pill* —3E **53**
Westward Gdns. *L Ash*
—3D **77**
Westward Rd. *Bris* —1B **86**
West Way. *Bris* —5F **25**
West Way. *Clev* —3C **120**
Westway. *Nail* —3D **123**
Westwood Clo. *W Mare*
—3D **129**
Westwood Cres. *Bris*
—4F **71**
Westwood Rd. *Bris* —5F **81**
Westwood Rd. *Trow*
—1A **118**
Westwoods. *Bath* —3C **102**
Westwood View. *Bath*
—4D **109**
Wetherby Ct. *Bris* —3B **46**
Wetherell Pl. *Bris* —3D **69**
Wetlands La. *P'head* —5E **49**
Wexford Rd. *Bris* —5F **79**
Weymouth Rd. *Bris* —3F **79**
Weymouth St. *Bath*
—1C **106**
Wharfedale. *T'bry* —4E **7**
Wharf La. *P'bry* —2D **51**
Wharf Rd. *Bris* —3B **60**
Wharncliffe Clo. *Bris*
—3D **89**
Wharncliffe Gdns. *Bris*
—3D **89**

Whatley Ct. *Bris* —1D **69**
Whatley Rd. *Bris* —1D **69**
Wheatfield Dri. *Brad S*
—5E **11**
Wheathill Clo. *Key* —3E **91**
Wheelers Clo. *Mid N*
—2A **152**
Wheelers Dri. *Mid N*
—2F **151**
Wheelers Rd. *Mid N*
—2F **151**
Whinchat Gdns. *Bris*
—1B **60**
Whippington Ct. *Bris*
—3A **70** (1D **5**)
Whitby Rd. *Bris* —1E **81**
(in two parts)
Whitchurch La. *B'wth*
—2C **86**
Whitchurch La. *Bris* —3F **87**
Whitchurch Rd. *Bris*
—2C **86**
Whitebeam Ct. *Bris* —2A **72**
Whitebrook La. *Pea J*
—1C **148**
Whitecroft Way. *Bris*
—3C **74**
Whitecross Av. *Bris* —3D **87**
Whitecross La. *Ban*
—4E **137**
Whitecross Rd. *W Mare*
—3C **132**
White Dri. *P'head* —4F **49**
Whitefield Av. *Han* —5F **73**
Whitefield Av. *S'wll* —1C **72**
Whitefield Clo. *Bathe*
—2C **102**
Whitefield Rd. *Bris* —1B **72**
Whitefields. *Chip S* —5E **19**
Whitefriars. *Bris*
—3F **69** (1B **4**)
Whitegate Clo. *B'don*
—5F **139**
Whitehall Av. *Bris* —1A **72**
Whitehall Gdns. *Bris*
—1F **71**
Whitehall Rd. *Bris* —2D **71**
White Hart Steps. *Clif W*
—4D **69**
White Hart Yd. *Trow*
—2D **119**
Whitehaven. *Bath* —4D **103**
Whiteheads La. *Brad A*
—2E **115**
Whitehill. *Brad A* —2E **115**
White Horse Bus. Pk. *Trow*
—3F **155**
White Horse Clo. *Trow*
—4D **119**
White Horse Rd. *W'ley*
—2F **113**
Whitehouse La. *Bris* —2F **79**
Whitehouse Pl. *Bris* —1A **80**
White Ho. Rd. *Clav* —3F **143**
Whitehouse St. *Bris* —1A **80**
Whiteladies Ga. *Bris*
—1D **69**
Whiteladies Rd. *Bris* —5C **56**
Whiteleaze. *Bris* —4E **41**
White Lodge Pk. *P'head*
—2F **49**
White Lodge Rd. *Bris*
—3B **62**
Whitemead Ho. *Bris* —2C **78**
Whitemore Ct. *Bathe*
—1B **102**
Whiteoak Way. *Nail*
—5C **122**

White Ox Mead La. *Pea J*
(in two parts) —3E **157**
White Row Hill. *Trow*
—5A **118**
Whiterow Pk. *Trow* —4A **118**
Whitesfield Rd. *Nail*
—4C **122**
White's Hill. *Bris* —4C **72**
Whiteshill. *Ham* —1F **45**
White St. *Bris* —2B **70**
White Tree Rd. *Bris* —3D **57**
Whitewall La. *T'bry* —2F **7**
Whiteway Av. *Bath* —1B **108**
Whiteway Clo. *Bris* —2C **72**
Whiteway Clo. *St Ap* —4A **72**
Whiteway Ct. *Bris* —2C **72**
Whiteway M. *Bris* —2C **72**
Whiteway Rd. *Bris* —2B **72**
Whiteway Rd. *W'way*
—4A **104**
Whitewells Rd. *Bath*
—4B **100**
Whitewood Rd. *Bris* —1B **72**
Whitfield Clo. *Bris* —5F **61**
Whitfield Rd. *T'bry* —2D **7**
Whiting Rd. *Bris* —4C **86**
Whitland Av. *Bris* —3D **87**
Whitland Rd. *Bris* —3D **87**
Whitley Clo. *Yate* —3E **17**
Whitley Mead. *Stok G*
—1A **44**
Whitmead Gdns. *Bris*
—4E **87**
Whitmore Av. *Bris* —2C **82**
Whitson St. *Bris* —2F **69**
Whitting Rd. *W Mare*
—4C **132**
Whittington Dri. *W Mare*
—3B **128**
Whittington Rd. *Bris*
—1E **61**
Whittock Rd. *Bris* —3F **89**
Whittock Sq. *Bris* —1F **89**
Whittucks Clo. *Bris* —1F **83**
Whittucks Rd. *Han* —2E **83**
Whitwell Rd. *Bris* —5D **81**
Whytes Clo. *Bris* —4C **40**
Wick Cres. *Bris* —2F **81**
Wicker Hill. *Trow* —1C **118**
Wickets, The. *K'wd* —5F **61**
Wicket, The. *Bris* —2F **71**
Wicketts, The. *Bris* —3B **42**
Wickfield. *Clev* —5C **120**
Wickham Clo. *Chip S*
—1F **35**
Wickham Ct. *Bris* —2F **59**
Wickham Ct. *Clev* —3C **120**
Wickham Glen. *Bris* —2F **59**
Wickham Hill. *Bris* —2F **59**
Wickham View. *Bris* —2F **59**
Wick Ho. Clo. *Salt* —5F **93**
Wick La. *C'ton* —1C **148**
Wicklow Rd. *Bris* —5A **80**
Wick Rd. *Bris* —3F **81**
Wickwar Rd. *Yate* —1C **18**
Widbrook Meadow. *Trow*
—2A **118**
Widbrook View. *Brad A*
—4F **115**
Widcombe. *Bris* —2C **88**
Widcombe Clo. *Bris* —3C **72**
Widcombe Cres. *Bath*
—4C **106**
Widcombe Hill. *Bath*
—4C **106**
Widcombe Pde. *Bath*
—4B **106**
(off Claverton St.)

Widcombe Rise. *Bath*
—4C **106**
Widcombe Ter. *Bath*
—5C **106**
Wigmore Gdns. *W Mare*
—3A **128**
Wigton Cres. *Bris* —3E **41**
Wilbye Gro. *Bris* —1F **87**
Wilcot Clo. *Trow* —4D **119**
Wilcox Clo. *Bris* —4E **73**
Wild Country La. *L Ash*
—5A **76**
Wildcroft Ho. *Bris* —3D **57**
Wildcroft Rd. *Bris* —2D **57**
Wilder Ct. *Bris* —2A **70**
Wilderness, The. *Brad A*
—2D **115**
Wilder St. *St Pa* —2A **70**
Willada Clo. *Bris* —3D **79**
William Daw Clo. *Ban*
—5D **137**
William Mason Clo. *Bris*
—3D **71**
Williams Clo. *L Grn* —2B **84**
Williamson Rd. *Bris* —4B **58**
Williamstowe. *Bath*
—3D **111**
William St. *Bath*
—2B **106** (2D **97**)
William St. *Bedm* —1A **80**
William St. *Fish* —4D **61**
William St. *Redf* —2E **71**
William St. *St Pa* —1B **70**
William St. *St Ph* —4C **70**
William St. *Tot* —1B **80**
Willinton Rd. *Bris* —1B **88**
Willis Rd. *Bris* —5B **62**
Williton Cres. *W Mare*
—1D **139**
Willment Way. *Bris* —3F **37**
Willmott Clo. *Bris* —5B **88**
Willoughby Clo. *Alv* —3B **8**
Willoughby Clo. *Bris*
—1D **87**
Willoughby Rd. *Bris* —2A **58**
Willowbank. *Bris* —5E **41**
Willow Bed Clo. *Bris*
—1D **61**
Willow Clo. *Bath* —4F **109**
Willow Clo. *Bris* —4F **75**
Willow Clo. *Clev* —3E **121**
Willow Clo. *L Ash* —4B **76**
Willow Clo. *Pat* —2A **26**
Willow Clo. *P'head* —3E **49**
Willow Clo. *Rads* —3B **152**
Willow Clo. *St Geo* —3A **130**
Willow Clo. *Uph* —1C **138**
Willow Clo. *Wick* —5A **154**
Willowdown. *W Mare*
—1C **128**
Willow Dri. *Hut* —1C **140**
Willow Dri. *B'don* —5A **140**
Willow Dri. *Lock* —3C **134**
Willow Falls, The. *Bath*
—3F **101**
Willow Gdns. *St Geo*
—3B **130**
Willow Grn. *Bath* —5F **105**
Willow Gro. *Bris* —5E **61**
Willow Gro. *Trow* —5B **118**
Willow Ho. *Bris* —4F **87**
Willow Rd. *Bris* —2E **83**
Willow Shopping. Cen., The.
Bris —1A **62**
Willows, The. *Brad S*
—1F **27**
Willows, The. *Bris* —3D **45**
Willows, The. *Nail* —2E **123**

Willows, The. *Yate* —4F **17**
Willow View. *N Brad*
    —4D **155**
Willow Wlk. *Bris* —1D **41**
Willow Wlk. *Key* —4F **91**
Willow Way. *Coal H* —3E **31**
Willsbridge Hill. *Will* —3C **84**
Wills Dri. *Bris* —2C **70**
Willway St. *Bedm* —1F **79**
Willway St. *Bris* —3B **70**
Wilmot Ct. *Bris* —4C **74**
Wilmots Way. *Pill* —3F **53**
Wilshire Av. *Bris* —5F **73**
Wilson Av. *Bris* —2B **70**
Wilson Pl. *Bris* —2B **70**
Wilson St. *Bris* —2B **70**
Wilton Clo. *Bris* —4E **41**
Wilton Dri. *Trow* —4D **119**
Wilton Gdns. *W Mare*
    —1C **132**
Wiltons. *Wrin* —1B **156**
Wiltshire Av. *Yate* —3C **18**
Wiltshire Dri. *Trow* —5C **118**
Wiltshire Pl. *Bris* —4A **62**
Wiltshire Way. *Bath*
    —4B **100**
Wilverley Ind. Est. *Bris*
    —4A **82**
Wimbledon Rd. *Bris* —2E **57**
Wimborne Rd. *Bris* —4E **79**
Winash Clo. *Bris* —1F **89**
Wincanton Clo. *Down*
    —3B **46**
Wincanton Clo. *Nail*
    —4F **123**
Winchcombe Clo. *Nail*
    —5F **123**
Winchcombe Gro. *Bris*
    —2B **54**
Winchcombe Rd. *Fram C*
    —1D **31**
Winchcombe Trad. Est. *Bris*
    —1C **80**
Winchester Av. *Bris* —2F **81**
Winchester Rd. *Bath*
    —4E **105**
Winchester Rd. *Bris* —2F **81**
Wincroft. *Old C* —1E **85**
(in two parts)
Windcliff Cres. *Bris* —4A **38**
Windermere. *W Trym*
    —2F **41**
Windermere Av. *W Mare*
    —4D **133**
Windermere Rd. *Pat*
    —1C **26**
Windermere. *Trow*
    —5E **117**
Windermere Way. *Bris*
    —4F **75**
Windmill Clo. *Bris* —1A **80**
    —1F **79**
Windmill Hill. *Bris* —2F **79**
Windmill Hill. *Hut* —1D **141**
Windmill La. *Bris* —1F **39**
Windrush Clo. *Bath*
    —5A **104**
Windrush Ct. *T'bry* —4D **7**
Windrush Grn. *Key* —4C **92**
Windrush Rd. *Key* —4C **92**
Windsor Av. *Bris* —4D **73**
Windsor Av. *Key* —4A **92**
Windsor Bri. Rd. *Bris*
    —3E **105**
Windsor Clo. *Clev* —4C **120**
Windsor Clo. *Stok G*
    —4A **28**

Windsor Ct. *Bath* —2D **105**
Windsor Ct. *Bris* —4B **68**
Windsor Ct. *Down* —5A **46**
Windsor Ct. *Wick* —4B **154**
Windsor Cres. *H'len* —5E **23**
Windsor Dri. *Nail* —3D **123**
Windsor Dri. *Trow* —5B **118**
Windsor Dri. *Yate* —4F **17**
Windsor Gro. *Bris* —2D **71**
Windsor Pl. *Bris* —4B **68**
Windsor Pl. *Mang* —2C **62**
Windsor Rd. *Bris* —5A **58**
Windsor Rd. *L Grn* —3B **84**
Windsor Rd. *Whit B*
    —3F **155**
Windsor Rd. *W Mare*
    —3A **128**
Windsor Ter. *Clif* —4B **68**
Windsor Ter. *Paul* —4B **146**
Windsor Ter. *Tot* —1B **80**
Windsor Vs. *Bath* —2D **105**
Windwhistle Circ. *W Mare*
    —5D **133**
Windwhistle La. *W Mare*
    (in three parts) —5C **132**
Windwhistle Rd. *W Mare*
    —5B **132**
Wineberry Clo. *Bris* —1F **71**
Wine St. *Bath*
    —3B **106** (4C **96**)
Wine St. *Brad A* —2D **115**
Wine St. *Bris* —3F **69** (2C **4**)
Wine St. Ter. *Brad A*
    —3D **115**
Winfield Rd. *Bris* —3E **75**
Winford Clo. *P'head* —4A **50**
Winford Gro. *Bris* —5C **78**
Wingard Clo. *Uph* —1B **138**
Wingfield Rd. *Bris* —3A **80**
Wingfield Rd. *Trow*
    —5F **119**
Winifred's La. *Bath* —5F **99**
Winkworth Pl. *Bris* —1B **70**
Winsbury Way. *Pat* —5E **11**
Winscombe Clo. *Key*
    —2F **91**
Winscombe Rd. *W Mare*
    —1E **133**
Winsford St. *Bris* —2C **70**
Winsham Clo. *Bris* —3D **89**
Winsley By-Pass. *Brad A*
    —2E **113**
Winsley Hill. *Lim S*
    —2B **112**
Winsley Rd. *Brad A*
    —2B **114**
Winsley Rd. *Bris* —1F **69**
Winterbourne Hill. *Wint*
    —4F **29**
Winterbourne Rd. *Stok G*
    —3A **28**
Winterfield Pk. *Paul*
    —4B **146**
Winterfield Rd. *Paul*
    —4B **146**
Winterslow Rd. *Trow*
    —5B **118**
Winterstoke Clo. *Bris*
    —3D **79**
Winterstoke Ho. *Bris*
    —1C **78**
Winterstoke Rd. *Bris*
    —2B **78**
Winterstoke Rd. *W Mare*
    —2D **133**
Winterstoke Underpass. *Bris*
    —1B **78**
Winton St. *Bris* —1B **80**

Wintour Ho. *Bris* —4C **38**
Wisteria Av. *Chip S* —5C **18**
Wisteria Av. *Hut* —1B **140**
Mitchell Rd. *Bris* —3E **71**
Witch Hazel Rd. *Bris*
    —5A **88**
Witcombe. *Yate* —2E **33**
Witcombe Clo. *Bris* —1B **74**
Witham Rd. *Key* —5C **92**
Withey Clo. E. *Bris* —1B **56**
Withey Clo. W. *Bris* —2B **56**
Witheys, The. *Bris* —4E **89**
Withies La. *Mid N* —5C **150**
Withies Pk. *Mid N* —4C **150**
Withington Clo. *Bit* —3E **85**
Withleigh Rd. *Bris* —3D **81**
Withy Clo. *Trow* —4E **117**
Withypool Gdns. *Bris*
    —3D **89**
Withys, The. *Pill* —4F **53**
Withywood Gdns. *Bris*
    —3B **86**
Withywood Rd. *Bris* —4B **86**
Witney Clo. *Salt* —5F **93**
Woburn Clo. *Bar C* —5B **74**
Woburn Clo. *Trow* —2A **118**
Woburn Rd. *Bris* —4D **59**
Wolferton Rd. *Bris* —5B **58**
Wolfridge Gdns. *Bris*
    —5C **24**
Wolfridge La. *Alv* —3A **8**
Wolfridge Ride. *Alv* —3A **8**
Wolseley Rd. *Bris* —4F **57**
Woltson Ter. *Bath* —3F **107**
Wolvershill Pk. *Ban*
    —5E **137**
Wolvershill Rd. *Ban*
    —5A **130**
Woodbine Rd. *Bris* —2F **71**
Woodborough Clo. *Trow*
    —5D **119**
Woodborough Cres. *Wins*
    —5B **156**
Woodborough Dri. *Wins*
    —4B **156**
Woodborough La. *Rads*
    —5D **149**
Woodborough Rd. *Rads*
    —1D **153**
Woodborough Rd. *Wins*
    —4A **156**
Woodborough St. *Bris*
    —1D **71**
Woodbridge Rd. *Bris*
    —3C **80**
Woodbury La. *Bris* —5C **56**
Woodchester. *Bris* —4A **62**
Woodchester. *Yate* —3A **34**
Woodchester Rd. *Bris*
    —5E **41**
Woodcliff Av. *W Mare*
    —4A **128**
Woodcliff Rd. *W Mare*
    —4A **128**
Woodcote. *Bris* —4F **73**
Woodcote Rd. *Bris* —4D **61**
Woodcote Wlk. *Bris* —5D **61**
Woodcroft Av. *Bris* —1F **71**
Woodcroft Clo. *Bris* —1A **82**
Woodcroft Rd. *Bris* —1A **82**
Woodend. *Bris* —4F **73**
Woodend Rd. *Fram C*
    —2D **31**
Wood End Wlk. *Bris*
    —1E **55**
Woodfield Rd. *Bris* —5D **57**
Woodford Clo. *Nail* —4F **123**
Woodgrove Rd. *Bris* —2F **39**

Woodhall Clo. *Bris* —1B **62**
Wood Hill. *Cong* —5D **143**
Woodhill Av. *P'head* —1F **49**
Wood Hill Pk. *P'head*
    —1F **49**
Wood Hill Pl. *Bath* —4E **107**
Woodhill Rd. *P'head*
    —2F **49**
Woodhill Views. *Nail*
    —2E **123**
Woodhouse Gro. *Bris*
    —1A **58**
Woodhouse Rd. *Bath*
    —3B **104**
Woodhurst Rd. *W Mare*
    —1E **133**
Woodington Ct. *Bar C*
    —1B **84**
Woodington Rd. *Clev*
    —5C **120**
Wood Kilns, The. *Yat*
    —2A **142**
Woodland Av. *Bris* —5F **61**
Woodland Clo. *Bris* —5E **61**
Woodland Ct. *Bris* —4E **55**
Woodland Glade. *Clev*
    —1E **121**
Woodland Gro. *Bath*
    —4F **107**
Woodland Gro. *Bris* —1F **55**
Woodland La. *Bris* —5F **89**
Woodland Pl. *Bath* —4E **107**
Woodland Rise. *Bris*
    —3E **69** (2A **4**)
Woodland Rd. *Clif & Bris*
    (in two parts) —2E **69**
Woodland Rd. *Nail*
    —2D **123**
Woodland Rd. *W Mare*
    —4B **132**
Woodlands. *Alm* —3F **11**
Woodlands *Down* —1A **62**
Woodlands Cvn. Pk. *Brad S*
    —3E **11**
Woodlands Ct. *Alm* —3D **11**
Woodlands Dri. *Mid N*
    —3C **112**
Woodlands Edge. *Trow*
    —3F **119**
Woodlands La. *Alm* —4D **11**
(in two parts)
Woodlands Pk. *Bath*
    —4D **101**
Woodlands Pk. Cvn. Site.
    Brad S —3E **11**
Woodlands Rise. *Bris*
    —1F **61**
Woodlands Rd. *Clev*
    —2C **120**
Woodlands Rd. *P'head*
    —1F **49**
Woodland Ter. *K'wd*
    —2A **74**
Woodland Ter. *Redl* —5D **57**
Woodland Way. *Bris*
    —5E **61**
Wood La. *Clav* —4E **143**
Wood La. *W Mare* —4D **127**
Woodleaze. *Bris* —1D **55**
Wood Leaze. *Chip S*
    —5B **18**
Woodleigh. *T'bry* —3D **7**
Woodleigh Gdns. *Bris*
    —2E **89**
Woodmancote. *Yate* —1F **33**
Woodmancote Rd. *Bris*
    —1A **70**
Woodmand. *Holt* —2F **155**